The Psychology of Creativity and Innovation in Organizations

창의와 혁신, 그리고 조직의 변화

김 영 채

교육과학사

서 문

본서는 조직의 변화를 다룬다. 달리 말하면 비즈니스의 창의와 혁신을 다룬다. 기업체든 어떠한 조직이든 비즈니스의 핵심은 지속가능한 경쟁 우위를 확보하는 데 있다. 지금처럼 지식중심 사회로 빠르게 진입하는 세상에는 계속하여 혁신하고 변화하지 않으면 생존하기 어렵다. 본서가 다루는 조직의 창의와 혁신에는 다음과 같은 세 가지의 특징적인 가닥들이 포함되어 있다.

하나는 조직의 변화를 다룬다는 것이다. 조직은 다양할 수 있지만, 여기서는 주로 기업체의 변화를 염두에 두고 있다. 그러나 다루는 내용은 정부나 사회기관, 학교라는 조직에 이르기까지 쉽게 일반화할 수 있다. 둘째는 창의와 혁신을 통하여 조직의 변화를 의도적으로 창조하는 것이다. 굳이 창의와 혁신이라 표현한 것은 새로운 아이디어의 생성에서 이를 실행하고 상업화해서 시장에서 마케팅하는 것까지를 포괄하여 다루고 있기 때문이다. 그리고 마지막은 창의와 혁신을 심리학적으로 접근하고 있다. 제시하고 있는 이론이나 방법들은 주로 실증적이고 행동적인 자료와 심리학적인 연구에 기초하고 있다.

그리고 다루고 있는 내용들을 목차의 장별 구성에 따라 보면 다음과 같은 네 가지로 요약해 볼 수 있다.

첫째, 1~4장에서는 창의(력)란 복합적인 현상임을 주목하고, 상호작용 주의적/체제적 접근을 강조하고 있다. 창의란 체제적(시스템적)인 것이며, 이를 구성하는 하위요소들 간의 상호작용은 정반합이란 변증법적인 사고의 과정을 통하여 이루어진다고 본다. 이러한 시각을 조직에 적용한 야누스적 사고와 양손잡이 조직, 그리고 Csikszentmihalyi의 체제적 창의력 이론을 비교적 자세하게 다루고 있다.

둘째, 5~6장에서는 창의적인 행동의 기초가 되는 지식, 정보, 성격, 동기 및 환경 등을 창의와 혁신과의 관계 속에서 다루고 있다. 그리고 이들을 통하여 조직에서의 창의적인 전략과 행동을 어떻게 향상시킬 수 있는지에 초점을 두고 있다.

셋째, 7~9장에서는 지식중심의 산업 환경에서 비즈니스 창의(력)를 어떻게 경영할 수 있는 지를 다룬다. 경쟁과 가치혁신, 비전과 목적과 전략적 행동, 그리고 팀워크 향상을 위한 전략들을 비교적 자세하게 다루고 있다.

넷째, 10~12장에서는 창의의 두 개의 기본과정인 발산적 사고와 수렴적 사고, 그리고 CPS를 비롯한 변화를 위한 방법들을 개괄적으로 다루고 있다. 그리고 마지막 장에서는 창의적 사고능력의 TTCT 검사, 창의적 성격검사 및 창의적인 산출의 평가에 대하여 논의하고 있다.

저자는 본서에서 창의(력)를 개인수준 또는 학생창의력의 수준을 넘어 기업체와 같은 조직의 차원으로 확장하여 다루고자 하였다. 그리고 혁신적인 상품, 서비스나 창의적인 전략을 통하여 지속가능한 경쟁우위를 확보하는 데 도움 될 수 있는 이론과 실천적인 방법과 실제들을 제시해보고 싶었다. 조직의 일과 삶에서 이루어지는 창의와 혁신의 요구는 보다 즉시적이고, 현실적이며, 그리고 복합적인 여러 요소들이 생태학적으로 상호작용할 것이다. 이러한 시도는 이론적으로뿐 아니라 실제적으로도 매우 의미 있는 것이라 저자는 믿고 있고 싶다. 추가적으로 다룰 필요가 있는 내용이나 미진한 부분에 대하여서는 천착의 마음으로 보완해 갈 수 있기를 소망하고 있다.

새삼스레 느끼는 것이지만, 세월이 지나고 적는 글일수록 감사해야 할 곳이 많다. 먼저 저에게 학문을 일깨워주시고 격려해 주신 국내외의 여러 선생님들께 감사드립니다. 몇 분만을 골라 적기가 어려워 여러 선생님들에게 함께 감사의 말씀을 드리고 싶습니다. 선생님들 가운데는 이미 세상을 떠난 분도 여럿 있어 마음이 찡해지기도 하고 특히 Melvin H. Marx 박사의 생각이 자주 난다. 오랜 세월 동안 힘과 의지가 되어온 아내와 여러 기억들을 함께해준 자식들에게, 그리고 창의력 한국 FPSP의 연구원들에게도 고마운 마음을 적는다. 그리고 본서의 집필을 위하여 연구비 일부를 지원해 준 '(재)정무학술장학재단'에 감사드립니다. 마지막으로 언제나 우정의 버팀목 같은 교육과학사 김동규 사장님께 감사합니다.

2016. 10. 9

김영채

CONTENTS

서문 3

Chapter 1

창의와 혁신이란 무엇인가? 17

Ⅰ. 왜 창의와 혁신인가? 17

1. 아이디어와 지식 그리고 지식기반 사회 18
2. 빠른 변화와 치열한 경쟁 20
3. 한국 사회의 위기와 혁신의 퀀텀 점프 21

Ⅱ. 정의와 관련의 용어들 23

1. 창의(력)란 무엇인가? 23
2. 관련의 용어들 26
3. 창의와 혁신의 상호관계 28
4. 비즈니스의 창의와 혁신 31

Ⅲ. 창의(력)가 다루고 있는 주제의 진화 33

Ⅳ. 창의력에 대한 오해 몇 가지 36

[장의 요약] 40

Chapter 2

창의력의 주제와 체제적 접근 45

Ⅰ. 창의(력)의 복합성과 다면성 45

Ⅱ. 창의력 연구의 기본적인 주제들 47

1. 사람 47
2. 과정 49
3. 산출 50
4. 환경 50

Ⅲ. 조직과 창의력의 기본 주제 51

Ⅳ. 창의력의 상호작용주의적 · 체제적 접근 56

1. 창의력의 상호작용주의적 접근 56
2. 창의력의 체제적 접근 58
3. 체제적 접근의 함의 59

Ⅴ. Csikszentmihalyi의 체제적 창의력 이론 61
1. 체제적 창의력 이론 61
2. 보존의 에너지와 창의적인 에너지 64
3. 창의와 '몰입'의 경험 65
4. 창의적인 성취 67
[장의 요약] 70

Chapter 3
변화 – 창의의 변증법과 야누스적인 조직 75

Ⅰ. 변증법적인 변화와 발전 75
1. 변증법적인 체제 76
2. 변증법적인 사고 77

Ⅱ. 변증법적 사고와 창의력 80
1. 변증법적인 역설 80
2. 변증법적 접근의 함의 82

Ⅲ. 변화의 내용과 스펙트럼, 그리고 접근 스타일 84
1. 변화의 유형과 수준 84
2. 새로움 – 점진적 변화와 혁명적 변화 86
3. 변화에 대한 접근 스타일과 수용의 능력 88

Ⅳ. 야누스적 사고와 양손잡이 조직 89
1. 야누스적 사고 90
2. 야누스적 조직 – 양손잡이 조직 91
[장의 요약] 94

Chapter 4
지능과 창의력 – 성공하는 사람은 다르다 99

Ⅰ. 지능에 대한 이해 99
1. 전통적인 이해 – 단일 지능 99
2. 다중지능 이론 101

Ⅱ. 지능과 창의력의 관계 103
Ⅲ. Sternberg의 삼원지능 이론과 창의력 106
1. 지능의 종합적 요소와 통찰 107
2. 지능의 분석적 요소 108
3. 지능의 실제적 요소 109

Ⅳ. 성공하는 사람의 행동적 특성 110
[장의 요약] 116

Chapter 5
지식, 정보 그리고 창의력 121

Ⅰ. 지식의 성질과 몇 가지 분류 121
1. 지식의 성질 122
2. 지식의 몇 가지 분류 123

Ⅱ. 지식의 크기와 기능성 128
1. 지식의 크기 128
2. 지식의 기능성 129

Ⅲ. 지식과 창의력 131
1. 지식은 왜 창의를 촉진하는가? 131
2. 지식은 왜 창의를 방해하는가? 132

Ⅳ. 지식내용의 활용과 창의력 – 영역 일반성 대 영역 특수성 133
1. 창의력의 영역 일반성 대 영역 특수성 이론 133
2. APT 창의력 모형 135
3. 창의력 교육과 훈련 재료의 '지식 내용' 137

Ⅴ. 정보의 수집과 분석, 그리고 빅 데이터 140
1. 정보의 수집과 분석 140
2. 빅 데이터 143
[장의 요약] 145

Chapter 6
성격, 동기 그리고 환경 149

Ⅰ. 창의적인 사람의 성격 특성 149
1. 전통적인 접근 149
2. Sternberg & Lubart의 창의적인 사람의 성격 150

Ⅱ. 창의적인 복합적 성격 154
1. 쌍을 이루는 양극의 성격 특성 155
2. 변증법적인 통합과 이동 156

Ⅲ. 내재적 동기와 외재적 동기 160
1. 내재적 동기와 창의력 160
2. 외재적 동기와 창의력 163

Ⅳ. 동기와 창의력의 관계 164
1. 내재적 동기와 외재적 동기 그리고 창의력 164
2. 성취동기와 창의력 그리고 조직 166

Ⅴ. 환경과 창의력 167
1. 거시적 환경 – 문화, 사회적 부 그리고 거주지 168
2. 미시적 환경 – 조직의 분위기 170
3. 조직의 관행 172

Ⅵ. 환경과 창의력의 관계 174
[장의 요약] 177

Chapter 7
비즈니스 창의력 – 경쟁, 가치 혁신과 블루오션 181

Ⅰ. 비즈니스 창의력의 내용과 요소 181
1. 전문지식(전문성) 183
2. 창의적 사고 기능 184
3. 동기 184

Ⅱ. 비즈니스 창의(력)는 경영할 수 있는가? 185

Ⅲ. 비즈니스와 경쟁 그리고 서페티션 190
1. 비즈니스와 경쟁 191
2. De Bono의 서페티션 193

Ⅳ. 가치 혁신과 블루오션 196
1. 블루오션 전략 196
2. 가치 혁신 – 창의와 혁신 198
[장의 요약] 202

Chapter 8
'왜'와 창의적인 전략적 행동 207

Ⅰ. 왜? – 삶과 일에 대한 가치부여 207
1. 일의 의미와 가치 207
2. 학교 영재와 창의적 – 생산적 영재 209

Ⅱ. 무엇을 어떻게? – 창의적인 전략적 행동 211
Ⅲ. 가치의 추구와 스타일의 차이 213
1. 가치의 추구와 개념화 213
2. '왜' 스타일과 '어떻게' 스타일 215

Ⅳ. 과제 중심적 사고 – '왜'가 없는 행동 216
1. 구체적인 목표진술의 결여 217
2. 소비자 효과 체크의 결여 219

Ⅴ. '왜'와 '무엇을' '어떻게'의 행동적 진술 220
1. 동사형 조직 – '왜'의 행동적 진술 221
2. 전략적 행동의 진술 – '무엇을 어떻게'의 아이디어 생성적 진술 222
3. 효과적인 문제 진술 – '왜'와 '무엇을 어떻게'를 포괄하는 진술 223

Ⅵ. 조직의 혁신과 포괄적 리더십 225
[장의 요약] 228

Chapter 9
집단 창의와 팀워크 233

Ⅰ. 집단 창의의 개념과 필요성 233
Ⅱ. 집단 창의에 작용하는 요인들 235
1. 집단 창의는 비생산적인가? 235
2. 집단 창의의 생산성을 결정하는 요인 236

Ⅲ. 생산적인 팀워크의 특징 240
Ⅳ. 그룹 싱크의 함정 241
1. 선행요인과 증상 242
2. 그룹 싱크를 방지하는 요령 244

Ⅴ. 집단 창의와 팀워크 향상을 위한 전략 244
1. 집단 창의 과정에서의 전략 245
2. 집단 창의와 리더십 248
[장의 요약] 250

Chapter 10
창의의 기본 과정 – 발산적 사고와 수렴적 사고 253

Ⅰ. 발산적 사고의 내용과 가이드라인 253
1. 발산적 사고, 수렴적 사고 그리고 창의력의 3C 253
2. 발산적 사고의 요소 255
3. 발산적 사고의 가이드라인 256

Ⅱ. 발산적 사고 도구의 활용 258
1. 발산적 사고 도구의 선택 258
2. 생성해 낸 아이디어의 평가와 피드백 260

Ⅲ. 브레인스토밍 기법 261
1. 브레인스토밍 기법의 요령 261
2. 사용할 수 있는 장면 264
3. 조직에서의 브레인스토밍 활용 요령 264
4. 브레인라이팅 기법 273

Ⅳ. SCAMPER 275
Ⅴ. 수렴적 사고의 내용과 수렴적 사고 도구의 선택 279
1. 수렴적 사고의 목적 279
2. 수렴적 사고의 가이드라인 279
3. 수렴적 사고 도구의 선택 281

Ⅵ. 수렴적 사고 도구의 활용 282
1. 히트, 핫스팟 그리고 하이라이팅 기법 282
2. ALU 기법 284
3. 쌍비교 분석법 287
[장의 요약] 293

Chapter 11
창의적 문제해결 – CPS와 변화를 위한 기타의 방법들 297

Ⅰ. 창의적 문제해결과 CPS 297
1. 창의적 문제해결의 과정 297
2. CPS와 창의적 문제해결 299

Ⅱ. CPS의 단계별 내용 301
1. 단계 1: 기회의 발견 301
2. 단계 2: 자료의 탐색 303
3. 단계 3: 문제의 진술 305
4. 단계 4: 아이디어의 생성 309
5. 단계 5: 해결책의 개발 310
6. 단계 6: 수용토대의 구축 311

Ⅲ. 변화를 위한 기타의 방법들 312
1. De Bono의 CoRT 프로그램과 여섯 가지 사고모 313
2. 발명적 문제해결 프로그램 TRIZ 319

Ⅳ. 블록버스터와 즉석구성적 창의 323
1. 블록버스터의 조건 324
2. 즉석구성적 창의 327
[장의 요약] 331

Chapter 12
창의력과 창의적 산출의 평가 335

Ⅰ. 창의적인 능력의 검사 – 토란스 TTCT 검사 335
1. TTCT 검사의 개관 335
2. TTCT – 언어 검사 337
3. TTCT – 도형 검사 340

Ⅱ. 창의적 성격 검사 343
1. WKOPAY 창의적 성격 검사 344
2. SAM 창의적 성격 검사 345

Ⅲ. 창의적 문제해결 스타일 검사 348
1. Kirton의 순응 – 혁신 스타일 검사 348
2. Selby 등의 'VIEW 문제해결 스타일 검사' 350

Ⅳ. 합의에 의한 사정기법 – CAT 351
Ⅴ. 평가 준거를 활용한 창의적 산출의 평가 – CPSS 모형 355
[장의 요약] 358

참고문헌 360
찾아보기 372

〈표 목차〉

〈표 2–1〉 변화를 부분적으로만 이해하는 시각의 문제점 52
〈표 6–1〉 창의적인 성격 특성 150
〈표 10–1〉 발산적 사고의 가이드라인 257
〈표 10–2〉 브레인스토밍 기법의 체크리스트 261
〈표 10–3〉 브레인스토밍 기법 263
〈표 10–4〉 아이디어 생성을 위한 워밍업 1분 기법 266
〈표 10–5〉 미팅 전에 사용할 수 있는 브레인스토밍 연습문제 예시 269
〈표 10–6〉 브레인라이팅 기법 274
〈표 10–7〉 브레인라이팅에서 사용하는 양식의 보기 275
〈표 10–8〉 SCAMPER 발산적 사고도구 276
〈표 10–9〉 SCAMPER 기법 278
〈표 10–10〉 수렴적 사고의 가이드라인 280

〈표 10–11〉 히트와 핫스팟 283
〈표 10–12〉 ALU 기법 285
〈표 10–13〉 ALU 기법의 보기 286
〈표 10–14〉 쌍비교 분석법 288
〈표 10–15〉 집단 합의 도출을 위한 PCA 총괄표 290
〈표 11–1〉 CPS의 3개 활동 요소와 6개 단계 301
〈표 11–2〉 도전의 발견: 도전의 진술 304
〈표 11–3〉 문제 진술을 다양하게 생성해 내기 308
〈표 11–4〉 추상화 사다리 기법 309
〈표 12–1〉 순응적 스타일의 행동적 특징 349
〈표 12–2〉 혁신적 스타일의 행동적 특징 350
〈표 12–3〉 Besemer의 CPSS에 있는 3개 차원과 9개 측면들 356

[그림 목차]

[그림 2–1] 창의적 행동에 대한 상호작용주의적 모형 57
[그림 2–2] 창의력에 대한 체제적 접근 57
[그림 2–3] Csikszentmihalyi의 창의력의 체제 64
[그림 3–1] 변화의 스펙트럼 87
[그림 5–1] A–Y의 철자는 지식 영역에 있는 아이디어를, 그리고 직선은
아이디어들의 연결을 나타낸다. 진한 것일수록 결합의 강도가 강하다. 130
[그림 5–2] 창의력에 대한 APT 모형 135
[그림 7–1] Amabile의 비즈니스 창의력의 3가지 요소 183
[그림 7–2] (com)petition과 sur/petition 193
[그림 7–3] 기저선과 그것을 넘어선 서페티션 196
[그림 8–1] 과제중심적 사고의 작업 전개 218
[그림 10–1] Singularity University의 3단계 접근법 255
[그림 10–2] 순응적 – 혁명적 대안과 발산적 사고도구의 선택 259
[그림 10–3] 아이디어의 개수와 수렴적 사고도구의 선택 282
[그림 10–4] 쌍비교 분석법의 예시 290
[그림 12–1] TTCT의 질문하고 추측하기 338
[그림 12–2] TTCT의 작품 향상시키기 338
[그림 12–3] TTCT의 그림 구성하기 340
[그림 12–4] TTCT의 그림 완성하기 341
[그림 12–5] TTCT의 반복적인 닫힌 그림 검사 341

chapter_1

창의와 혁신이란 무엇인가?

Chapter 1

창의와 혁신이란 무엇인가?

이 장에서는 먼저 '왜' 창의와 혁신을 강조하게 되는지를 분석해 볼 것이다. 그런 다음 창의(력)가 무엇인지를 이해하기 위한 '정의'를 다루면서, 창의(력)와 관련하여 사용되고 있는 몇 가지의 용어들을 함께 살펴볼 것이다. 그리고 창의와 혁신의 관계, 그리고 비즈니스의 창의와 혁신도 음미해 볼 것이다. 또한 역사적으로 보아 창의(력)가 다루는 주제 분야들이 어떻게 진화하고 있는지를 살펴봄으로써 창의력에 대한 현재의 연구와 담론들을 이해하고 나아가 앞으로의 발전에 대한 통찰을 얻고자 한다. 마지막으로 창의력에 대한 오해들을 네 가지로 나누어 정리해 봄으로써 올바른 이해에 도움 되게 할 것이다.

Ⅰ. 왜 창의와 혁신인가?

창의는 새로운 변화를 위한 의도적인 과정이고 방법이다. '변화'는 명사로 정의할 수도 있고 또는 동사로 정의할 수도 있다. 명사로서의 '변화'는 형식, 상태, 질 또는 요소(essence)에서 변이 또는 개조가 있거나 또는 하나의 상태에서 다른 것으로 옮겨 가는 것을 의미한다. 비슷한 의미의 것으로 흔히 사용하는 것에는 개조, 향상, 수정, 변이, 대치, 전환, 변환(transformation) 또는 변성(meta-morphosis) 등이 있다. 그리고 동사로서의 '변화'는 하나의 상태에서 다른 상태로 옮겨가게 되거나, 형태나 본질이 달라지거나 또는 차이 나게 변경시키는 것을 의미한다.

'변화'를 '변환적(transformational)' 변화와 '거래적(transactional)' 변화로 나누어 말하는 사람도 있다(Taffinder, 1998). 조직에서의 변환적 변화는 일반적으로 대규모의 것이며 미래에 대한 비전, 목표 또는 사업의 방향과 가치 등의 변화 같은 것이 포함된다. 반면에 거래적 변화는 조직의 과정, 절차, 기능 또는 조직원들을 바꾸는 것을 가리킨다. 그래서 대개가 특정한 영역에 집중되며 다른 영역에 미치는 효과는 제한적이다. 변환적 변화에는 거래적 변화와 비교해 보아 시간, 에너지 및 자원이 더 많이 요구된다. 결국 창의적인 변화는 우리들 자신을 바꾸고, 우리가 일하는 집단과 사회 속의 조직들을 더 낫게 그리고 다르게 변화시키고 그리고 궁극적으로는 사람들의 생산성과 생활수준을 향상시킬 수 있다.

요사이는 과학이나 예술 분야뿐 아니라 정부, 비즈니스, 조직, 학문연구, 스포츠 분야 등등 어디서든 창의(력)란 용어가 광범위하게 그리고 자연스럽게 사용되고 있다. 기업이나 조직 관련의 논문이나 매스컴의 기사에서도 창의력의 중요성을 쉼 없이 강조하고 있다. 좀 공허한 구호같이 들리기도 하는 '창조 경제'를 비롯하여 "창조적 발상으로 기업문화를 바꿔라", "상상력의 힘을 믿으세요", 또는 '독창적인 기업이 되라'에서 '끊임없이 혁신하고 성장하라' 등과 같은 슬로건들을 쉽게 들을 수 있다. 심지어는 일상생활 속에서도 이 말은 매우 자연스럽게 사용되는 것같이 보인다. 부모 노릇이 창의적이고, 이야기가 창의적이며, 축구가 창의적이며, 또는 손님 대접을 창의적으로 할 수도 있다. '창의적'이란 접두사를 붙여 말이 안 되는 단어는 별로 없어 보인다. 그러면 왜 창의와 혁신인가? 왜 그것이 문화나 경제의 기본이고 필수인가? 아래에서 세 가지를 제시해 본다.

1. 아이디어와 지식 그리고 지식기반 사회

첫 번째 이유는 아이디어와 지식이 가치(價値)이고 부(富)이기 때문이다. 지식과 아이디어는 바로 '금전'이고 '부'의 원천이다. 우리가 살고 있는 지금의 시대를 '지식기반 시대' 또는 '지식가치 시대' 등으로 부르고 있다. 그리고 우리는 '두뇌 중심의 지식 경제'라 부르는 첨단 지식중심의 경제로 접어들고 있다. 경제 선진국과 기업들은 지식 경영, 지적 재산, 지식 관리를 자랑하며 특허의 출원 건수와 보유 건수에 매우 민감하다. 그것은 Toffler & Toffler(2006)가 말하듯이 지식이 혁명적 부의 원천이기 때문이다. 사실 지식은 '부' 이상의 것이라 말할 수 있다. '무엇이 무엇인지'를 아는 것이나(명제적 지식), 어떤 것을 어떤 방법으로 만들어 낼 줄 아는 것(절차적 지식)을 포함한 이들 지식은 단순한 '금전'에 그치지 않고 파워(power)이고 권위일 때가 많다. 이것은 특허 분쟁이나 '기술이전' · '기술대여' 등에 대하여 좀 더 심각하게 생각해 보면 이해가 어렵지 아니하다. 힘 있는 나라, 또는 경쟁 우위의 조직이란 가지고 있는 '지식'과 지식의 생산성 그리고 이들 지식을 생산 창조해 낼 줄 아는 창의력의 수준 차이일 것이다.

지식가치 시대의 근로자는 일관작업 속에 있는 하나의 톱니바퀴가 아니며 오히려 자기 자신이 바로 결정적인 생산의 수단이 된다. 근로자들은 주로 정보적인 도구를 사용하며, 기호들을 해석하고, 그리고 지식을 새롭게 생산하기 때문에 이들이 가지고 있는 진짜의 가치는 '지식'과 '창의'에 달려 있다. 이러한 지식기반의 경제에서는 제품의 가치는 사용한 재료가 아니라 거기에 들어간 지식과 창의의 내용에 의하여 주로 결정된다. 예컨대 Florida(2002)는 이렇게 말한다. "인간 창의력은 경제적 자원의 기본이다. 새로운 아이디어와 더 나은 일처리 방법을 생각해 내는 능력은 궁극적으로는 생산성을 향상시키고 생활수준을 높여준다"(p. xii). 단돈 천 원짜리 실크를 몇십 배 가격의 스카프로 판다면, 그것은 사용한 재료의 가치가 아니라 지식가치, 즉 디자인이라는 지식 자체의 가치 때문일 것이다. 컴퓨터 소프트웨어는 물질적인 요소는 거의 없고, 물질적인 매체의 변화 없이 전달되는데, 그것의 가치는 전적으로 그것을 만드는 데 들어간 '지식'과 '창의'에 의하여 결정된다. 암을 치료할 수 있는 약품은 흔히 1온스에 백만 달러가 넘는다고 한다. 그것은 거의 전적으로 아이디어의 값이다. 그리고 그것은 다른 사람/조직과 피나는 경쟁을 벌여야 하는 제로섬 게임(zero-sum games)을 해야 하는 것도 아니다.

이들은 모두가 새롭고 가치 있는 아이디어에서 출발하여 편익과 부를 창출하고 있는 셈이다. Toffler & Toffler(2006)는 이렇게 요약하고 있다. "부의 창출에 있어서 지식의 중요성은 한 단계 더 높은 차원으로 도약할 것이고, 지속적으로 커지면서 변신을 거듭할 것이다. 접근 또한 쉬워지는 범지구 차원의 두뇌 은행에 보다 많은 국가들이 접속함에 따라 지식의 중요성은 전 세계로 확산될 것이다. 결과적으로 부자든 가난한 사람이든 우리 모두는 혁명적 부와 그 산물들과 함께 살아가고 일하게 될 것이다"(김종웅, 2007, p. 6).

2. 빠른 변화와 치열한 경쟁

두 번째 이유는 빠른 변화와 글로벌한 치열한 경쟁 때문이다. 변화는 사회, 경제, 정치, 국제 관계 등의 다방면에서 빠르게 글로벌하게 이루어지고 있어서 개인이나 조직은 이러한 변화에 효과적으로 대응하고 나아가 리드할 수 있어야 한다. 따라 가거나 리드하지 못하면 바로 위기를 맞는다. 이를 다시 세 가지로 정리해 볼 수 있다.

(1) 변화의 속도와 크기가 가속화되고 있다.

조직의 내외에서 일어나고 있는 변화의 속도가 크게 증가하고 있다. 회사에서는 새롭고 향상된 제품과 서비스를 시장에 더 빨리 내놓아야 하고, 시간의 압력을 더 많이 받는다. 새로운 방법과 기술을 도입하는 과정 · 방법의 혁신도 더 많이 필요해지고 있다.

또한 변화의 크기와 변화가 미치는 충격(impact)의 규모도 가속화되고 있다. 무역자유화, 시장의 개방화와 범세계화(글로벌화, globalization) 그리고 IT 기술의 발달로 다양한 수준에서 연결이 이루어지고 있으며, 연결의 폭이 다양화되고 관련자들의 숫자도 크게 늘어나고 있다. 예컨대 1950년대의 1년 치 세계 무역량이 오늘날에는 하루 동안에 거래된다고 한다.

(2) 경쟁이 치열해지고 글로벌화하고 있다.

세계적으로 모든 시장에서 경쟁이 치열해짐에 따라 개인이나 조직은 새롭게 변화하지 않으면 생존해 가기가 어렵다. 시장과 소비자 그리고 경쟁자들의 전략과 행위를 파악하고 나아가 미리 예상하고 앞서서 반응하지 못하면 자신이 누릴 수 있는 시장에서의 가치는 줄어들고 이윤은 떨어질 것이다. 또한 미래 성장을 위한 새로운 통로와 시장을 개발해야 하고, 그리고 동시에 가치 혁신에 따라 소비자의 요구를 만족시킬 수 있도록 기존의 제품과 서비스를 개선할 필요도 더욱 절실해지게 된다. 경쟁의 대부분은 제품, 서비스 그리고 기술 · 과정(過程)상의 혁신이 글로벌하고 빠르게 이루어지고 있기 때문일 것이다.

(3) 다루어야 할 과제의 복합성이 증대하고 있다.

조직이 다루어야 할 과제가 복합적으로 되는 것은 인수 합병, 인소싱, 아웃소싱, 또는 조직의 성장 등으로 인한 것일 수도 있고, 정부의 규제나 지원 등 정책과 입법 때문일 수도 있다. 또는 지식, 정보 및 자료가 급속하게 성장하고 있는 것도 복합성(complexity)을 불러오는 중요한 이유가 될 수 있다. 할 일이나 과제가 복합적이란 말은 관련하여 작동하는 변수들이 많고 서로 얽혀 있다는 말이다. 따라서 과제 · 문제가 복합적일수록 그것은 정의가 제대로 되어 있지 않으며 애매하고, 새로운 접근을 더 많이 요구하게 된다. 그래서 지식 간의 칸막이를 제거하는 융복합적인 사고가 보다 더 필요해지게 된다.

많은 사람들은 점차 증가하는 변화와 싸우고 있다. 우리의 생활은 더 많은 선택, 더 많은 정보, 더 많은 새로움과 더 큰 수준의 복잡성으로 가득 차고 있다. 이러한 이유로 인하여 창의적이고 혁신적인 능력이야말로 개인들이 주목하고 개발해야 할 기본적인 생활기능이며, 또한 조직이 변화를 경영하고 리드해 갈 수 있는 필수적인 자산이고 도구라 말할 수 있겠다. 그리고 이러한 가속도적인 변화와 치열한 경쟁에 대처하려면 우리의 노력은 기본적으로 창의와 혁신에 기반해야 한다. 그것은 결국 학습과 변화에 관한 것이다.

3. 한국 사회의 위기와 혁신의 퀀텀 점프

마지막의 이유는 창의와 혁신은 대한민국의 우리들에게 특별히 요청되는 중요한 능력이고 자세라 믿기 때문이다. 우선 외적으로 보아도 우리에게는 제한적인 여건이 적지가 않다. 자연자원이 빈약하고, 조국은 분단되어 있고 그 위에 열강들은 쉽게 충돌하고 있고, 뒤늦은 근대화와 산업화, 좁은 땅덩어리와 격심한 내적 경쟁… 이들은 어느 것이나 심각한 구속이고, 도전이고, 위기일 수 있다.

그러나 우리들 내부에 눈을 돌려 보면 문제의 심각성은 더욱 분명해 보인다. 세 가지로 간추려 보려고 한다. 첫째, 학교에는 암기 중심, 대학입시 중심 그리고 취업준비 중심이 넘쳐나고 있다. 내걸어 놓고 있는 슬로건은 화려해도 자세히 보면 속은 공허하기 그지없다. 창조적이고 비판적이고 생산적인 사고능력을 개발하는 교육으로 변화해 가야 한다. 둘째로, 각종의 조직이나 기업—특히 정부와 사회 기관들—

은 너무 형식적, 관료적이고 지위 중심적이며 수직적이다. 지식기반 경제에 맞게 유연하고 덜 수직적이며, 덜 관료적인 기능적인 조직으로 엄청나게 변화해 가야 한다. 그리고 마지막은 토론하는 문화, 계속 학습하는 문화가 성숙하지 못하고 있다는 것이다. 토론은 더 많이 공부하고 알아서 '더 나은' 판단에 이르기 위한 것이지 결코 목청 높여 상대를 녹다운시키는 데 목적이 있지가 않다. 정치 이념적 가치의 차이가 너무나 커 보이는 한국의 정치판을 비롯하여 조직 생활의 구석구석들을 들여다보면 토론하고 타협할 줄 아는 문화가 아쉽고 절실해 보인다. 의식의 전환과 기본적인 문화의 변화가 이루어져야 한다. 이러한 변화는 대한민국이 퀀텀 점핑을 위하여 이루어야 할 시대적 소명이란 생각을 가진다. 창의와 혁신으로 변화에 성공하면 지식 중심 경제로 진입하고 도약할 수 있을 것이다. 그러나 변화하기를 머뭇거리거나 실패하면 인적 가치와 생산성의 하락, 그리고 저임금 등 거기에 수반하는 여러 증상들로 고통받는 이류, 삼류 국가, 종속적인 국가로 내몰릴 수 있을 것이다.

다음은 혁신 교육의 주창자인 Wagner(2012)의 저술인 「혁신자 창조하기: 세상을 바꿀 젊은이들 만들기(Creating innovators)」에 있는 한 구절을 인용한 것이다. 미국인인 저자가 '우리'라고 적고 있는 것을 '대한민국'이라 읽으면 그 마음이 더 절실해진다. "우리는 다양한 많은 문제들을 해결할 수 있도록 더 많은 아이디어들을 생산해 내는 나라가 되어야 한다. 우리는 지속 가능한 경제와 감당할 수 있는 건강 관리를 위한 새로운 기술 개발을 리드할 수 있는 나라가 되어야 한다. 우리는 새롭고 더 나은 제품, 과정 · 방법과 서비스를 창조하여 다른 나라들이 스스로 그것을 원하고 요구토록 하는 나라가 되어야 한다. 더 이상 우리가 다른 나라들보다 더 많이 생산하거나 더 많이 소비하여 부를 창조하기는 어렵다. 그래서 우리는 다른 경제적인 경쟁자들보다 더 많이 혁신해야 한다"(pp. 2–3).

그런데 뒤에서 다시 다루게 되겠지만 우선 지적해 두고 싶은 것은 '개인'은 개인만에 의하여 이루어지는 것이 아니란 것이다. 사실 모든 뛰어난 아이디어와 성취와 성공의 뒤에는 언제나 '사람'이 있다. 그들의 능력과 노력은 대견스럽고 존경스러울 수 있다. 그러나 좀 더 자세히 생각해 보면 이들 뛰어난 사람들의 능력과 노력도 '개인의 특성'만으로 이루어진 것이 결코 아닐 것이다. 더욱이 그들이 성공할 수 있게 만들었거나 뒷받침해 주고 있는 것은 여러 조직의 힘이고 문화라는 것이다. 강조하려는 것은 '창의 = 사람 × 환경'으로 시스템적이란 사실이다. '환경'에서 특히 중요한 것은 성장의 보금자리인 가정이란 조직, 그리고 학교란 조직이나 직장이란 조직 그리고 이러한 조직들이 총체를 이루는 '문화'일 것이다. 만약에 조직이 관료적이고 수직적이며, 유연성이 부족하고 폐쇄적이라면, 그리고 만약에 계속하여 학습하여 지식이 뒷받침되고 창의적인 사고를 자극하고 격려하는 주변의 문화 내지 분위기가 결손된다면 개인이 뛰어나고 엄청난 노력을 기울이더라도 지식가치 시대를 구현하기는 어렵다. 특히 조직의 리더들, 말과 행동이 일관성이 있어 믿음과 신뢰를 주는 리더십이 '사람'들을 뒷받침하고 격려하는 일은 특별히 중요해 보인다. 히말라야 산맥에는 8,000미터가 넘는 산봉우리가 14개나 있다고 한다. 이들 수많은 높은 산들이 뒷받침하고 있는 가운데 그 속에서 조금 더 높게 솟은 산이 세계에서 제일 높다는 에베레스트 산인 것과 같다는 생각을 가진다.

Ⅱ. 정의와 관련의 용어들

1. 창의(력)란 무엇인가?

창의력이 무엇인가에 대한 정의는 매우 다양하다. 마치 '지능'에 대한 정의가 다양한 것과 비슷하다. 아마도 그것은 창의가 무엇인지를 이해하는 데 다양한 접근법이 있고, 그리고 이들의 대부분은 창의(력)를 이해하는 데 필요하고 중요하기 때문일 것이다. 그럼에도 불구하고 '창의적인 것'의 준거(기준)는 '새로움'과 '유용성'이라는 데는 거의 대부분의 사람들이 동의하고 있다.

(1) '창의적인 것(creativeness)'은 '새로운(new)' 것이어야 한다. 이를 '신규의(또는 '신규성', novel, novelty)' 것이라 말하기도 한다. 여기서 말하는 '것'에는 행동, 아이디어, 대상, 현상, 제품, 서비스 및 과정(방법) 등이 다양하게 포함될 것이다.

과학적 창의력 연구를 주도한 J. P. Guilford(1950)는 창의력이란 '발산적 사고(확산적 사고)'와 같은 것이며, 그래서 '새로운(new, novel)' 것을 생성해 내는 사고를 창의력이라 정의한다. 그러므로 새롭지 아니한 것은 어떠한 것도 '창의적인 것'이 아니다.

그러나 창의(력)의 필수 요건으로서의 '새로움'에 대하여서는 다음과 같은 질문들이 따라오게 된다. 얼마만큼 새로워야 새로운 것인가? 누구에게 어떻게 새로워야 하는가? 조직의 수준에서는 새롭다는 것은 무엇인가? 새로운 변화는 기존의 것에서 다소간 '낫게(better)' 창의한 것인가, 아니면 기존의 것을 완전히 갈아치운 '다른(different)' 것인가? 요약하면 새로움의 정도는 이러한 두 개의 축을 기준으로 하는 하나의 스펙트럼으로 생각해 볼 수가 있다. 이렇게 접근하면 조직의 리더나 구성원들은 이러한 스펙트럼의 어디에 초점을 둘지가 중요해 보인다(3장 참조).

그러나 새롭다고 모든 것이 창의적인 것이라 말할 수는 없다. '새로움(신규성)'이란 심리학적으로 정의하면 그것을 보는 사람에게 '놀라움(surprise)'을 주며, 그래서 '놀랍다'고 느끼게 하는 것이다. 이렇게 보면 '새로움 – 놀라움'만으로는 창의의 충분한 조건이 되지 못한다는 것이다. 기존의 것을 맹목적으로 거부하거나 사회규범을 부정하거나 또는 광기로 자제력을 잃고 행동하면 놀라울 수는 있지만 이것을 '창의적'이라 부르지는 않는다. 우리는 이런 것을 '의사 창의력(擬似 創意力, pseudo creativity)'이라 부를 수 있다. 그리고 매우 공상적인 것이라서 창의적인 요소가 포함되어 있기는 하지만 현실 세계와는 거의 전혀 관련이 없으면 이런 것도 창의적인 것이라 말하지 않고 이런 것을 '준 창의력(quasi–creativity)'이라 부르기도 한다(Cropley, 1999).

(2) 창의적인 것은 '새로운' 것이어야 할 뿐 아니라 한 걸음 더 나아가 '유용한(useful)' 것이어야 한다. '유용한' 대신에 '가치 있는(valuable)'이란 표현도 자주 사용하고 있다. 보다 더 정확히 표현하면 창의적인 것은 다루는 과제에 '적절하고(relevant)' 그리고 '새롭고', '유용해야' 한다. 어떤 아이디어나 산출이 새롭다는 것은 기존의 것에서 얼마를 수정 · 변형한 것일 수도 있고 또는 매우 엉뚱해서 파열적 내지 혁명적인 것일 수도 있을 것이다. 어떻든 창의의 산출들은 적절하고, 새롭고, 유용하고 그리고 질적인 수준이 높아야 한다. 특히 비즈니스에서는 새로움, 독창성만으로는 충분하지 아니하다. 창의적이려면 아이디어가 비즈니스에 적합하고, 유용하고 그리고 실행(사업화)이 가능해야 한다. 그리하여 제품을 향상시키거나 새로운 것을 생산해 내거나 또는 새로운 마케팅 방법을 창안하거나 하여 비즈니스를 해 가는 데 이윤을 내고 도움이 되어야 한다.

그런데 창의적인 것은 '유용'해야 한다는 준거와 관련해서도 몇 가지의 질문을 던져 볼 수 있다. 창의적인 것은 반드시 '유용'해야 하는가? 얼마만큼 유용해야 하는가? 그리고 '유용한' 것인지 아닌지를 누가 판단하는가?

중요한 것은 생산해 낸 어떤 아이디어나 산출이 정말로 '유용한(가치 있는)' 것인지는 생산자 본인이 판단하는 것이 아니란 것이다. 그것을 판단하고 수용하는 것은 소비자(고객)나 그 분야의 전문가들의 몫이다. 어떤 새로운 아이디어나 산출에 대하여 가치를 부여하는 것은 그것을 사용하는 소비자들이기 때문이다.

이러한 의미에서 보면 '새로운' 것과 '유용한' 것은 본래적으로 모순적이고 갈등적인 것이며 그래서 긴장을 유발하게 된다. 새로워도 유용한 가치가 없으면 소용이 없고, 또한 유용한 것이지만 새로운 것이 아니면 이 또한 창의적인 것이 아니기 때문이다. 특히 조직의 차원에서는 이들 두 가지 양극의 것을 균형 있게 통합해야 하는 과제를 안게 된다. 그리고 이윤을 창출해야 하는 기업체에서는 혁신적인 산출을 생산해 내는 데서 멈출 수 없게 된다. 혁신적인 생산을 넘어 그것을 언제, 어떻게 세상에 내놓을 것인지를 고민해야 하고 또한 고객과 시장의 수용을 받을 수 있게 설득하는 커뮤니케이션과 마케팅의 노력이 필수적으로 요청되기 때문이다.

그러면 어떤 것이 혁신적인(창의적인) 것이냐고 질문할 수 있다. 이것은 바꾸어 보면 어떤 것이 '새롭고', '유용한(또는 가치 있는)' 혁신인지를 묻는 것과 같다. 그러나 대답은 비교적 간단해 보인다. 혁신은 아이디어, 제품, 생산 또는 마케팅 과정 등을 새롭게 실현하는 것이기 때문에 생산해 낸 것이 자신의 작업집단이나 조직 전체에 새로운 것이라면 그것은 '창의적인' 것이고 '혁신적인' 것이다. 그래서 '새로운' 것은 누구에게 새로워야 하느냐는 이론적인 문제는 쉽게 해결할 수 있다. 그리고 어떤 것이 '유용한' 것인지도 판단하기가 어렵지 아니하다. 조직의 생산성이 올라가고, 판매고가 늘어나고, 비용이 절감되고, 결근이나 이직률이 줄어들고, 작업장의 사고 빈도가 감소하고, 또는 조직 내부와 외부의 소비자들이 만족해하는 정도가 바로 '유용한'의 기준이 될 수 있다.

마지막으로 정말로 '창의적인' 것은 어떤 것인지를 Csikszentmihalyi(1996)에 따라 마무리해 본다. 그는 '창의적', '창의적인 사람'이란 용어들이 일상에서 너무 광범위하게 사용되고 있음을 지적하면서 창의적인 사람과 관련하여 적어도 세 가지의 현상들을 구분하고 있다(그의 창의력 이론에 대하여서는 3장에서 다시 다룰 것이다).

첫째는 귀에 쏙쏙 들어오는 머리 좋은 대화를 하고, 다양한 관심을 가지고 있고, 박학다식하여 많이 알고 그리고 머리가 잘 돌아가는 사람을 가리키는 것이다. 사실 이들은 창의적이기보다는 '재능 있는' 또는 '똑똑한 사람'일 수는 있어도 반드시 창의적인 사람은 아니다.

둘째는 세상을 아주 새롭고 독창적으로 경험하는 사람을 가리킨다. 이들은 지각 · 이해가 신선하고, 판단이 매우 통찰적이고 그리고 중요한 발견을 하고 있을 것이다. 그러나 그것을(그러한 경험을) 아는 사람은 당사자 자기 자신뿐이다. 이들은 '개인적으로 창의적'이라 말할 수는 있어도 진짜로 창의적인 사람은 아니다. 이들은 기껏해야 '사적으로' 창의적일 것이다.

마지막은 Edison, Picasso, Leonardo나 Einstein과 같이 우리들이 살아가는 문화를 어떤 중요한 면에서 변화시킨 사람들을 가리킬 때 '창의적'이란 용어를 사용하는 것이다. 각자의 분야에서 문화를 발전시킨 이들의 업적은 엄청나게 새롭고 유용할 뿐 아니라, 그것은 사적인 경험이 아니라 '공적인(public)' 성취이다. 이들이야말로 진정으로 '창의적인 것'이 어떤 것인지를 예시해 주고 있다고 그는 말한다.

그러나 이렇게 이야기하면 창의란 위대한 천재들의 몫이고 일상을 살아가는 일반 사람들과는 전혀 관련이 없는 것처럼 잘못 생각하기가 쉽다. 사실은 그렇지 않다. 인간 세상에서 이루어지고 있는 창의적인 작업의 대부분은—하는 일을 더 낫게 하고, 크고 작은 새로운 산출을 생산해 내는 것은—결코 역사 교과서에 이름이 오를 것 같지 아니한 수많은 사람들이 만들고 있다.

사실 우리들 대부분은 '첫째'를 의미하는 창의와 혁신은 오히려 잊어도 좋을 것이다. 기업체나 기관을 포괄하는 조직의 비즈니스 혁신은 모든 구성원들의 역할이 종합 · 총합되어 점진적인 개선으로 이루어질 때가 많다. 그것은 모두가 참여하여 꾸준히 지속적으로 진행되는 일반적인 것이어야 하며, 천재적인 혁신도 이들 가운데 한 부분을 이루어야 할 것이기 때문이다. 구성원 누구나 '오늘은 나의 일을 어떻게 더 잘 해 낼 수 있을까?'라는 마음가짐을 가질 때 비로소 창의와 혁신의 '기업가적인' 성취가 가능해질 것이다. 만약에 이들이 계속하여 공부하고, 열정이 있고 그리고 다행스럽게도 조직의 뒷받침과 격려를 받는다면 모든 사람에 의한 조직의 일상의 창의는 더욱 더 확대될 것이다.

2. 관련의 용어들

여기서는 '창의력'과 관련한 몇 가지의 용어들을 정리해 본다. 영어로는 'creativity'이지만 이를 과정적(過程的)인 것으로 표현할 때는 '창의'란 표현을 쓸 수가 있다. 그러나 이를 현상적인 것 또는 인과적인 것으로 나타내는 데에는 창의력, 창의성, 창조력, 창조성, 또는 창발력(창조 개발력) 등의 몇 가지 용어들이 사용되고 있다. 보다 일반적으로는 '창의성'이나 '창의력'이 많이 사용되고 있지만 이들은 어느 것이나 상호교환적인 것으로 사용할 수 있을 것이다. 물론 이들 두 가지의 용어들 간에는 뉘앙스에 다소간의 차이가 있어 보이기는 한다. 예컨대 '창의성'은 '창의적인 성격'을, 그리고 '창의력'은 '창의적인 능력'을 쉽게 떠올리게 된다. 그러나 creativity가 의미하는 '창의'는 매우 복합적인 개념이라서 거기에는 창의적인 능력이나 창의적인 성격 측면들이 함께 포함되어 있다.

또한 창의(력)를 의미하는 별개의 용어들도 몇 가지가 있다. 예컨대 종합력, 상상력, 발견이나 발명, 통찰(력) 또는 혁신 등의 용어가 매우 중요하게 사용되고 있다. 이들 가운데 가장 흔히 사용되고 있는 것은 상상력(imagination)과 종합력(synthesis)이다. 새로운 아이디어를 생산해 내려면 여러 요소나 부분들을 새로운 전체로 연결해야 하고 또는 상상적인 사고를(논리적인 사고가 아닌) 적용해야 하기 때문이다. "종합력이란 요소와 부분을 조합하여 하나의 전체를 구성하는 능력을 말한다. 여기에는 요소나 부분을 다루는 것과 이들을 다시 조합하고 배열하여 이전에는 명백하게 존재하지 않았던 어떤 새로운 양식이나 구조를 만드는 두 과정이 포함된다"(김호권, 임인제, 변창진, 김영채: 1978, p. 124). 상상력이란 듣기나 보기와 같은 직접적인 감각을 통하여 지각하지 아니하고 마음속에서 멀리 떨어져 있는 요소나 부분들을 연결하여 새로운 이미지(image)를 형성하는 능력을 말한다. 많은 서적에서는 창의력이란 바로 상상력 또는 상상적 사고라 말하고 있다.

또한 창의(력)를 의미하는 것으로 '발견(discovery)'이나 '발명(invention)'을 사용하기도 한다. 사전에 보면 '발견은 찾지 못하거나 알려지지 않은 사물, 사실, 현상을 찾아내는 일'이라 하고, 그리고 발명은 '기존의 개념이나 방식을 수정하거나 변형'하여 '새로움(신규성, novelty)의 요소를 보여주는 물체, 과정, 또는 기술을 생산해 내는 것'이라 말하고 있다. 그리고 발명과 같은 지적 재산을 보호하기 위한 것이 '특허(patent)'이다.

창의와 발명 · 발견은 모두가 '새로운' 것을 생산해 낸다는 데 공통점이 있다. 그러나 전자는 주로 '아이디어'를 다루는 반면 후자는 어떤 대상이나 현상에 대한 유형적인 것이라는 데 차이점이 있다. 그래서 '창의'와 '발명 · 발견'을 상호교환적인 것으로 사용하는 경우는 많지는 않지만, 비즈니스 창의와 혁신을 다루는 연구자들 가운데는 이들을 같은 의미로 사용하는 사람도 발견할 수는 있다(예컨대, Roberts, 1988).

그리고 창의(력)와 대등한 의미로 사용되고 있는 또 다른 용어는 '통찰(력)(insight)'이다. Sternberg & Lubart(1995)는 "통찰이란 어떤 것을 새로운 방식으로 보는 것인데 대개는 갑자기 일어나는 것같이 느껴지며 그래서 놀라움의 감정, 그리고 흔히는 환희의 감정을 유발한다"(p. 189)라고 말한다. 그리고 이들에 의하면 창의적 사고의 기초를 이루고 있는 통찰에는 세 가지 종류가 있는데 선택적 부호화, 선택적 비교 및 선택적 조합의 통찰 등으로 제안하고 있다(이에 대하여서는 4장 참조). 그리고 Horwath(2009)는 전략적 사고의 중요성을 강조하면서 이렇게 말한다. "통찰력은 가치 전달에 필요한 새로운 접근 방식, 새로운 제품이나 서비스 혹은 새로운 해결책을 낳기 위해 독특한 방식으로 두 가지 이상의 정보나 데이터를 하나로 결합하는 것"으로 정의하고 있다. 즉 통찰력은 우리가 매일 받아들인 정보를 낱낱이 파헤친 다음, 그것들을 점으로 나열하여 창조적인 방식으로 다시 연결하는 능력이다. 어떻든 '아하 경험(Aha experience)'이라 부르기도 하는 통찰은 사실은 한순간에 이루어지는 것이 아니라 그러한 순간은 새로운 아이디어가 생성되는 전체 과정 가운데 한 부분임을 주목해야 한다. 애플의 창업자인 스티브 잡스는 '창의력이란 단지 사물을 연결하는 것이다'라고 언급했다(p. 105). 그런데 정보(자료)는 새로운 아이디어를 생산해 내는 통찰력과는 다르다. 정보는 서로 떨어져 고립되어 있지만, 통찰력이란 단편적인 정보들을 서로 연결하여 하나로 종합하고 새로운 의미나 아이디어를 발견해 내는 능력이다. 그리고 '혁신'을 창의(력)와 동의어로 사용하는 사람도 있는데, 이에 대하여서는 다음에서 다룬다.

3. 창의와 혁신의 상호관계

창의와 혁신은 어떤 관계일까? 이들은 같은 내용을 다르게 표현하는 두 개의 용어인가, 아니면 어느 것이 다른 것의 한 부분인가?

혁신(innovation, 革新)이란 기존의 껍질(가죽, 革)을 벗듯이 기존의 관습, 조직, 방법 따위를 바꿔서 새로운(新) 틀을 입히는 것이다. innovation은 라틴어 'inno(~으로)'와 'novus(새롭다)'의 합성어라 하는데 '새로운 것으로의 변화'를 의미한다. 변화와 변환(transformation)은 기존의 무엇을 새로운 방식으로 바꾸는 것을 의미한다. 그런데 중요한 한 가지는 창의나 혁신은 모두가 '변화'를 위한 것이지만 그것은 아무렇게나 일어나는 변화가 아니라 '계획적', '의도적'으로 목표해서 성취하는 변화란 것이다.

전통적으로 '창의'에 대한 연구와 실제는 개인이나 집단 요인에 초점을 두고 있고, 그리하여 새로운 아이디어를 생성해 내는 데 집중하고 있다. 창의를 논할 때는 사업화나 상업적인 성과는 별로 개의하지 아니하고 있다. 반면에 '혁신'은 새로운 아이디어를 적용하여 유용한 제품(산출), 서비스, 방법이나 기술을 생산해 내는 데 초점을 두고 있다. 새롭고 유용한 아이디어와 개념을 사회적 또는 상업적인 가치가 있는 어떤 것으로 실행하거나 산출로 변환시키고 사업화하는 것이다. 그리고 이러한 과정에서 필요한 전략적인 조직의 요인과 사용 가능한 도구에 일차적인 관심을 두고 있다. 이렇게 보면 창의와 혁신은 강조를 두고 있는 중심에서 상당한 차이가 있어 보인다.

그러나 조직이 가치 혁신하고 소비자가 요구하는 새로운 제품이나 서비스나 편익을 생산해 내거나, 또는 새로운 비즈니스나 시장을 창조해 낼 수 있으려면 창의와 혁신이란 두 가지 영역이 모두 필요하다. 뿐만 아니라 이들은 반드시 하나의 전체로 통합되어 기능해야 한다. 개인의 행동뿐 아니라 조직의 구조와 과정 역시 필요에 따라 변화되어야 하며, 그리고 창의의 과정과 혁신의 과정이 하나의 전체로 효과적으로 경영될 수 있어야 할 것이다. 그래야 비로소 회사나 기타의 조직은 도전의 기회를 발견 · 확인하고, 이러한 기회를 창의적인 전략으로 활용할 수 있을 것이다.

Roberts(1988)는 혁신을 발명(invention)과 활용(exploitation)의 두 개의 단계 · 국면으로 나눈다. 발명이란 새로운 아이디어의 생성을 말하고, 그리고 활용이란 가치 혁신의 시각에서 생성해낸 새로운 아이디어를 적용하고 실현하는 것이다. 신동형과 송재용(2011)은 혁신은 기존에 존재하지 않았던 새로운 기술을 개발해 내는 발명과는 달리 거기에서 더 나아가 상업적인 성공까지 이루는 것을 포함하는 것으로 정의하고 있다. West(2002)는 "창의는 아이디어를 개발하는 것이고, 반면에 혁신은 아이디어들을 적용(application)하는 것이다"(p. 254)라고 말한다. 그리고 Cropley(1999)는 혁신은 새로운 것을 창조할 뿐 아니라 그것을 특정의 장면에서 구체적인 실제로 번역하고 적용해야 한다는 것에서 창의와 혁신은 차이가 있음을 지적한다. 그래서 어떤 의미에서 보면 창의는 혁신의 선행요건이라 볼 수도 있으며 또는 혁신의 하나의 단계 또는 국면이라 말할 수도 있다.

혁신은 또한 두 개의 국면을 가지고 있는 전체적인 하나의 과정이라 볼 수도 있다. 첫 번째는 아이디어의 생성국면으로 여기에서 새로운 아이디어가 나타난다. 두 번째 국면은 이러한 새로운 아이디어를 실제의 작업 현장에 집어넣고 적용하는 실제적이고 행동적인 것이다. 창의는 행동 없이 일어날 수 있지만, 그러나 혁신에서는 행동하고 실행하는 적용 국면이 필수적임을 지적하는 사람들은 적지 않게 있다. Bledow, Frese, Anderson, Erez & Farr(2009)는 Roberts가 말하는 발명 단계 · 국면을 '창의'라 하고 두 번째 단계 · 국면을 혁신 실행(innovation implementation)이라 부르고 있다.

창의와 혁신이 일반적으로 강조하고 있는 부분들을 확인해 보기 위하여 창의와 혁신의 전체 과정을 창의적 문제해결의 전체 과정에 따라 몇 개의 특징적인 단계로 나누어 볼 수도 있다(보다 자세한 것은 11장 참조).

(1) 관찰하기 – 문제의 장면에 대하여 의식을 가지며 이에 따라 탐색과 연구의 작업이 이루어진다.
(2) 문제의 구성, 정의 및 진술하기 – 다룰 수 있는 보다 구체적인 문제 · 과제를 구성하고 정의 또는 재정의하며, 그리고 창의적 사고를 자극하고 격려할 수 있게 이것을 문제로 진술한다.
(3) 해결 아이디어의 생성과 선택하기 – 발산적 사고와 수렴적 사고를 번갈아 사용하면서, 필요하면 반복적으로 사용하여, 문제에 대한 해결 아이디어들을 많이 생성해 내고, 그리고 이들 가운데 가장 그럴듯한 것을 판단하고 선택한다.
(4) 해결책(solution) 개발하기 – 선정한 해결 아이디어를 다듬고 더욱 개발하여 설명 가능한 하나의 '개념'으로 개념화하거나 또는 작업 가능한 '원형(prototype)'으로 개발한다.
(5) 해결책의 실행 계획 개발하기 – 해결책을 실행(적용)할 수 있는 구체적인 계획을 만든다. 산출의 경우는 비즈니스의 계획에 따라 심사하고 생산 계획을 수립하고 모니터링(점검)한다.

이러한 창의적 문제해결의 전체 과정에서 보면 '창의'는 주로 (1)~(4)의 단계에 '초점을' 두고 있고, 반면에 '혁신'은 (3)~(5)에 더 많은 관심을 두고 있다. 그럼에도 불구하고 이들은 서로 연속되어 있음도 알 수 있다. 그리고 이러한 전체의 과정은 우리가 기승전결(起承轉結)에 따라 설명할 수도 있어 보인다. 앞의 다섯 단계에서 (1)과 (2)는 '기'의 단계, (3)은 '승'의 단계, (4)는 '전'의 단계, 그리고 (5)는 '결'의 단계라 말할 수도 있을 것 같다.

그러면 아이디어를 개발하는 창의가 먼저 일어나고 다음에 이어서 이를 적용하는 혁신 실현의 단계가 계열적으로 따라오는 것인가? 얼른 보면 창의와 혁신은 계열적인 것같이 보이기도 한다. 그러나 최근의 연구들은 창의의 과정과 혁신의 과정은 서로 완전히 분리되어 일어나며, 그래서 계열적이란 주장에 의문을 제기한다. "창의의 과정과 혁신의 과정은 복합적인 것이며, 부분적으로는 반복적이고 그리고 부분적으로는 동시적인 것"(Haner, 2005, p. 389)으로 이해하는 경향이 늘어나고 있다(이에 대하여서는 3장의 변증법적 창의 참조).

요약하여 말하면 창의와 혁신이란 가치 있는 독창적인 아이디어와 통찰을 생산해 내고, 그런 다음 그것을 구체적인 실제로 '실행'하여 많은 사람들이 수용하여 사용할 수 있게 만들어 가는 과정이라 정의할 수 있다. 여기서는 '실행'이란 말을 사용하였지만 선행의 연구에서는 그 대신 '활용, 적용, 도입, 실천' 등의 용어들을 다양하게 사용하고 있다. 이를 강조하기 위하여 본서에서는 '창의와 혁신'이란 표현을 적극적으로 사용하고 있다.

4. 비즈니스의 창의와 혁신

Bledow et al.(2009)은 앞에서 알아본 학자들과 마찬가지로 혁신이란 개인, 팀 및 조직이 새롭고 유용한 아이디어를 개발하고 이를 실제에 도입하여 적용하는 것이라 정의한다. 이와 유사하게 여러 연구들은 새로운 아이디어를 사용하여 제품화하고 사업화하는 혁신을 표현하기 위하여 새로운 아이디어를 실제 · 작업 현장에 '적용하여, 도입하여, 활용하여, 또는 실행하여' 등의 용어를 다양하게 사용하는 것을 볼 수 있다.

이처럼 비즈니스나 산업에서는 대개 보아 창의보다는 혁신을 강조한다. 혁신이란 새로운 아이디어를 창조할 뿐 아니라 그것을 제품이나 서비스와 같은 구체적인 실제로 실현해야 하는 데 차이가 있음을 알 수 있다.

이러한 과정을 보다 분명하게 말하고 있는 것이 가치 혁신(value innovation)(Kim & Mauborgne, 2004)이다(이에 대하여서는 7장 참조). 가치 혁신에서는 조직이 현재의 고객에게 서비스하고 거기에 따라 새로운 시장을 개척해 가는 새롭고 효과적인 방법을 찾아가는 과정으로서의 혁신에 초점을 두고 있다. 그리하여 혁신을 고객의 가치에 연결시키고 있다. 가치 혁신의 이론은, 적어도 조직 수준에서의 혁신은, 단순히 새로운 아이디어를 생성해 내는 일이 아니라 그것을 넘어 고객에게 가치로운 제품을 생산해 낼 것을 요구함을 보여주고 있다. 물론 여기에서 말하는 제품이나 산출(product)이란 기술적인 도구나 실체적인 대상에 한정된 것이 아니고 마케팅, 마케팅 연구, 판매, 광고, 유통 및 고객 서비스 등 가치 체인들을 모두 커버하고 있는 것이다.

이러한 가치혁신의 중요성은 다음과 같은 세 가지의 수준으로 나누어 정리해 보면 보다 더 분명해 보인다.

(1) 거시적 수준(예컨대 국가 수준의 혁신)에서는 기술 발달, 사회 변화 및 범세계화(글로벌리제이션, globalization)에 따라 벌어지고 있는 21세기의 도전들을 다루는 것이 핵심이다.
(2) 중간적 수준(예컨대 개별의 조직 수준)에서는 경쟁 우위적이고 효율적인 조직의 구조와 경영을 만들고, 그리하여 사업의 성공과 부를 창출하는 데 초점을 두게 된다.
(3) 미시적인 개인 수준에서는 조직 내에서 일하는 개인들의 아이디어의 창출과 개인의 속성과 과제와 작업 환경 · 분위기 간의 상호작용을 촉진하는 것이 중요하게 된다.

GE에서는 2011년 12개국에 있는 1,000명의 고위 비즈니스 경영자들을 인터뷰하고 혁신과 관련한 중요한 내용들을 발견하고 있는데 한 부분은 다음과 같다. "응답자의 95%는 보다 경쟁적인 국가 경제를 위한 핵심적인 지렛대는 '혁신'이며, 그리고 88%는 일자리를 창출할 수 있는 최선의 방법은 바로 혁신이라 말하고 있다"(GE Global Innovation Barometer, 2011).

아래에서는 창의와 혁신을 통하여 얻을 수 있는 전략적인 장점들을 네 가지로 정리해 본다(Tidd, Bessant, & Pavitt, 2005).

(1) 제품이나 서비스를 보다 새롭게 개선하거나 대치할 수 있다. 그리하여 경쟁사 등 다른 사람들이 할 수 없는 '새로움'이 담긴 어떤 것을 제공할 수 있다. 그것

은 '더 낫게' 새로운 점진적인 것일 수도 있고 또는 '다르게' 새로운 혁명적인 변화일 수도 있다.

(2) 생산이나 실행의 방법 등과 같은 '과정(process)'에서 변화를 창출하고 제공할 수 있다. '과정'이란 바로 방법 내지 방식을 말하며 이들의 혁신을 통하여 더 빠르게, 더 싸게, 더 맞춤형으로 서비스할 수 있을 것이다.

(3) 경쟁 요인들을 추가하거나 확대시킬 수 있다. 기술개발이나 소비자 요구를 새롭게 발견하여 경쟁의 기본 요인을 바꾼다. 예컨대 단순한 가격 경쟁에서 질적 수준이 다른 사양을 추가할 수 있고 또는 제품을 출시하는 맥락을 바꿀 수도 있다. '퍼스트 무버(first mover)'가 되면 새로운 제품 시장에서 시장을 선점하고 점유율이 다를 수 있다.

(4) 패러다임(paradigm)을 혁신할 수도 있다. 패러다임 혁신은 조직 자체가 작동하는 기저의 기본적인 틀을 바꾸는 것이다. '패러다임(paradigm)'이란 사람들의 사고와 견해를 구성하는 근본적인 인식의 체계(mental model) 또는 이론적인 틀을 말한다. 저가 항공사의 등장이나 재택근무나 온라인 보험이나 기타의 금융 서비스 등이 이런 범주에 포함된다. 패러다임 혁신을 통하여 게임의 규칙이나 비즈니스 모델을 다시 쓸 수도 있을 것이다. 결국 전략적인 혁신이란 제품뿐 아니라 일을 처리하는 새로운 방법을 찾아내고 그리하여 생산성과 전략적인 우위를 획득하는 것이라 말할 수 있다. 이러한 창의와 혁신은 궁극적으로는 사람들의 '가치' 그리고 이에 부수하는 생산성과 생활수준을 높여 줄 것이다.

Ⅲ. 창의(력)가 다루고 있는 주제의 진화

창의(력)가 관심을 두었던 분야는 어떻게 발전했을까? 이러한 질문에 대한 대답은 우리가 왜 '창의와 혁신'에 관심을 가지며 그리고 앞으로는 어떻게 발전해 갈 것인지에 대한 통찰을 제시해 줄 수 있을 것으로 기대해 보게 된다.

창의력에 대한 최초의 관심은 '천재'란 개념과 더불어 시작했다고 볼 수 있다. 천재의 뛰어난 성취를 보면서 경이와 함께 그것을 설명하고 싶은 호기심을 가지게 되었을 것이다. 이와 맥을 같이하고 있는 것 같은 초기의 설명은 창의력에 대한 그리스 신화이다. 그리고 창의력이 드디어 과학적 연구의 대상이 된 것은 1950년 G. P. Guilford가 미국심리학회(APA)의 회장 취임 연설을 하게 된 시점으로 잡고 있다. 이들 두 가지를 먼저 간단하게 언급해 본 다음 창의력의 관심 대상 · 분야가 어떻게 진화하고 있는지를 살펴볼 것이다.

서양의 초기의 사상가들은 창의력은 신(God) 또는 신들의 선물이라 설명하였다. 그리스인들은 마음에는 두 개의 방이 있다고 믿었다. 두 개 중 하나는 신들의 것으로 모든 독창적인 통찰과 영감은 모두가 이 방에서 나온다. 그리고 모든 창의적인 생각은 뮤즈(muse) 신들의 중재(매개, mediation)를 통하여 나타난다고 믿었다. 다른 하나의 방은 인간을 위한 것으로 이것은 신들이 중재하여 얻어낸 영감을 단어나 행위로 번역하기 위한 것이다. 이러한 신념은 Homer의 이야기 시에서 그 예를 찾아볼 수 있는데, 거기에서 보면 위대한 인물들은 위대한 일을 할 수 있지만, 그러나 반드시 신이 지시한 대로만 할 수가 있다. 그러므로 창의적인 아이디어와 업적은 신들로부터 받은 하나의 선물이라 설명한다. 인간이 성취하는 창의적인 성과는 신이 내려보낸 영감의 소산들이다. 또한 많은 사상가들은 인간을 위한 마음의 방에는 창의적인 영감뿐 아니라 '광기(狂氣)'도 같이 포함하고 있다고 믿었다. 9명의 뮤즈 여신들은 올림포스 산의 주신이고 여러 신들의 왕인 제우스와 기억의 여신인 므네모시네가 9일 밤낮 동안 사랑을 계속하여 얻은 여신들이다. 제우스(Zeus)는 힘과 에너지를, 그리고 므네모시네(니마서니, Mnemosyne)는 기억 · 정보를 상징한다.

그리고 Guilford는 1950년 미국심리학회 회장 취임 연설에서 창의력의 중요성과 창의력을 과학적으로 연구할 것을 역설하였는데 그래서 이 연도를 창의력에 대한 과학적 접근의 시작으로 간주하고 있다. 실제로 그의 주창에 발맞추어 창의력에 대한 연구가 매우 활발하게 이루어지게 되었음을 여러 연구들은 보여주고 있다. 예컨대 Taylor(1959)는 Guilford가 APA 회장 취임 연설을 하고 겨우 9년이 지났을 뿐인데도 창의력에 대한 정의를 100개 이상이나 찾아볼 수 있었다고 한다.

Guilford는 1967년에 그의 고전적인 저술인 「The nature of human abilities」에서, 그리고 1971년 Guilford & Hoepfner의 「The analysis of intelligence」에서 그의 지능이론 SOI 모형(The structure of intellect model)을 제시하고 있다. 그리고 그는 SOI의 전체 120개 부분들 가운데 24개를 '발산적(확산적) 사고'라 부르고 있다. 여기에서 그는 창의력의 주요 특징들을 8가지의 요소로 제시하고 있다. 이들은 (a) 분석, (b) 융통성, (c)

유창성, (d) 독창성, (e) 관찰력(penetration), (f) 재정의, (g) 문제에 대한 민감성, 그리고 (h) 종합 등이다. 이들 가운데 SOI 모형을 연구한 연구자들이 창의력에 가장 중요한 것으로 빈번하게 인용하고 있는 것은 유창성, 융통성, 재정의, 문제에 대한 민감성 및 독창성 등의 5가지이다. 나중에 Guilford는 8개의 창의력의 요소에 '정교성'을 추가하고 있는데 이러한 9개의 창의력 요소들 모두를 그는 SOI의 3개 차원 내에 있는 특정의 요소에 집중적으로 관련시키고 있다(SOI의 3개 차원은 '내용', '조작' 및 '산출' 등이며, 이들의 각기에는 4개, 5개 그리고 6개 요소들을 가지고 있다). 그리고 그는 회장 취임 연설에서 발산적 사고와 수렴적(비판적, 논리적) 사고를 대비시키고 있다.

서구에서는 여러 세기 동안 미술, 조각, 그리고 시(詩)나 문학과 같은 예술 분야에서의 '창의'에 관심을 가지고 논의하였다. 이때 등장하는 천재들은 Leonardo da Vinci나 Michelangelo와 같은 사람들이다. 그러나 르네상스(Renaissance) 시대에 접어들고 인본주의가 싹트기 시작하면서 창의적인 능력은 점차 신의 선물에서 인간이 가지고 있는 인간 특성으로 생각하게 되었다. 18세기에 이르러 창의력을 인간적인 것으로 보기 시작하면서 초점을 탁월한 재능(giftedness)의 성질을 이해하는 데 두게 되었다. 오늘날은 이러한 재능의 스펙트럼을 보다 넓게 파악하여 아주 예외적으로 탁월한 사람에서 일상생활적인 것에 관심을 가지고 있는 탁월한 일반 사람까지를 포괄하고 있다.

그리고 2차 세계대전(1939~1945) 이후에는 수학과 자연과학 그리고 조각 등의 분야에서의 창의에 많은 관심을 보이게 되었다. "이러한 논의에서의 창의력은 강력한 미각적인 의미를 가지고 있으며 창의력은 주로 환경을 아름답게 다듬기 위한 하나의 매개로 보거나, 자기표현과 커뮤니케이션의 한 가지 형태로 보거나 또는 미지의 것을 이해하고 그것들을 열어서 대처해 가는 한 가지 방식으로 이해하였다"(Cropley, 1999, p. 512).

그러나 1957년 구소련이 스푸트니크(sputnik) 1호를 발사하고 본격적인 우주과학시대가 시작됨에 따라 이에 쇼크를 받은 미국은 1950년대 후반부터 물리과학과 엔지니어링(engineering)을 강조하게 되었다. 이에 따라 창의(력)는 '경쟁'에서 뒤떨어지지 않고 앞서가는 하나의 방법으로 다루기 시작하였다. 보다 최근에는 비즈니스나 조직에서의 창의(력)를 많이 이야기하고 있는데 여기서도 역시 경쟁을 압도적으로 강조하고 있다. 비즈니스에서의 창의력 연구들은 새로운 제품의 발명과 생산과정에 집중하였지만—예컨대 특허 연구를 통하여—보다 최근에는 창의적 경영, 혁신 경영 및 창의적 리더십 등에 집중하는 경향을 보여주고 있다. 창의적 경영에서는 생산성과 효율성(effectiveness) 등에 초점을 두고 많이 연구 · 논의하는 것처럼 보인다. 학교장면에서의 창의(력)도 이와 크게 다르지 아니하다. 학교장면에서 창의력(창의성)은 주로 새로운 학습에 대한 것이며 거기에는 창의적인 수업과 창의적인 학습전략 등이 포함된다. 그리고 이러한 교육활동에서도 경쟁, 경쟁 우위가 역시 초점의 이슈가 되고 있다. 이러한 현상은 학교뿐 아니라 산업계의 기업체 교육에서도 마찬가지인 것같이 보인다.

그리고 보다 최근에는 창의력에 대한 논의나 연구가 보다 확대되고 있는 것같이 보인다. 지금처럼 컴퓨터 등의 기계가 통상적인 인간의 활동과 사고를 접수하고 있는 시대에서, 창의력이야말로 유일한 '인간의(인간적인)' 특성이며 인간의 존엄을 지키는 최후의 보루로 접근하는 것이다. 그리고 이러한 견해를 확대하여 창의력을 정신건강의 한 가지 요소로 보기도 한다. 이러한 시각에서는 창의력이란 융통성, 개방성, 용기 등과 관련하여 건강한 성격을 개발하고 생활에서 긍정적으로 적응하도록 돕는 것이라 생각하고 있다. 앞에서 인용한 바 있는 GE의 서베이에서 보면 "응답자의 69%는 '오늘의 혁신은 높은 수준의 과학적 연구 못지않게 인간 창의가 주도하고 있으며 … 21세기에 이루어질 가장 위대한 혁신은 이윤을 최대로 창출해 내는 것보다는 인간의 요구를 다루는 데 도움 되는 그러한 혁신일 것이다"라 말하고 있다. 이러한 접근에서는 '표현적 창의', 또는 '정서적 창의' 등을 이야기하고 또한 Maslow의 '자아실현(self-actualization)'과 관련하여 접근하는 것같이 보이지만 아직은 두드러진 새로운 경향이라 보기는 어렵다.

Ⅳ. 창의력에 대한 오해 몇 가지

창의적인 것은 '새로워야' 한다. 이를 신규성이라 부르기도 하는데, 어떻든 '새로운(new, novel)'이란 단어는 독특한, 특별한, 비범한, 신기한, 색다른, 또는 상상적인 등과 같은 단어들을 떠올리게 한다. 그리고 창의력은 위대한 음악, 미술, 조각 등의 예술이나 문학 작품 등을 연상시킨다. 때로는 위대한 과학적 창의를 떠올리게 하며 열린 가능성과 미지를 향한 힘과 에너지를 생각나게 하기도 한다. 제2차 대전 이후의 미학 연구자들은 창의력이란 신규성이 유일한 요인이라 생각하였고, 나아가 새롭다는 것은 보는 사람에게 '놀라움(surprise)'을 주는 주관적인 것이라 정의하였다.

그러나 그 이후의 창의력 연구들은 '놀라움'만으로는 창의력의 충분한 조건이 되지 못한다고 확신하고 있다. 창의적인 것은 과제 · 장면에 적절해야 하고 유용해야 하기 때문이다. 아무리 새로워도 고객 · 소비자가 유용하고 가치 있다고 수용하지 않으면 그것은 이미 창의적인 것이 아니다. 그럼에도 불구하고 창의력을 신화 같은 것으로 다르게 생각하거나 오해하는 사람도 더러는 있다. 창의력에 대한 오해들을 몇 가지로 나누어 간단하게 정리해 본다.

(1) 창의력이란 소수의 위대한 천재들만 가지고 있는 마법적인 어떤 것이라 믿는 것이다. 마법적인 것에는 타고난 재능이나 특별한 성격 특성 등이 포함된다. 초기의 창의력 연구는 위대한 천재에 초점을 두었던 것도 사실이다. 그러나 현재의 시각은 이와는 전혀 다르며 위대한 천재뿐 아니라 거의 모든 사람이 할 수 있는 '일상적 창의력(everyday creativity)'을 강조하고 있다. 창의적인 잠재력(creative potential)의 수준이나 스타일은 사람 따라 다를 수 있어도 거의 누구나 사람들은 다소간 창의적이며 또한 창의력은 노력에 따라 어느 정도는 개발할 수 있다고 본다. 창의력이란 운수 좋게 태어난 특별한 능력의 소수에 한정된 것이 아니라는 말이다.

그러므로 우리가 정말로 심각하게 감당해야 할 도전은 창의력을 어떻게 이해하고, 활용하고, 그리고 최대로 개발 · 교육하느냐는 것이다. 여기에서 중요한 것은 '창의적 잠재력'과 '창의적 수행'을 구분하는 것이다. 창의적 수행이란 직접적인 행동을 통하여 창의적인 산출이나 서비스나, 기타의 창의적인 반응 등을 밖으로 드러내 생성해 내는 것이다. 창의적인지 어떤 것인지는 행동을 통한 결과나 성과에 따라 판단할 수밖에 없다. 그러나 사람에 따라서는, 매우 불행하게도, 창의적인 잠재력은 가지고 있음에도 불구하고 자신이 활용할 수 있는 창의적 자원들을 제대로 사용하여 관찰 가능한 어떤 외현적인 형태로 드러내 표현하지 못하는 경우도 많이 있을 것이다. 잠재력은 어디까지나 잠재력으로만 남아있고 창의적 수행으로 표현되지 못할 수도 있기 때문이다. 창의력 교육 · 개발의 목적은 각자의 창의적 잠재력을 창의적 수행으로 최대화하는 것이다. Sternberg & Lubart(1995)는 창의적인 생산을 하는 데 사용할 수 있는 개인의 창의적 자원으로 지능, 지식, 사고 스타일, 성격, 동기 및 환경적 맥락 등의 여섯 가지를 제시하고 있다.

(2) 남들과 다른 별난 행동이나 무조건적인 반대나 반발을 창의적인 것으로 보는 것이다. 이미 앞에서 새롭고 놀라운 것이라 하여 모든 것이 창의적인 것은 아니라고 하였다. 기존의 것을 무조건적으로 거부 또는 비동조하거나, 절제(discipline)하는 마음이 결여되어 있거나, 또는 자기 멋대로 한다는 의미에서 '새로운' 것이거나 또는 현실과의 연결이 거의 없는 것은 창의적인 것이라 말하지 않는다.

새롭고 별나도 유용하지 아니하면 창의적인 것이 아니다. 새로운 것도 건설적이고 인도적일 때 우리는 그것을 창의적이라 말한다. 그리고 진정으로 창의적인 사람은 남들과 함께 팀워크를 할 수 있어야 한다. 창의적 사람은 전통적인 관습이나 고정관념에서 벗어나 사사건건 반대하거나 물고 늘어지거나 남의 아이디어를 무시하지 않는다. 오히려 남들의 말을 경청하면서 '더 낫게' 또는 '다르게' 할 수 없는지를 끊임없이 질문하고 적극적으로 탐색한다. 창의적 질문은 반대와 파괴에 목적이 있는 것이 아니다. 그리고 단순히 상대를 이기는 데 목적이 있는 것도 아니다. 그것은 더 나아지거나 달라지기 위한 적극적인 탐색의 과정이어야 한다.

(3) 심지어는 창의력을 정신 질환, 광기(狂氣)와 연결시키는 사람도 있다. 그리고 창의적인 천재는 미쳤느냐는 질문을 던지기도 한다. 그러나 Kaufman(2005)은 "창의력을 광기에 연결시키는 논문이나 책들은 거의 전부가 일화적인 것이기에 근거가 없음을 분명히 하고 있다. 예컨대 Vincent van Gogh가 자기 귀를 자르는 것을 창의적인 사람의 광기로 연결시키는 것과 같다. 이와는 반대로 많은 연구들은 창의적인 활동은 빠져들고 매몰되는 집중의 시간이 힘들고 괴로울 수는 있지만 창의는 기본적으로 즐겁고 보상적인 것이다."(p. 107)라고 말한다. 창의적인 행동은 결코 광기 있는 비정상적인 데서 나오는 것이 아니라 신체적으로 그리고 정신적으로 건강하고 건전한 사람의 자연스러운 것이다.

창의적인 태도로 창의적인 능력을 발휘하면 성취와 함께 만족과 보상을 가져온다. 자신의 창의력에 대하여 계속하여 배우고 그것을 적용할 수 있으면 성취감과 함께 마음의 평화를 느낄 수 있다. 그리고 개인적으로 또는 집단이나 조직에 이익이 되는 산출과 결과를 얻을 수 있다. 발달, 발전 그리고 변화는 모두가 이러한 창의에서 가능해진다. 창의적인 사고와 창의적인 경험 활동은 자아실현이나 힐링(healing)과 더불어 더욱 확대될 것이다.

(4) 창의력은 특별한 부서의 특별한 직급의 사람에게만 필요한 것으로 보는 것이다. 창의적인 사고가 더 많이 요구되는 부서나 직무가 있을 수는 있지만 우리가 하는 거의 대부분의 일은 어느 것이나 창의적으로 '더 낫게' 할 수 있는 것이다. 조직에서는 개인의 창의가 연결된 총합을 이루어 창의적 생산성이 결정될 것이다. Amabile(1989)은 매니저들에게 자신의 회사에서 창의가 필요 없는 부서가 있느냐고 물어 보았다. 이들의 80%는 '회계'라고 대답했는데 이들은 아마도 창의란 마케팅이나 R&D에만 속하는 것이라 믿는 것 같다고 말한다. 그리고 활동 중심적 회계(Activity-based accounting)를 예시하면서 그녀는 조직의 모든 부서가 창의에서 혜택을 받을 수 있음을 지적하고 있다.

요약하면 창의력이란 누구나 어느 정도는 갖고 태어난 생득적인 것이며, 누구나 노력에 따라 잠재력의 최대치로 개발할 수 있으며, 그리고 즐겁고 보상적인 것이다. 그리고 창의력은 개인뿐 아니라 조직에 새롭고, 유용하고, 그리고 중요한 기여를 생산해 내게 하는 원천이라 말할 수 있다.

[장의 요약]

창의와 혁신이란 말은 이제는 어디서든 쉽게 들을 수 있는 시대정신의 용어이다. 이 장에서는 먼저 '왜' 창의와 혁신인지를 음미해 보면서 세 가지의 이유를 제시하고 있다. 첫째는 지식과 아이디어가 가치이고 부인 지식가치 시대 때문이다. 두뇌 중심의 지식경제에서는 지식과 아이디어가 가치를 결정하며, 그것은 파워이고 권위일 때가 많다. 둘째는 시대가 빠르게 변화하고 이와 더불어 경쟁이 치열해지고 있기 때문이다. 글로벌화에 따라 변화의 크기와 충격의 크기는 더욱 증가하고 다루어야 할 과제들은 복합성이 증대하고 있다. 마지막으로 특히 자연 자원이 크게 부족한 대한민국에서 창의와 혁신은 시대를 경영하기 위한 필수적인 능력이고 자세임을 강조하였다.

다음으로는 창의(력)의 정의, 관련의 용어들 그리고 창의와 혁신의 관계에 대하여 분석해 보았다. '창의적인 것'의 준거에는 '새로움'과 '유용성'의 두 가지가 있다는 데는 거의 모든 학자들이 동의하고 있다. 그러나 '새로움'과 관련해서는 창의적이려면 얼마나 새로워야 하느냐는 '새로움의 정도'가 이슈가 될 수 있다. 그리고 창의적인 것은 새로워야 할 뿐 아니라 적절하고, 유용하고, 가치로워야 한다. 예컨대 비즈니스 창의에서 보면 창의적인 것은 새로워야 할 뿐 아니라 비즈니스를 향상시키고 이윤을 창출하고 성공시키는 데 유용해야 한다. 여기서도 어떤 것이 혁신적인 것이며, 그것을 누가 결정하느냐 등의 질문을 제기할 수 있다.

창의(력)를 나타내는 용어에는 여러 가지가 있다. 창의력(성), 창조력(성), 창발력(창조개발력) 등이 있고 서로는 뉘앙스에서 다소간의 차이는 있다. 그러나 이들은 상호교환적인 것으로 사용할 수 있다. 또한 아이디어를 생성한다는 의미의 '창의'와 거의 같은 개념으로 사용하고 있는 것에는 종합력, 상상력(상상적 사고), 발견이나 발명, 통찰력 또는 혁신 등의 용어들이 있다. 이들은 모두가 떨어져 단편적인 정보(자료)들을 하나로 종합(통합)하여 새로운 의미나 아이디어를 생성해 내는 능력을 의미하고 있다.

그리고 창의와 혁신의 관계에 대하여 살펴보았다. 전통적으로 창의에 관한 연구와 실제는 개인이나 집단 요인에 초점을 두고 있는 반면, 혁신은 기업이나 기타의 조직에서 새로운 아이디어를 적용하여 유용한 산출(제품), 서비스나 기술을 생산해 내는 데 초점을 두고 있다. 그리고 혁신을 발명과 활용과 같은 두 개의 국면·단계로 나누기도 한다. 그럼에도 불구하고 창의든 혁신이든 간에 이들은 창의적 문제해결의 전체 과정을 커버하고 있다는 점에서 서로는 중첩하고 있다고 볼 수 있다. 본서에서는 이를 강조하기 위하여, 특히 조직의 생산적인 변화라는 시각에서 보아, '창의와 혁신'이란 표현을 주로 사용하기로 하였다.

창의력에 대한 과학적 연구는 일반적으로 G. P. Guilford가 미국 심리학회 회장 취임 연설을 한 1950년을 시작으로 잡고 있다. 그러나 역사를 거슬러 보면 초기의 사람들은 천재의 뛰어난 성취를 보면서 창의력을 설명해 보려고 노력하였다. 관심의 초점은 '천재'에 있었다. 그리고 그리스 신화는 뛰어난 창의를 9명의 뮤즈 여신들을 통하여 설명하고 있다. Guilford는 그의 '지능의 구조'(SOI, Structure of Intellect)에 있는 120개 부분들 가운데 24개가 발산적 사고인데 이것들이 바로 창의력이라 설명한다. 그리고 그는 창의력의 주요 특징들을 9개로 제시하였는데 이들이 현재 많이 인용되고 있는 '창의력의 요소'의 시작이 된다.

그리고 르네상스 시대에 접어들면서 서구에서는 여러 세기 동안 미술, 조각, 문학 등과 같은 예술 분야에서의 창의에 관심을 가지게 되었다. 인본주의적인 사상이 싹트면서 창의적인 능력은 점차 신의 선물에서 인간이 가지고 있는 인간 특성으로 이해하게 되었다. 이와 더불어 탁월한 재능에 대한 관심이 늘어나게 되었다.

그러나 1957년 구소련이 스푸트니크 1호를 발사하고 본격적인 우주 과학시대가 시작되면서 미국에서는 물리 과학과 엔지니어링을 강조하게 되었다. 그리고 비즈니스나 조직에서도 창의력을 이야기하면서 '경쟁'에 앞서가는 하나의 방법으로 창의력을 다루기 시작하였다. 이러한 경향은 학교나 비즈니스 경영 등 거의 모든 분야에서 확대되고 있는 것이 오늘의 실제라 말할 수 있다. 보다 최근에는 컴퓨터나 인공지능이 인간의 활동과 사고를 접수하고 있는 듯한 모습에 반발하여 창의력이야말로 유일한 인간적인 특성이며 인간의 존엄을 지키는 최후의 보루란 인식이 퍼지고 있다. 그리고 이에 따라 표현적 창의나 정서적 창의 등의 용어들을 적지 않게 사용하고 있지만 아직은 이들이 주류의 흐름이라 보기는 어렵다.

마지막으로 창의력에 대한 오해 네 가지를 정리해 보았다. 첫째는 창의력이란 소수의 위대한 천재들만 가지고 있는 마법적인 어떤 것이라 믿는 것이다. 그러나 오늘날은 누구나 창의적인 잠재력을 얼마간은 가지고 있다고 믿으며, 또한 일반인에 의한 일상의 창의력을 강조하고 있다. 둘째는 남들과 다른 별난 행동이나 무조건적인 반대나 반발을 창의적인 것이라 잘못 생각하는 것이다. 창의의 목적은 '더 낫게' 또는 '다르게' 더 잘하려는 것이지 결코 파괴에 목적이 있지 아니하다. 또한 창의는 공적인 것으로 문화 발전에 기여해야 창의적인 것이라 부를 수 있다. 셋째는 창의력을 정신 질환, 광기와 연결시키는 것이다. 창의는 건강하고 건전한 사람의 자연스러운 것이며, 그리고 본질적으로 보상과 만족을 가져다주는 것이다. 마지막의 오해는 창의력은 특별한 부서의 특별한 직급의 사람에게만 필요하다고 보는 것이다. 창의는 모든 직급의, 모든 부서의, 모든 사람에게 필요한 것이며, 조직에서는 개인의 창의가 총합을 이루어 조직의 생산성과 성공을 결정하게 될 것이다.

chapter_2 | 창의력의 주제와 체제적 접근

Chapter 2

창의력의 주제와 체제적 접근

이 장에서는 먼저 창의력의 기본적인 주제들을 살펴보고, 다음으로 창의력을 이해하기 위한 상호작용주의적 내지 체제적 접근에 대하여 음미해 볼 것이다. 창의(력)는 매우 복합적이고 다면적인 개념의 현상이기 때문에 학자에 따라 다양한 정의와 이론들이 제시되고 있다. 그러나 이들이 다루고 있는 요소(변수)들은 대개는 네 가지의 주제로 정리해 볼 수 있는데 거기에는 사람, 과정(過程), 산출 및 환경 등이 포함된다. 이것을 창의력의 4P라 부르기도 하는데, 이들 4P를 일반적으로, 그런 다음 조직의 수준에서 보다 자세히 알아볼 것이다. 마지막으로 이러한 상호작용주의적/체제이론의 내용과 함의들을 음미해 본 다음, 대표적인 창의력의 체제이론이라 말할 수 있는 Csikszentmihalyi의 체제이론을 좀 자세하게 알아본다. 창의력에 대한 상호작용주의적 접근은 창의는 여러 요소들이 생태학적인 모습으로 상호작용하여 이루어지는 것이라 본다. 그리고 체제적 창의력 이론은 이러한 상호작용주의적 접근을 일반적인 체제이론(시스템적 이론)에 따라 더욱 구체화시키고 있다.

Ⅰ. 창의(력)의 복합성과 다면성

앞의 장에서는 창의(력)란 무엇인가란 질문을 주로 다루었다. 그리고 그것을 정의하는 데는 '새로운'과 '유용한'이란 두 개의 키워드가 있음도 발견할 수 있었다. 그러면 또 다시 몇 개의 질문들이 자연스럽게 제기될 수 있다. 창의적인 것을 생산해 내는 능력 내지 힘은 어디에서 오는가? 창의력에 대한 연구 접근은 어떤 주제들로 이루어져 있는가? 보다 현실적인 것으로는 만약에 우리가 '창의적인 사고와 행동의 능력을 향상시키려면 무엇에 초점을 두어야 하는가?'라는 의문을 가지게 된다.

Guilford(1950)가 미국심리학회 회장 취임 연설을 하고 이것을 학회 학술지에 발표한 것이 소위 창의력을 과학적으로 연구하는 계기가 되었다고 본다. 이러한 시작에 이어서 창의(력)에 대한 수많은 연구들이 이루어지게 되었다. 이에 따라 창의(력)란 개념에 대하여 사용하고 있는 정의와 접근들도 다양하게 확대되었다.

그런데 연구자에 따라 창의력에 대한 관심의 초점이 다르고 이에 따라 창의력에 대한 정의(定義)나 이해가 매우 다양함을 발견할 수 있다. 이는 매우 혼돈스럽고 무질서해 보일 수 있으며 심지어는 좌절감을 심어 줄 수도 있어 보인다. 그러나 창의(력)란 매우 복합적이고 다면적인 개념이기 때문에 이것을 반드시 부정적으로만 받아들일 일은 아닐 것이다. Torrance(2000)의 다음과 같은 언급은 매우 적절해 보인다: "지난 세기 동안 창의력의 정의에 대하여 여러 논쟁들이 있었다. 많은 정의들을 제시했지만, 어떤 것도 완벽하게 정확하다고 생각되지는 못하였고, 그럼에도 불구하고 이들의 거의 모두는 본질적으로 보아 같은 것을 의미하는 것처럼 보인다. … 정의하는 것을 중단시키려 하는 것은 창의력을 추방하는 것과 같은데, 왜냐하면 정의를 창의하는 것 또한 창의이기 때문이다. 창의력에 대하여 정의 내리는 일은 끊임없이 계속될 것이다. 그러나 사람들은 그 때문에 장애받지 아니할 것이고 오히려 창의력에 대하여 더 많이 배우게 될 것이다. 하나의 정의에 너무 제한시키는 것은 도움 되지 않는다."(Torrance, 2000, pp. 11-12)

그럼에도 불구하고 창의력에 대한 이해를 보다 전체적으로, 구조적으로 이해하려는 노력 또한 적지 않게 이루어지게 되었다. 사람들은 흔히 초기의 가장 대표적인 사람으로 Rhodes(1961)를 지목하고 있다.

그는 창의력에 대한 정의를 56개나 수집하여 이들을 분석해 보고 거기에는 상호 중복적인 4개의 가닥 내지 주제가 있음을 발견하였다. 이러한 주제에는 창의적인 사람(person)의 특징에 대한 것, 창의적 과정(過程, process)에서의 조작(operation, 방법)에 대한 것, 창의적인 산출(product, 제품, 결과와 성과)에 대한 것 그리고 창의력을 위한 환경(press, 맥락이나 장소)에 대한 것 등이 포함되어 있다. 이들을 전통적으로 창의력의 4P라 부르고 있다. Rhodes는 다음과 같이 보고하고 있다: "내가 수집한 정의들을 살펴보고 나는 이들 정의들이 상호배타적인 것이 아니란 것을 알게 되었다. 프리즘으로 들여다보듯이 자세하게 분석해보니 이들 정의들이 가지고 있는 내용은 4개의 커다란 가닥을 이루고 있었다. 각기의 가닥은 학문적으로는 독특한 정체성(identity)를 가지고 있지만, 그러나 이들 네 가지 가닥들은 기능적으로는 하나의 통일체로서만 작동하고 있다"(p. xx). 후속하여 여러 연구들은 창의력을 이해하고 접근하는 데 이들 네 개의 주제들을 수용하고 있지만 다소간 수정한 사람도 있다. 예컨대 Cropley & Cropley(2011)는 4P의 하나인 '사람'을 개인적인 특성(personal properties), 동기 그리고 감정/기분 등의 세 가지로 더욱 세분화하여 6P를 주장하고 있고, 또한 이와 비슷한 개념적 접근법을 제시하는 다른 학자들도 있다(Gawan, 1972; MacKinnon, 1970).

Ⅱ. 창의력 연구의 기본적인 주제들

다음에서는 창의력의 4P, 즉 창의력을 이루고 있는 4개의 가닥 내지 주제들을 간략하게 정리해 본다. 전통적으로 연구자들은 이러한 주제들 가운데 어느 한두 가지에 집중하고 있음도 기억해 둘 필요가 있겠다.

1. 사람

창의력에 대한 초기의 연구들은 천재와 같은 매우 창의적인 사람(person)들이 얼마나 창의적이며, 그리고 이들은 어떠한 인지적 및 정의적인 특성을 가지고 있는지를 밝히고자 하였다. 보다 최근의 연구들은 기본적으로 보아 거의 모든 사람들이 창의적 잠재력을 가지고 있다고 전제하고 있다. 그리고 천재의 창의력 못지않게 일상생활의 창의력(everyday creativity)도 강조하고 있다. 일상적인 생활의 모든 면에서 더 낫게 또는 다르게 새롭게 할 수 있는 가능성은 언제나 열려 있다고 본다.

그리고 전통적으로 창의력 심리검사에서는 '당신은 얼마나 창의적인가?'란 질문을 하고 창의적인 능력의 수준(level)에 초점을 두었다. 그러나 현재는 거의 모든 사람은 적어도 한두 개 영역에서는 창의적일 수 있는 잠재능력을 가지고 있다고 보기 때문에 '당신은 얼마나 창의적인가?'란 질문 못지않게 '당신은 어떻게 창의적인가?'란 질문을 선호하고 있다. 전자의 질문은 창의력의 수준, 정도 또는 양을 다루는 반면, 후자는 창의력의 종류, 형식, 또는 스타일을 묻는 것이기 때문에 이들 두 질문의 성격은 많이 다르다.

사람 속에 있는 창의적 재능의 전체적인 스펙트럼에는 능력, 지식 및 기능뿐 아니라 창의에 대한 성격, 태도, 동기 및 오리엔테이션 등이 광범위하게 포함될 것이다. 실제로 여러 연구들은 창의적인 사람이 가지고 있는 여러 가지 특징(특성)들을 확인해 내고 있다. 거기에는 호기심, 개방성, 민감성, 상상력, 독립심, 독창성, 융통성, 복합성, 애매한 것에 대한 인내, 모험심 등등으로 망라하기가 쉽지 않다.

그러나 여전히 몇 가지의 질문을 해보게 된다. 창의적이려면 이들 특성들을 모두 가져야 하는가? 언제나 그런가? 과제나 분위기에 따라 달라지지는 않는가? 그러한 특성들은 시간과 장면에 따라 어떻게 달라질 수 있는가?

이러한 질문에 대하여 대답하기란 쉬운 일이 아니다. 그러나 우리들의 경험과 최근의 연구들을 종합해 보면 몇 가지의 개략적인 결론 같은 것은 내릴 수 있어 보인다.

(1) 이러한 특성들은 모든 수준의 모든 사람들이 어느 정도는 가지고 있다고 본다. 물론 전통적인 견해에서는 이러한 특성들은 탁월한 산출을 생산해 낸 천재들만이 가지고 있다고 믿었다.

(2) 이러한 특성들은 고정되어 있어 수정하거나 개발할 수 없는 것이 아니고 오히려 역동적인 것이며 변화 가능하다고 본다. 우리가 감당해야 할 도전은 개인 속에 잠재해 있는 창의적인 특징/특성들을 개발하고, 격려하고, 향상시키고, 그리고 교육시키는 것이다.

(3) 사람들이 가지고 있는 창의적인 능력 수준은 다소간 다를 수 있지만(수준, 정도, 양), 이에 못지않게 중요한 것은 창의력이 발휘/표현되는 스타일(style), 종류, 또는 형태가 다르다는 것이다. 따라서 '나는 얼마나 창의적인가?'라고 묻기보다는 '나는 어떻게 창의적인가?'란 질문도 할 수 있어야 한다. 이러한 논의는 자연스럽게 인간의 '다중 재능'이란 주제와 연결이 된다.

2. 과정

창의적인 과정(過程, process)이란 창의적인 활동을 할 때 사용하는 '방법'을 말한다. 달리 말하면 창의적인 사고나 활동을 할 때 일어나는 정신적 또는 인지적 처리의 절차 내지 방법을 가리킨다. 창의적인 과정에 초점을 두고 있는 연구들은 창의적인 결과/산출을 생산해 내는 동안 일어나는 정신적 과정(절차, 방법)을 분석한다. 그리고 이러한 과정을 좀 더 가시적이고 이해 가능한 것으로 모형화하여 창의적 사고를 향상/개발시키는 데 사용할 수 있게 하는 데 목표를 두고 있다. 사실 여러 학자들은 생산적인 사고와 사고의 예술에 관심을 가지고 인간이 성취할 수 있는 최선의 사고를 몇 가지로 서술하고 있다(예컨대, Dewey, 1933; Wallas, 1926; Wertheimer, 1945).

가장 고전적인 것은 Wallas(1926)일 것이다. 그는 유명한 예술가와 과학자들을 분석해 본 것을 토대로 창의적 사고과정에는 4개의 단계가 있다고 말한다. 이들은 (i) 문제를 조사 연구하는 준비(preparation), (ii) 무의식적인 부화(incubation), (iii) 바라는 아이디어가 불쑥 나타나는 '조명'(illumination), 그리고 (iv) 생성해 낸 아이디어의 타당성을 검증하는 확인(verification) 등이다. 창의적 아이디어의 생성에 대한 이러한 모형은 창의적인 과정들을 특징적인 몇 개의 국면 단계로 나누어 볼 수 있음을 보여주고 있다.

창의적인 과정을 다루고 있는 여러 연구들은 특히 창의력 교육과 관련하여 이루어지고 있다(특히 창의력 교육/개발에 대한 인지적 접근). 그리고 크게 보면 다음과 같은 두 가지의 성과를 올리고 있는 것같이 보인다.

(1) 창의적 사고 과정은 직관적 또는 암묵적으로만 일어나는 것이란 생각을 바꾸어야 한다. 창의적인 사고는 오히려 의식적, 계획적으로 일어나며, 그리고 격려하고, 향상시키고, 개발해야 하는 것이다. 예컨대 CPS(Creative Problem Solving, 이에 대하여서는 11장 참조)를 개발한 Alex Osborn은 인간의 상상력에 관심을 가지고 인간의 문제해결 능력을 개발할 수 있는 실제적인 방법(절차)을 제시하고 있다. 이러한 방법/전략은 개인뿐 아니라 집단이나 조직에서도 마찬가지로 적용할 수 있다.

(2) 창의적 수행을 하려는 사람 누구에게나 도움 될 수 있는 다양한 방법, 사고도구 및 전략들을 확인 · 발견하고 있다. 예컨대 브레인스토밍기법이나 유추를

사용하거나, 또는 무관하거나 반대되는 것들과 같이 연결하고 변증법적으로 종합하여 새로운 해결아이디어를 생성해 내는 것과 같다. 이러한 방법, 도구 및 전략들은 이미 매우 다양하게 개발되어 사용되고 있다(10장 참조).

3. 산출

창의력이란 새롭고 유용한 어떤 것이 새롭게 존재토록 하는 능력이고 태도이다. 이러한 창의적인 사고에서 얻게 되는 결과나 성과를 창의적 산출(products)이라 부른다. 창의적인 산출은 크기나 모양이 다양할 수 있으며 그리고 그것이 생성되는 맥락 또한 여러 가지일 수 있다. 창의적인 산출은 뛰어난 음악, 조각, 회화, 또는 엄청난 발견이나 발명 등뿐 아니라 인간이 노력하고 있는 어떤 분야에서도 가능할 수 있다. 또한 그것은 개인이 노력한 결과일 수도 있고, 팀이나 조직 또는 기업체에서 공동으로 노력한 결과일 수도 있다. 또한 여러 가지의 창의적 산출들은 '새로움'(신규성)이나 '유용성'의 정도가 매우 다양할 수 있다.

그리고 창의적 산출은 유형적인 구체적인 것일 수도 있고 만져볼 수 없는 무형의 것일 수도 있다. 스마트폰과 같이 시장에 나와 있는 산출/제품이나 발명품은 유형적인 것이다. 그러나 개인의 학습(learning)이나 발달, 새로운 서비스나 기술개발, 또는 새로운 제작 과정이나 방법을 디자인하는 것은 무형적인 것들이다.

그러면 어떤 산출 또는 성과가 얼마나 창의적인 것인지를 어떻게 사정할 수 있는가? 창의적 산출(또는 성과)의 특징을 연구한 대표적인 사람은 Besemer(1997)와 그의 동료들이다. 이들은 지필평정척(紙筆評定尺)을 사용하여 산출의 창의적인 정도를 사정하고 있다. 그러나 이것은 하나의 방법일 뿐 다행히 유망한 몇 가지의 시도들이 다양하게 이루어지고 있다(이에 대하여서는 12장 참조).

4. 환경

창의적 환경(press)이란 창의적 행동이 일어나는 맥락(context)이며 여기에는 장소, 장면, 문화, 그리고 분위기(climate) 등이 포함된다. 창의력 연구의 초기에는 창의적 환경을 표현하는 용어로 'press'라는 단어를 사용하였는데 이것은 사람과 장면(상황, situation) 간의 상호작용을 서술하기 위함이었다. 환경 속에 있는 요소들이 사람을 밀거나 당기고, 또한 사람 속에 있는 요인, 행위 및 특성들이 환경에 작용하여 밀거나 당기는데, 이러한 전체적인 상호작용을 'press'라 부르고 있다. 그래서 우리말 번역은 '환경', '맥락' 또는 '장소' 등으로 번역하고 있다.

그러면 창의를 격려하거나 반대로 장애가 되는 환경은 어떠한 것일까? 여러 연구에서 해답을 찾아볼 수 있다. 창의력을 격려하고 자극하는 환경에는 과제를 수행하기 위하여 무엇을 어떻게 할 것인지를 의사결정할 수 있는 자유, 비교적 충분한 자원, 그리고 새로운 아이디어에 대하여 열정을 보이는 경영진의 창의적인 리더십 등이 중요할 것이다. 또한 부서나 상하수준을 넘어서 협동하는 분위기, 그리고 적절한 인정과 보상 등이 포함될 것이다. 그리고 창의와 혁신에 장애가 되는 요인에는 조직의 특성(관료적인 체제, 부적합한 보상체제, 부서 간 협력 부족 등), 과제 관련 의사결정의 자유나 권위가 없는 것, 과제수행에 대한 무관심, 부적합한 평가제도, 불충분한 시간, 부적절한 리더십과 프로젝트 관리 그리고 지나치게 현상유지를 강조하는 것 등이 포함될 수 있다(이에 대하여서는 7장 참조).

Ⅲ. 조직과 창의력의 기본 주제

앞에서는 창의력 연구의 기본적인 주제들인 사람, 과정, 산출 및 환경에 대하여 알아 보았다. 다음에서는 이러한 주제들을 조직의 수준에서 보다 구체적으로 살펴봄으로써 창의력의 기본 주제에 대한 이해를 보다 더 심화시켜 보려고 한다.

조직(organization)은 개인 혼자 또는 소집단에서 할 수 있는 것 이상을 성취하기 위한 집단적 목표를 가지고 있는 존재이다. 그리고 그것은 여러 가지의 외적 환경과 연결되어 있다. 조직의 형태에는 정부, 기업체, 단체, 위원회 등 다양한 구조의 것이 포함되겠지만, 일반적으로 보아 조직은 역동적인 것이며 살아있는 하나의 시스템(system)이다. 조직이 커지고 목표가 보다 광범위해지면 조직은 여러 요소들이 상호작용하는 보다 복합적인 시스템으로 발전하게 된다. 시스템이란 Aristotle의 말처럼 전체는 부분들의 총합보다 더 큰 그러한 방식으로 결합되어 구조화되어 있고 연결되어 기능하는 존재이다. 조직을 의미하는 'organization'은 '기관'(器官, organ)을 뜻하는 희랍어 'organon'에서 유래한다고 알려져 있다.

조직의 변화에 대하여 시스템적 접근(체제적 접근, systemic approach)을 취한다는 것은, 다른 경우에서와 마찬가지지만, 전체 장면에 포함된 상호관련되어 있는 요소들을 가능한 대로 함께 조심스럽게 고려하는 것을 의미한다. 단편적인 한두 개의 변수로 조직의 역동성을 설명하거나 통제하기가 어렵기 때문이다. 창의(력)란 개념은 매우 복합적이고 다면적인 것이라서 장님 코끼리 만지는 격이 되기 쉽다는 말이다. 〈표 2-1〉은 조직에서 변화, 즉 창의와 혁신을 통한 변화를 부분적으로만 이해할 때 결과하는 문제점들을 정리하고 있다.

아래에서는 앞에서 살펴본 순서에 따라 사람, 과정, 산출 및 환경의 순서로 조직에서의 4P의 의미를 살펴본다.

(1) 사람. 조직이 제대로의 기능을 수행하려면 많은 사람들이 관련해야 하고 그리고 이들이 적극적으로 참여해야 한다. 창의와 혁신을 통하여 생산적인 변화를 성취해 내려면 모든 것은 '사람'에서 시작해야 한다. 조직의 변화가 성공하려면 이러한 인적 자원과 이를 뒷받침하는 조직의 창의적인 리더십의 질적 수준 그리고 이들이 창조하는 창의적인 환경에 달려 있을 것이다. 작업 팀이나 부서에는 '바른' 사람들이 들어 있어야 하고 이들이 제대로 일할 수 있게 리더들이 뒷받침해야 한다는 말이다.

〈표 2-1〉 변화를 부분적으로만 이해하는 시각의 문제점

만약에 '변화'가 … (만 이루어진다면)	그 결과는 … (일 수 있다)
전문가들의 영역	전문가들 이외의 다른 사람들이 참여하지 않으면, 다른 시각으로부터 핵심적인 지식과 경험이 투입되지 못함.
소비자 요구를 이해하고 충족시키는 것	기술 발전이 결여되며, 따라서 경쟁 우위를 확보할 수 없음.
기술 수준의 향상	시장이 원하지도 않는 제품이나 서비스를 생산하거나 사용자의 요구를 만족시키지 못하는 방법 · 과정들을 디자인하고 생산하여 반발을 불러옴.
큰 회사만의 영역	손 큰 고객에게 너무 의존하는 작고, 약한 회사가 된다. 유의하지 않아 보이는 작은 혁신이 새로운 기술 또는 시장의 기회를 포착할 수 있음.
오로지 '파격적인' 변화	점진적 혁신의 잠재력을 무시. 점진적 변화가 작동하지 않으면 급진적 변화에서 오는 이득을 확보하거나 강화할 수 있는 능력이 없어짐.

(계속)

오로지 전략적인 표적의 프로젝트에 대한 것	새로운 가능성을 열어줄 수 있는 뜻하지 아니한 행운의 '사건'들을 놓침.
오로지 핵심인물에만 관련됨	다른 근로자 · 동료들의 창의력을 활용하지 못하고 또한 혁신을 향상시키는 데 그들의 투입과 시각을 확보하지 못함.
오로지 내적으로만 생성됨	외부로부터의 좋은 아이디어를 거부하거나 저항하게 됨.
오로지 외적으로만 생성됨	혁신은 단순히 외부로부터의 요구라는 쇼핑리스트를 채우는 것이 되며 내적인 학습이나 기술력 개발 같은 것이 없음.
오로지 단일 회사의 일	새로운 제품 개발이나 공동운영과 같은 여러 가지 형태의 조직 간 네트워킹 가능성이 배제됨(오픈 이노베이션).

변화하려면 개인의 지식과 경험을 격려하는 학습 환경이 마련되어야 하고, 그리고 적합한 창의적 리더십이 있고 목표와 방향이 분명해서 개인의 능력을 생산적으로 통합하는 것이 요구될 것이다.

그리고 하나 더 추가적으로 언급해 둘 것은 여러 연구들은 조직이 성공하려면 '신뢰'가 중요하다는 것이다. "신뢰란 대개는 말과 행위 사이의 일관성에 대한 것이다. 사람들은 말에 귀기울이고 그리고 그가 하는 행위를 들여다본다. 그런 다음 이들 간의 일관성을 측정한다. 이들 두 가지가 일치할 때 '신뢰할 수 있다'란 판단을 내린다"(Kouzes & Posner, 1993, p. 47). 그 사람의 진심을 느낄 수 있고 그것이 그의 행동과 일관성을 보일 때 사람들은 신뢰감을 느낀다. 그리고 이러한 분위기는 창의적인 작업과 직결된다. 우리나라의 각종 조직의 리더들은 얼마나 진정성이 있고 신뢰로울까? 대학이란 조직도 결코 예외가 아니란 것이 저자의 경험이다.

(2) 과정. 창의와 혁신을 위하여 어떠한 방법 또는 접근을 사용할 것인지는 바라는 성과나 결과가 어떤 것인가는 물론이고 관여하는 사람과 맥락(장면)에 따라서도 달라질 수 있다. 이런 것들을 충분하게 알고 나면 어떤 방법/접근법이 적합한지를 계획할 수 있다. 물론이지만 과제나 장면의 요구에 따라 한 가지만의 방법이 아니라 몇 가지의 방법을 전략적으로 같이 사용할 수도 있을 것이다. 특히 조직의 수준에서 보면 어떠한 방법이나 접근법들을 사용할 수 있는지를 알아야 하고 필요하면 교육이나 자문을 받아야 한다. 또한 어떠한 결과/성과를 기대하며 조직 내외의 상황과 관여할 수 있는 인적자원에 대하여서도 종합적으로 검토하는 것이 중요하다.

그런데 중요한 것은 이들을 안다고 하여 구체적으로 변화를 어떻게 경영할 것인지를 자동적으로 알게 되는 것은 아니란 것이다. 가장 적합한 방법을 전략적으로 계획할 수 있어야 한다. 그러려면 변화를 둘러싼 전체 체제에 대하여 가능한 대로 많이 이해해야 한다. 그리고 전체의 구성원들이 창의력에 대한 오리엔테이션뿐 아니라 기본적인 사고도구에 대하여 이해하고 연습해야 한다. 또한 리더가 창의와 혁신에 대하여 깊게 이해하고 열정을 가지는 것은 특히 중요해 보인다.

그런데 방법이란 변화를 위하여 사람들이 사용할 수 있는 도구이고 수단이다. 모든 방법에는 장점과 단점이 있고 또한 비용이 든다. 그리고 이들은 여러 가지 상황에 따라 잘 맞아 들어가는 능력이 다를 수 있다. 맥락이 다르면 적합한 방법과 사고도구가 달라질 수 있다. 어떤 것이 사람들이 보다 쉽게 그리고 각자의 창의적 재능을 더 잘 발휘하게 하며 그리하여 바라는 성과/결과를 성취하는 데 도움 되는 것인가? 이런 질문을 자주 던져 볼 수 있어야 한다.

(3) 산출. 변화를 통하여 기대하는 결과 또는 성과가 구체적이고 분명해야 한다. 우선 조직이 가지고 있는 핵심의 가치는 물론이고 바라는 미래의 비전이 뚜렷해야 한다. 사람에 관하여 그리고 맥락(환경)에 관하여 바른 질문에 집중할 수 있으려면 바라는 결과/성과에 대하여 가능한 대로 분명하게 알아야 한다. 그렇지 않으면 잘못 짚은 엉뚱한 문제/과제를 가지고 헤매이기 쉽다. 추상적인 비전을 구체적인 숫자와 시간 등으로 표현할 수 있는 목표/목적이 뚜렷하면 행동은 활성화되기가 훨씬 쉬워진다.

달리 말하면 소비자의 요구를 충족시키기 위하여 무엇을 할 필요가 있으며 거기에 따른 결과로서 기대하는 창의가 어떤 것인지가 분명해야 한다. 전통적으로 혁신을 새로움의 정도에 따라 '더 낫게' 하려는 점진적인 것과 '다르게' 하려는 혁명적인 것으로 나누고 있다. 다음과 같은 질문에 대답할 수 있어야 한다.

- 요구하는 새로움(신규성)의 종류와 정도는 무엇인가?
- 변화하지 아니할 것은 무엇인가(핵심적 이데올로기)?
- 언제까지 성과를 성취해야 하는가(단기적 또는 장기적)?
- 바라는 새로운 성과와 현재 조직이 가지고 있는 전략 사이의 관계는?

• 바라는 성과를 지속하려면 새로운 구조, 체제(시스템), 정책 및 절차가 요구되는가, 아니면 기존의 것을 활용하거나 개선하면 충분한가?

핵심적인 이슈는 결과나 성과에 대한 이미지를 분명하게 하고 바라는 새로움의 종류를 먼저 결정하는 것이다. 그러나 이것으로 충분해 보이지는 아니한다. 기술 발달에 따른 혁신과 시장 및 조직의 요구에 따른 혁신을 구분해서 살펴볼 필요도 있다(Christensen, 1997). 다시 말하면, 성과/결과의 변화와 관련하여 두 가지를 구분해 볼 필요가 있는데, 하나는 기술 발달에 의한 것이고 다른 하나는 시장의 요구에 따른 것이다. 많은 변화와 개선은 기술 발달에 따른 것이고 이에 따라 게임의 법칙이 달라지는 것이다. 그러나 이것이 유일한 기제는 아니다. 예컨대 Christensen(1997)은 시장이 바로 변화의 효과적인 출발점이 될 수 있음을 지적하고 있다. 시장을 이루는 소비자의 요구와 기대가 새로워지면, 이에 따라 새로운 시장이 출현하고 그리하여 전혀 새로운 혁신이 필요할 수 있다. 그러므로 어떠한 조직에서도 산출을 활용하는 사용자(소비자)의 요구가 무엇인지를 보여줄 수 있는 작은 신호라도 찾아내고 이것을 제품이나 서비스 등을 개발하는 과정에 연결하고 투입되게 할 수 있어야 한다. 이러한 혁신은 기존의 시장과 기존의 산업표준에만 맞추어 안주해서는 이루어낼 수 없다.

(4) 환경. 변화를 경영하려면 문제의 장면(situation)이 어떤지를 이해하고 새로운 시도나 프로젝트에 긍정적으로 또는 부정적으로 작용하는 변수(세력)들을 확인해야 한다. 그리고 개인과 마찬가지로 조직에서도 어떤 일을 반복하다 보면 특정의 한 가지 방식으로 행동하게 된다. 그것은 개인의 습관 같은 것이며, 조직에서는 이를 '관행'(routine)이라 부른다. 관행의 행동 형태는 이 조직의 세상은 어떤 것이며 그것을 어떻게 처리해야 하는지에 대한 밑바탕에서 공유하고 있는 신념을 반영한다. 이것은 반복적인 경험을 통하여 나타나며 그리하여 거의 자동적인 반응을 일으킨다.

이러한 관행은 조직마다 특수할 수 있으며 경험을 통하여 학습한 것이다. 그리고 익숙한 길을 자동차 운전하는 것과 같아서(제2의 천성 같은 것이 되어) 매우 도움 될 수 있지만, 동시에 부정적인 효과를 미칠 수도 있다. 특히 지금까지의 것과는 다르게 사고하는 데는 장애가 될 수 있다. '여기서는 이렇게 하는 거야'라는 관행 때문에 'NIH 효과'가 일어나기 쉽다. NIH 효과(Not invented here effect)에 익숙해지면 하던 대로의 익숙한 것이 아니면 '여기는 아니야. 우리와는 관계가 없어'라는 식으로 변화를 두려워하고 새로운 것의 도입을 차단하려 한다. 그리고 현재 하고 있는 방법을 더 잘 하는 데 집중한다.

현상유지 성향을 가지고 있는 사람들은 흔히 '못쓸 정도가 아니면 그대로 쓰겠다'는 사고방식을 가지고 있다. 과거에 성공을 경험했던 사람들에게 새로운 전략을 요구하면 "지금까지 성공했던 전략을 왜 바꿔?"라고 반문하기 쉽다. 그들은 세상과 경쟁 상황의 변화, 시장의 트렌드, 고객이 추구하는 가치가 현재의 전략을 점차 또는 전혀 쓸모없는 것으로 만들 수 있다는 것을 심각하게 인식하지 못하기 쉽다. 그러므로 혁신을 하려면 조직이 가지고 있는 강점, 약점과 요구 등을 계속하여 사정해 볼 필요가 있다. 그리하여 조직이 혁신하고 변화할 수 있는 준비가 얼마나 되어 있는지를 계속하여 진단할 수 있어야 한다.

Ⅳ. 창의력의 상호작용주의적 · 체제적 접근

1. 창의력의 상호작용주의적 접근

앞에서는 소위 창의력의 4P라 불리는 4개의 기본적인 주제들에 대하여 살펴보았다. 여러 연구자들은 이러한 창의력의 측면들 가운데 어느 한 가지에 주로 초점을 두어 창의력을 정의하고 연구를 접근하고 있다. 예컨대 Torrance(1993)는 창의의 과정(過程)에 초점을 두고 있다. 창의적 과정에 대한 정의는 창의적인 교수 · 학습을 가이드할 수 있는 수업 모형으로 비교적 쉽게 번역할 수 있기 때문이다.

사실 창의(력)란 복합적이고(complex) 또한 다면적인(multi-faceted) 개념이라서 일반적으로 인정받는 하나의 정의를 발견하기란 어렵거나 불가능해 보인다. 창의력이란 개인의 성격과 같은 하나만의 변수로 설명하기란 어려울 것이다. 여기서 등장하는 대안적 접근이 상호작용주의적 접근이다. 창의적 행동이란 '개인 – 환경' 사이 그리고 개인 내 요인(변수)들이 같이 집합적으로 작동하는 것으로 보는 상호작용주의적 접근 또는 생태학적 접근으로 더 잘 설명하고 이해할 수 있다고 본다.

Woodman & Schoenfeldt(1989)는 창의적 행동의 상호작용 모형을 [그림 2–1]과 같은 흐름도의 형태로 좀 자세하게 설명하고 있다. 그리고 Isaksen(1987)과 Isaksen &

Tidd(2006)는 Rhodes 등의 4P 모형에 동의하면서 이들 서로 간의 관계를 강조하기 위하여 이들 4개의 주제들을 벤다이어그램으로 [그림 2-2]와 같이 표현하고 있다. 여기에서 보면 창의적인 사람에 대한 가장 포괄적인 그림은 그 사람의 성격 특징뿐 아니라, 작업을 하고 있는 환경이나 맥락, 사용하고 있는 정신적 조작(방법) 및 바라는 성과나 산출의 성질 등도 함께 고려해야 한다. 이러한 접근법을 창의력에 대한 상호작용적(interactionist), 또는 생태학적 접근(ecological approach)이라 부른다. 마치 생태학자들이 생태계 내에 있는 생물과 무생물 요소들 간의 상호작용을 탐구하듯이 창의력에 대한 이해도 이와 비슷하게 접근하며 그리하여 창의(력)의 다면적 성질을 더 잘 이해코자 한다.

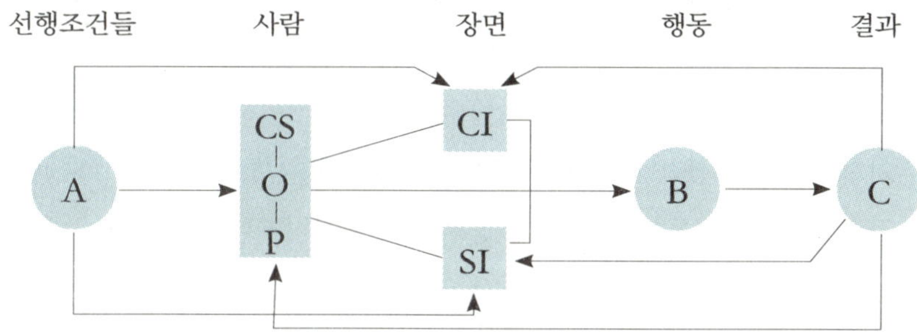

- A – 선행 조건
- P – 성격 특징
- SI – 사회적 영향
- C – 성과
- CS – 인지적 스타일 · 능력
- CI – 맥락적 영향 – 문화 등
- B – 행동

[그림 2-1] 창의적 행동에 대한 상호작용주의적 모형

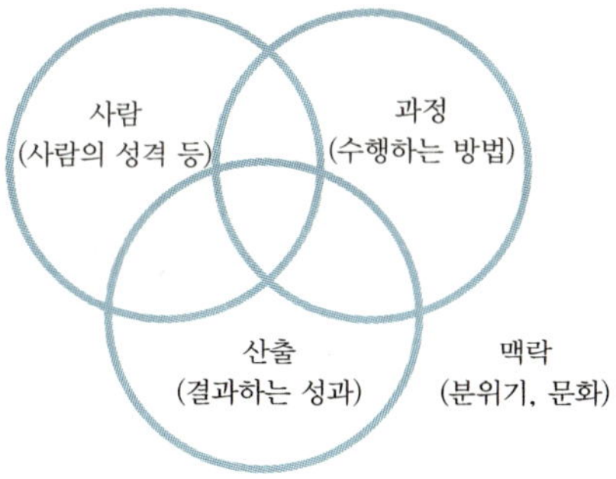

[그림 2-2] 창의력에 대한 체제적 접근

그런데 창의력에 대한 적지 아니한 이론들은 요소이론(요소 모형, componential models)임을 발견할 수 있다. Amabile(1989)은 창의가 발현하기 위한 세 가지 변수로 영역 관련 기능, 창의력 관련 기능 및 과제동기 등을 들고 있다. Renzulli(1994)는 영재성의 세 고리 개념(three-ring)으로 높은 지적 능력, 창의력 및 과제 집착력을 제시하고 있다. Torrance(1979)는 창의적 행동에는 능력, 기능 및 동기 등의 세 개의 요소들이 포함되어 있고 이들의 교집합이 창의적 행동이라 말하고 있다. Sternberg(2006)는 창의력이란 개인적 변수(지적 능력, 성격, 동기)와 문화적 변수(사회, 문화)의 합류(confluence)로 이해하고 있으며, Sternberg & Lubart(1995)의 투자이론(investment theory)에서는 창의는 지능, 지식, 사고 스타일, 성격, 동기 및 환경 등의 6가지의 요소들이 전체적으로 상호작용하는 과정 속에서 이루어진다고 말하고 있다. 그러나 이들 여러 요소이론들은 각기에 몇 가지의 요소들을 포함시키고 있지만 그러한 요소들이 서로 어떻게 상호작용하는지에 대하여서는 언급이 없거나 분명하지 아니하다. 이러한 상호작용주의적(또는 생태학적) 접근법을 일반적 체제이론(시스템, system)에 따라 더욱 완성시키고 있는 것이 다음에서 다루는 창의력의 체제적 이론(시스템적 이론)이다.

2. 창의력의 체제적 접근

(1) 체제적 접근의 의미와 내용

상호작용주의적 접근을 일반적 체제이론에 따라 보다 구체적으로 완성하고 있는 것이 체제적 이론(시스템적 이론, systemic theories)이다. 두 개 이상의 구성 요소(요인, 변수)들이 연관성을 가지고 있고, 그리고 전체는 하나의 공통적인 목표를 가지고 있을 때 그 전체를 포괄하여 우리는 체제(시스템)라 부른다. 따라서 체제란 일련의 상호의존적인 요소들의 집합이며 이들은 함께 하나의 복합적인 전체를 이루고 있다. 그러므로 요소(요인, 변수)들은 하위 체제적이며 이들은 상호 관련되어 있다. 그래서 체제는 요소들이 상호의존적인 것이 중심적인 특징이다. 대상은 어느 것이나 서로 관련되어 있고 그리고 환경과도 상관되어 있다는 것이 자연과학이나 사회과학에서 다루고 있는 일반적인 체제이론이다. 20세기에서 성장한 일반적 체제이론을 창의력 연구에 적용하고 있는 것이 창의력 연구의 학제적 접근(interdisciplinary), 또는 체제적 접근이라 부르고 있는 것이다. 이러한 접근에서는 다음과 같은 세 가지의 특징적인 성질들을 가지고 있다.

첫째, 순환적 인과관계(circular causality)이다. 체제를 이루고 있는 대상 또는 현상은 두 개 또는 몇 개의 요소들로 이루어져 있으며(따라서 이들은 하위 체제적인 것들이다), 그리고 이들은 상호의존적이고 상호작용적이다. 상호의존한다는 말은 원인과 결과라는 인과관계가 한 요소에서 다른 요소로 일방적, 직선적으로 진행되는 것이 아님을 의미한다. 다시 말하면 체제의 한 부분이 다른 부분에 영향을 미치고, 그리고 이 부분이 다시 앞부분에 영향을 끼친다는 것을 의미하며, 우리는 이것을 순환적 인과관계라 부른다. 그리하여, 체제적 접근에서는 요소들 간의 관계의 형태, 즉 피드백 루프(feedback loops)에 특별히 주목하게 된다.

둘째, 체제 전체에 대한 시각이다. 전체를 이루고 있는 체제는 그것을 이루고 있는 부분들(요소들, 하위 체제들)의 총합 이상이다(비총합의 원리, the principle of nonsummativity). 또한 더 높은 수준에 있는 다른 체제의 한 부분이기 때문에, 어떤 현상을, 예컨대 창의력이란 현상을, 하나 또는 몇 개의 요소로 분리하여 탐색하는 것은 불충분하거나 가치가 떨어질 수 있다.

셋째, 어떤 체제의 목적은 하나의 고정적인 경로가 아니라 다양한 경로를 통하여 성취될 수 있다. 창의적인 행동은 전체적인 체제의 수준에서 출현하는 것이며, 그래서 시작하는 요소나 경로는 고정적이지 아니하다. 또한 자연과학의 체제와는 달리 살아있는 생물의 체제는 시간이 경과함에 따라 더 잘 조직화되고, 단순한 것에서 보다 복합적인 것으로 발전해 가며, 그리고 보다 더 자기 조직적이게 된다. 창의란 하나의 과정(過程)이며, 이러한 과정에서 하위요소들 간의 상호작용에서 생성되는 새롭고 유용한 어떤 결과적인 대상 또는 속성이라고 본다. 그리고 창의는 과정이기 때문에 시간 의존적이다. 체제적인 창의력 이론으로 대표적인 것은 Csikszentmihalyi를 들 수 있는데 이에 대하여서는 다음의 절에서 좀 더 자세하게 알아볼 것이다.

3. 체제적 접근의 함의

창의(력)에 대한 체제적(또는 상호작용주의적) 접근은 시스템이라는 전체의 큰 그림을 그려보고, 그리고 그 속에서 전개되는 요소들(요인, 세력) 간의 역동적인 관계를 주목한다. 따라서 '외로운 늑대'로 혼자 떨어져 있는 '창의적인 사람'이 아니라 전체적인 맥락, 처하여 있는 사회문화적인 맥락 속에 자리 잡고 있는 사람으로 이해하고 그리하여 이러한 관련의 변수와 과정들을 설명코자 한다. 창의(력)란 여러 가지의 세력(변수, 요인, 요소)들이 역동적으로 상호작용하여 이루어지는 하나의 과정(過程)이며 또한 이에 따라 생성되는 결과이고 성과이다. 이러한 시각에 따른 이해 내지 접근 때문에 창의력에 대한 체제적 이론/접근은 창의력을 이해하고 설명하는 데 적지 아니한 함의를 가지게 된다.

(1) 창의(력)를 이해하고 정의하는 것이 달라진다. 창의(력)란 개인적인 속성만 가지고 완전하게 설명할 수 있는 것이 아니다. 창의란 사회문화적 맥락 속에 있는 여러 변수들이 상호상관적으로 작동하여 이루어지기 때문이다. 이러한 결과로 창의적인 아이디어의 생산은 개인 내에 있는(또는 없는) 것만의 결과로 생겨나는 것이 아니다. 창의적 생산/산출은 다른 사람, 시간, 장소, 장면(맥락), 그리고 개인이나 집단에서 사용할 수 있는 적절한(따라서 영역특수적인) 지식과 전략에 따라 영향을 받는다. 그러므로 어떠한 사람도 절대적인 의미에서 보면 항시 더 창의적이거나 덜 창의적인 것이 아니다. 또한 창의란 고정적이고 정적인 어떤 것이 아니라고 본다.

(2) 창의(력)란 우연히 일어나는 어떤 것이 아니다. 창의란 적극적으로 그리고 의도적으로 실행하고, 점검하고 그리고 경영해야 하는 것이다. 그리고 창의력은 향상시키고 개발할 수 있다. 여러 연구들은 창의적 사고기능을 증진시키기 위하여 구체적인 과정 도구와 전략들을 사용할 수 있음을 보여주고 있다. 그리고 창의를 위한 노력은 의식적이고, 계획적이고 그리고 절제된 것이어야 하며, 그러한 과정에서 시스템의 여러 핵심요소들을 고려해야 한다.

(3) 창의의 과정이나 창의적인 사람을 연구할 때 '순간적인 통찰'보다는 관련의 여러 과제들을 계획적으로 수행하면서 이러한 과정 속에서 관계적으로 지속되는 통찰의 발달적 역사를 강조할 필요가 있다. Howard Gruber(1988)는 이것을 엔터프라이즈의 네트워크(network of enterprise)라 부른다. 이러한 보다 장기적이고 시스템적인 시각에서는 목표와 하위목표, 주제와 체제 속의 역동적인 여러 과정들을 하나의 커다란 그림으로 들여다보고, 그리고 그 속에서 이루어지는 부분들 간의 관계를 강조하게 될 것이다.

(4) 창의력에 대한 상호작용주의적 또는 체제적 접근은 창의력에 대한 학제적 연구를 격려하며 따라서 관련의 여러 분야에서 방법적 및 이론적 기제들을 빌려와서

사용하게 된다. 그래서 사고의 융복합적 접근이 중요하게 된다.

그러나 체제적, 시스템적 접근은 창의를 큰 그림으로 보고 그리고 관련의 변수들의 역동적 과정들을 살펴보는 데는 매우 도움 되지만 그러나 거기에는 다루어야 할 변수들이 너무 많을지도 모른다. 또한 넓게 '서술'하는 데는 장점이 있지만 어떤 과정을 구체적으로 자세하게 '설명'하고 예측하는 데는 어려움이 있음도 사실이다. 그럼에도 불구하고 시스템적 접근은 생태학적 접근을 강조하고 있는 사회과학 분야의 경향과 매우 부합하고 있음은 분명한 사실이다.

Ⅴ. Csikszentmihalyi의 체제적 창의력 이론

체제적 접근의 시각을 분명하고 외현적으로 드러내 놓고 사용하고 있는 대표적인 이론은 Mihalyi Csikszentmihalyi의 체제적 창의력 이론이다. 또 다른 체제적 이론으로는 창의적인 사람의 내부에서 아이디어가 진화해 가는 과정을 체제의 형태로 설명하고 있는 Gruber(1988)의 '진화적인 체제적 접근'(Evolving Systems Approach, ESA)을 들 수 있다. ESA에서는 "사람"이라는 하위체제에다 체제의 원리를 적용하여 Darwin이나 Einstein과 같이 특별히 창의적인 사람들을 연구하면서 그 사람 속에서 아이디어가 진화해 가는 과정들을 체제의 형태로 설명코자 하였다. 거기에는 지식, 목적 및 정서(affect) 등의 세 개의 하위 체제적인 요소들이 있으며 이들은 다소간 느슨하게 상호 연결되어 있다고 그는 말한다. 그는 프로젝트와 활동 형태 간의 상호작용, 즉 '엔터프라이즈의 네트워크'를 분석해 봄으로써 창의적인 아이디어의 생성 과정을 설명코자 하였다.

아래에서는 Csikszentmihalyi의 체제적 창의력 이론의 개요를 살펴볼 것이다. 그런 다음 그가 말하는 '창의적인 에너지'와 '몰입의 경험'에 대하여서도 알아볼 것이다.

1. 체제적 창의력 이론

Csikszentmihalyi의 체제이론에 의하면 창의력이란 사람(person) – 필드(field) – 도메인(domain)의 세 개의 하위적인 요소들로 이루어져 있고 창의적인 산출은 이들 세 가지 '세력'(요소)들 간의 상호작용의 결과이다. 그러므로 창의력이란 이들 세 가지의 상호작용의 과정 속에서 존재한다고 말할 수 있다.

필드(현장)란 사회체제/사회조직을 말하며 이들은 거기에 소속해 있는 성원이 어떤 변이(variation), 즉 어떤 새로운 산출을 생성해 내면 그것이 창의적인지 아닌지를 판단하고 선택한다. 여기서는 특히 지식이 있고 리더 격인 사람이 중요한 역할을 한다. 이들은 도메인을 지키고 거기에 들어가는 것을 점검하고 선택하는 문지기의 역할을 한다. 예컨대 학회지에 논문을 게재할 것인지를 결정하는 '편집장'과 같은 사람을 말한다. 그리고 도메인(domain, 분야)은 문화를 이루고 있는 다양한 전문 영역(discipline)으로 이루어져 있다. 도메인은 전문 영역들이며(예컨대, 수학, 심리학, 교육학 등의 도메인) 각기의 도메인은 전문적인 지식/정보의 조직을 가지고 있는 지식 체제이다. 그리하여 어떤 현상에 의미를 부여/구성하거나 이해하고 설명할 수 있는 방법/도구/기제들을 제공해 주고 있다. 여러 도메인들은 문화라는 지식과 가치의 세계를 이루어 함께 존재하게 되며 그리고 도메인이 보존하고 있는 지식은 다음의 세대로 전해지고 전달된다. 그러나 도메인의 내용은 생물학적인 유전인자를 통한 것이 아니고 지식이라는 표상체제(representation systems)의 매개를 통하여 비신체적으로 전달된다. 마지막은 '사람'(person)이다. 창의를 수행하는 당사자는 개개의 '사람'이다. 그러나 이러한 사람은 공부를 해서 문화를 이루고 있는 도메인의 지식/정보를 배우고 익혀 거기에 친근해지고 몰입한 다음이 아니면 어떤 새로운 변이/창의도 생산해 낼 수가 없다. 그러므로 창의적 수행은 지식 의존적이며 다소간 영역 구체적일 수밖에 없다. 새롭고 가치 있는 아이디어의 생성은 이러한 기존의(현상의) 지식 상자를 토대하고 있지만, 그러나 그것을 '넘어설 수' 있어야 비로소 가능해진다.

그래서 창의력에 관한 대부분의 연구들은 "창의력이란 무엇인가?"라고 질문하고 있지만, Csikszentmihalyi는 이들과는 달리 "창의력은 어디에 존재하고 있는가?"(Where is creativity?)라 질문한다. 말을 바꾸어 보면, 이것은 '창의력은 어떠한 상호작용적 과정 속에서 일어나는가?'라는 질문이 된다. 물론이지만 창의란 하나의 과정(process)이며, 그래서 창의란 사람 – 필드 – 도메인들이 상호작용하는 체제적인 과정 속에서 존재한다고 그는 대답할 수 있다. 심지어 통찰(insight)도 어느 순간적인 현상이기 보다는 창의적인 과정 속의 하나의 과정 또는 발달적 단계로 이해할 수가 있다.

또한 체제의 목적은 하나의 고정적인 경로를 통해서만 성취될 수 있는 것이 아니다. 그러므로 창의의 목적도 여러 가지의 경로를 통하여 성취될 수 있다. 따라서 창의적인 과정을 이해하거나 교육하기 위하여 우리는 반드시 개별의 '사람'에서 출발할 필요는 없다. 분위기나 동료 집단과 같은 필드의 조건이나 도메인의 수준이 또 다른 좋은 출발점이 될 수가 있다. 그렇다고 심미적 민감성, 새로운 아이디어에 대한 개방성이나 끈기 있는 작업 습관 또는 비교적 높은 지능과 같은 개인적 속성들이 중요하지 않다는 의미는 결코 아닐 것이다. 전체를 떠난 부분은 의미가 없듯이 마찬가지로 부분을 떠나 전체를 이해하는 것도 결코 가능하지 아니할 것이기 때문이다.

이러한 Csikszentmihalyi의 이론을 체제 이론의 특성에 따라 다음과 같이 다시 정리해 볼 수도 있다. 첫째로, 사람 – 필드 – 도메인의 창의력의 3가지 주요 요소들은 순환적 인과관계를 통하여 서로 관련되어 있다. 다시 말하면 사람과 필드와 도메인은 서로에게 영향(효과)을 미치고, 다시 서로로부터 영향을 받는다. 투입(input)에 따른 산출(output)은 다시 다른 요소에 대한 투입으로 되돌아 작용하며, 상호작용은 양자간 및 다자간에서 일어난다. 둘째로 체제란 요소(하위체제)들 간의 상호관련 및 상호의존의 것이며 그것은 개별 요소(즉 사람, 필드, 도메인)라는 개별 부분들의 총합 이상의 것이라 볼 수 있다. 그러므로 어떤 부분들을 분리하여 별개로 연구하는 것은 무의미하거나 가치가 떨어진다고 그는 본다. '도메인'이 없으면 적절한 지식이 없기 때문에 창의적인 '사람'이라 하더라도 창의가 토대할 지식이 없어지고 그래서 창의를 시작할 곳이 없다. 사람이 없으면 '필드'가 판단하고 선택할 대상이 되는 창의적인 새로운 변이/창의/생산이 없고, 그리고 필드가 없으면 창의적인 것과 창의적이지 못한 것을 판단하고 선택하고 거를 수 있는 방법 내지 기제가 없게 된다. [그림 2–3]은 Csikszentmihalyi의 창의력의 체제(시스템)을 보여주고 있다. 여기에서 보면 '개인'은 새로운 변이(창의)를 생성하고, 필드는 그것을 판단하여 선택하고, 그리고 도메인은 보존하고 있는 지식을 개인에게 전달/전파시키고 있다.

이러한 Csikszentmihalyi의 체제이론을 조직의 수준에서 연역해 보기란 어렵지 않아 보인다. 여러 유형의 조직들 가운데 기업체를 생각해 보면 '사람'은 조직에서 창의적인 행위를 수행하는 '구성원'(조직원)과 이들이 이루고 있는 '팀'이 될 것이다(구성원/팀). 그리고 '필드'는 '소비자 시장'일 것이며 거기에는 기술이나 실물시장이나 금융 시장 등의 주요 큰손들이 활동할 것이다. '도메인'(지식영역)이란 어떤 기업체가 산업 활동을 하는 분야의 도메인일 것이다. 조직에서는 이들 세 가지 하위요소들을 전체적으로 경영하게 될 것이다.

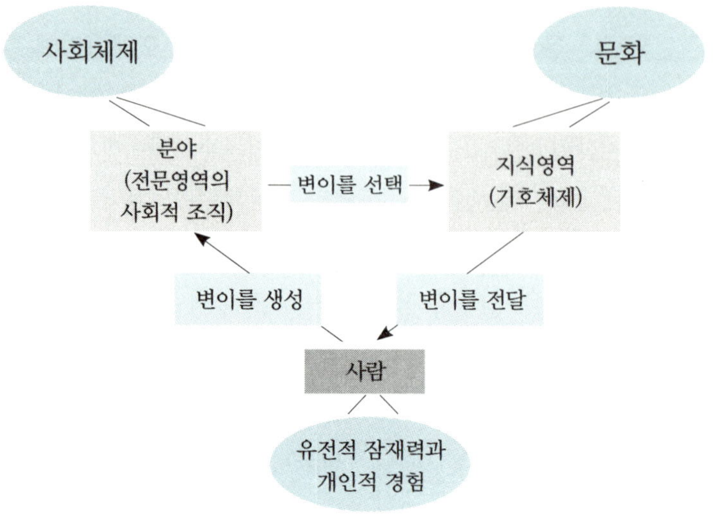

[그림 2-3] Csikszentmihalyi의 창의력의 체제

2. 보존의 에너지와 창의적인 에너지

Csikszentmihalyi에 의하면 인간에게 기쁨(쾌락)과 즐거움을 주고 '엔조이'(enjoy)하게 하는 생존 기제에는 두 가지가 있는데 이들은 '보존적 경향성'과 '창의적 경향성' 등이다. 보존적 경향성이란 '엔트로피의 힘'(force of entropy)이며 이것은 자기보존적인 본능으로서 자기 보호와 에너지 절약의 본능이다. 반면에 '창의적 경향성'은 자기 확장적인(expansive) 충동/힘으로서 탐구와 새로운 모험을 즐기는 본능이다. 이들 두 가지 모두는 인류의 진화과정을 통하여 몸속의 유전인자로 프로그램 되어 있는 생존기제들이다.

'엔트로피의 힘'이란 생존기제는 우리가 편안할 때, 이완되어 있을 때, 또는 하던 일을 내려놓고 좋은 기분을 느끼면서 에너지를 소비하지 않고 있을 때, 우리로 하여금 '쾌락'을 느끼게 만든다. 이것은 자유 시간에 우리의 마음을 풀고, 마치 자동차의 기어를 중립에 두고 편안하게 주차하고 있는 것과 같은 상태이다. 또한 이것은 우리가 마음의 긴장을 풀고 재충전을 하는 시간이라 말할 수도 있다. 만약 우리에게 이러한 보존적 기제가 없다면 우리는 가지고 있던 에너지를 모두 소비하고 기진맥진하거나 탈진해 버리기 쉬울 것이다. 그러면 새로운 상황이나 불의의 경우에 대처할 수 있는 에너지를 가질 수 없을 것이다.

그러나 엔트로피보다 더 강력한 또 다른 하나의 생존기제는 '창의하려는 충동'이다. 새로운 것을 발견하거나 디자인해 내는 창의적인 사람은 새로운 어떤 것을 발견하거나 또는 새로운 아이디어나 행동을 생각해 낼 때 즐거움과 쾌락을 경험한다. 이러한 사람들은 새로운 것을 발견하면 대뇌의 쾌락중추를 자극하는 신경계가 특히 잘 발달되어 있는 것같이 보인다. "어떤 사람은 섹스나 음식과 같은 것에서 쾌락을 느끼지만 타고난 이들 창의적인 사람들은 새로운 것을 배우고 발견하는 데서 보다 더 격렬한 쾌감을 느낀다"(Csikszentmihalyi, 1996, p.109). 이러한 이유로 인하여 창의는 - 어떠한 지식 영역에서의 어떠한 것이든 간에 - 성질상 즐거운 것이다.

그런데 대부분의 사람들은 엔트로피가 더 강하고 그래서 발견에 도전하기보다는 편안한 것을 더 엔조이한다. 반면에 소수의 창의적인 사람들만이 발견의 도전과 거기에서 따라오는 보상에 보다 더 강하게 반응한다. Csikszentmihalyi는 이렇게 말한다: "그러나 우리들 모두는 이들 두 가지 보상의 모두에 반응한다. 에너지를 보존하려는 경향성과 그것을 건설적으로 사용하려는 경향성은 우리의 유전인자에서는 동시적으로 일어난다. 그러나 이들 둘 가운데 어느 것이 이기느냐는 것은 우리들의 유전적 기질뿐 아니라 우리가 어렸을 때부터 가지는 경험에 달려있다. 그러나 만약에 충분히 많은 수의 사람들이 새로운 도전에 대처해 갈 때 생기는 즐거움(쾌락) 때문에 또는 존재와 행위에 대한 새로운 방식을 발견해 낼 때의 즐거움 때문에 창의를 위한 동기형성이 되지를 못한다면 문화의 진화는 없을 것이고, 마찬가지로 사상이나 감정의 발전도 이루어지지 못할 것이다"(Csikszentmihalyi, 1999, p.110).

3. 창의와 '몰입'의 경험

창의적인 과학자나 예술가로 알려져 있는 사람들뿐 아니라 댄서, 참선 수행자, 또는 산악인과 같은 여러 분야의 여러 사람들은 일주일에 여러 시간을 자신의 일에 몰두한다. 이들은 금전이나 명성과 같은 외적인 보상 때문이 아니라 일하는 자체가 즐거워서 일할 수도 있다. 이처럼 하고 있는 일 자체에 심취하여 집중하고 있을 때 느끼는 최적의 경험을 Csikszentmihalyi는 '플로우'(flow)라 부른다.

Csikszentmihalyi는 심리적 엔트로피의 반대 개념인 '심리적 네겐트로피'(psychic negentropy)와 플로우를 같은 개념으로 사용하고 있다. 결국 '플로우'(flow)라 부르는 '몰입의 경험'은 창의적인 작업에 몰두할 때 느끼는 '넘치는 기쁨의 경험'을 말한다. '플로우'를 우리 말로는 흔히 '몰입'(沒入)이라 번역하고 있다. 그러나 좀 자세히 생각해 보면 플로우는 몰입하는 행위가 아니라 몰입에 따른 경험(즉, 느낌과 의식 등)을 일컫는 것이기 때문에 '몰입감'(몰입에서 느끼는 감정, 의식), '몰입 경험'(몰입의 상대에서 경험하는 것), 또는 '몰입의 기쁨' 또는 '삼매경'(三昧境) 등으로 옮기는 것이 보다 더 적절해 보이기도 한다('flow'는 단순한 '흐름'이 아니라 '끊임없이 샘솟아 충만하다'란 의미이다). 그리고 그는 '플로우'라 부르고 있는 질서 있는 의식의 상태, 긍정적인 정서 그리고 의도적이고 집중적인 활동에 관여하는 경험들을 여러 가지로 기술하고 있다.

몰입의 감정은 금전이나 명예로 보상받는 것이 아니라 하고 있는 일 자체가 즐거워서 하는 것이기 때문에 이들이 그러한 활동을 할 때 느끼는 경험의 질(質)은 다른 것과는 다르다. 그러한 감정은 이완하여 휴식하고 있을 때, 약물이나 알코올을 섭취할 때 또는 부를 과시하며 돈을 펑펑 소비하는 데서 따라오는 그런 것이 아니다. 그러한 경험은 흔히 자신의 능력을 최선으로 소비해야 하는 고통스럽고, 모험적이고, 쉽지 아니한 활동을 하고, 그리고 거기에 새로움과 발견의 요소가 포함되어 있는 활동을 할 때 수반되는 최적의 경험이다. 이러한 몰입의 경험은 과학자, 예술인, 또는 체육인들뿐 아니라 일하는 것을 좋아하는 평범한 생활인 가운데서도 비교적 쉽게 발견할 수 있다.

몰입의 경험은 거의 자동적이며, 힘들지 않고 그러면서도 의식이 매우 집중되어 있는 것이다. 그리고 이러한 몰입의 느낌이나 의식은 다양한 활동에 따라 거의 차이 나지 아니한다. 그리고 문화, 성별 차이, 나이 차이, 또는 빈부 차이에 따라서도 다르지 아니하다고 그는 말한다.

Csikszentmihalyi는 몰입의 경험을 '엔조이'할 때 느끼는 감정, 의식 및 경험들을 다음과 같은 9가지 요소로 정리하고 있다.

(i) 진행해 가는 단계마다 목표가 분명하다. 몰입의 경험에서는 그 다음에 해야 할 것이 무엇인지를 분명하게 안다.

(ii) 자신의 행위에 대한 즉시적인 피드백이 있다. 그래서 자신이 하고 있는 것을 얼마나 잘하고 있는지를 안다.

(iii) 도전과 기능(능력) 사이에 균형이 있다. 행위를 위한 기회와 자신의 능력이 잘 어울린다고 느끼며 그리하여 권태(너무 쉬울 때)와 불안(너무 어려울 때)이 균형을

이룬다.

(iv) 행위와 의식이 융합한다. 마음이 자신이 하고 있는 것에 집중하며 그리하여 마음과 행위가 하나가 된다.

(v) 의식에서 주의산만이 없어진다. 여기 그리고 지금에 적절한 것에만 집중하여 의식하기 때문에 다른 잡생각이 없다.

(vi) 실패에 대한 걱정이 없다. 실제로는 통제를 하고 있지 않는데도 자기가 자신을 완전히 통제하고 있다고 느낀다. 집중하기 때문에 실패라는 생각이 떠오르지 않는다.

(vii) 자의식이 사라진다. 자신이 하고 있는 것에 깊게 관여하고 있기 때문에 자아를 보호하는 데 마음을 쓰지 않는다.

(viii) 시간 감각이 왜곡된다. 몇 시간이 겨우 몇 분이 지난 것처럼 느껴지며 시계의 시간과 경험하는 시간의 길이가 같지 않아진다.

(ix) 활동 자체가 목적이 된다. 희랍어의 '자기 목적적'(autotelic)이란 어떤 것 그 자체가 목적인 것을 말한다. 몰입 경험은 활동 자체를 엔조이하는 것이기 때문에 행위한다. 그런 의미에서 보면 어떤 다른 목표를 달성하기 위하여 하는 '외부 목적적'(exotelic)인 것과는 구분된다. 그러나 활동 가운데는 자기 목적적이고 동시에 외부 목적적인 것도 있다. 의사는 수술하는 것이 즐거워서 하지만 또한 돈도 벌 수 있다.

Csikszentmihalyi는 이렇게 말한다: "여러 면에서 볼 때, 행복한 생활의 비밀은 가능한 대로 많은 활동에서 몰입 경험을 얻도록 노력하는 것이다. 직장이나 가정 생활이 자기 목적적인 것이 되면 인생에서 낭비하는 것이 없을 것이다. 그리고 우리가 하는 모든 것은 그 자체가 행위할 가치가 있는 어떤 것이 될 것이다"(Csikszentmihalyi, 1996, p. 113).

4. 창의적인 성취

창의적인 산출과 같은 성과를 생성하여 개인적으로 그리고 공적으로 성공할 수 있는 사람은 어떤 조건의 사람일까? 창의적인 성취를 하는 사람은 어떤 사람일까?

이러한 흥미롭고 중요한 질문에 대한 대답은 창의력을 어떻게 이해/접근하느냐에 따라 달라진다. 만약에 창의력을 '개인적인' 현상으로만 이해한다면, 예컨대 앞에서 다룬 Sternberg & Lubart(1995)의 창의력의 투자 이론에서처럼, 지적 능력과 지식수준이 뛰어나고, 그리고 열정과 끈기가 뛰어난 창의적인 개인을 이해하는 것이 된다. 그러나 Csikszentmihalyi(1996)의 창의력의 체제적 이론에서 본다면 창의력은 '개인 – 지식영역 – 필드'라는 복합적인 체제가 가지고 있는 상호작용적인 속성으로 이해해야 한다. Csikszentmihalyi는 이러한 상호작용의 내용이나 형태를 설명하고 있지는 않다. 그럼에도 불구하고 창의적으로 성공할 수 있는 사람은 자신이 추구하는 분야의 지식영역에 접근하고 익숙하게 될 수 있어야 하고 그리고 그러한 지식영역에서 활동하고 있는 필드의 조건에 적극적으로 순응할 수 있어야 할 것이다. 그리하여 '창의의 충동'이라는 열정이 넘쳐나야 할 것이다.

아래에서는 이들 세 가지 요소의 각기에서 창의적인 성취를 위한 조건 같은 것들을 정리해 본다. 이것은 그의 이론을 좀 더 깊게 이해하는 데 도움 될 것이다.

(1) 창의적인 사람은 어떤 것에 대하여 그것이 무엇이며 또는 그것이 어떻게 돌아가는지 등에 대하여 상당 정도의 호기심, 경이 그리고 흥미를 가지고 있어야 한다. 그렇지 않으면 흥미로운 문제를 찾아내기가 어렵다. 또한 경험에 대한 개방성과 유동적인 주의집중력을 가지는 것도 중요하다. 그러면 주변에서 이루어지고 있는 사상들을(事象, events) 부단히 처리할 수 있고 그러면 잠재적으로 보아 새로운 어떤 것을 발견해 내는 데 큰 장점이 될 것이다. 거의 모든 창의적인 사람들은 이러한 유전적인 기질의 특성을 광범위하게 가지고 있다. 자신의 주제에 대한 호기심과 사랑이 없다면 평생의 노력과 인내를 요구하는 창의적인 성취나 성과를 이루어내기 어려울 것이다.

(2) 창의적인 사람은 또한 자신이 추구하는 '지식영역'에 접근하여 관련의 지식, 즉 '문화적 자본'을 배울 수 있어야 한다. 풍족한 가정에서 태어나거나 또는 좋은 학교, 좋은 멘토 그리고 좋은 코치(coach)와 가까이 지낼 수 있다면 그는 운수 좋은 사람이며 더욱 유리할 것이다. 이러한 사람은 재미있는 서적, 흥미를 자극하는 대화, 교육적 야망에 대한 기대, 역할 모델, 유용한 인간관계 등등의 긍정적인 환경을 더 많이 경험하게 될 것이다. 아무리 지적이고 호기심이 있어도 지식영역을 이루고 있는 분야의 지식을 충분히 습득하지 못하면 소용이 없다. 이것은 상당 정도 타고난 '행운'의 문제같이 보이기도 하지만 행운만이 전부는 아닐 것이다. 지식의 먼 주변에서 시작하여 지식의 중심으로 개척해 가는 사람도 결코 적지가 않다.

(3) '필드'에 접근할 수 있는 것 또한 매우 중요할 수 있다. 아무리 지식이 뛰어난 사람이라도 그 분야의 중요한 리더나 동료들과 커뮤니케이션할 수 없으면 무시를 당하거나 주변인으로 밀려나기 쉽다. 많은 경우 적절하고 리더 격인 사람의 인정을 받지 못하면 창의적인 어떤 것을 성취해 내기가 매우 어렵다. 커뮤니케이션이 없는 이러한 사람은 최신의 정보를 알 수 있는 기회가 없거나, 창의적인 어떤 것을 작업해 볼 수 있는 기회가 주어지지 않거나 또는 창의적인 어떤 것을 성취해 내더라도 무시되거나 가볍게 다루어지기가 쉽다.

그래서 명성이 있고 좋은 교수와 유능한 동료가 있는 좋은 대학, 유망한 조직에 들어가는 것은 매력 있는 일일 것이다. 과학 분야에서는 특히 더 그러할 것이다. 예컨대 예술 분야에서는 유명 인사들이 있고 주요한 갤러리와 미술 수집가들이 모여 있는 New York 같은 곳이 유리할 수밖에 없다.

현실적으로 보면 어떤 분야에서든 간에 필드의 자리는 제한되어 있기 때문에 선택하고 걸러내는 병목현상은 어느 정도는 불가피해진다. 그러므로 창의적인 업적을 성취해 낼 수 있으려면 리더 격인 필드의 문지기들의 주목을 받고 필드의 선호나 선택 기준을 내면화할 수 있어야 한다. 예컨대 화가는 이전의 작품을 보고, 보고 또다시 보지 아니하거나 그리고 다른 화가나 비평가들이 어떤 것을 좋거나 나쁜 것이라 생각하는지를 알지 않고서는 창의적인 작품을 만들어 내기가 어려울 것이다. 작가는 창의적인 글을 쓰기 전에 읽고, 읽고, 더 많이 읽어야 하며 그리고 비평가들이 좋은 작품이라 평가하는 준거가 무엇인지도 알아야 한다.

[장의 요약]

창의(력)는 매우 복합적이고 다면적인 개념이라서 이를 설명하는 정의나 접근법 또한 다양할 수밖에 없어 보인다. 이것은 또한 적지 않게 혼돈스러워 보일 수도 있다. Rhodes는 여러 정의들을 분석해 보고 이들을 4개의 주제 내지 가닥으로 정리하고 있는데 이것을 창의력의 4P라 부른다. 거기에는 사람, 과정, 산출 및 환경 등이 포함되어 있다. 여러 연구들은 이들의 어느 하나 또는 몇 개에 초점을 두고 있다. 이들 각기의 주제들은 독특한 학문적인 정체성을 가지고 있지만 실제의 창의의 과정에서는 이들은 상호 작용하는 하나의 통일체로 작용할 것이다. 4P의 각기를 간단히 정리해 보면 다음과 같다.

사람(person)에 대한 연구들은 천재와 같이 매우 창의적인 사람들은 얼마나 창의적이며, 그리고 이들은 어떠한 인지적 및 정의적인 특성을 가지고 있는지를 밝히는 데 집중하고 있다. 개인적으로 또는 조직에서 성공하려면 지식과 경험이 있는 '바른' 사람들이 있어야 하고, 그리고 조직의 문화와 리더십의 뒷받침을 받아야 한다.

과정(process)은 '방법'(기능)을 말하며, 창의적인 사고의 활동을 할 때 일어나는 인지적 처리의 절차 내지 방법에 초점을 두고 있다. 적합한 방법/접근법을 알고 있어야 할 뿐 아니라 과제나 장면의 요구에 맞는 것을 전략적으로 선택하여 사용하는 것이 중요하다.

산출(products)은 새롭게 얻게 되는 어떤 새로운 결과나 성과에 초점을 두고 있다. 창의적인 산출에는 유형, 무형의 여러 가지가 있을 수 있겠지만 관련의 연구들은 이들을 평가하고, 그리고 이들을 존재케 하는 여러 변수들을 다루게 된다.

마지막으로 환경(press)의 차원에서 접근하는 창의력 연구는 주로 창의적 행동이 일어나는 맥락을 다루며, 여기에는 장소, 장면, 문화 그리고 분위기 등이 포함된다.

그러나 창의력이란 개인의 능력이나 성격과 같은 하나만의 변수로는 설명하기가 어렵다. 상호작용주의적 또는 생태학적 접근에서는 창의적 행동이란 '인간 - 환경' 사이의 상호작용의 결과로 더 잘 설명할 수 있다고 본다. 마치 생태학자들이 생태계 내에 있는 생물과 무생물 요소들 간의 상호작용을 탐색하듯이 창의력에 대한 연구도 이와 비슷하게 접근해야 한다고 본다.

그리고 상호작용주의적 접근을 사회과학에서 다루고 있는 일반적인 체제이론에 따라 더욱 구체적으로 완성시키고 있는 것이 창의력의 체제적 이론(시스템적 이론)이다. 여기에는 세 가지의 특성들이 있다. 첫째로 체제의 하위요소들은 순환적 인과관계를 가지고 있으며, 둘째로 체제는 그것을 이루고 있는 부분들 이상의 것이며, 그리고 마지막은 체제의 목적은 하나의 고정적인 경로가 아니라 다양한 경로를 통하여 성취될 수 있다는 것이다. 창의력에 대하여 체제적 접근을 취하면 창의력을 이해하고 설명하는 데 몇 가지의 함의를 얻을 수 있다. 창의(력)란 개인만으로 완전하게 설명할 수 없기 때문에 창의(력)를 이해하고 정의하는 것이 달라지며, 창의(력)란 우연적인 것이 아니라 계획적이고 의도적인 것이며, 창의적 행동에는 관련의 변수들을 고려해야 하며, 그리고 융복합적 접근이 중요하다는 등의 중요한 시사를 얻을 수 있다.

사실 창의력에 대한 여러 이론들은 몇 가지의 하위 요소들을 포함하고 있는 요소이론들이다. 그러나 대부분의 이들 이론들은 그러한 요소들이 어떻게 상호작용하는지에 대하여서는 언급이 없거나 분명하지 아니하다. 그런데 체제적 접근을 분명하고 외현적으로 드러내 놓고 있는 것으로는 Csikszentmihalyi의 체제적 창의력 이론과 Gruber의 ESA 이론을 들 수가 있다. 그러나 여기서는 Csikszentmihalyi의 체제적 창의력 이론만을 살펴보았다. 그리고 창의적인 에너지와 '몰입'에 관한 그의 이론도 간략하게 함께 살펴보고 있다.

Csikszentmihalyi는 창의력이란 사람(person) - 필드(field) - 도메인(domain)의 세 개의 하위적인 체제 요소들이 상호작용하는 과정 속에 존재한다고 말한다. 필드(현장)란 어떤 산출/변이가 창의적인 것인지를 판단하고 선택하는 문지기와 같다. 도메인은 전문적인 지식체제로서 문화라는 지식과 가치를 보관하고 이들을 다음의 세대에 전달한다. '사람'은 기존의 지식 세계를 마스터하고 그것을 넘어서지 못하면 어떤 새로운 창의/변이도 생성해 낼 수가 없다. 그리고 그가 생성해 낸 것이 새롭고 가치 있는 것인지를 결정하는 것은 필드이다.

그리고 Csikszentmihalyi는 인간에게 기쁨을 주고 우리가 엔조이할 수 있게 만드는 것에는 두 가지가 있다고 말한다. 하나는 '엔트로피의 힘'이고 다른 하나는 '창의의 충동'인데 이들 모두는 인류의 진화 과정을 통하여 유전인자로 프로그램 된 생존 기제라고 그는 말한다. 전자는 자기 보존적 본능으로 우리가 편안할 때 느끼는 것이다. 그러나 엔트로피보다 더 강력한 또 다른 하나의 생존 기제는 '창의하려는 충동'이다. 이것은 우리가 새로운 어떤 것을 발견하거나 새로운 아이디어나 행동을 생각해 낼 때 느끼는 즐거움과 쾌락이다. 이러한 충동이 없다면 인간이 가지는 사상이나 감정, 그리고 문화의 발전은 불가능할 것이다. 그리고 그는 이러한 활동에 집중할 때의 경험을 '플로우'(flow)라는 용어로 표현하고 있다. 이를 흔히 '몰입'이라 번역하는 것 같지만 '몰입감' 또는 '삼매경' 등으로 번역할 수도 있을 것이다. 마지막으로 이러한 플로우의 경험을 가질 때의 감정, 의식 또는 경험들을 9가지로 정리해 보았다.

chapter_3 | 변화 – 창의의 변증법과 야누스적인 조직

Chapter 3

변화 – 창의의 변증법과 야누스적인 조직

이 장에서는 창의(력)라는 체제를 이루고 있는 두 개 또는 이보다 더 많은 수의 요소(세력)들이 어떻게 상호작용하며 이에 따라 조직의 변화는 어떻게 경영할 수 있는지를 알아볼 것이다. 먼저 변화와 발전을 변증법적인 체제와 변증법적인 사고의 두 가지로 나누어 비교적 자세하게 분석해 본다. 그런 다음 변화의 내용을 점진적 변화 대 혁명적 변화의 스펙트럼에 따라 살펴볼 것이다. 마지막으로 이러한 변증법적인 시각을 조직에 적용하고 있는 야누스적 사고와 양손잡이 조직이란 재미있는 개념들을 음미해 볼 것이다.

Ⅰ. 변증법적인 변화와 발전

앞장에서 논의한 바 있는 상호작용주의적 접근이나 체제적 접근에서는 요소들(요인, 세력) 간의 '상호작용'이란 말을 많이 사용한다. 그런데 이 용어는 일상생활에서도 적지 않게 사용되고 있다. '상호작용'이란 것에는 '상황적(장면적)', '맥락적' 또는 '절충적' 등의 용어도 수반하여 사용하게 되는 경우가 많이 있다. 그러면 상호작용이란 무엇인가, 어떻게 밀고 당기면서 상호작용하느냐고 물어보게 된다. 또한 상황적, 맥락적 또는 절충적이라는 말은 보다 구체적으로 보면 무슨 의미냐고 질문하는 것도 매우 자연스러워 보인다. 아래에서는 이러한 질문에 대한 대답을 찾으면서 변증법적인 체제와 변증법적인 사고에 대하여 분석해 볼 것이다. 그리고 창의와 혁신의 과정은 높은 수준의 국면 또는 단계뿐 아니라 낮은 하위 수준의 과정에 이르기까지 기본적으로는 '변증법적인' 것임을 확인해 보려고 한다.

변증법(dialectics)은 Socrates, Plato와 Aristotle과 같은 그리스 철학자들에서 시작하였고 또한 오랜 철학적 전통을 지니고 있다. 그것은 대화나 토론의 예술로 그리고 지식을 생성하거나 진실을 추구하는 인식론적인 탐구의 방법으로 발전하였다. 그러나 현대의 변증법은 대체적으로 보아 19세기 Hegel의 변증법적 관념론(dialectical idealism)에서 완성된 것으로 보고 있다. 그는 변증법의 논리를 통합하고, 정교화하고 그리고 이론화하였는데, 변증법의 핵심은 '모순(contradiction)'에 있다고 본다. 모든 것에는 본래적으로 모순이 있으며, 이러한 모순이 변화의 원천이라 그는 말한다. '모순'이란 대립적이고 반대되는 것들의 관계를 말한다. 변증법의 논리는 우주의 자연법칙과 같은 것이며, 외적으로는 세계 역사의 발전을, 그리고 내적으로는 이성적인(합리적인) 인간의 마음의 과정을 지배한다고 그는 말한다. Marx의 변증법적 유물주의(dialectical materialism)는 Hegel에서 기원한 것이지만 관념주의에서 물질주의로 초점을 이동하면서 변증법적 분석을 경제-정치 영역에까지 확대하여 적용하고 있다.

1. 변증법적인 체제

변증법적 사고는 삼단논법으로 표현되는 추리(reasoning)의 한 가지 형식 내지 구조이다. 그리고 이러한 삼단논법적인 추리가 가지고 있는 공식의 함의는 변증법적인 세계관 내지 변증법적 인식론이란 맥락 속에서 이해할 수가 있다.

변증법의 세계관이 가지고 있는 첫 번째 특징은 모든 것은 '체제적'이란 것이다. 체제(시스템, system)에서는 두 개 또는 몇 개의 주요 요소들이 있고 이들 요소(요인, 부분)들 간의 관계 그리고 부분과 전체와의 관계는 상호연결되어 있고, 상호의존적이며 상호작용적이다. 또한 어떤 한 가지 수준에 있는 전체는 수준이 다른 어떤 전체의 한 부분이다. 그러므로 변증법적 세계에서는 모든 것은 상대적이고 비절대적(nonabsolute)이다.

두 번째 특징은 그러한 체제는 역동적(dynamic)으로 변화한다는 것이다. 현실은 정적이고 고정적인 것이 아니라 역동적이기 때문에 '변화'는 불가피하고 본래적인 것이다. 역동적인 체제는 항시 유동적인 상태에 있기 때문에 변하면서, 동시에 균형을 추구해 간다. 균형 상태와 불균형 상태는 일시적이면서 서로 교대한다. 그러므로 영속적인 존재란 없는 것이고 변화만이 유일하게 계속된다.

세 번째 특징은 체제는 질적인 변환을 통하여 발달한다는 것이다. 체제의 변화는 정반합의 과정에서 새로운 '합(종합)'을 생성해 내는 것을 통하여 일어난다. 이러한 종합은 이전의 요소들을 포함하면서도 이전의 것과는 다른 질적 변환(qualitative transformation)을 통하여 이루어진다. 그리하여 새로운 체제는 보다 더 종합적이고, 더 응집적이며 보다 더 효과적인 것으로 발달해 간다. 이러한 발달은 질적으로 상이한 단계를 통하여 진화해 가는 발전이라 해석해 볼 수 있다.

마지막 특징은 체제가 발달해 가는 기본적인 원리는 '모순–해결'의 원리란 것이다. 모든 것에는 '모순'이 내재해 있다는 말은 모든 것(모든 쟁점)에는 반대적이고, 모순적이고 또는 대립하는 어떤 것들이 동시에 존재하고 있다는 것을 의미한다. 모순 또는 갈등이 일어나면 불균형 상태가 생기고, 그러면 체제는 다시 균형을 회복하기 위하여 그것을 해결해야 한다. 그러나 해결이 되고 나도 그것은 일시적이며 다시 새로운 모순이 발생하고 그래서 또다시 불균형을 해결해 가는 식으로 변증법적인 '모순–해결'의 과정은 계속될 것이다.

2. 변증법적인 사고

앞서의 논의는 결국 변증법이란 체제적이란 말이 된다. 변증법적 사고란 변증법적인 추리의 구조 · 형식을 취하고 있는 사고를 말한다.

첫째로, 변증법의 변증법적 추리는 소위 '정–반–합'이라 불리는 삼단계로 되어 있는 추리의 형식 내지 구조이다. '정(正, 명제, 테제, thesis)'은 어떤 '진술'이며, 그리고 '반(反, 반제, 안티테제, antithesis)'은 이에 대한 '반대되는 진술'을 말한다. '진술'이란 어떤 현상이나 대상에 대한 것이며, 이미 존재하고 있는 '현상(現狀, current state of affairs)'에 대한 것이다. 테제(正)와 안티테제(反)는 논증을 이루고 있는 두 개의 모순적인 부분들이다. '합(合, 종합, 신테제, synthesis)'은 이러한 모순적인 부분들을 변증법적인 과정을 통하여 새로운 하나로 통합(또는 조정)하여 해결하는 것을 말하고, 우리는 이것을 '종합'이라 부른다. 심리학에서는 '종합'을 창의라 부르기도 한다. 체제를 이루는 전체는 부분들의 합 이상으로 더 큰 것이기 때문에 '종합(해결)'을 통하여 체제는 질적으로 변화하며 그리하여 보다 더 종합적이고 응집적인 것으로 발달해 간다고 우리는 믿는다.

둘째로, 변증법적 추리의 또 다른 특징은 '형식적 추리'의 단계를 넘어선 '후형식적 추리(post-formal reasoning)'라는 보다 고차적인 사고의 형태 · 형식이란 것이다(Arlin, 1975). Vygotsky는 인지 발달이란 자아(내적)와 환경(외적) 간의 변증법적 상호작용의 소산이라 본다. 그의 견해에서는 발달의 전 과정을 통하여 문화적 맥락의 중요성을 강조하고 있다. 그러나 그와 동시대 인물인 Piaget는 내적인 인지구조의 변화(성장)와 인지의 안정(성장의 결여)을 조정하는 것이 바로 인지발달이라 보고, 인지 구조의 균형이 발달의 목표라 설명하고 있다. 또한 Piaget는 인지 발달의 마지막의 네 번째 단계를 형식적(추상적) 추리(formal, abstract reasoning), 추상적 논리적인 추리 · 사고라고 말하며 거기에서 인지구조가 최종적인 평형을 성취하게 된다고 본다.

그런데 형식적 추리의 주요 특징은 추상적이고 논리적인 추리를 할 줄 아는 능력이며 거기에는 연역적-가설적 추리, 논리적인 추론(inference) 및 명제에 따른 사고 등이 포함되어 있다. 일반적으로 이야기하면 형식적 추리는 '정의가 잘되어 있는 문제'에 대하여 작동한다. 이런 문제에서는 문제해결을 하는 데 필요한 모든 정보들이 주어져 있거나 추론해 낼 수 있으며, 따라서 그것은 닫힌 체제(closed system)의 것이다. 이러한 조건에서는 새로운 해결을 생성해 내야 하는 '창의력'이 요구되지 않는다. 이렇게 보면 형식적 추리는 '정의가 제대로 안 된 문제'에는 적용하기 어렵다고 볼 수 있다. 이것은 형식적 추리의 사고는 창의적 사고에 매우 제한적임을 의미하게 된다.

여러 학자들은 Piaget의 형식적 추리가 마지막의 단계가 아니라 그것을 넘어서는 보다 더 고차적인 사고를 제안하고 있는데, 이것을 후형식적 추리라 부른다. 이들은 이러한 사고만이 형식적 추리를 넘어서는 창의력과 사고의 복합성을 설명할 수 있다고 본다.

후형식적 추리의 몇 가지 모델들 가운데 하나가 변증법적 사고이다(Arlin, 1990). 후형식적 추리의 한 가지 모델로서의 변증법적 사고는 열린 체제의 맥락 속에서 모순적인 구도(시각)들을 통합하는 것이라 정의하고 있다. Arlin의 모델에 따르면 '문제발견'에는 다음과 같은 과정 요소들이 포함되어 있다. (1) 현재의 사상태(state of affairs)에 대하여 의문을 제기하고(테제), (2) 거기에서 차이나 변칙과 같은 모순을 확인해 내고(안티테제), 그리고 (3) 이전까지의 문제를 재구성할 수 있는 새로운 문제 · 방법을 창조해 낸다. 이러한 문제발견의 과정은 바로 변증법적 사고를 창의적으로 사용하는 것을 예시해 주고 있다. 우리는 이러한 사고를 '변증법적 창의'라 부르게 된다.

사실 변증법적인 추리의 구조는 창의적 문제의 발견이나 재정의에서뿐 아니라 새롭고 유용한 아이디어와 혁신이 필요한 창의의 대부분의 과정에서 마찬가지로 적용될 수 있을 것이다.

셋째로, 변증법적 사고는 성질상 창의적인 것이다. 바꾸어 말하면 창의적 사고 과정은 대개가 변증법적이라는 말이며, 그 중심에는 변증법적인 모순의 원리가 지배하고 있다고 볼 수 있다. 이러한 논거의 첫째는 변화를 적극적으로 추구하는 '과정적인' 것이라는 점에서 우선 창의적 사고와 변증법적 사고는 매우 유사하다고 볼 수 있다. 창의(력)는 아이디어의 생성과 이를 적용하는 혁신을 통하여 변화를 추구한다. 그리고 변증법적 사고는 정–반–합의 3단계의 과정 요소들을 통하여 테제와 안티테제를 통합하고 종합하여 변화를 추구한다. 적어도 상호작용주의적 시각에서 이러한 과정들을 전체적으로 보면 창의적 사고는 성질상 변증법적이라 말할 수 있다. 둘째는 창의를 요구하는 현실의 과제(문제)는 대부분이 '정의가 제대로 안 된 문제'란 것이다. 현실의 많은 문제들은 문제의 정의가 분명하게 주어져 있거나 발견하기 쉬운 것이 아니며, 또한 문제가 주어져 있거나 발견된다 하더라도 그것을 해결하는 데 필요한 정보가 충분하지 아니한 경우가 대부분이다. 이러한 문제는 일정한 규칙이 있고 방향이 정해져 있는 추상적인 '논리'로는 해결하기 어렵다. '모순 · 갈등'이나 해결의 대안들이 다양할 수 있는 이러한 문제들은 고정적인 방향과 규칙이 있는 형식적 추리가 아니라 여러 가지의 각도, 시각 또는 접근으로 추리 · 사고할 수 있는 변증법적 추리로 비로소 해결이 가능할 수 있을 것이다. Yan & Arlin(1999)은 다음과 같이 말한다. "후형식적 추리의 창의적인 성질은 이러한 종류의 추리는 정의가 제대로 안 된 문제에서 작동한다는 사실에서 찾을 수 있다. … 이러한 종류의 문제해결은 객관적인 해결을 기대하기 어려운 실제 생활의 많은 문제와 아주 유사하다. 이렇게 보면 후형식적 추리는 필연적으로 불확실성, 비결정성 및 주관성을 함축하며, 그러므로, 그것의 핵심은 기본적으로 창의적임을 의미하게 된다"(p. 550).

마지막으로, 변증법의 삼 단계는 창의의 과정을 촉진시킬 수 있는 사고의 형태 또는 구조란 것이다. 사실 많은 창의적 사고 과정은 변증법적 사고의 형식을 따르고 있다. 그래서 변증법적 추리는 창의의 사고과정을 의도적, 계획적으로 촉진시키고 고차적으로 향상시키는 데 매우 도움이 될 수가 있다. 변증법적 사고는 인지 발달의 어떠한 단계에서든 원시적인 형태로는 사용되고 있겠지만 특히 후형식적 사고의 특징은 그것이 의식적이고 적극적이란 점이다. 그러므로 모순적인 부분들을 변증법적인 하나의 전체로 통합하여 종합하는 노력은 창의적 행동이나 변증법적 사고의 어느 것에서도 적극적으로 이루어져야 한다. 창의적인 아이디어를 생성해 내기 위하여 사용하고 있는 정형화된 사고도구들을 살펴보아도 이들 가운데 몇 가지는 변증법적인 모순의 원리를 그대로 사용하고 있음을 쉽게 확인할 수 있다. 예컨대 Gordon(1973)의 시넥틱스(synectics) 또는 Koestler(1964)의 바이소시에이션(bisociation) 등과 같은 결부법의 기법들은 모두가 상이하거나 부적절한 요소들을 조합하여 새로운 아이디어를 생산해 내는 사고도구들이다.

Ⅱ. 변증법적 사고와 창의력

창의력이란 몇 가지 요소들의 상호작용으로 나타나는 복합적이고 다면적인 현상이며, 창의의 사고과정은 체제적이며 또한 변증법적임을 강조하였다. 이러한 논의를 바탕으로 하여 아래에서는 먼저 대립적이고 모순적이지만 상보적인 변증법적인 역설 세 가지를 예시해 본다(김영채, 2015). 사실 Cropley & Cropley(2011)는 창의력의 6P에 따라 다양한 역설들을 제시한 다음 창의적 문제해결의 각 단계에 따라 역설들 가운데 어떤 것이 보다 더 지배적인지를 분석하고 있는데 이러한 노력은 창의적 경영의 실제에 유용할 것이다. 그리고 아래에서는 이러한 역설을 참조하여 변증법적인 시각 · 이해가 창의력에 대하여 던져주는 함의들도 같이 정리해 볼 것이다.

1. 변증법적인 역설

(1) 발산적(확산적) 사고와 수렴적 사고

창의의 과정은 크게 보면 발산적 사고와 수렴적 사고의 두 개의 과정으로 나누어 볼 수 있다. 이들은 대조적인 두 개의 양극을 이루고 있다. 창의적인 문제해결은 양극을 이루고 있는 발산적 사고와 수렴적 사고의 두 국면 단계가 순환적으로 상호작용을 반복하면서 성취해 낼 수 있다. 이들은 모순적이고 역설적이기 때문에 특히 창의적 문제해결의 각기의 단계에서는 발산적 사고와 수렴적 사고가 역동적인 균형을 이루도록 사용하는 것이 중요하다. 발산적 사고와 수렴적 · 비판적 사고는 쌍방 모두가 필요하고 서로 중요한 '팀메이트'이다. Guilford(1950)는 APA(American Psychological Association)의 회장 취임 연설에서 발산적 사고와 수렴적 사고를 대비시키고 있다(이에 대하여서는 10장 참조).

사실 발산적 사고와 수렴적(비판적) 사고는 반대적인 것일 뿐 아니라 그 아래에 속한 하위과정에서도 모순적인 과정들을 발견할 수 있다. 예컨대 아이디어를 발산(생성)해 낼 때 '놀이하듯이 자유분방하게 하는 것(fun)'과 '진지하게 열심히 하는 것(work)'은 모순적이다. 또한 '많은 것을 생각해 보는 것(유창성)'과 '독특한 것을 상상해 내는 것(독창성)'도 갈등적이다. 이러한 모순에서 필요한 것은 '역동적인 균형'이다.

(2) 점진적 변화와 혁명적 변화

창의적인 것은 새로워야 한다. 새로움(신규성)에는 산출(제품, 서비스, 방법 등)에 도입해 넣으려는 새롭고 독특한 측면이 어느 정도인지가 중요하다. 다음의 절에서 다루게 되겠지만 새로운 것은 '더 낫게' 하는 점진적인 것과 '다르게' 하는 혁명적인 것의 대조적인 두 개의 축으로 나누어 생각해 볼 수가 있다.

개인이나 조직이 전체적으로 변화하려면 점진적 · 진화론적 변화와 혁명적 변화의 두 가지 모두가 중요하고 필요하다. 변화의 과정에는 두 가지 종류가 역동적으로 상호작용할 것이며, 그리고 현실의 장면은 대개가 이런 종류 아니면 다른 종류의 어느 하나만을 요구하지 않는다. 예컨대 어떤 작업 과정의 효율성을 증진시키고자 하면 어떤 변화를 통하여 점진적으로 개선시키거나 정교하게 만들어 갈 수 있지만, 그러나 어느 지점에 이르면 그 같은 점진적인 변화로는 한계에 이르고 지금과는 전혀 다른 과정 · 방법을 사용해야 할 수가 있다. 장기적인 안목에서 보면 이러한 두 가지 과정 형태가 보완적으로, 그리고 유기적으로 자연스럽게 일어날 수 있을 때 변화의 과정은 최선으로 기능할 수 있음이 분명해 보인다.

(3) 일상적 산출과 급진적 산출

창의적인 산출은 새로운 것이어야 한다. 그러나 '새롭다는 것'만으로 충분하지는 아니하다. 창의적인 산출은 새로우면서도 또한 적절하고 유용해야 한다. 다시 말하면 창의적인 것은 새로우면서도 유용한(그리고 중요한) 기능을 발휘할 수 있어야 한다. 그러면 어떤 것이 '적절하고 유용한 것'인가? 그것은 누가 판단하는가?

여러 문헌에서는 창의는 주로 보는 사람의 눈에 달려 있다고 해석하고 있다. 특히 그 분야에 유식하고 지도적인 사람의 판단에 주로 달려 있다고 보고 있다(예컨대 Csikszentmihalyi, 1996). 그런데 창의적 산출을 주로 연구한 Besemer(2006)는 "… 소비자들은 너무 많이 놀라운 것을 좋아하지 않는다"(p. 171)라고 말하고 있다. 이렇게 보면 창의적인 산출은 일상적이면서도(현재의 익숙한 것에 맞는다는 의미에서) 동시에 혁신적인(기발하고 독특하고, 심지어는 놀랍기까지 한) 것일 필요가 있다. 이러한 양극의 각기를 우리는 '일상적(routine)' 산출과 '급진적(radical)' 산출이라 부를 수 있다.

그리고 여러 학자들은 급진적인 것인가, 아니면 주로 개인적인 일상적인 것인가에 따라 창의력을 구분하고 있다. 예컨대 Stein(1975)은 천재의 대문자 C 창의와 보다 평범한 사람들의 소문자 c의 창의로, Boden(1991)은 P−창의(심리적)와 H−창의(역사적)로, 그리고 Maslow(1971)는 특수재능의 창의와 자아실현의 창의로 대조를 이루고 있는 두 가지를 설명하고 있다.

2. 변증법적 접근의 함의

지금까지는 변증법적인 역설 몇 가지를 예시해 보았는데 이것은 창의란 기본적으로 보아 변증법적임을 확인해 주고 있다.

아래에서는 변증법적인 접근이 창의(력)에 대하여 던져주고 있는 함의들을 분석해 본다.

(1) 모든 것에는 본래적으로 모순이 내재해 있다. 이미 존재하는 어떠한 것도 거기에는 반드시 갈등적인(대립적인, 모순적인) 것이 동시에 따라온다. 'A'라는 '정'이 있으면 본래적으로 'B'라는 반대되는 것(아이디어, 견해, 해결책 등)이 있다는 말이다. 그러므로 '반대적인' 것을 인정하고 받아들이는 것이 중요하다. 창의란 그러한 반대를 극복하고 새로운 변화를 생성해 내기 위한 것이다. 이렇게 보면 '반대'는 창의를 움직여가는 시발점이며 또한 동기인(동기 요인)이 된다.

(2) '이것, 또는 저것(either −, or …)'이 아니라 '이것, 그리고 저것(yes −, and …)'의 사고를 가져야 한다. 창의란 현재의 '정'인 A와 반제인 B 가운데 어느 하나를 선택하는 것이 아니라, 대립적인 이들 두 가지를 통합하여 '이것이면서 저것인' 새로운 대안을 생성해 내는 것이기 때문이다. 새로운 대안은 A와 B의 요소를 모두 가지고 있

기는 하지만 A나 B 어느 하나인 것만도 아니다. 달리 말하면 창의에서는 양자택일, 또는 흑백논리의 사고를 지양해야 한다는 말이 된다.

(3) 창의를 요구하는 문제해결의 장면은 흔히 갈등적인 요구, 긴장, 딜레마(dilemma), 역설 또는 패러독스(paradox) 등으로 부르고 있는 애매한 장면이며, 따라서 창의에는 긴장과 스트레스가 당연히 수반될 수밖에 없다. 창의와 혁신의 과정이란 정과 반이라는 구조적인 갈등과 대립을 이해하고, 이들을 유의미한 새로운 것으로 연결해 가는 능력이다. 이러한 '연결'을 종합, 통합, 또는 절충 등으로 부르기도 한다.

(4) 새로운 해결 대안은 장면이나 과제들의 요구에 따라 달라질 수 있다. 이러한 대안들은 상호작용적, 맥락적, 또는 절충적 등의 용어로 표현할 수 있다. 선택하는 대안은 반대 축의 이것 또는 저것일 수도 있지만 대부분의 경우는 '정–반–합'의 과정을 통하여 새롭게 생성되는 것이다. 이것은 양 축의 A와 B의 요소를 모두 가지고 있지만 A나 B의 어느 것도 아니다. 그러므로 '절충적'이란 반드시 양극의 중간을 의미하는 것이 아니다.

(5) 그러면 변증법적인 시각에서 보면 창의적으로 유능한 사람은 어떤 사람인가? 여기에서 우리는 창의적 문제해결에는 정과 반이란 구조적인 모순(반대, 갈등)을 이해하고 통합(용해)하여 새로운 연결(통합)을 만들어 내는 능력이 핵심임을 다시 주목해야 한다. 유능한 창의자는 첫째로 정과 반이란 갈등적인 두 개의 축을 넓게 내려다볼 수 있어야 하고 그래서 스펙트럼의 폭을 넓게 포용할 수 있어야 한다. 그리고 이러한 대립적이고 경쟁적인 축의 요소들 사이를, 장면과 과제의 요구에 따라, 쉽게 그리고 거의 자동적으로 이동(shift)할 수 있어야 한다. 그러므로 이러한 생산적인 창의자는 닫힌 사람이 아니라 열려 있는 사람이며, 인지적인 융통성(cognitive flexibility)이 있는 사람들이다. 이러한 시각에서 창의적인 사람들을 특징짓고 있는 것이 Csikszentmihalyi의 창의적 성격이론이다(이에 대하여서는 6장을 참조).

(6) 변증법의 역설(패러독스)은 대립적인 두 개의 과정이 동시적으로 존재하는 것이며, 이러한 역설은 창의의 국면 단계에서 또는 국면 내의 하위적인 미시적인 활동 등에서 광범위하게 존재한다. 가장 기본적인 것은 '내용'과 '방법'이며 창의의 과정에는 이들 사이에 균형을 취하는 것이 중요하다. 이러한 모순적인 과정은 창의의 하위 과정에서도 쉽게 찾아볼 수 있다. 예컨대 '많은 것을 생각해 내는 것(유창성)'과 '독특한 것을 상상해 내는 것(독창성)' 또한 갈등적이다.

(7) 그리고 여기에서 중요한 것은 갈등적인 두 개의 과정 · 요소 가운데 언제 어떤 것을 주로 사용하느냐는 것이다. 그리고 어떻게 균형 있게 사용하느냐는 것이다. 예컨대 언제 '유창성'을 강조하고, 또 다른 언제에서는 '독창성'을 강조하느냐는 것이다. 갈등적인 두 개의 과정들은 넓게 보면 동시적으로 존재하지만 보다 자세히 보면 각기가 중점적으로 사용되는 장면이나 시간이 다르다. 그러므로 창의적 문제해결의 각 단계, 또는 각기의 국면에 따라 대립적인 두 개 과정의 어느 것이 주로 사용되는지를 이해하고 활용하는 것은 매우 필요해 보인다.

Ⅲ. 변화의 내용과 스펙트럼, 그리고 접근 스타일

1. 변화의 유형과 수준

변화란 무엇인가? 변화란 하나의 동사로 이해하면 '다르게 되는 것'이고, 명사로 정의하면 '다르게 만드는 것, 또는 다르게 되는 과정이나 결과'이다. 변화란 혁신, 상태 또는 구성요소에서 변이 또는 변경이 있거나, 또는 하나의 상태에서 다른 것으로 옮겨 가는 것을 의미한다. 비슷한 말에는 변이, 수정, 향상, 개조, 대치, 전환, 변환, 또는 변성(meta-morphosis) 등이 있다. 결국 변화란 구조, 형태, 산출, 성질 또는 내용 등을 현재 있는 것과는 '다르게' 만드는 것이다. 이러한 변화 가운데도 보다 완전하고 기본적인 변화를 표현하여, 특히 비즈니스에서는 변환(transformation)이란 용어를 사용하기도 한다. 이미 1장에서 Taffinder(1998)가 변화를 변환적 변화와 거래적 변화로 구분한 것을 이야기한 바 있다. 변환적 변화는 기본적이고 대규모적인 것인 데 반하여, 거래적 변화는 업무의 처리 방식을 바꾸는 것과 같은 특정 영역에 집중한 제한적인 것이다.

그런데 조직의 실제에서 보면 변화에는 적어도 두 가지의 차원이 있는데 이들은 변화의 유형과 변화의 수준(정도)이다.

(1) 변화의 유형

다음의 절에서 보다 자세하게 알아보겠지만, 변화의 스펙트럼을 이루는 하나의 축은 현재의 제품 · 산출, 체제나 방법을 '더 낫게' 개선 · 향상시키는 점진적 · 진화론적인 것이다. 그리고 반대 축의 다른 하나는 현재의 것을 넘어서 '다르게' 변화시키는 혁명적인 · 파열적인 것이다. 그리고 이러한 양극의 두 개의 축의 사이는 일종의 스펙트럼으로 이해할 수 있다.

그런데 특정의 시간과 장면에서 다루어야 하는 어떤 과제의 요구와 구속을 충족시키기 위하여 어느 정도의 새로움(신규성)이 필요한지를 결정하기란 대개가 쉬운 일이 아니다. 바라는 성과뿐 아니라 가용한 자원이나 시간 여유 등 고려해 봐야 할 변수가 적어 보이지 않는다. 그래도 한 가지 유의해야 할 것은 '더 낫게' 하는 점진적 변화와 '다르게' 하려는 혁명적 변화는 반드시 모순적인 것이 아니라 서로 상보적이며 상호작용한다는 것이다.

창의가 필요한 어떤 분야에서든 간에 바라는 변화의 과정이 전체적으로 이루어지려면 진화론적 변화와 혁명적인 변화는 모두가 중요하고 필요하다. 우리가 개인으로 작업을 하든, 집단에서 또는 조직에서 작업을 하든 간에 이러한 두 가지 형태의 상보적인 변화가 협력적으로, 무리 없이 그리고 조직적으로 일어날 수 있을 때 비로소 전체적인 변화의 과정은 최선으로 전개될 것이다. 개인 생활이나 직장 생활에서 '더 낫게' 만들려는 진화론적인 변화만 있다고 상상해 보라. 세월이 지나도 같은 틀 속에서(같은 패러다임이라 부르는 것이 더 좋아 보이지만) 비슷하게만 머문다면 눈 번쩍 띄게 '신선한' 것은 없고, 독특한 시각이나 정말로 새로운 아이디어나 기술도 없고, 그리고 새로운 직장이나 새로운 도전도 없을 것이다. 반대로 혁명적인 변화만 추구한다면 조직은 안전성이 없고 기반이 불안하여 좌초할 위험성도 있을 것이다.

(2) 변화의 수준

다음은 변화의 정도, 즉 수준이다. 이것은 달리 말하면 변화에서 원하는 충격(impact)의 크기를 말한다. 원하는 충격의 크기(size)란 변화에 따른 범위가 얼마나 넓은 것인지, 그리고 얼마나 깊고 철저한 것인지를 말한다. 원하는 충격의 크기가 어떤 것인가에 따라 사람, 내용 및 방법 등에 관한 의사결정에 많은 영향을 미친다.

충격의 '범위'란 변화를 원하는 영역이 얼마나 넓고 광범위한지를 말한다. 예컨대 범위가 좁으면, 팀이나 부서보다는 개인에게, 그리고 전체 조직보다는 한 부서에 집중해야 한다. 반면에 범위가 넓은 것이면 생활의 여러 가지를 변화시키거나 다중의 집단에 영향을 미치게 된다.

그리고 어떤 '영역' 내에서 변화시키고 싶은 것이 얼마나 깊거나 철저한지를 보여주는 것이 '깊이'이다. 만약에 낮은 수준의 변화를 원하면(표면 구조적 변화), 다루는 과제를 부분적으로 또는 제한적으로 변화시키는 데 초점을 두게 된다. 그러나 아주 깊은 수준을 원하면 다루는 과제를 구조적으로, 철저하게, 그리고 완전하게 변화시키는 데 초점을 두게 될 것이다(심층 구조적 변화).

2. 새로움 - 점진적 변화와 혁명적 변화

창의적인 것은 반드시 새로워야 한다. 그러므로 어떠한 과제를 다루려면 원하는 결과나 성과가 얼마나 '새로운' 것이어야 하는지를 질문해 보아야 한다. 원하는 변화를 제대로 생성해 내려면 어떤 종류의 '신규성(novelty)'이 필요한지를 분명하게 이해하고 결정할 수 있어야 한다.

장면 · 과제가 요구하는 새로운 변화는 크게 보아 점진적인 혁신(incremental)에서 혁명적인(revolutionary) 것에 이르는 하나의 스펙트럼(spectrum)으로 나타내 볼 수 있다고 하였다. 이러한 스펙트럼의 양극을 더러는 다른 이름으로 부르기도 한다. 점진적 혁신은 진화론적 혁신 · 변화, 계속적인 향상, 토털 퀄리티(total quality), 또는 더 낫게 만들기(making things better) 등으로 부르고 있다. 이러한 창의 · 혁신 · 변화는 현재의 구조, 산출, 체제 또는 방법(절차) 속에서 이들을 '더 낫게(better)' 만드는 데 초점을 두고 있다. 이러한 장면은 대개가 자원이 제한적이고, 성공에 대한 척도가 비교적 분명하고, 세부적인 것에 주의를 기울이고, 그리고 단기적인 이득과 최적화를 강조하고 있다. 이것은 혁명적 변화보다는 실현하기가 쉽고 경비도 적게 든다. 그래서 이러한 변화는 보다 보수적인 것이라 말할 수 있다.

반면에 혁명적인 변화는 비연속적인 종류의 변화를 필요로 한다. 이러한 혁신은 커다란 미래의 기회에 대한 웅대하지만 명료하지 아니한 비전이나, 급진적으로 새로운 설계나 파열적인(disruptive) 기술혁신이 일어나고 있거나 또는 패러다임 이동이 필요한 경우에 필요해진다. 이들은 흔히 절박한 위기(흔히 커다란 모험이 걸려있는), 시급한 사건, 그리고 점진적인 변화로는 대처가 되지 않기 때문에 게임을 바꿀 수 있는 전략이 필요해서 시작하게 된다.

혁명적인 변화 · 혁신은 또한 급진적 돌파(radical breakthrough), 파열적(disruptive)

혁신, 단계적 변화(step change), 리엔지니어링(reengineering), 또는 다르게 만들기(making things different) 등으로 부르기도 한다. 이것은 '상자 밖의' 사고('out of box' thinking)라고도 말할 수 있다. 이러한 종류의 창의 · 변화는 현재의 접근법이나 운영방식과는 완전히 '다르게(different)' 하는 데 초점을 두고 있다. 이렇게 '새로운' 것을 창조하려면 현재의 것과는 다른 구조, 절차 또는 체제를 창의해 낼 필요가 있다. 대개보아 이러한 변화는 실행하는 데 시간이 더 걸리고 비용도 많이 든다. 그리고 변화에 따른 저항이 보다 더 완강할 수 있다. 이들 양극의 변화를 보여주고 있는 것이 [그림 3-1]이다.

그러나 변화를 이렇게 이분법적으로 접근하기보다는 두 개의 축을 가진 하나의 연속적인 스펙트럼으로 이해하는 것이 보다 더 생산적일 것이다. 실제 세계의 변화는 '진화론적인 것'에서 '혁명적인 것'에 이르는 다양한 종류의 것이 가능하고 또한 필요할 것이기 때문이다. 그리고 개인이나 조직이 전체적으로 변화하려면 진화론적 변화와 혁명적 변화의 두 가지 모두가 중요하고 필요하다. 변화의 과정에는 두 가지 종류가 역동적으로 상호작용할 것이며, 그리고 현실의 장면은 대개가 이런 종류 아니면 다른 종류의 어느 하나만을 요구하지 않는다. 예컨대 어떤 작업 과정의 효율성을 증진시키고자 하면 어떤 변화를 통하여 점진적으로 개선하거나 정교하게 만들어 갈 수 있지만, 어느 지점에 이르면 그 같은 점진적인 변화로는 한계에 이르고 지금과는 전혀 다른 과정 · 방법을 사용해야 할 수도 있다. 장기적인 안목에서 보면 이러한 두 가지 과정 형태가 보완적으로, 그리고 유기적으로 자연스럽게 일어날 수 있을 때 변화의 과정은 최선으로 기능할 수 있을 것이다.

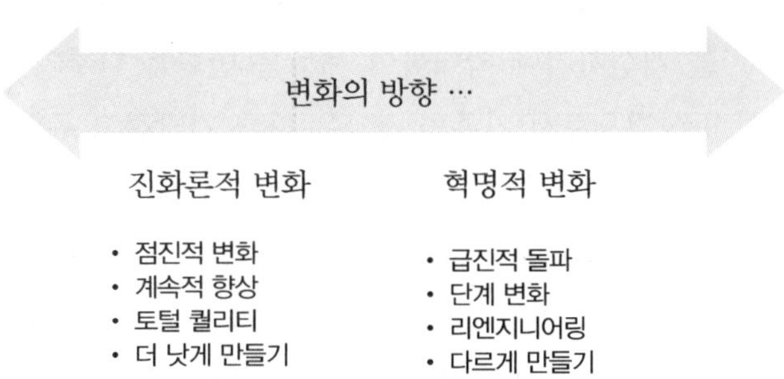

[그림 3-1] 변화의 스펙트럼

3. 변화에 대한 접근 스타일과 수용의 능력

흔히 사람들은 변화를 두려워하고 거부하기 쉽다고 말한다. 하던 대로의 '일상의 관행(routine)'에 익숙해지면, 거기에 따르면 편안하고 스트레스받는 일이 적기 때문일 것이다. 그러면 사람들은 무조건 변화를 거부하는 것일까? 여기에는 변화에 대한 접근 스타일과 변화에 대한 수용 능력의 두 가지가 매우 중요해 보인다.

(1) 변화에 대한 접근 스타일

사람들은 자신이 선호하지 아니하는 종류의 변화를 거부하는 것이지 모든 변화를 거부하는 것이 아니다. 계속적인, 즉 진화론적인 변화를 선호하는 사람은 생활에 구조와 질서가 있는 것을 더 좋아하는 경향이 있고, 안정, 질서, 현상 유지에 가까운 변화를 선호한다. 반면에 혁명적이고 계속적인 변화를 선호하는 사람은 생활에서 구조와 질서가 아주 적은 것을 선호한다. 이들이 좋아하는 변화는 불안정, 분열 및 무질서 등으로 향하는 경향이 있다. 정치 영역에서 보면 보수적인 사람은 보수적인 변화를, 그리고 진보적인 사람은 혁명적인 변화를 선호하는 것과 같다.

사고의 스타일에 따라 선호하는 변화의 종류가 다르다. "사고 스타일이란 완성하고자 하는 문제나 과제에 자신의 지능과 지식을 적용하는 방식이다. 사고 스타일은 지적 능력이 아니고 우리가 가지고 있는 지적 능력을 사용하는 방식이다"(Sternberg & Lubart, 1995, p. 175).

Kirton(1989, 1994)은 이를 창의력, 문제해결 및 의사결정의 스타일(style)이라 부르고 적응자(adaptors)와 혁신자(innovators)로 나누고 있는데 이러한 스타일은 변화에도 마찬가지로 적용될 수 있다. 적응자는 순응적 성격 스타일로서 이미 존재하고 있는 것(또는 알고 있는 것)을 개선하거나 확대하여 새로운 변화를 다루기를 선호한다. 그리고 혁신자는 혁신적 성격으로서 기존의 것과는 다른 기발하고 독창적인 어떤 것을 생성해 냄으로써 전혀 새로운 것을 생각해 내기를 선호한다. 그리고 Selby, Treffinger & Isaksen(2007)의 VIEW 검사(VIEW: An Assessment of Problem Solving Style)에서는 전자를 개발자(Developer), 그리고 후자를 탐구자(Explorer)라 부르고 있다(김영채, VIEW 창의적 문제해결 스타일 검사, 2004a). VIEW 검사에서는 창의적 문제해결의 스타일을 3개 차원에 따라 양극을 이루는 것으로 정의하여 검사한다. 변화에 대한 오리엔테이션에는 '개혁지향적 스타일–발전지향적 스타일', 일처리의 방식에는 '외적 처리 스타일–내적 처리 스타일', 그리고 의사결정의 중심이라는 차원에는 '사람 중심 스타일–과제 중심 스타일' 등과 같은 대조적인 양극의 스타일을 가지고 있다(이에 대하여서는 11장 참조).

(2) 변화에 대한 수용의 능력

사람들은 변화에 대한 스타일뿐 아니라 변화를 수용하고 흡수하거나 리드할 수 있는 능력에 차이가 있다. 그리고 이에 따라 수용하여 받아들이고 싶은 변화에 개인차가 생겨나게 된다. 사람들은 좋아하는 변화뿐 아니라 변화에 동화할 수 있는 능력에도 차이가 있다는 말이며, 또한 원하는 변화의 종류가 다를 수 있다는 말이다. 그러므로 다양한 선호와 차별적인 능력을 가지고 있는 여러 사람들과 함께 일하려면 여러 가지의 접근과 전략이 동시에 필요해지게 된다. 이와 관련하여 특히 주목받는 것이 창의적 리더십이다.

특히 후관료적 조직(post–bureaucratic organization)에서는 새로운 유형의 리더를 요구한다. 이러한 리더는 영감과 힘을 주는 명장이고 코치여야 한다. Bennis(1993)는 이렇게 말한다. "이러한 후관료적 세상에서는 건강한 불만을 격려하며, 아니라고 말할 수 있는 용기 있는 부하를 가치롭게 여기는 그러한 리더에게 영광이 돌아갈 것이다. 이러한 리더는 문화적 다양성을 기뻐할 것이며, 나아가 다양성이야말로 조직이 장기적으로 생존하기 위한 최선의 희망임을 알고 있는 사람이다"(p. xx).

Ⅳ. 야누스적 사고와 양손잡이 조직

앞에서는 창의력에 대한 상호작용주의적 및 체제적 이론에 이어 변증법적 사고와 변증법적인 변화와 발전의 과정에 대하여 비교적 상세하게 알아보았다. 그리고 변화에 필수적으로 수반되는 '새로움'의 정도에 따라 변화를 점진적 변화와 혁명적 변화의 두 가지로 나누고 이들 사이를 연속적인 것으로 이해하는 하나의 변화의 스펙트럼을 제시해 보았다.

이제 이러한 변증법적 과정과 변화의 스펙트럼이 조직의 변화에서는 어떻게 적용될 수 있는지를 살펴볼 것이다. 먼저 변증법적 사고의 연장이라 볼 수 있는 '야누스적 사고'에 대하여 알아보고, 그리고 이러한 사고에 기초하여 비즈니스를 경영하는 '양손잡이 조직'에 대하여 분석해 볼 것이다.

1. 야누스적 사고

야누스적 사고(Janusian thinking)란 반대되는 견해나 시각들을 동시적으로 고려하고, 그리하여 이들을 통합하여 새롭게 해결해 내는 사고를 말한다. 야누스(Janus)는 로마의 신화에 나오는 신들 가운데 하나이다. 그는 시작과 끝의 신(神)인 동시에(또는 대문의 안과 밖을 동시에 보는) 들어오고 나가는 모든 것들을 다스리고 있다. 그는 시작과 끝의 신이기 때문에 반대 방향들을 동시에 볼 수 있다(1월이란 January는 Janus에서 따온 것이라 한다). Rosenberg(1999)는 이러한 속성을 표현하기 위하여 야누스적 사고란 용어를 조어하고 이렇게 말한다. "… 다중의 반대나 반제들을 적극적으로 동시적으로 생각하며 … 창의적 과정에서는, 반대나 반제적인 아이디어들, 개념들 또는 명제들을 마치 동시적으로 공존하고 있는 것처럼 생각한다. 보이기에는 비논리적이고 자기모순적인 것 같지만 이러한 생각들은 분명하게 논리적이고 이성적인 마음에서 이루어지면서 창의적인 효과를 생산해 낸다. … 이러한 동시적인 반제, 즉 동시적으로 존재하는 반대들은 대개가 변형과 수정을 거치기 때문에 최종의 창의적인 산출에서는 이들을 변별해 낼 수가 없다"(p. 207). 이렇게 보면 '야누스적 사고'란 지금까지 다루었던 '변증법적 사고'의 다른 이름같이 보인다.

Rosenberg(1999)는 예술이나 과학 분야뿐 아니라 기타의 대부분의 창의적인 작업에서는 이러한 과정이 존재한다는 증거들을 여러 가지로 보여주고 있다. 사실 다양한 분야에서 새롭고 유용한 아이디어를 창의해 내는 데는 이처럼 대조적이고 모순적인 것들을 동시적으로, 그리고 적극적으로 생각하는 것이 핵심적인 것같이 보인다. 이러한 역동적인 균형의 마음이라야 비로소 '이것 아니면, 저것(either –, or)'이 아니라 '이것, 그리고 저것(yes –, and)'의 마음이 가능해질 것이다. 그래야 상이한 대안들을 동시적으로 추구하는 변증법적이고, 그래서 창의적인 사고가 가능해질 것이다. 이때 비로소 이것과 저것을 분리시키는 이분법적인 사고가 아니라 전체 속에서 하나로 해결해 가는 변증법적인 융합이 가능해지기 때문이다. 그러나 이러한 융합은 이것과 저것의 중간쯤으로 짜깁기하는 '절충적인(eclectic)' 것과는 다르다.

Koestler(1964)는 문학, 과학 및 예술 분야에서 창의의 행위를 연구하면서 '바이소시에이션(bisociation)'이란 용어를 사용하고 있는데 이것은 야누스적 사고와 마찬가지의 의미이다. 그는 하나의 평면에서 사고하는 통상적인 기능과 언제나 하나 이상의 평면에서 작동하는 창의적 행위를 구분하기 위하여 이 용어를 사용하고 있다. Gordon(1961)의 '시넥틱스(synectics)'도 마찬가지의 창의적 과정을 활용하고 있는데 시넥틱스 기법은 서로 상이하고 부적절해 보이는 요소들을 같이 연결하여 새로운 반응을 생성해 내는 창의의 과정을 활용하고 있다. 사실 창의적 문제해결에 관한 현재의 많은 이론들은 모순 · 갈등과 긴장을 수반하는 변증법적인 측면들을 가지고 있다. 창의적 문제해결에는 크게 보면 발산적 사고와 수렴적 사고의 두 개의 과정이 있으며, 모순적이고 대조적인 것같이 보이는 이들 두 개의 과정을 균형 있게 역동적으로 사용하는 것을 강조하고 있다.

2. 야누스적 조직 - 양손잡이 조직

야누스적 사고의 핵심적인 요소는 반대적인 견해나 시각들을 동시적으로 고려하고 용해해 가는 것인데, 야누스적 사고를 조직에 적용한 것을 '양손잡이 조직(ambidextrous organization)' 또는 '두 말을 동시에 달리는 조직(riding two horses business)'이라 부르고 있다. 오른손과 왼손을 동등하게 잘 사용할 수 있는 사람은 드물지만 조직 과학에서는 조직이 탐구적인(explorative) 활동과 활용적인(exploitative) 활동 모두를 제대로 활용할 줄 아는 능력의 중요성을 강조하면서 '양손잡이'란 용어를 사용하고 있다. 조직이 성공하려면 '이것, 아니면 저것'의 자세가 아니라 '이것, 그리고 저것'이라는 시각을 가져야 한다. 서로 분명히 다른 대안들도 동시적으로 추구해 가는 것이 용인되어야 하며, 그리하여 연속성과 변화라는 두 종류의 이원주의가 격려되어야 한다.

Bledow 등(2009)은 이 개념을 개인, 팀 및 리더에까지 확대시켜 일반화하면서 "기본적으로 보아 상이한 활동들을 해서 서로 갈등적인 요구들을 경영하고 충족시키는 복합적이고 적응적인 체제가 가지는 능력"(p. 320)이라 정의하고 있다. 그리고 신동형과 송재용(2011)은 양손잡이 조직을 "시장이 어떻게 변화할지 모르고 어떤 기술이 시장 표준 기술이 될지 모를 때 기존 사업과 혁신을 통한 신규 사업을 동시 다발적으로 진행해 가기 위한 조직 형태"(p. 207)라 정의한다. "혁신에는 변화와 안정이라는 대조적인 세력들이 동시적으로 작동하고 있기 때문에, 조직에서는 점진적인 변화와 함께 실험하기 등의 비연속적인 변화를 동시적으로 추구해야 한다"(Tushman & O'Reilly, 1997, p. 14). 이러한 조직은 갈등적인 두 가지의 목표를 동시적으로 추구해 감으로써 창의적 역설의 딜레마를 해결할 수 있기를 기대하게 된다.

기업 · 조직이 혁신의 도전들을 헤쳐가려면 내적인 것에 초점을 둔 점진적인 변화와 외적으로 초점을 두고 있는 오픈 이노베이션(open innovation)의 급진적인 변화라는 두 가지의 모두가 필요하다. 현재 하고 있는 사업의 경쟁력 확대와 미래 사업을 탐색하는 활동이 균형 있게 이루어져야 한다. 이들은 서로 다르지만 서로 보완적인 것으로, 두 마리 말을 동시에 달리는 것과 같다. 신동형과 송재용(2011)은 이를 위한 동시다발적인 사업을 어떻게 배분하느냐에 따라 조직의 구조를 구조적 양손잡이 조직과 맥락적 양손잡이 조직으로 나누고 있다.

(1) 구조적 양손잡이 조직

구조적 양손잡이 조직(structural)에서는 기존의 사업을 담당하는 부서와 미래의 혁신적인 변화를 위한 신규 사업을 담당하는 부서를 별도로 둔다. 그리고 상위의 최고경영층이 이들 두 가지를 균형 있게 관리한다. 기존의 사업을 관장하는 조직에서는 기존의 사업을 원가 절감, 품질 향상, 기술 향상 등을 통하여 효율성 위주로 점진적인 성장을 추구하게 되는데 이를 오른손 조직이라 부른다. 반면에 미래의 신규 사업을 위하여 혁신을 주도하는 조직을 왼손 조직이라 부른다. 이와 같이 양손으로 분리되어 있는 조직에서는 창의적인 사고를 가지고 전체를 조망하고 분리된 조직을 통합적이고 균형적으로 관리할 수 있는 조직의 최고경영층의 역량이 특히 중요해진다. 이들은 현재 사업을 잘 꾸려갈 수 있는 역량과 미래의 성장 동력을 준비해야 하는 역량을 동시에 가지고 있어야 한다. 그래서 조직의 최고 경영층은 앞과 뒤, 안과 밖, 그리고 오늘과 내일을 동시에 볼 수 있는 야누스적인 사고 능력을 가지고 있어야 한다.

(2) 맥락적 양손잡이 조직

맥락적 양손잡이 조직(contextual)에서는 조직을 오른손 조직과 왼손 조직으로 분리하지 아니하고 대신에 개개인의 일상의 업무과정에서 지금까지 해오고 있는 기존 사업의 경쟁력 강화와 미래를 위한 혁신이나 신사업 개발을 자율적으로 관리하여 선택적으로 또는 동시적으로 추구하게 한다. 예컨대 세일즈 업무 담당자는 현재의 고객을 더 잘 만족시키려는 노력과 함께 고객의 다른 요구, 또는 또 다른 고객을 확보하기 위한 노력을 동시적으로 수행하는 것이다. 이러한 조직에서는 조직원의 창의적인 역량이 매우 중요하다. 그러나 다른 한편으로는 조직원 간의 유대관계가 약화되고 경쟁이 심화되는 약점이 있다.

어떤 조직이라도 정착하여 안정을 찾고 나면 점진적인 혁신과 급진적인(혁명적인) 혁신의 두 가지 모두를 제대로 할 수 있어야 한다. 시간이 흐르고 세상과 시장이 변화하면 '더 낫게' 하는 노력만으로는 감당하기 어려운 또 다른 도전들이 닥쳐올 수밖에 없기 때문이다. 그러므로 '더 낫게' 하는 능력과 '다르게' 할 줄 아는 능력을 동시에 격려하고 개발해야 한다. '더 낫게' 하는 것은 현재의 것을 점진적으로 개선 · 향상시키는 것이고 '다르게' 혁신하는 것은 기존의 것을 훨씬 뛰어넘는 급진적인 변화를 의미한다. 다시 말하면 동일한 조직 내에서 두 가지 종류의 혁신을 함께 다룰 수 있는 '양손잡이 능력(ambidextrous capacity)'을 개발할 수 있어야 한다. 이것은 점진적이고 연속적인 진화의 물결과 비연속적인 혁명의 거친 파도를 동시에 탈 줄 아는 능력이라 말할 수도 있을 것이다.

[장의 요약]

이 장에서는 창의력은 복합적이고 다면적인 것으로 몇 가지의 요인(요소, 세력, 변수)들이 하나의 체제를 이루고 있고, 이들은 상호작용한다는 것을 강조하였다. 그러면 이들은 어떠한 과정을 통하여 상호작용하느냐고 질문할 수 있다.

이러한 질문에 대답하기 위하여 먼저 변증법적인 변화와 발전에 대하여 공부해 보았다. 변증법적 사고는 삼단논법으로 표현되는 추리의 한 가지 형식 내지 구조이다. 그리고 이러한 변증법적 세계관은 몇 가지의 특징들을 가지고 있다. 거기에는 모든 것은 체제적이며 따라서 모든 것은 상대적이고 비절대적이며, 그러한 체제는 역동적으로 변화하며, 체제는 질적인 변환을 통하여 발달하며, 그리고 체제가 발달해 가는 기본 원리는 '모순-해결'의 원리라는 것 등이 포함된다.

그리고 변증법적인 사고는 '정-반-합'이라 불리는 삼 단계의 형식·구조이며, 그것은 형식적 추리의 단계를 넘어선 후형식적인 사고로서 보다 고차적인 사고라고 본다. 후형식적 추리는 Piaget의 형식적 추리를 넘어선 것으로 창의력과 사고의 복합성을 보다 적절하게 설명할 수 있는 것 같다.

창의의 사고 과정은 체제적이며 변증법적임을 강조하였다. 그러므로 창의(력)에는 대립적이고 모순적이지만 상보적인 것들이 동시에 포함되는 여러 가지의 역설을 발견하게 된다. 여기서는 발산적 사고와 수렴적 사고, 점진적 변화와 혁명적 변화 및 일상적 산출과 급진적 산출의 세 가지 역설만을 다루었다. 그리고 이러한 변증법적 시각은 창의(력)에 대하여 몇 가지의 중요한 함의를 가지고 있음도 발견할 수 있다. 거기에는 모든 것에는 본래적으로 모순이 내재해 있다는 것, '이것 … 또는 저것 …'이 아니라 '이것 …, 그리고 저것 …'이라는 사고가 필요하다는 것, 창의에는 역설이 포함되기 때문에 당연히 긴장과 스트레스가 수반된다는 것, 새로운 해결 대안은 장면이나 과제의 요구에 따라 달라질 수 있다는 것, 그리고 창의의 핵심은 정과 반이란 구조적인 모순을 이해하고 통합하는 능력이라는 것 등이 포함되어 있다.

그리고 변화에 대하여, 그리고 변화의 스펙트럼에 대하여 살펴보았다. 변화에는 크게 보면 '더 낫게' 하는 변화와 '다르게' 하는 변화의 두 가지 대조적인 유형이 있다. 전자를 점진적 변화(혁신), 그리고 후자를 혁명적 변화(혁신) 등으로 부르고 있다. 그런데 이들 두 개의 대조적인 변화의 축은 별개로 떨어져 있다기보다 서로가 연결된 하나의 스펙트럼으로 이해하는 것이 보다 더 생산적이다.

그리고 사람들은 변화에 접근하는 스타일이 다를 수 있다. 다시 말하면 우리들은 '나는 얼마나 창의적인가?'란 질문과 함께 '나는 어떻게 창의적인가?'란 질문을 제기해야 한다.

Kirton은 창의력 스타일을 적응자와 혁신자의 두 가지로 나누고 있다. 그리고 VIEW 검사에서는 전자를 개발자, 그리고 후자를 탐구자라 부르고 있다. 또한 사람들은 변화를 수용할 수 있는 능력에도 차이가 있기 때문에 조직에서는 창의적 리더십이 매우 중요해지게 된다.

마지막으로 변증법적인 사고가 조직, 특히 비즈니스에서는 어떻게 적용될 수 있는지를 살펴보았다. Rosenberg가 조어한 '야누스적 사고'는 시작과 끝, 앞과 뒤, 그리고 안과 밖을 동시에 보고 동시적으로 생각하는 것을 말한다. 이것은 '변증법적 사고'를 팬시하게 표현한 것이라 생각할 수도 있다. 실제로 여러 분야의 창의적인 작업에서는 이러한 과정이 분명하게 존재하고 있고, 그리고 이러한 원리를 이용하여 창의적 아이디어를 생성하기 위한 사고도구들도 여럿 있다. 그리고 반대적인 견해나 시각들을 동시적으로 고려하고 통합하는 야누스적 사고의 조직을 '양손잡이 조직'이라 부르고 있다. 이러한 조직에서는 점진적인 변화와 혁명적인 변화를 동시적으로 균형 있게 추구해 갈 수 있기를 기대한다. 그리고 이를 위한 조직의 형태를 구조적 양손잡이 조직과 맥락적 양손잡이 조직으로 나누기도 한다.

chapter_4

지능과 창의력 – 성공하는 사람은 다르다

Chapter 4

지능과 창의력 – 성공하는 사람은 다르다

이 장에서는 먼저 지능에 대한 전통적인 이론인 '단일지능'을 다룬 다음, 현대적인 이해인 '다중 지능'을 알아본다. 그리고 지능과 창의력의 관계에 대한 연구들도 정리해 본다. 또한 Sternberg의 삼원지능 이론을 세 가지의 요소에 따라 비교적 자세하게 살펴볼 것이다. 마지막으로 창의적이고 지적이며 그리하여 성공할 줄 아는 사람의 행동적 특성들을 살펴볼 것이다.

Ⅰ. 지능에 대한 이해

1. 전통적인 이해 - 단일 지능

고전적인 지능검사는 1905년에 출판된 Binet-Simon 검사에서 시작한다. 이 검사는 정신 장애아를 판별해 내기 위한 '언어' 검사이다. 스탠퍼드 대학의 Lewis Terman은 이 검사를 수정하여 Stanford-Binet 지능검사를 제작하였고 이것은 가장 인기 있는 지능 검사가 되었다. 그 이후 L. L. Thurstone은 7개의 무관한 요인들을 가지고 있는(언어 이해, 단어 유창성, 수리력, 공간 지각, 연상적 기억, 지각 속도, 추론, 귀납) 지능 모형을 만들었다. R. Cattell(1963)은 Spearman의 일반지능이란 개념을 수정하여 두 가지 유형의 인지능력을 제안하였다. 하나는 '유동적 지능(Gf, fluid intelligence)'이고 다른 하나는 '결정적 지능(結晶的, Gc, crystallized intelligence)'이다. Gf는 추리를 사용하여 새로운 문제를 해결하는 능력이다. 그리고 Gc는 교육과 지식 정보와 경험에 의존하는 지식 기초적인 능력으로 이것은 나이가 들어도 별로 쇠퇴하지 않는다. J. P. Guilford는 3개의 차원이 있고 이들을 조합하면 전체 120 유형의 지능이 있는 '지능의 구조(SOI, Structure of Intellect)'를 제시하였지만 1980년대 이후부터 실제적, 이론적인 비판을 받으면서 이 검사는 사라져 가고 있다. 이들 이외에도 적지 아니한 IQ 검사와 이론들이 제시되어 왔다.

이들 고전적 지능검사에서 가장 중요해 보이는 개념은 IQ(Intelligence quotient)와 'g 요인'이다. IQ는 원래는 '정신연령/역연령'으로 계산하였지만, 현재의 검사에서는 이를 통계적으로 산출한다. 여기서는 원점수의 평균치를 IQ=100으로 하고 표준편차가 15 또는 16을 가지는 정규분포곡선에 따라 IQ 점수를 매긴다.

그리고 IQ 검사의 핵심은 '일반적 요인', 즉 'g 요인(general factor)'이라 말할 수 있다. 1904년 C. Spearman은 여러 가지 IQ 검사들 사이의 상관관계를 요인분석하여 모든 다른 것들과 상관계수가 가장 높은 능력의 것을 'g 요인'이라 부르고 있다. 그리하여 Spearman과 기타의 연구자들은 g 요인이 지능에서 진짜 핵심적인 것이라고 본다. 다시 말하면 g 요인은 인간의 모든 과제의 수행에서 작용하는 보편적인 기본 능력이다. IQ는 지능을 연구할 때 가장 많이 사용되고 있으며 g 요인을 나타내는 것으로 실제 장면에서 가장 광범위하게 활용되고 있다.

지능에 대한 전통적인 시각에서는 지능은 IQ라는 하나의 지수로 표현할 수 있다고 본다. 지능은 창의력에 필요하지만 충분한 것은 아니라는 데 대개의 사람들이 동의하고 있다. 그리고 '나는 얼마나 창의적인가?'라는 질문을 제기하고 창의력의 수준, 정도 또는 양을 측정하고 확인하는 데 초점을 두고 있다.

지능에 대한 전통적인 시각에는 다음과 같은 두 가지의 특징적인 전제가 포함되어 있다.

(1) 지능(지적능력, 정신능력)은 한 개의 총체이며, 따라서 IQ와 같은 하나의 척도로 나타낼 수 있다.

(2) 지능은 유전에 의하여 이미 결정되어 있으며 따라서 고정적이다. 그리고 전통적으로 IQ(지능지수)와 같은 단일 척도를 사용하여 천재, 수재, 영재, 정박아 또는 백치 등으로 사람을 분류할 수 있다.

대표적인 이론은 지능은 하나의 일반 요인(g 요인)으로 구성되어 있다고 보는 Charles Spearman의 '일반지능 이론'이다. 그는 지능이란 모든 행동이 거기에서부터 흘러나오는 일종의 일반적인 정신적 에너지의 원천이라 본다. 그러므로 모든 인지적 기능은 서로 관련되어 있는데 그것은 하나의 일반 지능에서 여러 능력이 여러 방향으로 강물의 지류처럼 흐르기 때문이라고 본다.

2. 다중지능 이론

고전적인 IQ 검사의 g 요인과는 다른 새로운 지능 이론을 제시하고 있는 대표적인 학자는 Howard Gardner와 Robert Sternberg이다.

Gardner는 그의 저서 '마음의 구조(Frames of mind: The theory of multiple intelligences, 1983)'에서 다중지능 이론(multiple intelligence)을 제시하고 있다. 이 이론에서는 인간은 학습하고 정보를 처리하는 데 몇 가지의 상이한 방법을 가지고 있을 뿐만 아니라 이들 방법은 전문 영역에 따라 서로가 비교적 독립적이라 주장한다. Gardner는 처음에는 7개의 지능을 제시했다가 1999년에는 '자연적 지능' 하나를 더 추가하였다(언어적, 논리적–수학적, 음악적, 공간적, 신체 · 운동적, 개인내적, 개인간적 및 자연적). 요약하면 지능에는 일반능력인 'g 요인'이 있는 것이 아니라 지식영역(domain)에 따라 비교적 독립적인 지능이 있다는 것이다(지능의 영역 보편성이 아니라 영역 특수성). 그러므로 사람에 따라 뛰어나거나 떨어지는 지능 영역이 다양하게 다를 수 있다고 말한다.

기존의 지능검사들은 어휘, 이해, 기억과 문제해결 등 측정 가능한 정신능력에 초점을 두고 있다. 한마디로 말하면 이들은 학구적인(academic) 능력을 측정하고 있다. Sternberg는 삼원지능 이론에서 이러한 검사가 측정하고 있는 것은 '너무 좁다'고 믿고 있다. 이렇게 측정하는 지능은 지능의 한 부분일 뿐이며 '학교 똑똑이(school smarts)' 또는 '책 똑똑이(book smarts)'인 사람에게서 볼 수 있는 것에 제한되어 있다고 말한다. 예컨대 지능검사의 점수는 낮아도 창의적이거나, 인간관계가 뛰어나거나, 사업 수완이 남다른 사람도 적지 않게 있다[이들을 그는 '거리 똑똑이(street smarts)'라 부른다]. 영재도 다른 부분의 지능을 포함시켜 더 넓게 정의해야 한다고 그는 주장한다. 그는 지능의 삼원 이론(triarchic theory of intelligence)에서 지능을 세 가지로 세분하고 있는데 그의 이론은 뒤에서 별도로 다루기로 한다.

어떻든 지능에 대한 최근의 이해는 지능은 여러 가지 종류의 다중적인(multiple) 것이라고 본다. 그리고 거의 모든 사람들은 한두 가지 종류의 지능에서는 남보다 뛰어난 창의적인 영재가 될 수 있는 잠재적인 능력을 가지고 있다고 전제한다. 그리고 '나는 얼마나 창의적인가?'라고 질문하기보다는 '나는 어떻게 창의적인가?'라는 질문에 초점을 이동시키고 있다.

그러므로 사람들을 한 줄로 서열 매길 수 있다는 시각에서 벗어난다는 것은 이론적으로나 교육 실제에서 커다란 함의를 가진다. Torrance & Sisk(1997)는 "다중지능 접근에서 보면 많은 아동들이 어떤 한두 가지 능력에서는 영재로 확인될 것이며, 사실상 거의 모든 아동들이 어떤 무엇에는 평균 이상일 것이다. 우리의 목표는 모든 아동들에게 자기가 가지고 있는 최고의 잠재력을 성장시키는 것이다"(p. 26)라고 말한다. Paul Witty(1951)는 영재(the gifted and talented)란 "어떠한 것이든 간에 사회적으로 유용한 활동영역에서 지속적으로 뛰어난 수행을 하는 사람"(p. 107)이라 정의한다. 이러한 시각은 모두가 지능을 다중적, 즉 복합적 지능으로 이해하고 있음을 보여주고 있다. 대표적인 이론은 Taylor(1985)의 '재능 토템 기둥(Taylor's talent totem ploes)'과 Schlichter(1986) 등이 '무한 재능(Talents Unlimited)'이라 부르는 교육 프로그램 등이다.

그리고 수많은 연구들은 지능이 고정적이란 가설을 지지하는 여러 증거들에 대하여 의문을 제기한다. 이들 연구들은 지능발달에서 차이를 가져오는 것은 유복한 환경이나, 반대로 경험의 부족이나 박탈임을 지적하고 있다. 박탈의 정도가 심할수록 성장의 비율은 감소한다. 또한 이렇게 저렇게 그냥 있는 대로 접하게 되는 환경에 노출되게 했을 때보다 가이드해서 제공한 계획적인 경험, 즉 매개적인 경험을 가지게 했을 때 지적 발달이 아주 달라진다는 연구들도 많이 있다(예컨대 Feuerstein, 1980). Torrance는 창의적 문제해결 훈련을 받거나, 창의적 연출 경험을 가지거나 또는 사용하는 교과재료를 바꾸면 창의력이 상당히 변화한다는 것을 보여주는 연구들을 정리한 바 있다(Torrance, 1979). 그리고 Sternberg(1983)는 지능을 어떻게 가르칠 것인가에 대하여 조그마한 저서를 집필하였는데, 거기서 그는 지능이든 창의력이든 또는 다른 어떠한 지적 능력이든 간에 개발(교육) 프로그램으로 훈련시킬 수 있다고 결론 내리고 있다. 지적 기능의 발달이 계획적이고 매개적인 경험(mediating experience)에 의지한다는 말은 거꾸로 우리의 교육 프로그램이 거기에 기초해야 한다는 말이 된다. 새로운 지능 이론의 발전에서 확인해 볼 수 있는 몇 가지의 특징들은 다음과 같다.

(1) 지능의 정의를 '학구적인(아카데믹한)' 것에 제한하지 아니하고 보다 광범위하

게 정의하고 있다. 다시 말하면 학교 공부나 이와 비슷하게 내용을 이해하고 기억하는 능력만을 다루지 않고, 창의나 인간관계나 사업수완 등을 포괄하는 개념으로 확대하고 있다. 인간은 여러 다른 방면으로 서로 다를 수 있으며 그리하여 인간의 능력은 다양한 방면으로 개발할 수 있다.

(2) 특히 Sternberg처럼 지능의 '인지적 과정'에서 보면 '지능'이란 바로 '사고력' 또는 '사고와 문제해결력'이라 말할 수 있다. 이렇게 보면 '지능'이란 달리 말하면 '사고기능', 또는 '학습과 사고의 기능'이라 말할 수도 있다(Sternberg, 1988).

(3) 개인의 잠재력은 유전적으로 물려받은 '유전적 소여'이며 이를 원형(유전자형, genetype)이라 부른다. 이러한 원형은 환경이 제공해 주는 기회와 경험을 통하여 수정되고 발달되며 이를 현형(표현형, phenotype)이라 부른다. 그러므로 지능은 가소성이 있으며 역동적이다.

Flynn(1987)은 산업화된 국가에서 과거 몇백 년 동안에 IQ가 5~25점 향상되었다는 것을 발견하고, 이것을 Flynn 효과(Flynn effect)라 부르고 있다. 그는 유전인자가 IQ 변산에 미치는 효과는 36%이고, 나머지 64%는 환경적 차이 때문이라 말한다. Flynn은 유전적인 소질이 대단히 비슷하다 하더라도 공부를 더 많이 하고, 학교 성적이 더 좋고, 또는 보다 평판이 좋은 경쟁적인 대학에 입학하는 사람은 이러한 과정을 통하여 IQ 수준이 크게 증가함을 보여주고 있다. 어떤 유전적 소질이 보다 완전하게 표현될 수 있는지를 주로 결정하는 것은 언제나 '환경'임을 그는 강조하고 있다. 이것은 IQ뿐 아니라 기억이나 정신적 민첩성과 같은 기타의 인지 과정에 대하여서도 마찬가지이다. 보다 실제적인 용어로 표현하면 우리의 인지 능력은 우리들 자신의 의도적인 노력을 통하여 상당 정도 향상시킬 수 있다는 말이 된다.

(4) 지능은 사고 · 학습 기능이라 말하며, 따라서 지능은 어느 정도는 배우고 가르칠 수 있다고 믿고 있기 때문에 이제 지능연구의 중심은 그것을 개발할 수 있느냐가 아니라, 어떻게 그리고 얼마만큼 향상시킬 수 있느냐로 이동해 가고 있다.

Ⅱ. 지능과 창의력의 관계

많은 일반 사람들은 지능이라는 것에 창의력을 포함시키지 않고 있다. 그러나 대개의 연구자들은 창의력은 지능의 한 측면(부분)이라 믿고 있고, 창의력을 '언어 지능(verbal intelligence)'의 일부로 보기도 한다. Guilford도 그가 지능이라 부르는 것의 일부로 창의력을 포함시키고 있는데 그가 말하고 있는 발산적 사고가 바로 그것이다. Sternberg는 창의력과 통찰을 인간 지능의 경험적 구성요소 속에 포함시키고 있다. 그러나 불행히도 현재 우리가 접할 수 있는 대부분의 지능 검사들은 창의력을 측정하지 못하고 있다. 그래서 이들 검사가 측정하고 있는 '지능'과 창의력이 같은 것이란 주장은 별로 설득력이 없다.

그러면 현재의 지능 검사, 즉 IQ 검사가 측정하는 지능과 창의력은 어떤 관계를 가지고 있을까? 주목해 볼만한 하나의 연구는 Getzels & Jackson(1962)의 것이다. 그는 5~12학년의 우수한 학생 집단에게 IQ 검사와 창의력 검사를 실시하고 이들 간에는 별로 상관이 없음을 발견하였다(r = .27). 그리고 그는 Guilford의 '지능의 구조'에 있는 발산적 사고 수준이 매우 높은 창의적인 사람은 지적으로 매우 우수한 동료 학생보다 IQ 점수가 23점이나 낮은데도 학업성취는 비슷하다는 것도 발견하였다. 아마도 IQ가 일단 어느 수준에 이르고 나면 창의력과 IQ 사이에는 거의 관계가 없는 것같이 보인다.

그러나 지능은 창의력의 필요한 한 부분같이 보인다. 그러면 지능은 창의력에 충분한 것인가? 여기에서 관심이 가는 것은 J. E. Anderson(1980)의 '식역 이론(threshold theory)'이다. 그는 능력 수준이란 '식역'에 따라 생각해 볼 수 있다고 말한다. 또한 어떤 구체적인 과제를 성취하는 데 필요한 능력의 양이 어느 정도인지를 다루어야 한다고 그는 말한다. 그리하여 일단 이러한 식역 수준을 넘으면 지능과는 별로 관계없는 다른 요인들이 작용하여 과제수행의 창의력 정도가 결정된다고 본다. 다시 말하면 지능이 창의적 사고에 미치는 차별적인 효과는 어떤 최소한의 지능 수준을 넘어설 때는 나타나지 않는다는 것이다. 여기서 말하는 '식역(threshold, limen)'이란 어떤 경계가 되는 수준 내지 지점을 말한다.

Simonton(2004)은 위대한 과학자들의 과학적 창의의 기초가 된다고 보는 개인 요인들을 5가지로 나누어 분석하고 있다. 이들 가운데 첫째가 지능이고 그 이외에는 아이디어들의 풍부한 결합, 경험에 대한 개방성, 정신병리 및 야누스적 사고(Janusian thinking) 등이 포함된다(3장 참조).

전체적으로 종합해 보면, 대개의 경우 창의적 성취를 하려면 어느 정도의 '지능'

은 필수적이라 말할 수 있다. 더러는 IQ 120을 식역(識閾, threshold)이라 말하기도 한다(Anderson, 1980; Getzels & Jackson, 1962). 그러나 비교적 낮은 수준의 지적 식역을 벗어나면 IQ는 더 이상 창의력에 특별한 기여를 하지 못하는 것같이 보인다. 그러나 또 한 가지 중요한 것은 지능의 식역 수준은 전문 영역마다 상당히 다르다는 것이다. Simon(1981)은 위대한 과학자와 위대한 예술가들을 비교해 보고 이들이 받은 평균적인 형식교육의 수준, 재학 시절의 성적 및 소지하고 있는 학위에서뿐만 아니라 평균 지능에서도 상당한 차이가 있음을 보고하고 있다.

어떻든 지능(지적 능력, 지력, intelligence, intellect)을 측정하는 지능 검사는 IQ 점수를 사용하여 상대평가로 사람들을 비교한다. 모집단의 평균치는 100이며, 그리고 점수범위는 대개가 70~130점이다. 지능검사에는 여러 종류들이 있지만 대개는 분석력을 측정하는 데 초점을 두고 있다. 이렇게 측정하는 지능과 창의력의 관계에 대한 선행의 연구 결과들은 다음과 같은 세 가지로 나누어 정리해 볼 수 있다(Barren & Harrington, 1981),

(1) 창의적인 사람은 IQ가 평균 이상인 경향을 보여주고 있고, 대개는 120 이상이다. 그러나 IQ가 120 이상이면 지능과 창의력은 거의 상관이 없어지고, 따라서 지능 수준이 증가한다고 창의력의 수준이 반드시 더욱 증가되지는 않는 것같이 보인다.

(2) IQ 점수와 창의력의 관계는 연구에 따라 차이가 있으며, 약한 부적 상관에서 다소 강한 정적 상관 사이의 것으로 다양하다.

(3) IQ 점수와 창의력의 관계는 대개는 r = .20 정도로 약한 정적 상관을 보여주고 있다. 이로 보면 창의력은 지능과 약하게 관련되어 있을 뿐이고, 지능과 창의력은 결코 같은 것이 아니다.

그리고 다음에서 다루는 Sternberg의 지능이론에서 보듯이 창의적 사고는 전통적인 지능 검사가 사정하는 지능 이상의 것들을 포함하고 있다. 창의적 사고는 분석적, 종합적 및 실제적 지능을 통합적으로 사용해야 한다. 이들은 지식이나 성격 등과 같은 다른 요소자원 영역에 의존하면서 전체적으로 균형 있게 이루어져야 한다.

마지막으로 언급해 둘 것은 Edward de Bono(1985, 1990)의 지능함정(intelligence trap)이다. 지능 수준이 높을수록 보다 효과적이고 성공적인 사고를 하는 경향이 있지만 때로는 자기 자신의 지능의 덫에 빠질 수도 있다. 이런 사람은 자신이 가지고 있는 견해를 뒷받침하는 데만 매몰되어 그 이외의 다른 가능성들을 고려하지 아니한다. 사실 매우 지적인 사람일수록 자신을 합리화할 수 있는 그럴듯한 논리를 쉽게 찾아낸다. 그리고 자신의 견해에 대하여 제기되는 비판이나 피드백을 수용하지 않으려 애쓴다. 내가 최고이고 내가 제일 잘 안다고 생각하는 지능 함정이야말로 더 큰 가능성과 발전에 이를 수 있는 여지를 잘라 버린다. 지능 함정에 빠져 있는 사람에게는 건설적이고 우호적인 비판만큼 유용한 것이 없다.

실제로 지적인 사람 · 전문가들은 하나의 구멍을 더 깊게 파는 데 매우 효과적이다. 그래서 이들은 기존에 구축되어 있는 체제 안에서 효과적인 요령을 발휘하여 최적화에 뛰어난 능력을 발휘한다. 그러나 하나의 같은 구멍을 더 깊게만 파면 여러 곳에서 새로운 구멍을 팔 수는 없다. 지금처럼 역동적이고 복합적인 세계에서는, 개인생활이든 조직에서든 간에, 일을 계속하여 새롭게 더 낫게 하려면 끊임없이 새로운 장소, 다른 기회에서 새로운 구멍을 파 보는 노력이 필요할 수밖에 없다. 여러 구멍을 파보다가 보다 그럴듯한 구멍에 전념할 수 있어야 한다. 그러므로 한 구멍만 파는 지능 함정의 사람은 혁신적이고 획기적인 가치를 창출하기가 어렵다.

'우물을 파도 한 우물을 파라'란 말은 무슨 일이든지 한 가지 일을 꾸준히 해야 이룰 수 있다는 뜻이겠지만, 글자 그대로의 의미라면 이 격언은 진리의 전부는 아닌 것 같다. '꾸준함'은 중요한 덕목이지만 깊은 우물이 아닌데도 희망도 없는 한 우물만 고집한다면 낭비하거나 실패할 것이다. '우물을 파도 우선은 여러 우물을 파보라'는 말이 좀 더 그럴듯해 보인다. Torrance(1998)는 창의력이 어떤 것인지를 보다 쉽게 이해할 수 있도록 몇 가지의 그림으로 나타내고 있는데 이들 가운데 하나는 "창의력이란 … 여러 곳을 거쳐 어느 하나를 더 깊게 파는 것"이라 말하고 있다.

Ⅲ. Sternberg의 삼원지능 이론과 창의력

Sternberg(1988, 1995)는 삼원지능 이론(triarchic intelligence)에서 지능은 기본적인 세 가지 요소로 이루어져 있다고 말한다. 이들은 종합적 요소, 분석적 요소 및 실천적 요소 등이며, 이들 각기가 창의력에 관여하는 역할은 다르다.

1. 지능의 종합적 요소와 통찰

종합적(synthetic, 또는 형성적 formative) 지능은 어떤 문제를 새로운 방식으로 이해하거나, 문제를 새롭게 정의 또는 재정의하거나, 또는 통찰(insight)과 같이 새로운 아이디어를 생성해 내는 기능을 수행한다. 이를 주식 투자에 비유해 보면 다른 사람들이 아직도 가치 있는 것으로 보지 못하고 있는 아이디어를 찾아내거나 또는 생성해 내는 것이다. '종합'은 다른 말로 하면 '창의(력)'임은 1장에서 이미 언급한 바 있다.

그런데 Sternberg는 창의적 사고의 기초는 통찰이라고 말한다. "통찰이란 어떤 무엇을 새로운 방식으로 보는 것이며, 그것은 갑자기 일어나는 것처럼 느껴지며 그리하여 놀라움과 기쁨을 느끼게 한다"(Sternberg, 1995, p. 109). 그리고 통찰에는 3가지 종류가 있는데 이들은 선택적 부호화, 선택적 비교 및 선택적 조합의 통찰 등이다. 이러한 선택적인 정보처리 과정들을 통하여 우리는 문제를 재정의하거나 문제해결을 위한 새로운 아이디어를 생성해 내게 된다.

(1) 선택적 부호화(selective encoding)는 어떤 문제를 해결하려는 사람이 즉시적으로는 눈에 띄지 아니하는 어떤 정보가 적절한 것임을 갑자기 인식할 때 일어난다. 다시 말하면 지금의 문제를 해결할 수 있는 결정적인 한 개 또는 몇 개의 정보를 적절한 것이라 주목하게 되는 것이다. 선택적 부호화 통찰에 대한 유명한 보기 하나는 Alexander Fleming이 페니실린(penicillin)을 발견한 것이다.

그러나 선택적 부호화 통찰은 과학 발견에 제한된 것이 아니다. 변호사들은 어떤 사람이 수임한 사건에 어떤 증거가 결정적인지를 헤아려 보는 데 선택적 부호화의 통찰이 필요하다. 의사들은 진단을 하기 위하여 여러 가지의 증상들 가운데서 필요한 결정적인 증상을 분리해 내는 데 선택적 부호화 통찰을 사용할 수 있어야 한다. 비즈니스 경영자들은 엄청난 양의 정보 더미 속에서 중요한 의사결정을 하는 데 어떤 사실들이 핵심적으로 중요하다는 것을 깨달을 때 선택적 부호화를 사용하게 된다. 사실 우리들 누구라도 삶을 살아가는 데 어떤 지점에서는 어떤 사실, 어떤 사건이 딱 맞아떨어지는 중요한 것이라는 생각이 불쑥 떠오를 수 있다. 이것이 선택적 부호화이다.

(2) 선택적 비교(selective comparison)는 과거에 있었던 정보가 현재의 문제에 어떻게 관련되는지를 생각해 낼 때 사용되는 것이다. 이러한 통찰에는 우리가 '유추적 사고(analogical thinking)'라 부르는 것이 포함된다. 과거의 어떤 것이 현재의 어떤 것에 어떻

게 유사한지를 생각하게 만들기 때문이다. 선택적 비교 통찰의 유명한 보기 하나는 독일의 화학자 Friedrich Kekulé가 벤젠(benzene)의 구조를 발견한 것이다. 그는 어느 날 밤 뱀 한 마리가 비틀거리면서 자신의 꼬리를 물고 있는 것을 목격하는 꿈을 꾸었다. Kekulé는 잠에서 깨어나 뱀이 스스로 꼬리를 물고 비틀거리고 소용돌이치는 것은 벤젠의 구조를 시각적으로 비유한 것, 즉 '하나의 고리 반지' 같은 것임을 깨닫게 되었다.

선택적 비교 통찰은—다른 통찰과 마찬가지로—일상의 생활에서도 유용하다. 변호사는 과거의 사례가 또는 소송 당사자들에 대한 어떤 과거의 정보가 현재의 사건에 적절하다는 것을 인식해 내게 된다면 선택적 비교의 통찰을 가지는 것이다. 어려운 의사결정을 내려야 하는 비즈니스 경영자가 과거에 비슷한 의사결정을 내렸던 경험을 기억하고 그러한 의사결정의 결과가 비참했던 것을 되새기게 된다면 그는 지금 선택적 비교의 통찰을 경험하고 있는 것이다. 이 모든 경우 과거를 현재에 가져와 관련시키고 있는데 그것은 결코 아무렇게나 해도 되는 사소한 것도 아니고, 반드시 쉬운 방법인 것도 아니다.

(3) 선택적 조합(selective combination)은 서로 간의 연결이 분명하지 아니한 정보 조각들을 함께 맞추어 내는 방법을 알게 되는 경우이다. 예컨대 Darwin의 진화론은 적어도 부분적으로는 이러한 통찰에 근거하고 있다. 사실 Darwin에게 가용했던 정보들은 다른 많은 과학자들도 마찬가지로 이미 접할 수 있었던 것들이었다. Darwin은 이러한 떨어져 있는 퍼즐의 정보들을 어떻게 같이 연결하여 하나로 맞출 수 있는지를 발견하였다.

사실 이러한 통찰은 일상생활에서도 역시 매우 중요하다. 하나의 보기는 가용한 재료들을 사용하여 요리사가 맛있는 식단을 만들기 위하여 창의적인 요리 레시피를 만들어 내는 것이다. 창의적인 교사는 학생들의 흥미, 교재 재료 및 과제들을 선택적으로 조합하여 창의적인 수업을 진행할 수 있어야 한다. 비즈니스 기업가는 서로 다른 관계자들을 같이 연결하여 그들이 각자 가지고 있는 요구를 창의적으로 조합하고, 그리하여 새로운 벤처(venture)를 창업할 수도 있어야 할 것이다.

2. 지능의 분석적 요소

창의력은 새로운 아이디어를 생성해 내는 것만으로 완성되는 것이 아니다. 거기에는 문제가 존재하고 있음을 아는 것, 문제를 어떻게 정의할 것인지를 아는 것, 문제해결을 위하여 사용 가능한 자원들을 어떻게 배분할지를 아는 것, 그리고 아이디어와 해결책들이 가지고 있는 잠재적인 가치를 평가할 줄 아는 것—어떤 아이디어가 더 좋은 것인지를 아는 것—등도 마찬가지로 중요하게 요구된다. 창의적이려면 어떤 최소 식역수준의 분석력(분석적 사고능력, analytical)이 필요하다. 그리고 분석적인 사고는 문제해결의 과정을 점검하고 평가하고 피드백하고, 그리하여 해결의 과정을 수정해 가는 데도 필수적이다.

창의적인 사람은 마음속으로 스스로를 비판하고 점검하는 목소리가 있어야 하는데 이를 '내적 비판자'라 부를 수 있다. '이것은 아니야, 그러면 안 된다' 등으로 자기 자신에게 말을 거는 것이다. 작업을 해 가면서 자신의 과제수행의 요구를 분석하고 교정 · 수정하지 않으면 자신이 할 수 있는 최선의 것을 만들어 내지 못할 수 있다.

요약하면, 창의적인 작업을 하는 데는 지능의 종합적인 요소가 분명히 가장 중요하겠지만, 분석적 요소 또한 중요하다. 창의적인 작업을 할 수 있으려면 문제를 잘 분석해야 하며 또한 자신이 하고 있는 문제해결을 위한 노력의 과정도 분석하고 점검할 수 있어야 한다. 그리고 분석력은 문제를 창의적으로 해결하는 데뿐 아니라 우리가 통상적인 일상의 문제를 해결할 때도 마찬가지로 필요하다. 그런데 다행히도 Renzulli(1986)를 포함한 대부분의 학자들은 창의적 수행을 위한 분석력의 식역은 크게 높은 것이라 믿지는 않는다. 이것은 창의적이기 위하여 IQ 점수가 특별나게 높을 필요는 없다는 의미가 된다.

3. 지능의 실제적 요소

아무리 좋은 아이디어라 하더라도 현실세계에서 제대로 굴러가지 못하면 소용이 없다. 좋은 아이디어나 제품이라 하여도 많은 경우 가만 둬도 쉽게 인정받고 저절로 팔려 나가는 것이 아니다. 대개는 비판하고 반대하는 저항자가 있기 마련이라서 창의력에는 창의적인 아이디어나 산출을 '판매(sales)'하는 측면이 필요해지게 된다. 그것은 아이디어와 해결책의 가치를 소비자들에게 호소하고, 그 가치를 확신시키고 수용토록 하는 것이다. 필요하면 자신의 약점도 어느 정도는 감출 수 있어야 한다. 이것을 실제적 지능(practical)이라 부른다.

아이디어를 성공적으로 판매할 수 있는 손쉬운 공식은 없지만 몇 가지 참고가 되는 요소들은 고려해 볼 수 있다(McCormack, 1984).

(1) 아이디어에 대한 수준 높은 프레젠테이션(presentation)을 하라.

(2) 지금의 아이디어에 관심이 있거나 어떻든 도움이 될 것 같은 조력적인 핵심 인물들을 찾아보기 위한 네트워킹(networking)을 만들어라.

(3) 당신이 내놓을 시장을 알아라. 당신의 아이디어가 적합하고, 내려놓는 타이밍(timing)이 맞아야 한다.

(4) 당신의 아이디어가 필요하다는 것을 부각시켜라. 현 상태가 지니고 있는 문제점들을 강조하고 거기에서 당신이 가지고 있는 아이디어의 편익을 강조하라.

(5) 당신의 아이디어를 '소비자'의 시각에서 살펴보라. 당신이 보여주고 있는 이미지 그리고 그러한 아이디어가 잠재적 소비자에게 의미하는 것이 무엇인지를 이해하고 그것을 활용하라.

전체적으로 말하면, 창의적인 생산을 하려면 지능이 가지고 있는 세 가지의 요소(부분)들이 모두 관여할 것이다. 종합력 요소는 창의적인 아이디어의 생성에, 분석력 요소는 아이디어들을 이해하고, 구조화하고, 가용한 자원을 배분하고 아이디어의 질을 평가하는 데, 그리고 실제적 요소는 다른 사람들로부터 받게 되는 비판을 경청하고 그것에 기초하여 아이디어를 더 진전시키고 다듬으며 드디어는 어떻게 시장의 소비자들을 설득할 것인지를 아는 역량이 될 것이다.

Ⅳ. 성공하는 사람의 행동적 특성

'지능 수준이 높은 사람'을 간단히 말하면 '지적인(intellectual)' 사람이라 부를 수 있다. 그러면 어떤 사람이 지능 수준이 높고(속되게는 '머리가 좋고') 지적일까? 기준 되는 준거는 무엇인가? 지능을 학교 공부뿐 아니라 다양한 영역까지를 포괄하여 정의하면, 지적인 사람은 자신이 하는 '일을 잘하는' 사람이라 말할 수 있을 것이다. 공부든, 연구든, 사업이든, 정치든 … 자신의 과제를 얼마나 잘 성취하느냐가 지능의 잣대일 수 있다(단순한 '지능 검사'가 아니라). 이 말은 지능이란 자신의 과제수행에 어떻게 '성공'하느냐를 의미한다. 물론이지만 '성공'에는 누구나 다 인정하는 객관적인 것도 있고 자신만이 느끼는 주관적인 것도 있다. 마치 '미(美)'라는 개념이 그런 것처럼 성공이란 것도 다분히 상대적인 개념일 것이다.

그럼에도 불구하고 어떤 의미에서든 간에 '성공'하는 사람을 우리는 '지적인' 사람이라 부를 수 있다. 그런데 매우 흥미로운 것은 '성공할 줄' 아는 지적인 사람들은 여러 가지의 공통적인 특성들을 가지고 있다는 것이다. 다시 말하면 성공하는 사람은 사고하고 문제 해결해 가는 데서 무언가 다른 사람들과 다른 점이 있다는 것이다.

Sternberg(1996)는 성공적인 지적인 사람들의 특징들을 다음과 같은 20가지로 제시하고 있다. 성공하는 사람에 대하여 그가 제시하고 있는 내용은 '어떻게 사고하고 어떻게 문제해결하는 사람이 성공하는가?'란 질문으로 바꿔 볼 수 있다. 아래에서는 그가 제시하고 있는 20가지의 요점들을 정리해 본다.

(1) 성공하는 사람은 스스로 동기부여한다.

대부분의 경우 성공을 하려면 지적 기능 못지않게 동기부여(motivation)가 되어 있어야 한다. 동기는 외적인 데서 올 수도 있고(외재적 동기)—부모나 친구들의 칭찬, 인정을 받으려는 욕망과 금전적인 보상 등—이와는 달리 내적인(내재적 동기) 것일 수도 있다. 내재적 동기는 일을 잘 수행하는 데 따른 만족감에서 온다. 대부분의 사람들은, 비율은 차이가 나겠지만, 내재적으로뿐 아니라 외재적으로 동기가 형성되어 있다. 동기의 원천이 어느 것이든 그것은 '지능'을 표현하여 거두게 되는 '성공'에 결정적이다. 당신이 성공하려면 성공하기를 '원해야' 한다. 당신을 둘러싸고 있는 환경은 동기부여적일 수도 있고 그렇지 않을 수도 있다. 그럼에도 불구하고 당신은 어떻게든 자기 자신에게 동기부여할 수 있는 방법을 찾아야 한다.

부모는 자식들을 너무 압박 · 강박해서는 안 된다. 부모가 자식을 진정으로 이해하고 '인정'하는 것이 중요하다. 그리고 부모의 압력은 너무 지나치지 않아야 한다. 그러나 부모는 자식이 내재적으로 동기형성되어 공부가 재미있어서 공부하고 있을 때도 외재적인 보상도 적절하게 해줄 수 있는 방법도 찾아보아야 한다.

(2) 성공하는 사람은 자신의 '충동'을 통제하는 것을 배운다. 충동적인 행동이 반드시 나쁜 것도 아니고, 그것이 불가피한 경우도 있을 수 있다. 그러나 충동적인 행동을 습관적으로 하면 창의적으로 문제를 처리하는 데 자신의 지적 능력을 집중시킬 수가 없다. 머리에 떠오르는 생각대로 행동하는 것을 충동적 행동이라 부른다. 훌륭한 사고에는 삼사일언(三思一言)의 격언처럼 '반성적 사고'가 수반되어야 하고 그런 다음에 행동할 수 있어야 한다. 그렇다고 끊임없이 반성하고 회개만 하는 것도 바람

직하지 않다. 그러면 Hamlet형의 인간이 될 것이다.

(3) 성공하는 사람은 언제 참으며 언제 일을 계속할 것인지를 안다. 매우 지적인 사람조차도 너무 쉽게 일을 포기해 버리는 경우가 있다. 그러나 성공하는 사람의 공통적인 특징은 끈질기게 집착하며 버틸 줄 아는 것이다. 성공을 위한 '10년설'을 기억해야 한다. 그러나 별로 중요하지 않거나 성공의 희망이 없는데도 그것을 고집하는 사람도 있다. 직업이든 생활의 어떤 면에서든 간에 가망이 없음이 분명해 보일 때 떠날 줄 아는 것도 지적인 용기이다.

(4) 성공하는 사람은 자신의 능력을 어떻게 가장 효과적으로 활용할 수 있는지를 안다. 누구나 모든 것을 잘할 수 있는 것이 아니다. 그리고 어떤 일이나 흥미로운 것도 아니다. 사람 따라 각양각색일 것이다. 그러므로 성공할 수 있는 지적인 사람은 어떤 것이든 한 가지에 '바로' 빠져들지 않는다. 이것저것의 가능한 여러 가지의 대안들을 들여다보고, 거기에다 얼마큼 발을 담가 보고 탐색해 본다. 그런 다음 자신의 능력과 적성에 가장 적합해 보이는 것을 깊게 추구한다. 앞에서는 지능 함정에 대하여 설명한 바 있다.

(5) 성공하는 사람은 '생각'을 '행위'로 번역한다. 문제에 대한 해결 대안은 빠르게 생각해 내어도 그러한 생각을 쉽게 행위로 번역하지 못하는 사람도 있다. '생각에 파묻혀' 아무 일도 행하지 못할 수도 있다. 그러나 지적이며 성공하는 사람은 아이디어가 좋을 뿐 아니라 그러한 아이디어를 행동으로 옮길 능력도 가지고 있다. 이것은 의사 결정에서도 마찬가지이다. IQ와 리더십 관계에 대한 연구들을 보면 IQ 점수가 높은 사람은 비교적 조용하고 여유 있는 의사 결정을 할 때 효과적이다. 그러나 스트레스 상황에서는 높은 IQ의 사람이 오히려 더 비효과적임을 발견하고 있다.

(6) 성공하는 사람은 '산출 지향적인' 오리엔테이션을 가지고 있다. 사람들 가운데는 성취하는 '산출'보다는 '과정'에 관심이 더 많은 사람도 있다. 그러나 실세계의 우리들은 주로 무엇을 '성취'해 내었느냐에 따라 판단을 받는다. 성공적인 사람은 일을 해가는 '과정'에도 관심을 가지고 있지만, 궁극적인 초점은 '산출'에 두고 있다.

(7) 성공하는 사람은 과제를 완성하고, 그것을 끝까지 해낸다. 일을 시작은 해도 끝을 내지 못하는 사람도 적지 않게 있다. 그들은 프로젝트의 세부 내용에 압도되어 진척해 가지를 못하거나 일이 끝나면 그 다음에는 무엇을 해야 할지를 몰라서 일을 끝내는 것을 두려워한다. 그리고 이유와 구실을 달 수 있다. Zeno 역설이란 것이 있

다. 어떤 지점에 도달하고 싶은 사람이 처음에 거기까지의 거리의 반을 가고, 다음에 나머지 거리의 반을 가고, 그리하여 계속하여 나머지 거리의 반을 가면 아무리 세월이 흘러도 목표지점에는 도착하지 못한다는 것이다. 성공하는 사람은 가고 싶은 곳에 도달하며 만약에 문제해결하거나 의사결정하는 일이라면 그것을 끝까지 마무리 해 낸다.

(8) 성공하는 사람은 선제적으로 일을 시작하는 선도적인 사람이다. 어떠한 프로젝트든 간에 남들에 앞서서 시작하기란 쉽지가 않다. 많은 사람들은 어떤 과제에 깊이 빠져들어 헌신하는 것을 두려워한다. 그리하여 과제에 대하여 가지는 관계는 단기적이고 피상적이기 쉽다. Sternberg는 '사랑'에 대한 삼각형 이론(triangular theory of love)에서 '헌신(commitment)', '친교(intimacy)' 그리고 '열정(passion)'의 세 가지를 들고 있다.

(9) 성공하는 사람은 실패를 두려워하지 않는다. 실패를 두려워하는 것은 동기수준이 낮은 것과도 관계가 있다. 실패에 따라왔던 이전의 경험도 중요하다. 그러나 '실수(mistakes)'를 범하는 것은 실패와 같은 것이 아니다. 실수를 저지른다는 것은 깊게 생각하지 않고 서둘러 결정했기 때문일 때가 많다. 그러므로 실수를 하면 다음을 위하여 배울 것이 오히려 많아진다.

(10) 성공하는 사람은 일을 뒤로 미루지 아니한다. 일을 뒤로 미루어 지연시키는 것(procrastination)은 살면서 흔히 일어날 수 있는 일이다. 이것은 마지막 순간까지 일을 미루다 서둘러야 하는 경우이다. 그러나 그러한 것이 습관적인 버릇이 되면 문제는 심각해진다. 지적이고 성공하는 사람은 일을 계획하여 여유 있게 하지 않고 미루었을 때 당할 수 있는 '페널티(penalty)'를 너무나 잘 알고 있다.

(11) 성공하는 사람은 '공평한 비판'은 수용한다. 사람들 가운데는 항상 자기는 잘못이 없다고 생각하고 남의 잘못만 살피는 사람이 있다. 이의 반대편 사람은 자기는 책임이 없는 일도 언제나 자기 자신을 나무란다. 비난의 원인을 어디에 두느냐를 귀인(attribution)이라 부른다. 귀인을 잘못하면 공부에서나 직장에서 심각한 결과를 가져온다. 지적인 사람은 과오가 자신이 범한 것이면 그것을 기꺼이 수용하여 받아들인다. 거기에 대하여 변명을 하거나 다른 사람을 비난하지 않는다. 그러나 다른 사람의 과오까지 자신의 것으로 귀인시킬 필요는 없다.

(12) 성공하는 사람은 자기 연민을 거부한다. 일이 바르게 풀리지 않으면 자책감

을 느끼지 않을 수 없다. 그러나 끊임없이 자책하고 자기 연민하는 것은 적응에 문제를 일으킨다.

(13) 성공하는 사람은 독립적이다. 대부분의 과제에서 우리는 어느 정도 자신이 독립심을 가지고 행동해야 한다. 나이에 맞게 독립적으로 행동할 수 없으면 심각한 결과가 생긴다. 학교를 넘어 직장에서 일하면 사람들은 우리가 독립적으로 일하고 자율적으로 사고할 수 있기를 더욱 기대한다.

(14) 성공하는 사람은 개인적인 어려움을 극복하려고 노력한다. 우리는 즐거울 때도 있고, 때로는 우울하거나 매우 슬픈 일을 경험할 수도 있다. 그러나 기쁨도 슬픔도 균형 감각을 갖고 넓은 시야로 들여다보려고 애써야 한다. 어떤 경우든 간에 거기에 몽땅 휩싸여 그것이 당신을 삼켜 버리게 해서는 안 된다.

(15) 성공하는 사람은 목표한 것을 성취하기 위하여 목표에다 초점을 두고 집중한다. 능력이 많이 있으면서도 어떤 것에도 오래도록 집중하지 못하는 사람도 많이 있다. 이들은 쉽게 주의가 산만해지며, 그리고 주의집중의 범위가 좁다. 그러나 성공하는 사람은 주의산만을 최소화하게 환경을 통제하거나 또는 그러한 환경을 스스로 만들 수 있어야 한다.

(16) 성공하는 사람은 스스로를 너무 얇게 또는 너무 두껍게 펼치지 않는다. 스스로를 너무 얇게 펼치는 사람은 일을 하기는 하지만 중요한 것을 이루어 내는 일이 별로 없다. 열심히 일을 한다 하더라도 여러 프로젝트에서 조그마한 성취만을 이루기 때문이다. 반대로 자기 자신을 너무 두껍게 펼쳐서 한꺼번에 한두 가지 이상을 할 수 없는 사람도 있다. 이들은 하나에 몰두하느라 다른 가능한 기회를 놓칠 수 있고, 그래서 이러한 사람은 능력만큼 성취해 내지 못할 수 있다.

(17) 성공하는 사람은 만족을 지연시킬 수 있는 능력이 있다. 만족을 지연시킬 줄 모르면 보다 더 중요하고 장기적인 목표에서 성취할 수 있는 '더 큰 보상'을 얻기 어렵다. 대부분의 성공은 하룻밤 사이에 이루어지지 않는다. 성공은 때로는 장시간 동안 만족을 지연시킬 것을 요구할 것이다.

(18) 성공하는 사람은 '나무'도 보고 '숲'도 보는 능력을 가지고 있다. 너무 세부적인 것에 강박되어 자신이 하고 있는 과제 · 프로젝트를 보다 넓은 그림 속에서 들여다보지 못하거나, 또는 들여다보고 싶은 것만 들여다보려는 사람도 있다. 이들은 거시구조적인 것에 별로 신경을 쓰지 않는다. 물론 세세한 것이 중요한 장면도, 경우

도, 시간도 있다. 그러나 우리가 직면하는 여러 과제들은 '더 큰 그림', '더 큰 숲'에 집중할 것을 요구한다. 의식적으로 시간을 내어 적어도 두 가지의 질문을 해 보라. '내가 왜 이것을 하지?', 그리고 '내가 무엇을 성취하고 싶어 하지?' 성공하는 사람은 중요한 것과 덜 중요한 것을 변별할 줄 알며, 거기에 따라 시간과 노력을 배분할 줄 안다.

(19) 성공하는 사람은 자신이 세운 목표를 성취할 수 있다는 '신념'과 상당 수준의 자신감을 가지고 있다. 자신감이 없으면 일을 하는 능력을 떨어뜨린다. 왜냐하면 자기 자신을 의심하는 것은 자기 예언적인(self-prophecy) 결과를 가져오기 때문이다. 할 수 없다고 생각하면 결국에는 실제로 할 수 없게 된다.

(20) 성공하는 사람은 분석적, 창의적 및 실제적인 사고의 균형을 유지한다. 분석적, 창의적 및 실제적인 능력을 가지는 것도 중요하지만 그러한 각기의 능력을 '언제' 사용할 것인지를 아는 것도 마찬가지로 중요하다. 성공하는 사람은 여러 가지의 상이한 장면에서 어떠한 종류의 사고가 필요한지를 배우고, 거기에 적절한 지적 기능을 자동적으로 사용할 줄 안다. 그리고 문제 해결과 의사 결정에서는 이들 세 가지의 사고기능들을 연속적인 것으로 사용할 줄 안다. 이들은 문제의 장면을 분석하고, 창의적이며, 또한 실제적으로 적용할 수 있는 해결 대안이나 의사 결정에 이르게 된다.

지금까지 알아본 스무 가지의 특성들은 지적이고 성공하는 사람들이 가지는 일반적인 특징적인 행동들이다. 이들은 전통적인 '지능검사'로 측정할 수 있는 것이 아니다. 세상에서 정말로 중요한 것은 '비활성적인(inert)', 비기능적인 지식이나 지능이 아니라 '성공적인' 지식이고 지능일 것이다. 비활성적인 지식이란 쉽게 머리에 떠오르지 아니하고 그래서 필요할 때 써먹을 수 없는 죽은 지식을 말한다. 이들의 대개는 의미도 모르면서 암기만 한 지식들이다. 성공적인 지능은 분석적, 창의적 및 실제적인 '사고기능'들이 균형 있게 조합하여 작동한다고 Sternberg는 믿고 있다. 그리고 그것은 우연히 일어나는 것이 아니라 양육하고 계속하여 개발해야 하는 것임도 그는 강조하고 있다.

[장의 요약]

정신적(인지적)인 능력을 지능 또는 지력이라 부른다. 그리고 이를 측정하기 위한 고전적인 지능검사는 1905년에 출판된 Binet-Simon 지능 검사이다. 이후 Thurstone 등 여러 학자들이 여러 가지의 지능이론과 함께 지능검사를 개발하였는데 이들 검사에서 가장 중요해 보이는 개념은 'IQ'와 'g 요인'이다. g 요인은 인간이 하는 모든 과제의 수행에서 작용하는 보편적인 기본 능력을 말한다.

지능에 대한 전통적인 이해는 지능은 하나의 총체이며 따라서 IQ와 같은 하나의 척도로 나타낼 수 있다고 생각한다. 그리고 지능은 유전에 의하여 이미 결정되어 있으며 고정적인 것이라 믿고 있다.

그러나 지능에 대한 시각이 변화하면서 Gardner의 다중지능이론이나 Sternberg의 삼원지능 이론에서처럼 지능은 한 가지 종류가 아니라 다중적이며, 따라서 모든 사람은 적어도 한두 가지의 지능에서는 남들보다 뛰어난 잠재적인 능력을 가지고 있다고 전제한다. 그리고 지능이란 유전에 의하여 고정된 것이 아니라 환경과 매개적인 경험에 따라 수정되고 발달된다고 믿는다. 따라서 지능은 어느 정도는 배우고 가르칠 수 있다고 본다.

지능과 창의력의 관계와 관련하여 가장 중요해 보이는 개념은 '식역'이다. 창의적인 수행을 하려면 어느 정도의 지적인 능력은 필수적이지만 어떤 식역 수준을 넘으면 지능과 창의력 사이에는 별로 관계가 없고 여타의 요인들이 작용한다는 것이다. IQ 점수와 창의력의 관계는 다양하게 보고되어 있지만 대개는 r = .20 정도이다. 그러나 지능 수준이 높기 때문에 자신의 지능의 덫에 갇혀 오히려 창의적이지 못할 수도 있는데 이것을 '지능 함정'이라 부른다. 이는 내가 최고이고 내가 제일 많이 안다고 생각해서 다른 가능성을 차단해 버리는 것을 말한다.

그리고 지능과 창의력의 관계를 보다 자세하게 알아보기 위하여 Sternberg의 삼원 지능 이론을 이루고 있는 세 가지 요소들의 기능들을 분석해 보았다. 종합적 요소는 달리 말하면 창의적 요소로서 아이디어를 생성해 내는 것이다. 그는 이것을 '통찰'의 능력이라 부른다. 통찰에는 세 가지 종류가 있는데 이들은 선택적 부호화, 선택적 비교 및 선택적 조합 등이다. 지능의 분석적 요소는 문제해결의 과정과 아이디어의 가치를 점검하고 평가하고 피드백하는 기능을 한다. 그리고 지능의 세 번째 실제적 요소는 새로운 아이디어나 산출이 실제에서 수용될 수 있게 하는 여러 가지의 조치를 취하게 한다.

마지막으로 성공하는 지적인 사람들이 가지고 있는 일반적인 행동적 특징들을 Sternberg에 따라 20가지로 제시하였다. 어떤 사람이 성공할 수 있는 사람일까? 성공을 판단하는 준거는 자신의 과제를 제대로 성취할 줄 아는 사람이라 말할 수 있다. 물론 성공에는 객관적인 것도 있고 주관적인 것도 있다. 그러나 어떠한 준거에 따라 성공을 판단하든 간에 우리가 지능을 사용하여 성공하는 데는 어떤 특징적인 요령 같은 것이 필요해 보인다. Sternberg는 이러한 특징적인 요령들을 '성공하는 사람은 스스로 동기부여한다'로 시작하는 20가지를 제시하고 있다.

chapter_5 | 지식, 정보 그리고 창의력

Chapter 5

지식, 정보 그리고 창의력

이 장에서는 먼저 지식이 가지고 있는 성질에 대하여 알아본다. 개인이나 조직이 사용하는 지식은 크기뿐 아니라 기능성이나 유용성 또한 매우 다를 수 있으며, 그에 따라 가치와 부의 창출이 차이 나게 결정될 것이다. 그런 다음 지식을 몇 가지의 기준에 따라 어떻게 분류할 수 있는지도 음미해 볼 것이다. 지식은 형식적 지식–비형식적 지식, 명제적 지식–발견적 지식, 영역 일반적 지식–영역 구체적 지식, 그리고 유효한 지식–진부한 지식 등에 따라 분류해 볼 수가 있다. 그리고 지식의 크기와 기능성에 바탕하여 지식이 어떻게 창의를 촉진하거나, 방해할 수 있는지를 분석해 볼 것이다. 그리고 창의력이란 구체적인 지식 영역과는 관계없는 일반적인 것인지, 아니면 지식 영역에 따라 특수한 것인지를 논쟁하는 창의력의 영역 일반성–영역 특수성 이슈를 다룰 것이다. 이에 따라 창의력의 훈련 · 교육에서 사용하는 교육용 '재료'의 내용이 어떻게 달라져야 하는지에 대한 시사도 살펴볼 것이다. 마지막으로 창의적인 수행에 있어서 정보의 수집과 분석의 중요성에 대하여 살펴보면서, 빅 데이터에 대하여서도 언급해 볼 것이다.

Ⅰ. 지식의 성질과 몇 가지 분류

지능(지적 능력)은 사고를 움직여 가게 하는 지적인 기능인 반면에, 이것이 작동할 수 있게 하는 '원재료'가 바로 지식이다. 지능이 뛰어나더라도 사용하는 재료가 불충분하거나 정확성이 신통치 않으면 사고는 제대로 이루어질 수 없다.

- 훌륭한 사고의 기초로 지식을 대치해 줄 수 있는 것은 없다.
- 전문가와 초보자의 기본적인 차이는 사고와 관련해서 사용할 수 있는 지식의 차이이다.

1. 지식의 성질

Toffler & Toffler(2006)는 지식이 어떻게 부(wealth)의 창출로 이어질 수 있는지를 설명하기 위하여 지식의 특징적인 성질들을 다음과 같은 10가지로 정리하고 있다.

(1) 지식은 원래 비경쟁적이다. 지식은 여러 사람이 같이 사용할 수 있으며 수백만 명이 같이 사용해도 결코 줄어들지 않는다. 사실 지식은 많은 사람이 사용할수록 더 많은 지식이 생성될 가능성이 커진다. 그러나 지식이 비경쟁적이란 사실은 저작권 등을 사용하는 데 대가를 지불하는 것과는 별개의 것이다.

(2) 지식은 형태가 없다. 그래서 만져 볼 수가 없다. 그러나 지식은 조정하고 조작할 수는 있고 그리고 이것과 저것을 함께 새롭게 조합하여 새로운 지식을 만들 수 있다. 이런 의미에서 지식은 '행동'과 다르다.

(3) 지식은 직선적인 것이 아니다. 작은 통찰이라도 엄청난 산출을 낳을 수 있다. 자신들이 좋아하는 웹사이트를 유형화하여 야후(Yahoo)를 만들듯이 지식은 얼마든지 어떠한 방향으로도 전개시킬 수 있다.

(4) 지식은 관계적이다. 지식은 맥락과 형태가 주어져야 의미를 갖는다. 서로 연관되어 있는 조직적인 지식이라야 접근성과 연결성을 가질 수 있고 그래야 활용하기가 쉬워지고 기능적이게 된다. 이러한 지식을 우리는 '기능적인' 지식이라 부를 수 있다.

(5) 지식은 다른 지식과 연결되고 조합 · 종합되어 다양한 새로운 지식을 생성해 낼 수 있다. 이것이 바로 창의이다.

(6) 지식은 이동이 편리하다. 컴퓨터의 발달은 지식의 이동을 거의 공짜로 순식간에 전달될 수 있게 만들고 있다.

(7) 지식은 상징(기호)이나 추상적인 개념으로 압축시킬 수 있다. 예컨대 컴퓨터 칩은 점차 작아지면서 용량은 더 크게 늘어나고 있다.

(8) 지식은 점차 더 작은 공간에 저장할 수 있다. 조만간 나노 크기, 즉 10억분의 1

미터로 측정되는 크기의 저장 장치나 그보다도 훨씬 더 작은 저장 장치가 등장하게 된다.

(9) 지식은 외현적 명시적(explicit)일 수도 있고, 내현적 암묵적(implicit)일 수도 있다. 또한 암암리에 타인과 공유할 수도 있고 반대로 자기 마음속에서만 간직할 수도 있다. 그러나 지식 이외의 다른 유형의 물건들은 마음속에 간직할 수가 없다.

(10) 지식은 폐쇄하여 가두어 두기가 어렵다. 지식은 쉽게 이동하여 퍼져나가기 때문이다.

그러나 지식이란 개인(또는 조직)마다 사용하고 있는 크기가 다를 뿐 아니라 저장하고 있는 형태 및 접근 가능성이나 유용성이 매우 다를 수 있다. 그런데 여기에서 사용하고 있는 '지식(knowledge)'이란 용어에 대하여 한 가지를 추가하여 언급해 보고자 한다.

대개의 경우 우리는 '지식'이란 용어에 자료(data)와 정보(information)를 같이 포함시키거나 구분 없이 사용하는 경우도 있다. 그러나 엄격하게 보면 이들은 서로가 다르다. '자료'는 흔히 맥락이 없이 분리된 항목으로 이루어져 있다. 예컨대 '주식 300주'는 하나의 데이터이다. 그러나 이 데이터가 다시 '우리는 A회사 주식 300주를 가지고 있다'는 식으로 어떤 맥락 속에 있으면 정보가 된다. 그리고 이런 정보가 더 포괄적이고 고차원적인 패턴(pattern)으로 배열되어 다른 패턴과 연결되어 어떤 '형태'를 이룰 때 비로소 이것을 '지식'이라 부를 수 있다. 특히 정보의 맥락을 이루는 연결 형태가 우리 자신이 가지고 있는 기존의 지식 구조(쉐마, schema)에 연결될 때 그것을 비로소 지식이라 부를 수 있다. 예컨대 "우리가 가지고 있는 A회사 주식 300주의 주가는 5% 올랐다. 그러나 국채의 이자율이 5%임을 고려해 보면 아직은 큰 수익이 아니다"라는 식이다. 그러므로 지식이란 머릿속에 기억하고 있는 지식뿐 아니라 자료와 정보를 수집 · 분석하여 알고 이해하게 된 지식까지를 포괄하여 의미하게 된다. 그러나 같은 지식이라 하더라도 이해하는 깊이와 연결된 폭의 정도는 매우 다를 수 있으며, 이에 따라 연결성과 접근성이 결정된다.

2. 지식의 몇 가지 분류

사고는 진공 속에서 이루어지는 것이 아니다. 사고의 도구는 지식이고, 지식은 사고의 '원재료'이다. 사용할 수 있는 유용한 도구가 많이 저장되어 있고 그러한 도구들을 손쉽게 사용할 수 있으면 문제해결하는 일(과제)을 훨씬 더 쉽게, 효과적으로 그리고 창의적으로 수행해 갈 수 있다. 그리고 지식은 '얼마나(量)'도 중요하지만 '어떤 지식'인지도 그에 못지않게 중요하다. 머리에 떠오르지 아니하고 기능적이지 못해서 써먹을 수 없는 지식은 많아도 별로 소용이 없다. 지식은 기능적인 것이어야 하는데, 그러려면 깊게 이해하여 내용들이 서로 연결되어 광범위하게 짜인 그물 같은 구조를 이루어야 한다(망상 형태, networks). 그래야 접근 가능성과 유용성이 커질 수 있다. 암기식 학습과 주입식 교육이 비난받는 이유도 바로 여기에 있다. 이러한 이슈와 관련하여 아래에서는 지식을 몇 가지로 분류해서 좀 더 알아본다.

(1) 형식적 지식과 비형식적 지식

지식은 형식적 지식(formal)과 비형식적 지식(informal)으로 나눌 수도 있다. 이들 두 가지 모두가 창의에 중요하지만 이들은 성질이나 내용이 서로 아주 다르다. 형식적 지식은 학구적(academic) 지식, 그리고 비형식적 지식은 실제적 · 암묵적(practical) 지식이라 부르기도 한다.

형식적 지식은 어떤 분야 또는 직무에 대한 것이며 책, 강의 및 기타의 수업을 통하여 학습하는 것이다. 이러한 지식은 사실, 원리, 심미적 가치, 어떤 이슈에 대한 의견 또는 기술과 일반적인 패러다임(paradigm)에 관한 정보들로 이루어져 있다. 학문 분야(discipline)의 지식은 모두가 형식적 지식이다. 주식 시장에서는 어떤 구체적인 회사나 산업에 대한 정보가 형식적 지식이다. 지식은(형식적 및 비형식적 지식의 모두) 지능과는 다르다. 왜냐하면 지식은 지적인 과정에서 사용하는 원재료일 뿐 지식 그 자체가 무엇을 할 수 있는 것은 아니기 때문이다.

비형식적 지식도 어떤 분야 또는 직무에 대한 것이지만 그것은 그러한 분야의 활동 무대에서 보낸 여러 시간 속에서 습득한 것이다. 비형식적 지식은 밖으로 드러내놓고 가르치는 일이 거의 없으며 흔히는 말로 표현하지 못할 수도 있다. 심지어는 비형식적인 성질 때문에 이러한 지식은 요약하여 말하기도 어렵다.

대개의 암묵적 지식은 '만약에 …라면, ---이다(if–then)'의 조건절로 구성되어 있다.

- 만약에 그 사람의 기분을 좋게 하려면, 그러면 …

• 만약에 친구가 어색해 보이면, 그러면 …

이러한 보기에서 알 수 있듯이 암묵적 지식은 언제나 특정한 장면에서의 특정한 용도에 관한 것이다. 그러므로 이러한 지식은 실제장면에 관련한 보다 구체적이고, 은밀한 것들이다.

취직을 어떻게 하며, 상관에게 새로운 아이디어를 어떻게 이야기하며, 일을 추진할 자원을 어떻게 수집하며, 그리고 자신이 일하고 있는 필드의 권력 구조가 어떻게 조직되어 있는지를 아는 것 등은 모두가 비형식적 지식이다. 그리고 이들도 창의적 수행에 매우 중요하다. 형식적 지식은 '진' 또는 '위'로 나누어 볼 수 있지만 비형식적 지식은 그렇게 할 수가 없다. 비형식적 지식은 맥락에 따라 판단해야 하는 것이기 때문이다. 예컨대 대기업에서 맞는 비형식적 지식이 조그마한 식품 마트에서는 전혀 맞지 않을 수도 있다. 어떠한 일을 하든 성공하려면 속하고 있는 환경에 적응해야 하는데 그러려면 관련하여 필요한 형식적 지식과 비형식적 지식의 모두를 가지고 있어야 하고 이들을 효과적으로 활용할 수 있어야 한다.

Toffler & Toffler(2006)는 지식이 혁명적 부의 한 가지 심층 기반 요소로서 사회경제적 환경을 빠르게 바꾸고 있다는 사실을 지적하고 있다. 그리고 그러한 지식에는 명시적, 외현적인 것 이외에 암묵적인 지식이 중요함을 역설하고 있다. "부를 창출하기 위해서 우리가 사용하는 지식에는 우리의 머릿속에 저장된, 측정하기 어려운 암묵적인 지식 혹은 잠재하는 지식도 포함된다. 예를 들어 우리는 매일매일 주위에 있는 사람들을 이해함으로써 지식을 습득한다. 믿을 만한 사람이 누구인지, 안 좋은 소식을 전달할 때 상사의 반응이 어떨지, 한 팀으로서 어떻게 작업을 하게 될 것 같은지를 알게 된다. 단순히 다른 사람들을 지켜보면서 알게 되는 작업적 기술과 행동도 포함된다. 자신의 몸과 두뇌를 알고, 그것이 작동하는 방식과 언제 최상의 효율성을 발휘하는지를 아는 것도 이러한 지식에 포함된다. 이런 암묵적인 지식에는 사소한 것도 있고, 일상생활과 직장에서 생산성을 높이는 데 중요한 역할을 차지하는 것도 있다. 이것은 우리 모두가 의존하는 지식이며, 자신도 의식하지 못하지만 마음 저편의 잠재의식 속에 존재하고 있는 지식이다"(p. 161).

(2) 명제적 지식과 발견적 지식

어떤 것의 '성질'을 아는 것을 명제적 지식(propositional)이라 부른다. 이들은 흔히 '내용', '지식' 또는 '사실'의 지식이라 부르는 것이다. 여기에는 지식이란 선택적이고 해석적임을 아는 것이나, 지식은 새롭게 발달하고 변화하며, 그리고 이전에는 수용받던 지식이 이론이 바뀌면서 기각되고 새로운 지식으로 대치될 수 있음을 아는 것도 포함된다. 그리고 명제적 지식과는 다른 것이 절차적 지식(procedural)이다. 이것은 과제를 수행해 가는 데 필요한 '절차', '방법', '과정'을 아는 것을 말한다. 이러한 지식은 다른 말로 '기능(skills)' 또는 '기술(techniques)'이라 부르는 것이다. 예컨대 우리가 '사고력'이라 말하고 있는 것은 '사고의 과정 · 절차'를 아는 것, 즉 '사고 기능'을 의미한다.

이러한 절차적 지식들을 '언제' 사용할지를 아는 것을 조건적 지식(conditional)이라 부른다. 그런데 절차적 지식이 조건적 지식을 포함하는 것으로 보는 사람도 있고, 또는 서로를 독립적인 것으로 별도로 다루는 사람도 있다(Paris, Lipson & Witson, 1983).

어떻든 우리는 습득한 경험 · 지식을 기초로 하여 여러 가지의 사고를 수행해 가는 원리나 법칙을 터득해 가는데, 이러한 절차적-조건적 지식을 합쳐서 '발견적 지식(발견법, heuristics)'이라 부르기도 한다. 발견적 지식은 알고리듬(algorithm)과는 달리 일정한 절차로만 따라가면 반드시 바라는 결과를 얻을 수 있는 그런 것이 아니다. 발견적 지식은 사고의 기능과 전략에 못지않게 사고를 어떻게 수행해 갈 것인지를 결정하는 역할을 한다.

(3) 영역 일반적 지식과 영역 구체적 지식

다분히 일상적이고 광범위한 분야에서 사용될 수 있는 지식을 영역 일반적 지식(도메인 일반적, domain-general)이라 말하고, 그리고 어떤 특수한 주제 분야, 전문(전공) 분야의 지식을 영역 특수석 지식(도메인 구체석, domain-specific)이라 부른다. 여기에서 '영역' 또는 '지식 영역' 또는 '도메인'이라 부르는 것은 대개의 경우는 '내용(contents)'이라 부르는 것이다(명제적 지식의 '내용'을 말하고 있다).

예컨대 국어, 수학, 과학 … 등등으로 교과 영역을 나누는 것이나, 대학에서 교육학, 심리학, 사회학, 생물학, 화학 등으로 나누고 있는 것과 같다. 그리고 예컨대 '심리학' 영역을 다시 인지영역, 상담영역 등으로 세분하듯이 지식 영역은 보다 넓게, 또는 더욱 세분하여 분류할 수도 있다.

영역 구체적인 것일수록 건전한 일상생활을 통하여 습득하게 되는 세상 지식을 훨씬 넘어선다. 따라서 전문가일수록 그 분야를 보다 더 해박하게 알며, 그런 지식이 유의미하게 잘 조직화되어 있다. 이러한 영역 구체적 지식을 다시 '내용 수준'의 지식과 '고차적 수준'의 지식으로 나누기도 한다. 전자는 사실, 개념이나 원리 등을 알 뿐 아니라 이들의 서로의 관계를 아는 것을 말한다. 후자는 어떤 분야를 진정으로 깊게 빠져들었을 때 가질 수 있는 지식이다. 그러한 지식은 그 분야에 대한 '센스'라 말할 수 있으며 매우 전략적인 지식이다. 여기에는 어떤 것이 중요하고 이슈가 되며, 연구는 어떤 식으로 접근되고 있으며, 그리고 그동안에 지식이 어떻게 축적되어 왔는지를 아는 것 등이 포함된다(Perkins & Simmons, 1988; Tishman, Perkins & Jay, 1995).

그런데 도메인의 지식, 즉 '내용'을 배우고 연습하려면 어떻게 해야 할까? 초등학교에서 대학에 이르기까지 많은 '내용들은' 교과목이라 부르는 것으로 시간을 나누어 가르치고 있다. 이를 보다 전문적으로 표현하면 학교의 형식적 수업은 대개가 '영역 특수적 지식'에 따라 이루어지고 있다고 말할 수 있다. 그러나 물론이지만 학교뿐 아니라 조직에서의 모든 학습이 '영역 특수적 지식'의 분류에 따라 이루어진다고 말할 수는 없다.

(4) 유효한 지식과 진부한 지식

지식은 계속하여 진화하고 있다. 끊임없이 새로운 지식이 생성되는가 하면 다른 한편으로는 기존에 있던 지식이 도태되어 더 이상 '쓸모없어지거나' 또는 '틀린' 것이 되어 간다. 전자를 유효한(effective) 지식이라 하고, 후자를 시대에 뒤처진, 그래서 무용하고 '진부한(obsolete)' 지식이라 부를 수 있다. 진부한 지식은 필요 없는 물건으로 가득 차 있는 골방과 같다. 사실이나 아이디어, 이론, 이미지, 통찰들은 변화에 의해 뒤처지거나 나중에 더 정확하고 진실이라 여겨지는 것으로 대체되기 마련이다.

변화가 더욱 빨라지면서 무용 지식으로 바뀌는 속도 역시 빨라지고 있다. 끊임없이 지식을 갱신하지 않으면 학교나 직장 생활을 통해 쌓은 경력의 가치도 줄어들고 만다. 디지털 데이터베이스이건, 두뇌 속이건, 지식이 저장된 곳은 어디나 낡은 지식으로 가득 찰 수 있다. 뒤처진 무용 지식은 모든 사람, 기업, 조직, 사회의 지식 토대에 점차 큰 부분을 차지하면서 큰 부담이 될 수 있다. 우리가 할 수 있는 것은 지식의 발전에 뒤처지지 않도록 계속하여 업데이팅(up-dating)하는 것이다. 그래서 문화라는 차원에서 보면 '학습하는 조직', '학습하는 국민'의 중요성을 심각하게 느끼게 된다.

노인은? 나이가 들고 노인이 되면 지식의 업데이팅이 어려워지고 따라서 지식의 저장고가 '진부한 지식'으로 가득 채워질 가능성이 커진다. 만약에 이러한 지식이 특히 '가치 관련의' 것이고 노인이 이것을 고집하여 사용한다면 '꼴통'이 되기 쉽다. 그리고 가지고 있는 유효한 지식이라도 세상의 일이 계속하여 변화해서 그것을 적절하게 유추하여 적용할 수 있는 비슷한 장면이 점차 줄어들고 있다. 그래서 오늘날의 노인들은 별로 현명해 보이지도, 존경스러워 보이지도 않을 가능성이 커지고 있다. 늙어서 권위를 가지기란 더더욱 어려워 보인다. 만약에 노인이 계속하여 공부하고 지식을 업데이팅하지 않는다면 지혜는 늘어날지 몰라도 시대에 따라가거나 새로운 아이디어를 창의해 내는 것은 보다 더 제한될 것이다.

Ⅱ. 지식의 크기와 기능성

지식은 '양(量)'뿐 아니라 이들이 서로 어떻게 연결되어 구조화되어 있으며, 그리하여 얼마나 쉽게 접근하여 사용할 수 있는 것인지가 결정적으로 중요하다. 특히 두 가지가 중요한데 하나는 지식의 크기이고 다른 하나는 지식의 기능성이다.

1. 지식의 크기

지식의 크기란 개인이 소유하고 있는 지식의 양을 말한다. 개인들은 형식 교육이나 전문적인 훈련을 받으면서 넓은 '학문 영역'이라는 지식의 텃밭에서 자신의 지식을 습득한다. Csikszentmihalyi의 이론에 따르면 사람은 창의적인 사고를 할 수 있으려면 '도메인'이 보존하고 있는 지식을 먼저 마스터해야 한다. 그러나 마스터하는 지식의 양(量), 즉 크기는 사람에 따라 다를 수 있다. 통계학적인 용어로 말하면 학문 영역을 이루는 큰 아이디어의 집합이라는 모집단에서 자신의 표본(sample)을 습득한다.

다시 말하면 학문 영역을 이루는 모집단 전체 가운데서 자기 나름의 독특한 지식 집합을 습득한다. 따라서 개인에 따라 습득하고 이해하는 개념 표본이 다르며, 개인마다 전문 지식의 배경과 준비가 다를 수 있다. 달리 말하면, 개인에 따라 지식의 크기가 다를 수 있다. 어떤 사람은 가용한 지식이 광범위한 반면에 다른 어떤 사람은 비교적 적은 수의 아이디어(지식)를 소유하기 때문에 지식의 크기가 좁고 제한적일 수 있다.

독창적인 창의를 하려면 우선은 지식 표본이 광범위하고 양이 풍부해야 한다. 그리고 다루고 있는 전문영역의 지식뿐 아니라 인근한 영역에 이르기까지 광범위할수록 독창적인 아이디어의 생성에 유리할 것이다. 그러나 효과적인 사고는 지식의 크기만으로 충분한 것은 아니다. 왜냐하면 '새로운' 아이디어를 창의한다는 것은 이전의 지식(아이디어)을 새롭게 조합하는 것이기 때문이다. 선행 지식이 없으면 창의는 불가능하지만, 단순히 선행지식을 암기하여 재생산하는 것은 창의적인 것이 아니다.

2. 지식의 기능성

기억의 내용들이 단편적이거나 경직되어 있을수록 거기에서 창의적인 아이디어가 생성되기가 어렵다. 독창적인 문제해결을 하고 발견을 해 내려면 개인의 기억 속에 있는 개념(아이디어, 지식)들이 자유롭게, 비교적 구속 없이 또는 거의 무선에 가깝게 서로 조합, 재조합될 수 있어야 한다. 다시 말하면 기억(지식)의 내용이 다양하고, 풍부하게 결합(연합, connection)될 수 있어야 한다.

아이디어(지식)의 결합을 잘 설명해 주고 있는 하나의 이론은 결합주의적(associative) 설명이다. 특히 Mednick(1962)의 결합주의적인 창의력 이론을 사람들은 많이 인용하고 있다. 이 이론에 의하면 창의를 하는 데는 서로 별로 관련 없이 떨어져 있는 별개의 아이디어들까지도 결합을 시킬 수 있는 소위 '먼 결합(remote association)'을 시킬 수 있는 능력이 있을수록 창의적이다.

기억 속의 사실들은 고립된 단위의 지식으로 저장될 수도 있고 또는 풍부한 결합 네트워크의 한 부분으로 저장될 수도 있다. 이론가들은 창의력은 기억에 있는 지식 단위들 간의 결합(association)의 구조와 유형에 따라 달라진다고 말한다. 예컨대 Mednick (1962)은 지식은 다양한 배열로 저장될 수 있는데 극단적인 두 개는 '가파른(steep)' 위계와 '평평한(flat)' 위계의 것이라고 하였다.

가파른 위계의 결합구조의 사람들은 강하게 관련된 몇 개의 사실들 간에만 강한 연결(links)을 가지고 있지만 그러한 몇 개의 결합 이상으로 생각을 이동해 가기가 어렵다. 예컨대 '개'와 '고양이'는 강하게 결합되어 있지만 '개'에 대하여 '고양이' 이외에 그 이상 다른 것들은 거의 떠오르지 않는다. 반면에 '평평한' 위계로 지식의 결합이 조직되어 있는 사람은 그 속에 있는 지식 요소들 간의 관계가 비교적 약하다. 그러나 평평한 구조는 다양한 정보에 접근하기 쉽게 만들며 그리하여 창의에 도움 된다. 예컨대 '개'는 여전히 '고양이'와 연결되어 있지만 그러한 연결은 오히려 약하며, 다른 것들도 거기에 비슷한 강도로 결합되어 있기 쉽다(예컨대 진돗개, 집 지키기, 멍멍, 보신탕 …).

'평평한' 지식, '가파른' 지식과 이에 따른 가능한 결합의 수를 보여주고 있는 것이 [그림 5-1]이다. 지식 요소들 간의 결합의 범위가 넓으면 창의가 촉진된다고 그는 믿고 있다. 그러면 접근성과 가용성이 있는 지식은 어떻게 창의(력)를 촉진할 수 있을까?

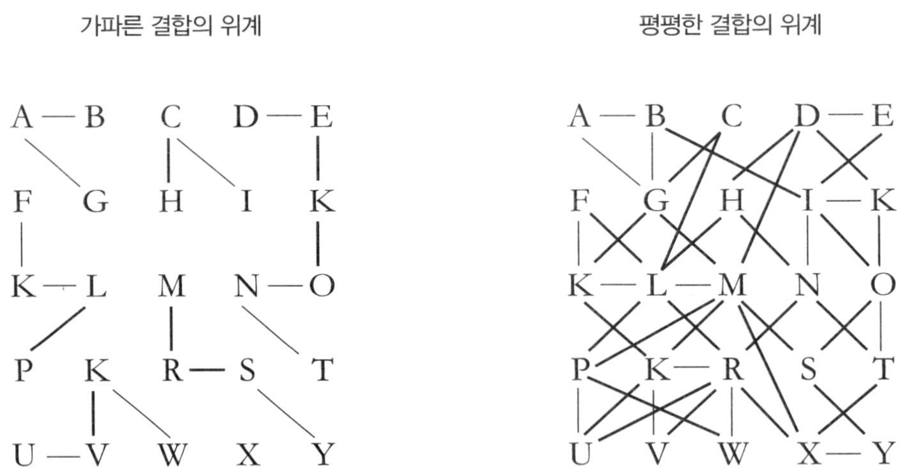

[그림 5-1] A-Y의 철자는 지식 영역에 있는 아이디어를, 그리고 직선은 아이디어들의 연결을 나타낸다. 진한 것일수록 결합의 강도가 강하다.

Ⅲ. 지식과 창의력

개인이나 조직이 가지고 있는 지식은 크게 보면 크기와 기능성이 다를 수 있다. 크기란 지식의 양이고, 기능성이란 지식의 단위들이 연결되어 구조화되어 있는 저장의 모습임을 앞에서 알아보았다. 어떤 지식은 쉽게 머릿속에 떠올라 바로 사용할 수 있지만 그렇지 못한 지식도 얼마든지 있을 수 있다. 아래에서는 어떠한 지식이 창의를 촉진시키고, 반대로 어떠한 지식이 창의를 간섭하고 방해할 수 있는지를 알아본다.

1. 지식은 왜 창의를 촉진하는가?

(1) 기존의 지식은 특정의 지식 영역에서 '새로운' 지식을 생산해 내는 데 도움이 된다. 가진 지식이 거의 없는 무지한 사람은 무엇이 정말로 새로운 것인지를 알기가 어렵다. 어떤 지식 영역에 있는 기존의 지식의 어깨 위에 올라설 수 있어야 비로소 무엇을 알지 못하고 있고, 그리고 무엇이 '새로운' 지식인지를 쉽게 내려다볼 수 있기 때문이다. 그래서 창의적인 사람은 '넘어서는 사람(beyonder)'이라 부를 수도 있겠다.

Hayes(1989)는 음악 작곡가, 화가 및 시인들을 연구하였는데 이들이 창의적인 대작을 생산해 내려면 그 이전에 관련의 지식을 습득하는 데 약 10년의 기간이 필요하다는 것을 발견하였으며 이를 창의를 위한 10년설 또는 1만 시간설이라 부르고 있다.

(2) 지식은 사람이 반대되는 의견(contrarian)을 가질 수 있게 한다. 현재의 사고가 어디에 있는지를 정확하게 알면 그러한 흐름을 거슬러 반대가 되는 새로운 지식을 발견해 내기가 쉬워진다. 창의는 기본적으로 변증법적이며 '정'과 '반'을 통합하는 것이기 때문이다(3장의 변증법적 창의 참조).

(3) 지식은 수준 높은 작업을 생산해 내는 데 도움 된다. 지식은 시초의 아이디어를 보다 발전된 것으로 바꾸고 개선시켜 가는 데 도움 된다.

(4) 지식은 개별적인 것뿐 아니라 관련된 다른 지식과의 관계 속에서 생각할 수 있게 한다. 그리하여 새로운 조합을 통한 새로운 아이디어를 생성해 내는 데 사용할 수 있는 정신적 자원들을 광범위하게 접근하여 사용하는 데 도움 된다. 예컨대 훌륭한 의사는 환자가 말하는 기본적인 증상들을 인식하고 해석할 수 있을 뿐 아니라 다

른 여러 증상들의 조합이 의미하는 것에 대하여서도 생각할 수 있어야 한다.

(5) 지식은 '우연적으로 일어나는 것들을' 창의적 아이디어의 자원으로 주목하고 활용하는 데 도움 된다. 위대한 발견의 씨앗은 우리들 주위를 항상 떠돌아다니고 있을지도 모른다. 그러나 이들은 그것을 받아들일 준비가 잘되어 있는 사람에게만 잡힐 수 있고 그리하여 뿌리를 내릴 수 있다. 이러한 사람은 지금의 과제 · 문제와 관련한 광범위한 지식과 정보를 가지고 있고, 그리고 이러한 지식에 민감하게 귀 기울이고 있는 사람일 것이다.

2. 지식은 왜 창의를 방해하는가?

관련의 지식이 없거나 불충분하면 성공적인 사고를 할 수가 없다. Parnes(1967)는 창의적인 행동에서 지식의 역할을 다음과 같이 강조하고 있다. "창의적 행동이란 지식, 상상(imagination) 및 평가의 함수이다. 지식이 없으면 생산적인 창의력은 있을 수 없다. 만화경에 유추해 생각해 보면 도움이 된다. 만화경에 있는 드럼(drum)에 조각들이 더 많이 있을수록 가능한 형태를 더 많이 생성해 낼 수 있다. 이와 마찬가지로, 가지고 있는 지식이 더 많을수록 우리는 더 많은 형태나 조합, 즉 아이디어들을 더 많이 생성해 낼 수 있다"(Parnes, pp. 6–7). 그러나 잘못된 지식은 창의를 방해하는 역작용을 할 수도 있다.

(1) 지식이 비활성적(inert)이거나 진부한 것일 수 있다. 비활성적인 지식이란 지식을 가지고 있다 하더라도 그것이 의식 속으로 쉽게 떠오르지 않아 사용할 수 없는 것이다. 그리고 '진부한' 지식이란 이미 효력이 지나고 맞지 않는, 지나간 소용없는 지식을 말한다. 이러한 지식은 창의적인 사고에 오히려 방해가 된다.

(2) 지식의 기능이 고착될 수 있다. 어떤 물체를 지금까지 사용하던 용도로만 지각하는 것을 '기능 고착(functional fixedness)'이라 하는데 지식도 마찬가지이다. 전문 지식이 증가하면 그에 따라 융통성이 줄어들고, 사고가 더 엄격해지고, 그래서 이전에 하던 방식에 매몰되기 쉽다. 창의에는 기존의 것을 넘어서 생각해 보려는 의지가 필요하고, 그리고 그것을 짚고 넘어설 수 있어야 한다.

(3) 너무 많은 지식은 오히려 창의에 방해가 될 수 있다. 너무 많은 지식이 있으면 그러한 지식 프레임에 갇히게 되고, 그리하여 그것을 넘어서기가 어려워지는 어떤 지점이 있는 것은 아닐까? 우리가 보기로 이런 가능성이 있어 보인다. Simon-

ton(1984)은 역사적으로 가장 창의적인 사람들은 자신의 영역에서 '적당하게' 교육받은—가장 많이 교육받지도, 그렇다고 가장 적게 교육받지도 아니한—사람임을 시사해 주고 있다. 이와 마찬가지로 가지고 있는 지식의 양이 너무 많으면 그 분야에 있는 기존의 지식한계를 넘어서는 능력이 감소하거나 상실된다고 본다. 이렇게 되면 자기 자신이 자기가 가지고 있는 지식이나 견해의 주인이 아니라 오히려 노예가 되는 셈이다.

(4) 지식을 소유한다고 하여 그것을 반드시 지혜롭게 사용한다는 것을 보증하는 것이 아니다. 지능 함정에 빠져 있는 사람은 자신이 가지고 있는 견해 · 입장을 뒷받침하는 데만 지식을 사용할 수 있다. 머리가 좋은 사람은 자신의 생각을 그럴듯하게 만드는 논리를 찾아내는 데만 골몰한다. 그래서 스스로 제일 똑똑하다고 오만하면서 새로운 가능성, 새로운 지평의 문을 스스로 차단해 버릴 수 있다('지능 함정'에 대하여서는 4장 참조). 그리고 많이 알고 있지만 그것을 어리석게 잘못 사용하거나 남용하는 사람도 현실의 세계와 역사에서 적지 않게 볼 수 있다(Sternberg & Zhang, 2005). 곡학아세(曲學阿世)의 사람은 과거뿐 아니라 현재에도 눈에 띄게 많이 있다.

지식은 창의적 사고를 하는 데 필요하지만 그것으로 충분하지는 않다. 지식은 소화되어야 하고, 결국에 가서는 다른 아이디어들과 새롭게 조합되어 새로운 아이디어로 새롭게 태어날 수 있어야 한다. Einstein이나 Sternberg는 이것을 통찰이라 부르며, 통찰이야 말로 새로운 직관으로 나아가는 유일한 통로라 말하고 있다.

Ⅳ. 지식내용의 활용과 창의력 – 영역 일반성 대 영역 특수성

1. 창의력의 영역 일반성 대 영역 특수성 이론

창의적인 사람은 어떤 영역 · 분야, 어떤 곳을 막론하고 창의적인 것일까? 마치 일반 지능 'g 요인'이 어떠한 과제를 수행하더라도 마찬가지로 적용되는 능력인 것처럼, 교실에서 창의적인 아이디어를 잘 내던 녀석이 직장이나 일상생활에서도 창의적인 것처럼 보이는 경우는 많다. 그러나 사업에 창의적인 사람이 과학연구나 창의력 연구에도 반드시 창의적이라 말하기는 어렵다. 이것은 사업이나 과학 연구와 같은 지식 영역에 따라 사람들은 창의적인 능력이 다르기 때문일 수 있을 것이다. 그러나 달리 생각해 보면 영역 · 분야에 상관없이 창의적인 능력은 비슷하거나 동일하지만 분야마다 창의(력)에서 원재료로 사용하는 '지식'이 차이 나기 때문일 수도 있을 것이다.그래서 창의력 분야에서는 하나의 중요한 이슈가 제기된다. 어떤 사람이 가지고 있는 창의적인 능력이란 지식 영역(domain)에 따라 다른가, 아니면 그것은 모든 영역에서 적용되는 일반적인 능력인가?

이 이슈에 대하여서는 두 가지의 견해가 있다. 창의력의 '영역 일반성 이론(domain-general)'에서는, 마치 지능의 g 요인처럼, 사람들은 모든 지식 영역에서 마찬가지 정도로 창의적일 것이라 보고 있다. 반면에 '영역 특수성 이론(domain-specific)'에서는 각기의 사람들이 가지고 있는 창의적인 능력은 영역 · 분야에 따라 다를 수 있으며, 그리하여 어떤 곳에서 창의적이라고 하여 다른 곳에서도 반드시 창의적인 것은 아니라고 본다. 다시 말하면 구체적인 지식 영역에 따라 거기에 맞는 창의력이 다르다고 본다. 예컨대 Baer(2011)는 창의적 수행이란 지식 도메인에 따라 다를 수 있는 것이기 때문에, 영역 일반적 이론이라는 커다란 그랜드 이론(grand theory)이 다양한 지식 도메인에서 이루어지는 창의적 사고 과정을 적절하게 설명한다고 볼 수 없다고 말한다.

창의력의 영역 일반적 이론 대 영역 특수적 이론이라는 이슈는 창의력 연구에서, 특히 창의력의 교육 · 훈련과 관련하여 매우 중요한 것이지만 아직도 이렇게 저렇게 어느 하나로 단정하기가 어렵다. 창의력 연구 학술지인 Creativity Research Journal에서는 이러한 두 가지 경쟁적인 입장을 리드하고 있는 두 사람의 저자에게 논문을 통하여 지식 영역 일반성 대 특수성에 대한 찬반 논의를 벌이게 한 바 있다(Baer, 1998; Plucker, 1998). 그럼에도 불구하고 의견 차이는 여전하고, 연구와 토론은 계속되고 있다.

그러나 영역 일반적인 창의력이 존재한다고 주장하는 사람도 지식 영역에 따라 특수한 사고 기능이 있다는 데는 대개가 동의하고 있다. 그리고 영역 특수성 창의력을 주장하는 사람도 영역 일반적인 부분이 있음을 인정하고 있다. 예컨대 심리학 영역에서 창의적인 사람이 비즈니스 분야에서도 마찬가지로 창의적일 것이라 기대하기는 어렵다. 그러나 그것은 창의적 사고에 필요한 지식이 다르기 때문일 수도 있다. 그렇게 보면 요구하는 지식이 다르기 때문에 분야마다 사람들은 어느 정도는 영역 구체적인(영역 특수적) 것으로 보일 수도 있겠다. 일반적으로 문헌에서는 지식 영역과 창의력과의 상관은 r = .40 정도로 보고하고 있다.

2. APT 창의력 모형

창의력의 영역 일반성 이론과 영역 특수성이라는 대립적인 두 개의 시각을 다리 놓고 위계적인 수준에 따라 이들을 하나로 통합하여 설명해 보기 위한 시도들 가운데 하나가 APT 창의력 모형(Amusement Park Theoretical Model of Creativity, Kaufman & Baer, 2004)이다. APT 모형은 창의란 넓은 어떤 분야 속의 것, 그리고 어떤 지식 영역 내의 것이며 따라서 이러한 지식 맥락에서 독립적인 것이 아니라고 말한다. 또한 각기의 맥락 속에서 창의력의 필요 요건들의 유형과 수준뿐 아니라 이들의 조합 형태도 같이 고려하는 것이 중요하다고 지적하고 있다. 요약하면 창의력이란 단일의 어떤 결과 · 성과가 아니라 개인, 체제 및 맥락에 따라 여러 가지의 형태로 나타나는 하나의 일반적인 개념이란 것이다. 다시 말하면 창의(력)란 일반적인 능력일 수도 있고, 또한 지식의 영역에 따라 특수한 능력일 수도 있다는 것이다.

APT 모형에서는 창의력에 대하여 위계적 모형을 제시하고, 그러한 지식수준의 위계에 따라 창의력의 '특수성'이 증가하는 몇 개의 수준이 있다고 전제하고 있다. APT 창의력 모형에서는 창의적인 수행을 놀이공원에 비유하여 하나의 모형의 이론을 전개하고 있는데 이를 요약하고 있는 것이 [그림 5-2]이다.

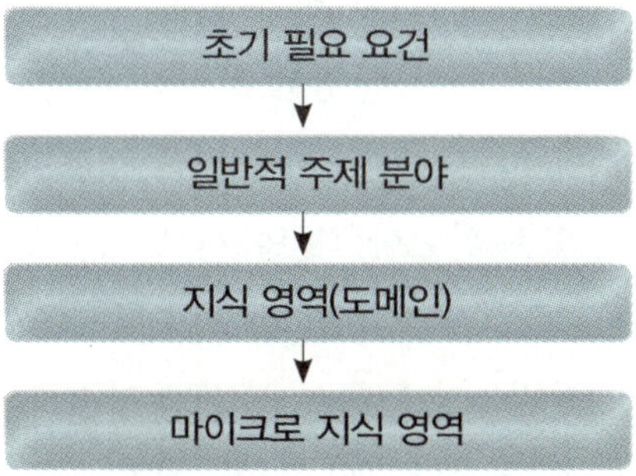

[그림 5-2] 창의력에 대한 APT 모형

[그림 5-2]는 APT 모형을 시각적으로 보여 주고 있는데 거기에는 4개의 수준이 있다. 첫 번째 수준은 '초기 필수 요건(Initial Requirements)'인데 이것은 어떠한 창의적인 생산에도 필요한 것이다(그러나 충분한 것은 아니다). 예컨대 지능, 동기 및 적절한 환경 등과 같은 것으로 창의적인 수행의 영역에 따라 요구하는 수준이 다르겠지만 어디서나 얼마간은 필수적인 것이다. 놀이공원에 가려면 어떤 것을 구경하려고 하든

간에 여유의 시간이 나고 얼마간의 돈이 있어 입장권을 살 수 있어야 하고, 그리고 교통편도 있어야 하는 것과 같다.

두 번째의 수준은 '일반적 주제 영역(General Thematic Areas)'이다. 모든 창의적 작업 · 생산은 어떤 '일반적 주제 분야(General Thematic Area)'의 한 부분에서 이루어진다. 같은 일반적 주제 분야의 것들은 어떤 공통점을 가지고 있다. 예컨대 놀이공원에 가기로 결정하고 나면 어떤 종류의 놀이공원에 갈 것인지를 결정해야 하는 것과 같다. 놀이공원은 물놀이, 모험 시설, 롤러코스터 또는 동물이나 물고기가 있는 놀이공원 등으로 나뉘어 있다.

일단 사람들이 지능이나 동기수준 그리고 적절한 환경이란 면에서 어떠한 창의적 활동을 하는 데 필요한 '초기 필요 요건'들이 요구하는 수준을 가지고 있으면, 이제 그는 어떤 '일반적 주제 분야'에서 활동하는지를 알아보아야 한다. 그리고 그러한 분야에서 창의력을 발휘하는 데 필요한 기능과 특성들을 살펴보아야 한다.

세 번째 수준은 '지식 영역(Domains)'이다. 도메인(domain)은 '영역'이라기보다는 '지식 영역'이라 부르는 것이 이해가 더 쉽다. 각기의 일반적 주제 분야 안에는 보다 더 좁게 정의할 수 있는 여러 개의 '지식 영역'이 있다. 예컨대 '예술' 분야 안에는 시, 조각, 회화, 음악 및 저널리즘 등이 있다. 비즈니스에서도 여러 가지 유형의 조직이 있다. 교육 분야 내에서도 여러 가지의 기회가 있어서 초등학교 교사, 중등학교 교육 행정가, 대학 교수 또는 개인 레슨 등에서 선택할 수 있을 것이다. 그리고 이들 각기가 동일한 조직 속에 있다 하더라도 각기에 따라 필요한 창의력은 다를 것이다. 많은 경우 동일한 조직 속에 있는 상이한 직무에서보다는 조직은 상이하지만 직무는 비슷한 것들에서 요구하는 창의력이 오히려 더 비슷할 수도 있다. '지식 영역' 수준이란 마치 어떤 유형의 놀이공원을 선택하여 그리로 가기로 결정하였더라도 여전히 더 많은 결정을 내려야 하는 것과 같다. 왜냐하면 어떤 유형 · 장르(genre)의 놀이공원 속에서도 여러 가지의 전혀 다른 공원들이 있을 수 있기 때문이다.

그리고 네 번째 수준은 '마이크로 지식 영역(Micro-Domains)'이다. 이것은 어떤 지식 영역 속에 있는 '구체적인 과제(Specific tasks)'를 말한다. 이것은 마치 동물원에서 하는 활동들도 예컨대 토끼에게 먹이 주는 것에서부터 돌고래 쇼를 관람하는 것까지 다양할 수 있는 것과 같다. 동일한 일반적 지식 영역 내에서도 서로 완전히 다른 다양한 과제 또는 활동들이 있을 수 있다. 이들은 서로 상이한 형태의 창의력을 보여

주며, 초기 필수요건(지능, 동기, 흥미 등과 같은)의 수준이나 이들 요건들의 조합에 대한 요구가 아주 다를 수 있다.

같은 지식 영역 속에 있는 과제들은 여러 가지의 공통점도 가지겠지만, 창의적이기 위하여 알아야 할 필요가 있는 것, 그리고 알아가는 방법 등에서도 커다란 차이가 있을 수 있다. 이것은 마치 학부에서 대학원 교육으로 넘어가는 것과 비슷하다. 심리학과의 대학원 프로그램은 모두가 심리학자로서의 자질을 개발하기 위한 것이지만 이들 미래의 인지 심리학자, 임상 심리학자 또는 산업 심리학자들은 같은 과목을 별로 수강하지 아니한다. 비즈니스라는 맥락에서 보면 대학 교수라는 직무도 좀 더 자세히 보면 연구, 수업, 봉사, 학생지도 등과 관련한 각기의 과제들은 상당히 독특할 수 있다. 이들 직무 간에는 공통적인 요소들도 있겠지만 각기의 마이크로 지식 영역에서의 창의력은 상당히 다르다. 창의적인 연구자가 되기 위하여 요구되는 창의력은 창의적인 학생지도를 하기 위하여 요구되는 것과는 결코 같지 아니할 것이다.

3. 창의력 교육과 훈련 재료의 '지식 내용'

지금까지 우리는 개인이 가지고 있는 창의력(창의적인 능력, 기능)은 지식의 여러 영역에 상관없이 일반적인 것인지, 아니면 지식 영역에 따라 다를 수 있고 특수한 것인지에 대하여 살펴보았다. 그런데 여기서 우리는 이러한 논의가 왜 중요한가, 왜 중요한 이슈가 되는지를 되물어 보아야 한다.

포인트는 이러한 이슈에 따라 창의력을 교육하고 연습할 때 어떠한 '내용'의 재료를 사용해야 하느냐가 결정된다는 데 있다. 어떠한 창의적 능력이나 사고기능을 가르친다 하더라도 '어떤 종류의 내용'을 사용하지 아니하고 가르칠 수는 없기 때문이다.

만약에 창의력이 '영역 일반적인' 것이라면 예컨대 문학 공부를 하는 사람, 작곡을 하는 사람 또는 과학 연구 등 어떠한 영역의 과제 · 장면을 다루는 사람이든 간에 이들에게 창의력 교육을 실시하기 위하여 사용하는 재료는 일반적인 것, 또는 어떤한 영역의 어떠한 내용의 것이라도 상관이 없을 것이다. 예를 들어 이들에게 '브레인스토밍 기법'을 가르친다 하더라도 그러한 기법의 능력은 어느 지식 영역에서나 마찬가지로 적용될 것이고 따라서 사용하는 재료의 내용이나 활동이 달라질 필요는 없을 것이다.

그러나 만약에 '영역 특수성 이론'의 시각이 보다 정확하다면 어떻게 될까? 만약에 근무하는 직장에서 다루고 있는 지식 · 정보가 매우 일반적인 것이라면 어떠한 것으로 연습해도 별 문제가 없을 것이다. 그러나 앞에서 예를 든 바와 같이 문학, 작곡 또는 과학 연구 등 상당히 구체적이고 세분화된 지식 영역이라면, 이름은 동일한 '창의력' 교육이라 하더라도 사용하는 재료의 내용에 따라 효과는 결코 같은 것이 아닐 것이다. 예컨대 같은 '브레인스토밍 기법'을 '시 쓰기' 내용의 재료를 가지고 교육하고 연습하여 '시 쓰기'의 창의력이 향상되었다 하더라도, 다른 창의적 사고 영역에서는 거의 효과가 없을 수 있을 것이다(예컨대 요리, 무용, 음악, 수업, 물리학, 수학문제 풀기, 엔지니어링 등). 이미 앞에서 우리는 지식을 '영역 일반적인'과 '영역 특수적인' 것으로 나누었다. 그리고 대부분의 전문 지식(전문성, expertise)은 영역 특수적인 것이기 때문에 다소간 세분화된 교과목으로 수업하고 있음도 지적하였다. 창의력의 '영역 특수성' 시각은 '내용'의 수업과 비슷한 논리를 가지고 있다. 그런데 대부분의 창의력 교육 프로그램들은 창의력의 영역 일반성 이론에 기초하고 있다.

이로써 보면 창의력의 '영역 일반성–특수성'의 이슈는 창의력 교육에 대한 수업 접근법에 직접적으로 관련되어 있음을 알 수 있다. 창의력 수업 접근법에는 크게 보면 독립적 접근법, 통합적 접근법 및 몰입식 접근법들이 있는데 우선 이들 각기의 내용을 간단히 살펴본다.

독립적 접근법(separate, stand–alone)에서는 교과 수업과는 별도의 시간에 창의력을 가르친다. 이 접근법은 쉬운 일상생활의 내용 소재에서 시작하여 점차 도전적인 재료를 사용하며, 그래서 사고기능을 편안하게, 그리고 다소간 완전하게 학습시킬 수 있기를 기대한다. 그러나 이 접근법은 일회성이 되어 버릴 수도 있고 교과 내용의 맥락 속에서 교육하지 못하기 때문에 다양한 장면에 전이되기가 어려울 수도 있다. 통합적 접근법(embedded, infused)에서는 창의력의 수업과 교과내용의 수업을 통합한다. 교사는 우선 교과내용의 성질로 보아 적절한 사고기능 · 전략을 선정하고, 그러한 사고의 기능 · 전략을 외현적으로 도입하여 연습시키며, 그러한 사고의 과정에 따라 교과내용을 수업한다. 달리 말하면 적절한 내용을 사용하여 창의력을 교수–학습한다. 그리고 Ennis(1989)는 몰입식 접근법(immersed)을 제안하면서 교과내용을 깊게 이해하는 것이 바로 고차적 사고력 개발의 필요하고도 충분한 조건이라 본다. 사고의 기능 · 전략보다는 지식의 역할을 강조하는 이 접근법에서는 교과내용마다 특수하고 고유한 사고기능이 수반된다는 것을 강조한다. 따라서 구체적인 내용을 가르치면 자연적으로 필요한 사고기능이 수반하기 때문에 일반적인 사고기능을 가르치는 것은 부적절하다고 말한다.

이제 창의력의 '영역 일반성-특수성' 이슈와 관련하여 창의력의 교육 · 훈련 · 수업에서 어떤 '내용'의 재료와 활동이 보다 적절할 수 있는지에 대하여 몇 가지의 결론을 제시해 보고자 한다.

(1) 먼저 가르치려는 창의력(창의적 사고 기능, 전략과 태도)에 대한 학습자의 지식과 경험의 수준을 고려해야 한다.

시초의 단계에서는 친근한 일상적인 내용의 재료를 사용해야 한다. 친근한 일반적이고 일상적인 경험을 토대로 인위적으로 만들어 낸 연습문제나 활동을 사용하면 가르치려는 '사고'를 빨리 그리고 쉽게 배울 수 있다. 그리고 시초의 단계에서 사고도구나 사고기능이 어지간히 익숙해지면 점차 '현실적인(realistic)' 내용 재료를 사용한다. 현실적인 것은 현실에 있을 법한 것이지만 '현실'의 것은 아니다. 그것은 현실적 차원에서 계획적으로 그리고 인위적으로 만들어 낸 것으로 시뮬레이션(simulation), 사례연구, 간단한 시나리오 또는 현실 비슷한 상황으로 연습하는 것이어야 한다.

마지막의 단계는 익힌 사고기능과 전략을 현실 생활의 도전이나 실제로 다루고 있는 지식 영역의 문제에 적용하는 것이다. 개인적 또는 집단으로 독립적인 프로젝트를 수행할 수도 있고, 학교나 지역 사회에서 문제해결의 과정을 적용할 수도 있고, 또는 발명의 과정을 탐구해 볼 수도 있을 것이다. 창의력을 수업 또는 훈련시키는 궁극적인 목표는 현실적인 연습이 아니라 현실의 실제 문제를 창의적으로 수행해 갈 수 있는 능력을 교육하는 데 있기 때문이다(김영채, 2011).

(2) '현실적인' 그리고 '현실'의 문제를 다루는 수업 재료와 활동을 만들 때는 작업하고 있는 직업 세계 및 다루는 문제 · 프로젝트에서 사용하고 있거나 관련이 있는 지식 영역의 '내용'을 최대로 고려해야 한다.

물론 직업 세계의 현실적 또는 현실의 문제들을 교육용으로 사용한다 하더라도, 예컨대 APT 모델에서 보듯이, 지식수준의 정도는 다소간 일반적인 것에서 특수적인 것까지 다를 수 있을 것이다. 어떻든 창의력을 사용할 과제나 활동과 관련한 내용 재료를 준비하려고 노력하는 것은 매우 중요해 보인다. Baer(2011)는 이렇게 말한다. "창의력을 모든 것을 포용하는 그랜드 이론으로 쉽게 생각하면, 이들은 창의력 이론을 오도하여 오해하게 만들고, 연구자와 교육자들은 영역 일반적이라는 잘못된 전제에 기초하기 때문에 효과가 없어 실망할 수 있다. 창의력의 이론, 연구 및 훈련은 창의력에 대한 다중적, 제한적, 영역 특수적인 이론에 따르는 것이 훨씬 더 나을 것이다"(p. 95).

(3) 마지막으로 같은 내용의 재료를 사용하더라도 그것을 제시하는 형태는 가능한 대로 다양해야 한다. 서술적인 언어적 재료뿐 아니라 시청각적인 것 또는 영화나 비디오 등을 다양하게 이용할수록 창의적 기능을 다양한 장면에 쉽게 전이하여 넓게 활용하는 데 도움 된다고 본다.

Ⅴ. 정보의 수집과 분석, 그리고 빅 데이터

1. 정보의 수집과 분석

전문 서적뿐 아니라 신문 등의 칼럼에서 보면 창의적인 사람이 되려면 전공 분야와 인접한 분야를 깊게 공부해야 하고, 뿐만 아니라 명저나 다양한 소재의 읽을거리를 폭넓게 독서할 것을 강조하고 있다. 어떤 과제 · 프로젝트를 성공적으로 수행하려면 관련의 자료들을 철저하게 수집해서 전체적으로 깊게 이해해야 한다. 그래야 전체를 보면서 새로운 아이디어를 생성해 낼 수 있기 때문이다. 그래서 CPS 창의적 문제해결 프로그램을 포함하여 거의 모든 창의력 프로그램에서는 '자료의 수집(collection of data)'이란 활동을 반드시 포함시키고 있다.

그런데 여기서 말하는 '정보 · 자료의 수집'은 두 개의 분명한 국면을 가지고 있다. 첫 번째 국면은 과제 · 프로젝트와 관련한 자료 · 정보들을 많이, 그리고 여러 가지 시각에서 다양하게 수집하는 것이다. 다음의 국면은 수집한 자료들을 선택하고 조직화하고, 의미를 발견하고 그리하여 유의미한 형태(패턴)로 해석할 줄 아는 것이다. 자료가 아무리 많이 수집되었다 하더라도 '자료 자체가 무슨 말을 해 주는 것은 아니다'. 여기서는 자료들 가운데 적절하고 중요한 것을 찾아내고, 어떤 것과 다른 어떤 것들을 연결시키고, 그리하여 전체적으로 유의미한 조합을 만들어 전체의 내용을 해석할 줄 아는 능력이 결정적으로 중요하다.

참고로 1장에서 다룬 '통찰'의 3개 요소를 다시 주목해 볼 수 있다. 거기에는 선택적 부호화, 선택적 비교 및 선택적 조합 등의 세 가지 요소들이 포함되어 있다. 결국 과제 · 프로젝트와 관련하여 자료를 수집 · 분석하고 해석한다는 것은 관련한 지식 기반을 확대하고 심화시키는 것이 된다. 창의의 원재료인 기존의 지식 기반이 만족스러울수록 그것을 짚고 넘어서는 창의적 사고 · 행동의 가능성은 그만큼 더 쉽고 더 커질 것이다.

(1) 첫 번째 국면을 우리는 자료 수집의 발산적 사고라 하고, 두 번째 국면을 자료 수집의 수렴적 사고라 부르기도 한다(발산적 사고와 수렴적 사고에 대하여서는 10장 참조). 이렇게 보면 '정보 · 자료의 수집'은 발산적 사고와 수렴적 사고가 교행적으로 차례대로 적용되어 이루어짐을 알 수 있다. 또한 많이 그리고 다양하게 자료를 수집하는 것과 이들을 조직화하고 연결하여 유의미한 해석을 내리는 것은 성질상 독립적이며 그래서 변증법적 과정을 거친다는 것도 알 수 있다. 필요하면 '발산적 사고–수렴적 사고'의 세트 활동은 몇 번이고 반복될 수도 있을 것이다.

(2) 자료에는 지식이나 사실 등뿐만 아니라 과거의 경험이나 이미지, 관찰한 것, 정서적 반응 및 제기할 수 있는 질문이나 정의적인 측면까지 다양한 것들이 포함된다. 숫자 자료뿐 아니라 감각적이고 가치 판단적인 것까지가 포함될 수 있다. 그리고 이들은 주로 '6하 질문'을 사용하여 수집할 수 있다. '6하 질문'에는 '누가?, 무엇을?, 언제?, 어디서?, 왜? 및 어떻게?' 등이 포함된다.

실제로 과제 · 프로젝트와 관련하여 자료를 광범위하게 수집한다는 것은 만만한 일이 아닐 것이다. 많은 정보 · 자료들은 실제로는 관련이 없거나, 전혀 중요하지 않을 수도 있는데 우리는 이러한 정보 · 자료를 '노이즈(소음, noise)'라 부른다. 이들 속에서 관련 있는 중요한 '히트' 자료를 찾아내는 것은 어렵지만 경우에 따라서는 결정적으로 중요할 수 있다. 그러나 그러한 중요한 히트의 '신호'를 사전에 정확하게 잡아내기란 결코 쉬운 일이 아닐 것이다. '되돌아보니, 그랬어'라는 말은 일이 지난 다음에 깨닫게 되는 말이다. 이러한 사후 판단 편향은 정보의 세계가 모호하기 때문에 생긴다.

(3) 정보 · 자료를 탐사하고 주사(scanning)하는 것은 다루는 과제 · 프로젝트가 점진적인 혁신의 것인가, 보다 혁명적 혁신의 것인가에 따라서도 당연히 범위가 달라질 수 있을 것이다. 보다 혁신적인 것일수록—예컨대 패스트 폴로어(fast follower)보다는 퍼스트 무버(first mover)일 때—탐색과 주사의 범위는 보다 더 광범위할 것이다. 거기에는 기술 세계, 시장, 경쟁자들의 행동, 정치 및 규제 환경의 변화, 새로운 사회

추세 등등이 광범위하게 포함될 것이다. 그리고 정보 · 자료는 조직의 내부뿐 아니라 조직의 먼 외부로부터 나올 수도 있다.

(4) 정보를 사용하는 사람은 비판적 사고의 잣대를 가지고 있어야 하며, 광범위한 정보의 바다에서 논리적인 사고의 힘으로 홀로 항해할 수 있어야 한다. 인터넷뿐 아니라 신문이나 잡지, 심지어는 전공 서적에조차도 검증되지 아니한 주장들이 난무하고 있고, 사실과 소문이나 유언비어가 같이 섞여 있을 수 있다. 그리고 통계의 홍수 속에서 서로 다른 해석들이 충돌할 수도 있다. 이들을 구별하고 그들 속에서 눈 번쩍 띄는 질서와 의미를 발견해 내는 것은 사용자의 '자세'이고 '능력'일 것이다.

그리고 적지 아니한 정보 · 자료들은 예측할 수 없는 불확실한 것일 수도 있다. 불확실하면 판단할 근거가 없다. 그래서 정보의 선택과 판단, 그리고 의사결정의 과정에서 논리적인 판단을 넘어선 '동물적 본능' 또는 '야성적 정신(animal spirits)'을 말하는 사람도 있다. 그것은 논리적인 것은 아니지만 '무의식적인 낙관주의'에 토대한 직관적 판단이라 말할 수 있는 것이다.

마지막으로 우화 하나를 소개해 본다. 중요한 정보 · 자료를 수집하고 발견해 가는 데 가이드가 된다고 믿기 때문이다.

술에 취한 술꾼이 손과 무릎으로 엉금엉금 가로등 아래로 기어 왔다. 곁에 있던 사람이 물었다.

"무엇을 하십니까?"

술꾼은 대답했다.

"저쪽 모서리에서 떨어뜨린 열쇠를 찾고 있지요."

그 사람은 물었다.

"모서리에서 떨어뜨렸는데 그것을 왜 여기에서 찾고 있나요?"

술꾼은 대답했다.

"여기 불빛이 훨씬 더 밝아서요."

무엇을 하려고 하는지, 그리고 무엇을 위하여 자료와 정보를 수집하고 있는지를 분명하게 의식할 줄 아는 것은 정보 · 자료 수집의 모든 것에 선행해야 한다.

2. 빅 데이터

최근에 이르러 '빅 데이터(big data)', 클라우드 저장(cloud storage), 또는 빅 데이터 마케팅(big data marketing) 등의 용어를 자주 듣게 된다. 이것은 가용한 자료의 생성이 폭증하고, 이를 분석하고 활용하는 컴퓨터 테크놀로지가 발달하고, 그리고 그에 따라 새로운 지식을 생성하고 비즈니스화할 수 있는 가능성이 급속도로 발전하고 있다는 의미일 것이다.

빅 데이터란 문자 그대로 그 규모가 방대한 데이터를 말한다. 기존의 관리 방법이나 통계적인 분석체제에서는 전집(모집단, population)의 일부를 표본(sample)으로 표집하고, 이를 분석한 결과를 가지고 전집에 대하여 결론을 내린다. 이러한 스몰 데이터(small data)로는 할 수 없는 많은 것들이 대규모 데이터인 빅 데이터에서는 가능할 수 있다. 빅 데이터란 어떤 대상이나 비즈니스에 대하여 전수 조사한 방대한 자료를 의미할 때도 있다. 그러나 대개는 디지털 환경에서 생성되는 데이터로 그 규모가 방대하고, 생성 주기도 짧고, 형태도 수치 데이터뿐 아니라 문자, 이미지, 음성, 위치정보 및 영상 데이터까지도 포함하는 대규모 데이터를 말한다. 빅 데이터 환경은 데이터의 양이 폭증함과 함께 데이터의 종류도 다양해져 사람들의 행동은 물론 위치정보와 SNS를 통해 인간의 생각과 의견까지도 분석할 수 있다고 한다. 특히 스마트 단말기의 빠른 확산, 소셜 네트워크의 활성화, 사물 네트워크의 확대로 데이터 폭발은 더욱 가속화되고 있다.

이러한 빅 데이터는 너무나 방대하여 종래의 방법으로는 수집, 저장, 검색, 분석이 어렵지만 컴퓨터의 처리 기술이 발달함에 따라 디지털 환경에서 생성되는 빅 데이터를 효과적으로 분석하여 그 속에서 유의미한 질서와 의미를 읽어 낼 수 있다면 비즈니스, 질병 또는 사회 현상 등의 형태와 변화를 발견해 낼 수 있는 가능성이 커진다. 그리고 미래를 예측하는 최적의 대응 방안을 찾고, 이를 수익으로 연결하여 가치를 창출할 수도 있을 것이다. 여기에서 빅 데이터 마케팅의 공간이 생기게 된다.

빅 데이터 마케팅 또는 클라우드 데이터 마케팅이라 부르고 있는 것은 빅 데이터를 가지고 고객에 대한 정보, 소비형태 및 선호 또는 질병이나 투표자의 정치적 성향 같은 것들을 분석하여 그것을 구입하려는 사람이나 조직에 맞춤형 서비스를 해 주는 마이크로 마케팅(Micro marketing)을 말한다. 클라우드(cloud)란 디지털 데이터를 논리적 풀(logical pools)로 저장하는 데이터 저장 모델이며, 인터넷상의 가상 정보 체제이다. 그리고 클라우드 컴퓨팅(cloud computing)이란 인터넷을 통해 서버 · 데이터베이스(DB)와 같은 정보 통신기술(ICT) 인프라를 사용하는 방식이다. 방대한 빅 데이터를 읽어 그 속에서 흐르고 있는 의미를 발견해 내고 비용과 성장에 관련된 요인들을 찾아내는 능력은 이제 새로운 핵심 능력의 하나로 떠오르고 있다.

언제 어디서나 인터넷 연결과 동시에 데이터를 주고받을 수 있으며 사용한 시간당 용량당 과금 체제를 갖는다. 글로벌 클라우드 시장은 고속 성장 중인데 비용 절감과 보안상의 이유 등으로 클라우드 서비스를 이용하는 기업이나 기타의 조직은 급증하고 있다고 한다. 예컨대 공공 기관이 클라우드를 도입하면 지능 정부 구현, 업무 처리나 협업 환경 혁신에 획기적인 변화를 불러올 것이다. 그리고 기업체 등의 조직에서는 재난 매뉴얼 구축, 맞춤형 생산, 유통구조 개선 등의 혁신을 가져올 것이다. 클라우드로의 전환은 제4차 산업혁명 시대를 위한 필수적인 준비가 될 것이라고 말하고 있다.

한국은 전 세계 어느 나라보다도 통신이나 모바일 기기가 많이 보급되어 있어 빅 데이터라 불릴만한 정보들이 가장 많이 넘쳐난다고 한다. 이것은 미래를 위하여 우리에게 주어진 기회가 될 수 있을까?

[장의 요약]

지식이란 우리의 생각을 움직여 가게 하는 '원재료'이며 거기에는 아는 것과 할 수 있는 것들의 모두가 포함된다. 그리고 지식은 자료나 정보라는 단어와 상호교환적인 것으로 사용하는 경우도 많이 있다. 먼저 지식기반 사회에서 부의 창출로 이어질 수 있는 지식의 특성을 10가지로 정리하였다. 거기에는 지식은 비경쟁적인 것이고, 형태가 없고, 직선적인 것이 아니고, 관계적이고, 다른 지식과 조합하여 새로운 아이디어와 지식을 생성시키고, 이동이 편리하고, 추상적인 개념으로 압축할 수 있고, 저장 공간이 점차 확대되고 있다는 것 등이 포함된다.

그리고 지식은 형태나 접근 가능성 및 유용성이 매우 다를 수 있다. 이에 따라 형식적 지식-비형식적 지식, 명제적 지식-발견적 지식, 영역 일반적 지식-영역 구체적 지식, 그리고 유효한 지식-진부한 지식 등으로 분류해 볼 수 있다.

또한 개인이나 조직이 저장하고 있는 지식은 크기뿐 아니라 서로 연결되어 사용하기 쉬운 기능성 등에서도 차이가 있을 수 있다. 고립된 지식이 아니라 다양한 네트워크로 연결된 지식이라야 기능성이 높고 다른 지식과 조합(연결)되어 창의적인 아이디어를 생성해 낼 수 있는 가능성이 커진다. 아울러 어떤 지식이 어떤 이유로 창의를 촉진하거나, 반대로 간섭할 수 있는지도 살펴보았다.

사고는 지식이라는 원재료를 사용하지 않으면 일어날 수가 없다. 그렇다면 창의적 사고와 지식 내용 간의 관계에 대한 이해가 중요해진다. 두 가지 이론·시각 가운데 하나는 창의력의 영역 일반성 이론으로서 사람들의 창의적인 능력은 지식 영역이 다름에 상관없이 거의 모든 지식 영역에서 거의 비슷하다고 본다. 그리고 다른 하나의 이론은 사람의 창의력은 사용하는 지식 영역에 따라 특수하며 따라서 A 지식 영역에서 매우 창의적이라 하여 반드시 다른 영역에서도 그런 것은 아니라고 말한다.

창의력의 영역 일반성 대 영역 특수성 이론은 우리가 창의력을 교육·훈련할 때 어떤 '내용'의 재료나 활동을 사용해야 하느냐를 결정하게 된다. 만약 창의력이 모든 영역에 일반적인 것이라면 어떠한 내용으로 연습해도 문제가 되지 않는다. 그러나 만약에 영역 특수성의 시각이 보다 정확하다면 작업하는 장면 또는 다루는 과제·프로젝트와 관련된 내용들을 활용하여 연습해야 보다 효과적일 것이다.

마지막으로 자료와 정보의 수집과 분석 및 빅 데이터에 대하여 음미해 보았다. 자료의 수집에는 두 가지 국면이 있다고 본다. 하나는 발산적 사고의 것으로 관련의 자료·정보들을 많이 그리고 다양한 시각에서 수집하는 것이다. 다른 하나는 수렴적 사고의 것으로 수집한 자료에서 중요한 것을 찾아내고, 연결시키고, 가치 있는 조합을 만들어 내고, 그리하여 전체를 어떤 유의미한 형태로 해석해 내는 것이다. 다시 말하면 정보·자료 속에서 질서와 의미와 트렌드를 발견하고 해석할 수 있는 것이다. 이러한 과정에서 중요한 것은 자료의 수집과 분석을 왜 하는지에 대한 목적의식을 분명하게 가지는 것이다.

그리고 최근에 이르러 어렵지 않게 들을 수 있는 빅 데이터(big data)에 대하여서도 언급해 보았다. 빅 데이터는 디지털 환경에서 생성되는 데이터로 규모가 방대하고, 생성 주기가 짧고, 그리고 형태도 수치 데이터뿐 아니라 문자나 영상 데이터까지도 포함하고 있다. 컴퓨터의 처리 기술이 발달함에 따라 빅 데이터를 분석하는 기술도 발전하고 있고 클라우드 서비스를 이용하는 클라우드 시장은 고속 성장하고 있다. 사실 방대한 데이터를 읽고 관련의 요인들을 찾아내는 능력은 비즈니스와 사회현상 등의 변화를 발견할 뿐 아니라 새로운 마케팅의 공간을 개척할 수 있는 이 시대에서 새롭게 떠오르는 중요한 능력이라 확신할 수 있다.

chapter_ 6

성격, 동기 그리고 환경

Chapter 6

성격, 동기 그리고 환경

이 장에서는 먼저 창의적인 사람의 성격에 대하여 알아볼 것이다. 성격 연구에 대한 전통적인 접근을 살펴본 다음 Sternberg & Lubart가 말하는 창의적인 행동의 특성, 그리고 Csikszentmihalyi의 복합적인 창의적 성격에 대하여 좀 자세하게 음미해 볼 것이다. 다음으로 동기(동기 형성)를 내재적 동기와 외재적 동기로 나누어 분석해 보고, 동기와 창의력의 관계를 알아볼 것이다. 그리고 환경과 창의력에 대하여 공부할 것이다. 마지막으로 환경을 문화와 같은 거시적인 것과, 분위기와 같은 미시적인 것으로 나누면서 창의적인 사고를 격려할 수 있는 조직의 특성을 살펴볼 것이다.

Ⅰ. 창의적인 사람의 성격 특성

1. 전통적인 접근

성격(personality)은 지능(또는 지력, 知力)과는 달리 비지적(非知的)인 것이고 일상에서 생각하고 있는 것보다는 훨씬 더 복잡한 개념이다. 그러나 일반적으로는 "성격이란 시간과 장면에 걸쳐서 비교적 지속적이며 사람들을 구별해 주는 사고, 감정 및 행동양식이다"(Phares, 1984, p. 673)라고 정의할 수 있다. 그런데 이러한 정의에는 두 가지의 특징적인 측면들이 포함되어 있다. 하나의 측면은 성격이란 시간에 걸쳐서 지속적이며 또한 여러 상황에 걸쳐서도 비교적 안정성을 가진다는 것이다. 따라서 개인은 안정적이며 예측 가능하다고 본다. 두 번째의 특징적인 측면은 성격이란 한 사람을 다른 사람과 구별해 주는 특징적인 측면과 독특성을 가지고 있다는 것이다. 성격이란 한 사람의 특징적인 심리적인 특징으로서 세상에 대하여 반응하는 나름대로의 행동, 태도, 동기 성향 및 사고방식들을 가리키는 것이다. 또한 성격은 환경과 상호작용할 때 선호하여 사용하는 행동 방식이라 말할 수도 있다.

여러 세기 동안 이론가들은 창의적인 성격이란 다양한 장면에서도 비교적 안정적인 것이라 가정하고 창의적인 사람들이 보여주는 몇 가지의 특징적인 성격 특성들을 발견해 내고 있다. 예컨대 Cattel(1971), Torrance(1970), 또는 Eysenk(1983)와 같은 성격 이론가들은 창의적인 사람들이 어릴 때부터 가지고 있는 비교적 안정적인 특성들을 여러 가지로 확인해 내고 있다. 여러 연구들이 보여주고 있는 창의적인 사람들의 성격 특성(personality traits)들을 형용사로 정리해 본 것이 〈표 6-1〉이다.

Mattimore(1994)는 이들 여러 가지의 성격 · 동기들 가운데 위대한 발명가들의 생애에서 발견할 수 있는 대표적인 두 가지는 '강한 독립심'과 '끈기(집착력, perseverance)'라고 말하고 있다. 물론이지만 학자에 따라 강조하는 성격 특성의 내용이나 개수는 상당히 다를 수 있다. 다음에서는 창의적인 사람에 대한 Sternberg & Lubart의 성격이론과 Csikszentmihalyi의 체제 이론적 시각에서 보는 성격 이론들을 좀 자세히 알아본다.

〈표 6-1〉 창의적인 성격 특성

• 독립적	• 호기심
• 자신감	• 유머감각
• 위험감수	• 아기 같은 장난기
• 정력적	• 폭넓은 관심
• 열성적	• 반성적
• 자발성	• 철저함
• 모험심	

2. Sternberg & Lubart의 창의적인 사람의 성격

Sternberg & Lubart(1995)는 창의적 성격이란 고정적인 것이 아니라 환경과의 상호작용을 통하여 형성되고 부분적으로는 스스로 통제할 수 있는 것임을 강조한다. "우리는 타고날 때부터 돌에 새겨 놓은 것과 같은 고정적인 성격을 가지고 있는 것이 아니다. 오히려 타고난 기질들은 환경과 상호작용하면서 다소간 안정적인 일련의 성격 특성들을 만들어 가게 된다. 그리고 어떠한 성격 특성이라도 자신이 정말로 마음만 먹으면 개발할 수 있다. 만약에 당신이 창의적 성격을 이루고 있는 특성들을 가지고 있지 않다 하더라도 의지만 있으면 스스로 개발해 갈 수 있다"(Sternberg & Lubart, 1995, p. 207). 그리고 오늘날의 다른 대부분의 이론가들도 사람들은 어릴 때부터 다소간 생득적이고 안정적인 특성을 가지고 있지만 이러한 특성은 학습과 경험 그리고 사회 환경과의 상호작용을 통하여 발달하고 변용된다고 말한다.

Sternberg & Lubart(1995)는 이러한 이론적인 기초 위에서 창의적인 사람들의 성격 특성 내지 행동 특성을 여섯 가지로 비교적 자세하게 제시하고 있다.

(1) 장애를 이겨내는 끈기

장애(obstacles)란 외적인 것일 수도 있고 또는 스스로 만들어낸 내적인 것일 수도 있다. 창의적인 일을 하려면 때로는 불가피하게 곤란한 장애에 직면하게 되는 것은 어쩔 수 없다. 그런데 장기간에 걸쳐 창의적인 사람으로 성공하는 사람과 잠시 달아올랐다가 쉽게 식어 버리는 냄비 근성을 가지고 있는 사람 간의 차이는 장애에 직면하느냐 직면하지 않느냐가 아니라 장애에 부닥쳐서 끈기를 가지고 인내하느냐 않느냐라고 말할 수 있다. 한 번 번쩍이고 마는 사람은 한두 번 시련이 오면 포기해 버리지만 정말로 창의적인 사람은 쉼 없이 끈기 있게 서서히 앞으로 나아간다.

창의적인 사람은 장애로 좌절을 겪더라도 오뚝이처럼 다시 기력을 쉽게 회복하는 경향도 가지고 있어 보인다. 이러한 성격을 (원기)회복력(복원력, resilience, buoyancy)이라 부르기도 한다.

(2) 분별 있는 모험을 해 보려는 의지

우리가 흔히 들을 수 있는 충고는 다른 사람들과 갈등하는 것은 피하라는 것이다. 그러나 창의적인 어떤 것을 성취하기 위해서는 다소간의 갈등은 겪고 모험을 할 수도 있어야 한다. 일반적으로 보아 '모험'은 손실이나 상처를 받을 가능성이 있다. 시장의 주식이든 창의적인 아이디어든 간에 앞으로의 가능성이나 가치가 어떻게 될지 확실하게 아는 것은 거의 불가능하다. '분별 있는 모험(sensible risk)'이란 성공의 가능성이 높은 모험, 그러나 실패하더라도 견딜 수 있는 정도의 모험을 의미한다. 평균적으로 보면 모험을 했을 때 수익이 오히려 증가하지만, 그것은 모험의 양에 비례하지는 않는다. 그럼에도 불구하고 기회를 모험하지 아니하고 시도해 보지 아니하는 사람은 어떠한 보상도 받을 가능성이 없다.

(3) 성장하려는 의지

세상에는 개인이든 조직이든 간에 성공적인 '한 개의 아이디어'에 사로잡혀 있는 편협한 사람들이 많이 있다. 이들은 창의적인 성공을 한번 거두고 나면 다른 창의적인 일을 절대로 하지 아니한다. '한 번의 성공'이란 하나의 아이디어, 저서, 발명, 제품, 비즈니스, 계획 등 어떠한 것이라도 여기에 해당될 수 있다. 이들은 한번 인정을 받고 나면 그것이 끝일 뿐 다른 새로운 시작을 하지 아니한다. 이런 사람은 어느 분야에도 있고 그리고 조직도 마찬가지로 그럴 수 있다. 예컨대 박사 학위를 받고 나면 다시는 학문적인 작업을 하지 않기도 한다. 많은 회사들은 혁신적인 아이디어로 성공을 거둔 다음에는 시장의 요구가 변화하는데도 거기에 따라가지 아니해서 다른 더 많은 혁신적인 아이디어들을 창조해 내지 못하고 있다. 이들은 다른 회사들이 혁신적인 아이디어로 도전하면 결국에는 점차 사라져 도태해 갈 것이다. 단 하나의 창의적인 아이디어와 성공적인 제품에 만족하고 그것을 넘어 확대해 가지 못하고 거기에 안주하여 머물게 하는 것에는 몇 가지의 이유가 있다.

실패에 대한 공포(성공하고 명성을 얻고 나면 그것을 계속하여 유지하고 싶어진다), 다음에는 더 큰 성공이어야 한다는 데 대한 부담[이것을 통계학에 있는 '평균치를 향한 회귀 현상(regression toward mean)'이라 부르는데 후속의 성공은 첫 번째보다 더 커야 한다고 말한다], 완벽주의자가 되는 것, 그리고 획득한 성공 때문에 타락해 가는 것 등이 있다. 여러 저서에서는 하나의 아이디어에 머물지 않고 계속하여 새로운 아이디어를 상품화하고 있는 대표적인 기업으로 3M을 말하곤 한다.

(4) 애매함에 대한 인내

일을 창의적으로 처리함에는 완벽주의를 취하는 것도 위험한데, 이들은 하나의 일에 너무 열심히 매달려 최대로 충격을 줄 수 있는 다른 어떤 기회를 놓쳐 버리도록 만들기 때문이다. 다른 한편으로는 창의적인 아이디어를 너무 서두르는 것도 바람직하지 못하다. 이런 사람은 충동적이라서 생각을 자제하기가 어렵다. 이것은 애매함을 인내(ambiguity tolerance)하지 못하는 무능 또는 무의지 때문이다.

애매함에 대한 인내는 어떤 문제가 분명하게 정의되어 있지 않거나 또는 해결책에 대한 여러 조각들이 서로 어떻게 맞추어지는지가 명료하지 않을 때 생겨나게 되는 불확실성이나 무질서를 견디어 내는 능력을 말한다. 예컨대 창의적인 비즈니스 아이디어를 생각해 내려고 긴 시간 동안 애쓰고 있는데도 전혀 아이디어가 떠오르지 않거나, 또는 소비자가 원하는 것에 대한 어떤 감은 있어도 분명한 개념이 떠오르지 않을 때 이러한 능력이 특히 필요하다.

그리고 일이 애매하면 불안하고 불편해진다. 이러한 압력은 완전히 개인적인 것일 때도 있고 또는 팀원이나 상사로부터 오는 것일 수도 있다. 창의적인 잠재력을 최대화하기 위해서는 애매한 장면에서 오는 불안과 불편을 인내하고 버티어 낼 수 있어야 한다.

(5) 경험에 대한 개방성

새로운 아이디어를 쉽게 떠올리는 사람과 그렇지 못한 사람 간에 차이가 생겨나는 하나의 이유는 경험에 대한 개방성(openness to experience)이다. 어떤 사람은 자신의 안테나를 여러 방향으로 펼쳐 놓는 것처럼 보인다. 이들은 세상에 대하여 궁금해하고, 질문하면서 새로운 경험을 추구한다. 반면에 다른 한편의 사람들은 자기 스스로를 외부로부터 폐쇄시키고 그리하여 창의적일 수 있는 기회를 스스로 차단하고 거부하는 것처럼 보인다. 이들은 심리적으로 방어적이며, 그리하여 확장적일 수 있는 새로운 경험을 회피하여 스스로를 움츠러들게 한다. 개방적인 사람은 자신의 내적 자아와 자신이 살고 있는 세상에 대하여 호기심을 가지고 더 많은 새로운 경험을 갖고 싶어 한다.

Costa & McCrae(1985)는 다음과 같은 6가지 종류의 개방성을 제시하고 있다.

(i) 환상(fantasy)에 대한 개방성은 자신의 내적 정신적 세계를 탐색하는 것이다.

(ii) 미적 정서(aesthetics)에 대한 개방성은 다양한 미적 표현들을 감상하고 가치롭게 여기는 것이다.

(iii) 감정(feelings)에 대한 개방성은 자신의 정서를—긍정적인 것이든 부정적인 것이든 간에—수용하는 것이다.

(iv) 행위에 대한 개방성은 새로운 다양한 행위를 시도해 보려는 것이다.

(v) 아이디어에 대한 개방성은 지적 호기심과 새로운 아이디어를 시험적으로 시도해 보려는 것이다.

(vi) 가치에 대한 개방성은 자신의 삶에 대한 기본적 가치를 기꺼이 재음미해 보려는 것을 말한다. 많은 창의적인 사람들은 개방적인 마음 때문에 다양한 경험을 가지게 되고, 이러한 경험에서 새로운 통찰을 만들어 낼 수 있게 된다.

(6) 자신을 신뢰하고 확신하는 용기

창의적인 사람은 긍정적인 마음과 정신적인 용기가 있어야 한다. 다른 사람들이 동의하지 않는다고 쉽게 포기하지 아니하고 필요하면 다수와 갈등하면서도 자신의 다리로 홀로 설 수 있는 의지와 능력이 있어야 한다. 새로운 아이디어는 새로운 변화를 가져오며, 또한 현상 유지를 위협하기 때문에 남들로부터 도전과 비난을 받기가 쉽다.

또한 새로운 아이디어가 실패하면 비난을 받고, 그래서 좌절하기가 쉽다. 그러므로 창의적인 사람은 자신을 신뢰하고 확신하는 용기가 필요하다. 그래서 창의적인 사람들은 대개는 다른 사람들과 비교해 보아 집단의 의견에 덜 순종적이고, 덜 동조적이다.

Ⅱ. 창의적인 복합적 성격

앞에서 우리는 창의력은 '사람–필드–영역(도메인)'의 세 가지 요소들로 이루어지며 창의(력)는 이들의 시스템적인 상호작용의 과정 속에서 생성되고 존재한다는 Csikszentmihalyi의 창의력의 체제적 이론을 다루었다. 사람이 어떤 새로운 것을 창의해 내면[이를 '변이(variation)'라 부르기도 한다] '필드'의 사람들이 그것이 유용하고 가치 있는 것인지를 사정하고 판단한다. 만약 그것이 창의적인 것으로 수용을 받으면 그것은 '도메인'의 한 부분이 되어 저장된다. 그러면 다음의 사람들은 이것을 학습하여 새로운 창의의 기반으로 이용한다. 이러한 세 가지 요소들의 상호작용에서 그래도 보다 결정적인 역할을 하는 것은 '사람', 특히 '사람의 성격'일 것이다.

그러면 창의적인 사람이 가지고 있는 특별한 성격 특성은 무엇일까? 쉽게 추리해 볼 수 있듯이 창의적인 사람이 창의적인 무언가를 수행하려면 자신이 전문하고 있는 영역에 익숙해야 하고 필드의 조건에 적응할 수 있어야 하기 때문에, 창의적인 사람은 이러한 것을 가능케 하는 '성격'을 가지고 있어야 할 것이다. 달리 말하면 창의적인 성격은 지식 영역이나 필드들의 맥락에 따라, 그리고 시간에 따라 각기에서 적절한 특성을 가지고 있으면서 또한 이들을 유연하게 사용할 수 있어야 한다. Csikszentmihalyi는 이러한 창의적인 사람의 성격 특징은 바로 '복합적인 성격', 즉 성격의 '복합성(complexity)'에 있다고 말한다. 그가 말하는 복합적 성격의 특징은 다음과 같은 두 가지의 특성을 가지고 있다.

1. 쌍을 이루는 양극의 성격 특성

복합적 성격은 갈등적인(모순적인, 반대되는) 양극을 가지고 있는 성격 특성으로 이루어져 있으며 이들은 각기가 개별적인 것이 아니라 하나의 군집(multitude)으로 같이 존재한다. 예컨대 '독립성(비동조성)'은 그것 하나만의 특성으로 존재하는 것이 아니라 그것과 갈등적인 '의존성(동조성)'과 양극을 이루는 하나의 쌍으로, 즉 '독립성–의존성'으로 존재한다. 이것은 독립성(비동조성)이 강한 것에서 의존성(동조성)이 약한 것에 이르는(또는 반대로 독립성이 약한 것에서 의존성이 강한 것에 이르는) 여러 가지의 성격들이 잠재적으로 같이 군집으로 존재한다는 것을 의미한다. 그러므로 창의적인 사람은 대부분의 사람에게는 서로 분리되어 있는 사고와 행위를 동시에 포괄하고 있다고 볼 수 있다. 모순적인 극단들이 개별적으로 존재하지 아니하고 이들이 하나의 군집으로 포괄되어 있기 때문이다. 마치 '흰색'이 태양 스펙트럼에 있는 모든 색상(색조)들을 포함하고 있듯이 이들 창의적인 사람은 인간 가능성의 전체 범위 모두를 자신 속에 같이 가지고 있는 그러한 경향이 있다.

사실 이러한 특성은 우리 누구에게나 있는 것이지만 우리는 대개 그러한 변증법의 한쪽 극(pole)만을 개발하는 훈련을 받는다. 예컨대 우리의 인성 가운데 공격적이고, 경쟁적인 측면은 억압하고, 반대로 부드럽고 협력적인 측면만 개발할 수 있다. 그러나 창의적인 사람은, 같은 시간에 또는 상이한 시간에, 공격적이고 동시에 협력적일 가능성이 훨씬 더 크다. '복합적인 성격'을 가진다는 것은 잠재적으로 보면 인간의 레퍼토리 속에 존재하는 전체 범위의 특성들을 상황에 따라 적절하게 표현할 수 있음을 의미한다. 그러나 대부분의 사람의 경우는 그러한 레퍼토리의 특성들이 대개 위축되어 있다. 왜냐하면 우리는 한쪽 '극'의 것은 '좋은' 것이고 다른 '극'의 것은 '나쁜' 것이라 배우고 그렇게 생각하기 때문이다.

복합적 성격은 Carl Jung이 말하는 '성숙한 성격'과 비슷하다. 우리가 강하게 가지고 있는 성격에는 동시에 억압된 그늘진 측면이 있지만 우리는 그것을 인정하기를 거부하고 있다. 그래서 우리는 진정한 자신의 존재를 왜곡시키는 이미지로 살아가려고 노력하는 셈이다.

2. 변증법적인 통합과 이동

복합적 성격을 갖고 있는 창의적인 사람은 장면 · 상황의 요구에 따라 쌍을 이루고 있는 두 개의 양극의 성격을 변증법적인 과정에 따라 통합하여 사용한다. 다시 말하면 장면에 따라 양극의 성격 사이를 쉽게 이동(shift)하여 적합한 것을 사용할 줄 안다. 대조적인 양극의 성격 특성 사이를 쉽게 그리고 통제적으로 이동할 수 있으면 매우 적응적일 것이다. 예컨대 창의적 사람이라 하여 항시 '독립적인' 것이 아니라 장면에 따라서는 매우 '의존적인' 성격의 사람으로 나타날 수도 있다.

그런데 복합적 성격이라고 하여 반드시 중립(neutrality)이나 평균을 의미하지는 않는다. 그것은 두 극단지점의 중간에 있는 어떤 지점의 성격이 아니다. 예컨대 우유부단하여 절대로 경쟁적이지도 않고 그렇다고 대단히 협력적인 것도 아닌 것을 의미하지 않는다. 그것과는 반대로 창의적인 사람은 장면의 요구에 따라 이쪽 극단에서 저쪽 극단으로 이동해 갈 줄 아는 능력이 있음을 의미한다. 창의적인 사람은 갈등적인 두 개의 극단들을 모두 다 알고 있으며 그리고 별다른 내적인 갈등 없이 두 가지 모두를 마찬가지의 강도로 경험하고 표현할 수 있다. 이들 두 개의 양극의 성격 특성은 서로가 갈등적인 · 모순적인 명제(these)와 반제(antithese)이며 그리하여 변증법적인 과정 속에서 서로가 통합되고 이동한다.

요약하면 창의적인 사람은 반내적인 성질의 양극으로 이루어져 있는 성격 특성이 공존하여 하나의 스펙트럼을 이루며, 그리고 이러한 넓은 스펙트럼 사이를 과제와 장면의 요구에 따라 자유롭게 이동하면서 행동 특성으로 표현한다고 말할 수 있다.

Csikszentmihalyi는 이러한 변증법적인 특성들을 10개의 대조적인(갈등적인) 쌍의 성격 특성으로 제시하고 있는데 다음에서는 이들을 정리해 본다.

(1) 창의적인 사람은 상당 정도의 신체적인 에너지를 가지고 있지만, 그들은 또한 대개가 조용하고 안정되어 있다. 신체적 에너지가 넘친다고 하여 과잉 행동적이란 말이 아니며 이들은 자주 휴식하고 수면을 오래 취한다. 하나의 보기는 성적(性的) 관심인데 이런 면에서도 창의적인 사람은 역설적이다. 이들은 상당히 왕성한 에로스의 에너지를 보여 주지만 동시에 반대의 극으로 이동하여 엄격한 금욕의 모습도 보여 줄 수 있다. 중요한 것은 어떻든 자신의 에너지를 스스로 통제할 줄 안다는 것이다.

(2) 창의적인 사람은 스마트하지만 동시에 아기처럼 순진하고 소박하다. 위대한 창의적 업적을 성취한 사람들은 소위 심리학자들이 말하는 'g 요인(g factor)'—일반 지능의 핵심으로 모든 과제에 적용되는 지적 능력—이 상당히 높다. 지능 수준이 낮으면 창의적인 성취를 이루어 내기 어려운 것은 오히려 자명해 보인다. 그러나 지능 수준이 뛰어난 것이 창의에 장애가 될 수도 있다. IQ가 높더라도 게으르거나 지능 함정에 사로잡히면 새로운 것을 성취해 내고자 하는 호기심을 잃어버릴 수 있다. 그러면 무엇을 의심하고, 질문하고, 개선하려는 의욕이나 동기가 없어지게 된다. 그래서 Goethe는 천재에서 가장 중요한 속성은 우직함(naiveté)이라고 말한다. 이러한 변증법의 양극을 지혜(wisdom) 대 어린이 같은 천진스러움(childishness)이라 말하기도 한다.

(3) 세 번째는 장난스러움(playfulness) 대 규율 있는 절제(discipline) 또는 책임 대 무책임이다. 장난스러움의 반제는 끈질김, 인내, 집착이다. 창의적인 사람은 대개가 장난기 있는 가벼운 행동을 잘한다. 그러나 새로운 아이디어를 완성하려면 엄청난 고난의 작업을 해야 하며 어려운 장애를 인내하고 극복해야 한다. 창의적이려면 이들 두 가지 특성이 모두 강력해야 한다.

(4) 창의적인 사람은 한편에서는 상상과 공상(fantasy), 그리고 다른 한편에서는 '현실에 대한 감각(sense of reality)'을 모두 가지고 이들 사이를 번갈아 교대할 수 있다. 과거와의 접촉을 상실하지 아니하고 그러면서도 현재로부터 벗어나려면 이들 양극의 모두가 필요할 것이다. 새로운 것도 현실에 뿌리박고 있어야 독창적일 수 있으며, 그러면서도 괴상하다는 비판적인 반응을 받지 않게 된다.

(5) 창의적인 사람은 외향성과 내향성의 연속선에서 반대되는 두 가지의 경향성을 모두 소유하고 있는 것처럼 보인다. 대부분의 우리들은 외향성이거나 또는 내향성이어서 여럿이 같이 어울리기를 좋아하거나, 아니면 옆으로 비켜 앉아 남들이 노는 것을 들여다보기를 좋아할 것이다. 그러나 창의적인 사람은 이러한 두 가지 특성

을 동시적으로 표현하는 것처럼 보인다. 창의적인 사람은 '고독한 천재'란 스테레오타입이 강하게 있고 또한 이것을 뒷받침하고 있는 증거들도 적지 않다. 사실 고된 작업을 인내하려면 혼자 버틸 수 있는 능력은 매우 중요하다. 그럼에도 불구하고 자신이 전공하고 있는 영역의 지식을 습득하고 필드의 문지기들의 인정을 받고 통과를 할 수 있으려면 다른 사람들을 만나고, 이야기 듣고, 아이디어를 교환하고, 다른 사람들이 무슨 생각으로 어떤 작업을 하고 있는지를 알 수 있는 것 또한 매우 중요할 것이다. 누구도 주변에 아무도 없는 데서 혼자 어떤 새로운 사람이 되는 것은 전혀 가능하지 아니하다.

(6) 창의적인 사람은 겸손하면서 동시에 자존심이 강하다. 유명한 사람은 거만하고 건방진 사람일 것으로 기대하기 쉽지만 실제로 보면 그들은 겸손하고 수줍어하는 특성이 있다. 다른 사람에 비교해 보아 커다란 성취를 하였고 그리고 깊은 지식을 가지고 있기에 이들이 자신감과 자부심을 가지는 것은 쉽게 이해할 수 있다. 그러나 이와 동시에 이런 창의적인 사람들은 자신의 업적은 자신만의 것이 아니라 이전의 여러 거장들의 어깨 위에 설 수 있었기 때문에 가능했고, 그리고 얼마간의 행운이 따랐던 것임도 자각하게 된다. 또한 과거의 성취 못지않게 현재의 과제와 미래의 프로젝트에 집중하기 때문에 창의적인 사람은 스스로 겸손하고 수줍어하는 것으로 생각할 수 있다.

(7) 모든 문화에서는 남자는 보다 '남성적'으로 그리고 여자는 보다 '여성적인' 사람이 되기를 기대한다. 그러나 창의적인 사람은 이러한 엄격한 '성 역할 스테레오타이핑(sex role stereotyping)'이 그렇게 두드러지지 않는다. 여러 연구들은 재능 있는 여성들은 다른 여성들보다 더 지배적이고 거칠고, 반대로 창의적인 남성들은 다른 남성 동료들보다 덜 공격적이고, 보다 더 민감하다는 것을 발견하고 있다. 심리학적인 남녀 양성적 성격(psychological androgyny)이라 말할 수 있다.

(8) 일반적으로 창의적인 사람은 반항적이고 독립 정신이 강하다고 말한다. 그러나 이들도 먼저 문화와 자신의 영역에서 전달하고 있는 지식과 규칙부터 배우고 이것을 자기 것으로 내면화해야 한다. 그러므로 이들은 한편으로는 전통적이고 보수적이면서 동시에 반항적이고 인습파괴적인 사람이라고 보아야 한다.

(9) 대부분의 창의적인 사람은 자신의 일에 대단히 '열정적'이지만, 그러면서도 그것에 대하여 '객관적'일 수 있다. 애착과 초연함 사이의 갈등에서 에너지가 생기며

이것은 작업을 해 가는 데 중요한 역할을 한다. '열정'이 없으면 과제가 어려우면 바로 흥미를 잃게 된다. 그러나 객관적인 '초연함'이 없으면 자신이 하고 있는 작업이 신뢰할 수 있는 훌륭한 것이 되기가 어려울 수 있다.

(10) 창의적인 사람은 개방적이고 민감성이 높기 때문에 고통과 괴로움을 쉽게 경험하지만 그러면서 또한 커다란 기쁨도 같이 경험한다. 민감하고 그리고 혼자서 작업하다 보면 다른 사람들이 느끼지 못하는 것에도 불안과 소외감 같은 것을 느끼기 쉽다. 그러나 창의적인 사람은 자신의 작업에 몰두할 때는 걱정은 사라지고 즐거움과 행복을 느끼게 된다. 아마도 이들의 가장 중요한 특징은 창의(창조)의 과정 그 자체를 즐길 줄 아는 '몰입감'의 능력일 것이다.

변증법적인 창의적 성격이론에는 Csikszentmihalyi의 것만이 있는 것이 아니다. 예컨대 Helson(1983)은 창의적인 성격은 '남성적'이면서(자율성, 자신감, 거친) 동시에 '여성적인'(민감한, 직관적, 책임감) 것같이 보인다고 말한다. 또한 McMullan(1978)에 의하면 창의적 성격 특징에는 7개의 넓은 양극이 있다. 개방성 대 폐쇄 욕구, 비판적·파괴적 태도 대 건설적 문제해결, 환상(fantasy)에의 개방성 대 엄격한 현실감 등이 있는데 이들의 양극은 모두가 창의에 필요하지만 변증법적이다. 그리고 Kirton(1989)은 성격 특성을 이미 존재하고 있는 것(또는 알고 있는 것)을 확대하여 새로운 것을 다루기를 선호하는 순응적 성격(adaptive)과 기발한 어떤 것을 생성해 냄으로써 전혀 새로운 것을 생각해 내기를 선호하는 혁신적 성격(innovative)으로 나눈다. 그리고 이들은 서로 양극으로 상반된다고 주장한다.

창의적 성격 특징들 가운데는 이와 같은 변증법적이고 복합적인 역설들이 적지 않게 있다. 하나의 예를 더 들어 본다. 창의적인 사람은 "집중과 이완이 뛰어나다는 점이다. 집중이란 자신이 일에 흠뻑 몰입하여 빠져드는 것이고, 이완은 그 일을 완전히 잊어버린 채로 한가하게 지낼 수 있는 특징이다. … 창의력은 엄청난 집중 후에 그 주제에서 완전히 벗어나 한가로이 빈둥빈둥하는 전적인 이완으로 바꾸게 되면서 발휘된다. 그러지 못하고 자신이 하고자 하는 일이나 맡은 일에 완전히 빠져들지도 못하고, 그렇다고 완전히 벗어나지도 못한 채로 미적거리는 상태에서 창의력은 발휘되기 어렵다"(김진홍, 아침묵상 2015-5-4).

Ⅲ. 내재적 동기와 외재적 동기

동기(motive, motivator)란 사람을 움직여 행위하도록 몰아가는 힘 또는 유인(誘因, incentive)이다. 그것은 사람이 가지는, 행위하려고 하는 열망(desire)으로서 이러한 열망이 강하면 강하게 동기 부여(동기 형성, 동기화, motivation)되었다 말하고, 반대로 그러한 열망이 약하면 동기 부여가 약하다고 말한다. 동기의 어원은 라틴어 'movere'이고 이것은 '움직이다'라는 의미라고 한다. 동기 이론은 이러한 행위하려는 열망의 성질과 강도들을 다룬다. 흔히 연구자들은 동기를 내재적 동기와 외재적 동기의 두 가지로 나누고 있지만 이들 이외의 다른 동기들도 있다. 다음에서는 우선 이들 두 가지 종류의 동기와 창의력과의 관계에 대하여 살펴본다.

1. 내재적 동기와 창의력

내재적 동기(intrinsic motivation)는 자기 자신의 내부에서 나오는 동기이다. 만약에 어떤 것을 하는 것이 즐겁기 때문에, 개인적인 만족을 얻을 수 있기 때문에 또는 그러한 활동 자체가 유의미한 것이기 때문에—외적 보상과는 상관없이—어떤 일을 한다면 당신은 내재적으로 동기 형성된 것이다. 이러한 사람은 활동 자체가 즐거워서 하고, 또는 하고 싶기 때문에 어떤 일을 한다. 반면에 외재적 동기(extrinsic motivation)는 하려는 힘이 밖에서 나온다. 만약에 당신이 현재의 활동과는 별로(또는 전혀) 관계가 없지만 돈을 벌기 위하여, 명예를 얻기 위하여 또는 높은 자리를 차지하기 위하여 어떤 일을 한다면 당신은 외재적으로 동기 형성된 것이다. 그러한 활동은 어떤 목표를 달성하기 위한 '수단'이다. 예컨대 배우는 것이 재미있어 공부하기보다는 A+학점을 받기 위하여 열심히 공부하거나 또는 돈을 벌기 위하여 열심히 운전을 하거나 여러 시간을 연구실에서 힘든 일을 견디며 공부를 하는 것과 같다.

내재적 동기란 사람을 성취하게 하고 끈기를 가지고 인내할 수 있게 해 주는 기질이고, 자세이고, 그리고 밀고 당기는 힘이다. 그러나 내재적 동기는 Amabile(1989)이 말하듯이 단순히 '즐거움', '열정(passion)'과 '흥미(interest)'라고만 말하면 충분한 것일까? 예컨대, Wagner(2012)는 내재적 동기에는 다음과 같은 상호관련적인 세 가지의 요소가 있다고 말한다. 이들은 놀이 같은 장난스러움, 열정 및 목표의식 등이다. 그리고 이들은 나이가 들면서 차례대로 점차 진화해 간다고 그는 말한다.

(1) 놀이(play): 아동들은 특히 호기심이 많고 놀이(play)하기를 좋아한다. 그리고 놀이는 아동의 '직업'이라 말할 수 있고 그들은 많은 것을 놀이를 통하여 배운다. 그러나 '놀이'는 어린 아동에 제한되지 않는다. '장난스러움'과 '놀이의 끼'는 어느 연령의 누구에게나 마찬가지로 있으며, 이러한 놀이는 외적일 수 있을 뿐 아니라 머릿속 '내적'으로 일어날 수도 있다.

창의적인 사람은 장난기가 있다. 현실의 경계를 멋대로 벗어나 가정하고, 상상하고, 실험해 보기를 좋아한다. 이들은 어떤 것을 행위하는 그 자체가 재미있어 행위를 하는데, 이것을 우리는 '놀이' 또는 '유희'라 부를 수 있다. 장난스러운 놀이는 인간 본성의 한 부분이며, 그리고 내재적 동기의 핵심적인 한 부분이라 말할 수 있다.

(2) 열정(passion): 두 번째 요소는 '열정'이다. '열정'이 없으면 어떤 일을 하고 탐구해 가기가 어렵다. 특히 오랜 시간 동안 인내하고 자제력과 지구력을 발휘하면서 끈기 있게 무엇을 추구해 가기가 어렵다. 예컨대 어떤 것을 탐구하고, 어떤 새로운 것을 배우고, 어떤 것을 훨씬 더 깊게 이해하려는 열정, 또는 어려운 어떤 것을 마스터하려는 열정 등을 말한다. '전문 지식'과 같이, 어떤 분야를 깊이 있게 마스터할 수 있으려면 오랜 시간 동안의 '열정'이 필요하다. 인지 심리학에서는 어떤 분야를 마스터하려면 10년 이상이 걸린다고 말하며 이를 '10년설' 또는 10,000시간을 말하기도 한다(하루에 3시간 정도 일을 계속하면 10년이면 대개 보아 1만 시간이 된다). 그것은 학문 분야뿐 아니라 바둑이나 예술 등의 여타의 분야에서도 마찬가지라 말한다. 미친 것 같은 열정이 없으면 의미 있는 혁신적인 성취를 이루어 내기 어렵다. 성공하는 사람과 성공하지 못하는 사람을 차별 짓는 가장 큰 특징은 아마도 버티면서 일에 집착할 수 있는 열정적인 끈기일 것이다.

(3) 목표 의식(purposefulness): 그러나 '열정'만으로는 어려운 일을 견디면서 끈기 있게 추진해 갈 수 있는 '동기'를 지탱해 가는 데 충분하지 아니하다. 열정이란 단어는 주로 어떤 것이 어떤 '정서', '감정'에 따라 움직여 가는 것을 의미하기 때문이다. 사실 내재적 동기는 장난기 있는 '놀이'에서 '열정'으로, 그리고 다시 '목표 의식'으로 진화하면서 발달해 가는 것같이 보인다. 창의적인 아동은 다른 아이들보다 놀이가 '덜 구조적'이며, 그리고 탐구하고 실험하며 시행착오를 통하여—때로는 모험하고 실패하면서—새로운 것을 발견하는 그러한 기회를 더 많이 가지는 것같이 보인다.

어렸을 때 했던 이러한 '놀이'는 청소년이 되면서 무엇을 학습하거나 행위하려는

'열정'으로 발달하게 된다. 그리고 이러한 열정을 추구해 가다 보면 관심 가는 분야가 달라지고, 그리하여 새로운 열정을 발견하게 될지도 모른다. 새롭게 학습을 하고, 어떤 것에 대하여 더 깊게, 더욱 지속적으로, 그리고 보다 믿을 수 있는 어떤 것으로 탐구해 가다 보면 이제 열정은 '목표(purpose)' 내지 목표 의식으로 진화해 가게 될 것이다. 이러한 진화의 과정을 통하여 창의적인 사람은 보다 깊고 성숙한 목표 의식을 가지게 될 것이다. 그래서 Gruber의 ESA 이론에서 보듯이 일련의 서로 관련된 프로젝트를 만들어(network of enterprise) 도전해 가게 될 것이다(2장 참조).

그럼에도 불구하고 이러한 열정으로 무장한 목표 의식은 여전히 '놀이'의 속성을 그대로 지니고 있다. 다만 그것은 '어린이'의 놀이가 아닌 성숙한 '성인'의 놀이라는 점에서 차이는 있다. 놀이에서 열정으로 다시 목표 의식으로 진화해 가는 이러한 여정을 통하여, 창의적인 사람은 Amabile이 말하는 것처럼 전문 지식을 습득하고, 그리고 창의적인 사고 기능도 배우게 될 것이다. 그리고 이러한 여정에서 내재적 동기를 더욱 자극하고 격려하면서 더욱 발달해 가는 방식으로 계속될 것이다. 그러면서 얼마큼은 모험과 위험부담을 할 줄도 알고, 끝장을 볼 때까지 끈질기게 집착하여 밀고 나가는 열정의 중요성도 더욱 배우게 될 것이다.

사실 창의력에 관한 여러 문헌들은 창의(력)에 내재적 동기의 중요성을 강조하고 있다. 특히 Amabile(1983a, 1989)은 일련의 연구를 통하여 즐거워서, 좋아서 일을 할 때, 그리고 내재적 동기 형성 훈련을 받았을 때 창의적 수행이 향상된다는 것을 발견하고 있다.

그러면 내재적 동기는 왜 창의(력)를 향상시키는 것일까? 내재적 동기인(動機因, motivator, 동기의 원인 되는 요인)들은 우리가 과제에 집중하게 만든다고 본다. 그리하여 동기의 목적과 수행해 가는 과제 자체가 거의 하나로 융합되기 때문에 창의적 수행이 향상된다고 본다. 예컨대 즐거움이라는 내재적 동기는 골프를 치거나 연구를 하는 것과 같은 과제 수행을 실제로 함으로써 성취된다. 동기를 형성시키고 있는 동기인과 과제 자체가 강력하게 서로 연결되게 된다. 반면에 외재적 동기인(동기 요인)의 경우는 동기의 목적과 과제 자체는 별개로 서로 분리되어 있다.

2. 외재적 동기와 창의력

외재적 동기는 일하려는 힘이 자신 이외의 외부에서 나온다. 그것은 활동 자체와는 관련이 없는 다른 어떤 목적을 성취하기 위하여 활동하는 것이기 때문에 활동 자체는 목적이 아니라 하나의 수단이다. 여러 실험 연구들은 외재적 동기는 창의의 힘을 약화시킨다고 말하며, 그래서 외재적 동기와 창의력 간에는 부적 상관이 있음을 보여주고 있다.

그러면 왜 외재적 동기는 창의적 수행을 손상시키는 것일까? Hennessey & Amabile(1988a)은 외재적 동기가 과제수행을 손상시키는 것은 사람들로 하여금 동기의 목적을 획득해 가는 '경로(path)'보다는 목표 자체에 초점을 두도록 만들기 때문이라고 설명한다. 외재적으로 동기 형성이 되어 있는 경우 사람들은 그러한 과제를 완수할 수 있는 가장 빠르고 가장 직접적인 과정을 선택한다. 이들은 만약에 빨리 과제를 완수하고 원하는 곳에 도착하고 그리하여 그에 따른 보상을 받을 수 있다면 가려는 곳에 어떤 경로로 가느냐에 대해서는 크게 신경 쓰지 아니한다. 예컨대 상을 받기 위하여 열심히 일하는 사람은 상을 받는 데 초점을 두기 때문에 내재적 동기를 많이 상실하고 재미를 즐기기 어렵다.

사실 대학 등의 학교뿐 아니라 기업체 등에서 일을 즐기며 재미있게 한다는 것은 쉽지가 않다. 각종 규정에 따르거나 상급자들을 즐겁게 해 주고 거기에 따라 인정을 받고 승진이나 재정적 보상을 받으려 애쓰다 보면 창의는 자신도 모르는 사이에 서서히 사라져 갈 것이다. 그리하여 자신이 하고 있는 일 자체에 대하여 생각하는 시간은 줄어들고, 반대로 자신이 하고 있는 일이 남들에게 어떤 인상을 주며 어떤 평가를 받을지에 대하여 더 많이 신경을 쓰게 될 것이다.

이와 관련하여 장애가 될 수 있는 한 가지는 '시간'이란 것이다. 오늘날의 사람들은 개인적으로, 그리고 직무와 관련하여 너무 바빠 문제들을 창의적으로 생각해 볼 수 있는 시간이 별로 없어 보인다. 그러므로 해야 할 일들 가운데 중요한 것이 어떤 것인지를 의사 결정하고, 그런 다음 그러한 일을 골라 창의적으로 잘 수행해야 하는 것이 중요할 것이다. 그리고 이보다 더 중요한 것은, 만약에 사람들이 창의적으로 사고하도록 격려하려면 그들이 그렇게 할 수 있는 시간을 주어야 한다는 것이다. 동아일보(2015. 12. 3일자, Business Brunch Time)에서는 개방형 혁신을 강조한 어느 강사가 '시간'의 중요성을 언급한 것을 다음과 같이 소개하고 있다.

그는 또 오픈 이노베이션을 실현하기 위한 토양으로 '창의성'을 강조했다. 한국인들은 너무 열심히 일한 나머지 창조적인 생각을 할 시간이 없는 것 같다고 지적하면서 "경영자들은 직원들에게 업무 외에 '딴 생각'을 할 수 있는 기회를 줘야 창의성이 살아날 수 있다"고 조언했다.

Ⅳ. 동기와 창의력의 관계

1. 내재적 동기와 외재적 동기 그리고 창의력

대부분의 문헌에서와 마찬가지로 지금까지의 서술을 정리해 보면 내재적 동기는 창의(력)를 북돋우는 착한 녀석이고 반면에 외재적 동기는 창의(력)를 간섭하는 나쁜 녀석같이 보인다. 대표적인 학자로 Amabile(1988b)은 이렇게 말한다. "모든 동기(형성)가 창의에 동일한 영향을 미치는 것이 아니다. 동기에는 외재적인 것과 내재적인 것의 두 가지가 있다. … 외재적 동기는 당근이나 채찍처럼 사람의 외부에서 나온다. 만약에 어떤 과학자의 보스가 과학자에게 경제적으로 보상해 줄 것을 약속한다면 그의 혈괴 연구 프로젝트가 성공할 수 있을까, 또는 만약에 실패하면 해고하겠다고 위협한다면 프로젝트의 해답을 찾으려는 과학자의 동기가 분명하게 솟아날까? 금전이 우리가 창의적이게 되는 것을 반드시 정지시키는 것은 아니다. 그러나 많은 경우 그것이 도움 되는 것도 아니다. 당사자들이 뇌물을 받았거나 통제를 당하고 있다는 감정이 들 때는 특히 그러하다. 보다 더 중요한 것은 금전 그 자체는 근로자들이 자신들의 직무에 열정적이게 만들지 못한다는 것이다. 그러나 열정과 흥미—무엇인가를 해보겠다는 내적인 욕구—이것들은 내재적 동기의 모든 것이다. 만약에 어떤 과학자가 혈우병에 대한 관심 때문에 혈괴 약품 개발 프로젝트에 강력하게 동기 형성이 되었다면, 그는 개인적인 도전감 또는 그 문제를 밝히고 싶은 강한 욕구 같은 것을 가질 것이다. … 사람들은 작업 자체에 대한 흥미, 만족 및 도전 때문에 주로 동기 부여를 느끼는 것이지 외적인 압력 때문에 그렇게 되는 것이 아니다"(p. 79).

그러나 창의력에 대한 내재적 동기와 외재적 동기의 관계는 그렇게 간단명료해 보이지 않는다. 이들의 관계는 오히려 복합적이고 상호작용적인 것이다. 예컨대 Rossman(1931)은 710명의 창의적인 발명가들에게 발명의 동기가 무엇이었는지를 물어 보았다. 얻은 결과를 보면 상위 5개의 동기인에는 (1) 발명하는 것을 사랑한 것, (2) 개선하려는 열망, (3) 재정적 이득, (4) 필요성, 그리고 (5) 성취하려는 열망 등이 있다. 그리고 Ochse(1990)는 창의적인 사람들이 가지고 있는 특징적인 동기인들을 8가지로 정리하고 있다. 이들은 (1) 문제를 완전하게 정복하거나 무지를 극복하려는 열망, (2) 작업을 통하여 명성을 얻으려는 열망, (3) 돈을 벌려는 열망, (4) 자기 자신을 증명해 보이려는—자기 자신 또는 남에게—열망, (5) 인정을 받으려는 열망, (6) 자존심을 지키려는 열망, (7) 아름다운 물건을 창조하려는 열망, 그리고 (8) 사물의 밑바탕에 있는 질서를 발견하려는 열망 등이다.

이러한 연구 결과들을 정리해 보면 (1) 내재적 동기가 분명하게 상위에 자리 잡고 있으며 이것이 중요하다는 것을 재확인할 수 있다. 그러나 외재적 동기가 반드시 창의를 방해 또는 간섭하는 것이 아님도 또한 알 수 있다. 그리고 (2) 어떤 것들은 내재적이고('문제의 완전 정복' 등), 그리고 다른 어떤 것은 외재적이지만('돈을 버는 것' 등), 내재적 동기나 외재적 동기로 특징짓기 어려운 것도 여러 가지를 발견할 수 있다. 예컨대 인정을 받거나 아름다운 물건을 창조하려는 열망은 반드시 과제 자체를 즐기는 데 초점이 있는 것도 아니고, 그렇다고 외적인 보상에 초점이 있다고 보기도 어렵다.

실제로 창의력에는 내재적 동기만이 도움 된다고 전제하는 경우가 많은데, 이러한 견해를 처음 제시한 사람은 Amabile(1983a)이다. 그러나 여러 심리학 연구들을 보면(예컨대 Kasof, Chen, Himsel, & Greenberger, 2007), 외재적 동기는 연구에 따라 부정적인 효과를 보이는 것, 긍정적인 효과를 보이는 것 또는 효과가 뒤섞여 있는 것 등이 있다. 사실 Amabile 자신도 나중에는 외재적 동기가 창의에 반드시 부정적인 것이 아님을 인정하고 있다. Eisenberger & Byron(2011)은 내재적 동기와 외재적 동기에 관한 연구들을 요약하면서 이들 두 가지 동기는 과제의 종류, 과제를 제시하는 방법 그리고 수행의 종류에 따라(한 개의 매우 독특한 산출을 생성하는 것 대 덜 새로운 몇 가지의 대안적 산출들을 생성하는 것) 모두가 창의를 촉진시킬 수 있다고 말한다.

그러면 창의력에 대한 내재적 동기와 외재적 동기의 관계를 어떻게 정리할 수 있는가? 요약하면 이들은 매우 상호작용적이며 사실은 서로가 반대가 아니라 함께 같이 작용한다고 보아야 한다. 세상에 완전히 희거나 반대로 완전히 검은 것은 별로 없다는 말은 여기서도 적용되는 것같이 보인다. 예컨대 대학교수, 연구소의 연구원 또는 비즈니스의 많은 창의적인 사람들은 누구나 자신이 좋아서 하고 싶은 일을 할 수 있으면서, 또한 동시에, 재정적인 보상 등을 보다 넉넉하게 받을 수 있는 직장을 선호하고 있다. 바꿔 말하면 사람들은 창의적인 일을 하면서 동시에 거기에 대하여 보상을 받을 수 있는 환경을 발견하거나 조형해 가고 싶어 한다. '같은 값이면 다홍치마'란 속담을 연상시킨다.

2. 성취동기와 창의력 그리고 조직

그리고 동기에는 내재적 동기와 외재적 동기 이외에 다른 기타의 동기들도 있다. 예컨대 Biggs & Moore(1993)는 동기를 외재적 동기, 성취동기, 사회적 동기 및 내재적 동기 등으로 나누고 있다. 그러나 여기서는 성취동기(achievement motivation)와 창의력의 관계만을 간단히 살펴본다.

성취동기란 어떤 일을 이루겠다는 내적인 의욕이나 욕구를 말한다. 창의적인 사람은 적당 수준의 성취동기가 있다. 그러나 사람들은 탁월한 수준으로 성취하려는 성취 욕구가 다른데, 성취 욕구의 수준은 창의(력)와 관련이 있다. 일반적으로 보면 성취 욕구가 높을수록 창의의 수준도 높지만 그것은 어떤 식역의 지점까지만 진실이다. 성취 욕구가 어떤 중간 수준을 넘어서면 오히려 덜 창의적이게 된다.

창의적인 사람은 성취 욕구가 높지만, 그러나 왜 너무 높지는 않을까? 이것은 성취 욕구가 지나치게 높으면 최종적으로 얻게 되는 성과와 인정에 너무 집중하게 되어 그러한 결과를 획득하는 데 필요한 창의적 과정은 소홀하게 되기 때문이라고 설명한다. 따라서 이들은 과제 지향적이기보다는 보상 중심적이며 그리하여 목적에 초점을 두기보다는 거기에 도달하기 위한 수단에 초점을 두기 쉽다. 그러나 성취동기의 수준이 적당 수준으로 높은 사람은 권태와 싸우며 새롭고 아름다운 어떤 것을 계속하여 창조하고 싶어 한다. 이들은 획득한 성취나 승리에 안주하지 아니한다. 이들은 과거에 무엇을 하였고 무엇을 이루었느냐보다는 오늘 그리고 내일 무엇을 할 것인지에 더 큰 관심이 있다. 이들은 자신이 하고 있는 일을 사랑하는 사람들이다.

이렇게 보면 창의적인 사람은 정말로 내재적으로 동기 형성되어 있지만, 그렇다고 외재적 동기인에 무관심한 것도 아니다. 이들은 자신이 하고 있는 일을 즐기고 사랑하지만, 그러나 동시에 자신이 한 것에 대한 보상과 인정받는 것을 결코 싫어하지 않는다. 중요한 핵심은 이러한 사람은 최종적인 보상에 집중하기보다는 현재의 문제해결 과정에 더 크게 초점을 두고 있다는 것이다.

마지막으로 동기와 창의력의 관계에 대한 이러한 복잡한 연구 결과들을 기업체 등의 조직에 어떻게 적용할 수 있는지를 네 가지로 정리해 본다.

(1) 동기 부여하려는 사람에 대하여 알아야 한다. 예컨대 어떤 사람은 금전적인 보상에, 그리고 다른 어떤 사람은 칭찬과 인정에 더 잘 반응한다. 같은 동기인이라도 미치는 효과는 사람에 따라 다를 수 있다.

(2) 창의적 수행을 동기 부여하기 위하여 금전적인 보상을 사용하는 것은 재검토되어야 한다. 비즈니스에서는 금전적인 보상을 흔히 사용하고 있지만 그것만을 계속 사용하면 창의(력)에 도움 되지 않을 수 있다. 물론이지만 금전적인 보상이나 승진 등이 중요하지 않다는 말은 아니다.

(3) 금전 이외에도 창의적인 수행을 격려할 수 있는 동기인에는 몇 가지가 더 있을 것이다. 예컨대 매니저는 말로 칭찬하거나, 근무기록에 '노트'해 줄 수도 있고 또는 창의적인 생산을 인정해 주는 발표 기회 같은 것을 마련해 줄 수도 있을 것이다.

(4) 사람은 어떤 것이라도 충분히 해보고 나면 권태를 느낀다. 그러므로 싫증이 나서 내재적 동기 부여가 상실되지 않도록 새로운 프로젝트나 새로운 기회에 참여할 수 있도록 세심하게 배려해야 한다.

Ⅴ. 환경과 창의력

창의력의 4P 이론에서는 환경을 'press'로 표현하는데 이것은 창의적인 작업을 수행하는 '개인'과 '환경' 간의 밀고 당기는 상호작용 관계를 강조하기 위함이다. 그러나 환경이란 용어는 매우 광범위해 보인다. 그래서 여러 사람들은 환경을 거시적 환경과 미시적 환경으로 나누고 있다. 거시적 환경이란 우리가 살고 있는 사회적, 문화적 및 제도적인 맥락(context)을 말한다. 그리고 미시적 환경이란 우리가 일하고 있는 보다 즉시적인 주변의 환경을 일컫는다. 거시적 환경에 대하여서는 우리가 바로 할 수 있는 것이 별로 없다. 그러나 즉시적인 미시적 환경은 우리가 상당 정도로 통제할 수 있으며 그리하여 개인이나 조직의 창의를 향상시킬 수 있다.

학교에서든 직장에서든 간에 우리는 환경에 적응하는 것과 이에서 더 나아가 환경을 새롭게 디자인하고 조형해 가는 두 가지 모두가 대개는 가능하고 또한 필요하다. 그리고 이러한 동조와 창의를 균형 잡는 것도 강조할 필요가 있다. 조직이라는 시스템이 우리에게 기대하는 것을 배워야 하고, 또한 다른 한편으로는 그러한 기대를 넘어서 창의해 갈 수 있는 소위 '넘어서 가는 사람(beyonder)'의 방법도 가르치고 배워야 한다.

1. 거시적 환경 - 문화, 사회적 부 그리고 거주지

여기서는 거시적 환경을 사회 문화적 가치, 부(富) 및 살고 있는 거주지 등으로 나누고 이들이 창의(력)와 어떠한 관련이 있는지를 음미해 본다. 그러나 이미 언급해 둔 바와 같이 거시적 환경에 대하여서는 우리가 바로 가시적으로 할 수 있는 것이 별로 없어 보인다.

(1) 문화와 사회적 가치

문화(culture)란 조직이 오랫동안 뿌리 깊게 간직하고 있는 가치, 신념, 역사 및 전통 등으로 이루어진다. 여기서는 사회적으로 유용하고 가치 있다고 생각하고 있는 신념이 중요해 보인다. '가치'란 일반적인 신념으로서 무엇이 옳고 그른지를 정의하거나 또는 어떤 것을 선호하는지 알려 주는 기능을 한다. 이들은 어떤 사상태(事象態, states of affairs)를 다른 것보다 더 선호하는 넓은 테두리의 경향성이기 때문에 바로 우리의 행동에 영향을 미친다. 조직에서 보면 가치는 구체적이고 외현적일 수도 있고, 이와는 달리 내현적으로 흐르고 있거나 조직의 실제에 깊게 잠입되어 있을 수도 있다. 어떻든 문화는 사람이 현실을 이해 · 지각하는 방식에 중요한 역할을 한다. 창의력에 대한 지각 또한 문화적으로 크게 결정된다(Rudowicz, 2003; Nowacki, 2013).

서구 문화는 개인주의적이고, 자유주의적이며 개인의 자유로운 자기표현을 존중한다. 이러한 문화에서는 창의(력)란 새롭고 독창적인 것을 생산해 내는 것이며 이것은 개인의 자주 독립 내지 비동조성과 관련이 있을 것이다. 이러한 시각에서는 급진적이고 혁신적인 스타일의 창의를 존중하게 된다(Kirton, 1976). 그러한 결과로 협력, 진화론적(점진적) 및 방법론적인 개선과 관련되어 있는 창의력 스타일은 오히려 경시될 수 있다. 반면에 우리의 문화는 아직도 상당히 유교문화적이며 '원만하게' 또는 '모나지 않게' 일 처리하는 것을 중요시하는 경향이 있다. 이러한 사회적 가치의 문화에서는 기존의 패러다임을 급진적으로 거부하는 혁신적 스타일의 창의는 어려울 수 있을 것이다. 이러한 문화권에서는 오히려 기존의 것을 개선 · 향상시키는 소위 '습관적 창의력(habitual creativity, Glaveanu, 2012)'에 기반을 두거나 덜 혁명적인 진화론적인 창조를 강조한다고 본다. 창의력은 개인의 능력뿐 아니라 스타일에 따라서도 달라진다. 그러나 현재 한국의 문화적 가치가 서구의 것과 어떻게 비슷해지고 있는지도 관심거리의 하나일 것이다.

(2) 사회의 부

넓은 의미에서 보면 상당 정도의 부(富)를 향유할 수 있으면 창의적인 생산에 도움이 된다. 서구의 역사를 보면 창의의 중심지는 언제나 부유하고 코스모폴리탄적인(cosmopolitan, 범세계적인) 것이었다. 전성기의 아테네, 10세기의 아랍 도시들, 르네상스 시기의 피렌체, 15세기의 베네치아, 19세기의 파리, 런던 그리고 비엔나처럼. 그리고 이들 지역은 모두가 문화의 교차점들이며, 그래서 상이한 전통으로부터의 정보가 교환되고 종합되기 쉬운 곳이었다. 이들은 또한 인종적, 경제적 또는 사회적으로 집단 간에 갈등을 빚는 곳이기도 하였다.

그러면 개인적으로는 어떨까? 누릴 수 있는 금전이 많을수록 창의적인 사람이 되고 그래서 창의적 성취를 해 내는 데 유리한 것일까? 어떻든 금전은 매우 중요하고 필요해 보인다(가능하면 '흙수저'보다는 '금수저'가 나을 것이다). 그러나 그것은 식역이라 부를 수 있는 어느 지점까지일 것이다. 그 지점을 넘어서면 개인적인 부와 창의(력) 사이에는 상관관계가 거의 없다고 본다. 연구들은 창의적인 사람들 가운데는 중산층 출신이 많다고 보고하고 있다.

(3) 살고 있는 거주지

환경 가운데 매우 중요한 한 가지는 '어디에' 사느냐는 것이 아닐까 싶다. '살고 있는 곳'이란 공부하고 일하는 삶의 공간을 말한다. 그런데 '말은 나면 제주로 보내고, 사람은 나면 서울로 보내라'라는 속담이 있다. 이것은 아마도 사는 곳이 중요하다는 말일 것이다. 생활하는 환경은 창의적 성취에 어떤 영향을 미칠까? 왜? 거시적으로 보면 이 속담은 일리가 있어 보인다. 거기에는 적어도 세 가지의 이유가 있을 것이다(3장에서 알아본 Csikszentmihalyi의 사람–필드–도메인의 세 가지 요인의 창의력 이론을 참고하면 도움이 될 것이다).

(i) 창의적인 성취를 할 수 있으려면 자신이 추구해 가기를 원하는 지식 영역에 접근하기 쉬운 위치에 있어야 한다. 지식이란 어디에나 공평하게 배분되어 있는 것이 아니라 어떤 지역에 편파적으로 몰려 있기 때문이다. 전자 매체를 통하여 정보교환이 빠르고 쉬워졌다 하더라도 접근 가능한 지식과 관련해서 보면 사는 지역이 어디냐는 것은 여전히 중요하다. 세계적인 예술가를 꿈꾸는 사람에게는 뉴욕은 여전히 최선의 장소이다. 거기에서는 예술 세계에서 무슨 일이 벌어지고 있으며 미래의 경향은 어떨 것인지를 한눈으로 직접 보기가 쉬울 것이다. 글로벌한 마인드로 창의적으로 도전하지 않으면 우물 안 개구리가 된다. 우물 안은 너무 좁다.

(ii) 새로운 것을 자극하고 격려하는 것도 어디나 골고루 분포되어 있는 것이 아니다. 어떤 곳에서는 더 많은 자극이 있고, 강력한 상호작용이 있고, 아이디어들이 활기차게 넘치고 있을 것이다. 추구하려는 지식 영역에 따라 이러한 자극의 중요성은 다를 수 있지만 그것이 중요하다는 데는 어떤 영역의 어디서나 의문의 여지가 없을 것이다.

(iii) 그리고 필드에 대한 접근도 모든 공간에 공평하게 분포되어 있는 것이 아니다. 지식이 많이 저장되어 있고 새로운 것에 대한 자극이 풍부한 것이 중요하지만, 그에 못지않게 중요한 것은 권위 있고 리더 격인 사람들이 많이 모여 있는 곳에 접근할 수 있는 것이다. 영향력 있는 리더들이 생각하는 것, 그들이 제시하는 기준은 창의적 성취로 인정받기 위한 관문이기 때문이다.

그러나 '생활 근거지'가 반드시 '활동하는 공간'은 아닐 것이다. 글로벌 마인드로 세계에 눈과 귀를 열고 정보를 얻고 흐름을 읽고 그리고 참여하여 도전하는 그러한 '활동의 공간'은 근거지와 반드시 같은 것이 아니다.

2. 미시적 환경 - 조직의 분위기

분위기(climate)는 반복하여 일어나는 행동, 태도 및 감정의 형태로 정의하며 조직 내의 생활을 특징짓는다. 이것을 개인 수준에서는 '심리적 분위기'라 부르며, 달리 말하면 개인이 경험하는 행동, 태도 및 감정의 형태에 대한 '개인 내 지각'을 말한다. 이것을 집합한 것이 '조직 분위기'이다. 조직의 '사회적 분위기(social climate)'를 조직

분위기라 부른다. 조직의 분위기는 조직의 성원들이 서로 만나고, 조직이 가지고 있는 원리, 구조, 절차, 전통, 체제, 규범 등을 실제로 경험하고 일상의 현실에서 반응하는 가운데서 생겨난다. 이것은 조직 속의 생활에서 부딪히는 주관적인 '감정', '공기', 또는 '기분(atmosphere)' 같은 것들이다. 조직에 따라 문화나 분위기가 상당히 다를 수 있다. Ekvall(1987)은 조직의 분위기는 너울거려 달라질 수 있지만 그래도 상당 시간 동안 상당히 견고하다고 말하고 있다.

분위기는 표면 수준에서 보면 쉽게 관찰하고, 사정하고, 바꾸거나 개선하기가 좀 쉽다. 이런 점에서 분위기는 문화와 차이가 난다. 문화는 조직 내에 보다 깊게, 그리고 보다 지속적으로 뿌리박고 있는 가치, 규준 및 신념이다. 그럼에도 불구하고 분위기와 문화를 상호교환적인 개념으로 사용하는 사람들도 있다. 그리고 조직의 개인에 초점을 두고 있는 연구들은 개인 구성원이 조직의 분위기를 어떻게 지각하느냐에 따라 직업만족, 동기 형성, 복지 등에 미치는 영향을 다루고 있다.

혁신적인 조직은 제품(산출), 서비스, 과정, 시스템, 구조, 정책 등을 개발하여 변화하는 비즈니스 환경에서 생존할 수 있는 적응 능력을 가지고 있는 조직이다. 이렇게 적응할 수 있으려면 창의적 행동을 자극할 수 있는 분위기가 요구된다.

조직이 가지고 있는 혁신적인 분위기의 특징들을 문헌들을 종합하여 다음과 같이 정리해 볼 수 있다(Ekvall, 1999).

(1) 자신의 직무를 도전적이고 유의미한 것으로 경험한다. 이러한 조직의 구성원들은 조직의 활동과 목표에 자신을 동일시하며 조직의 활동과 목표를 통하여 자신의 요구가 충족된다고 본다. 사람들이 일상의 작업, 장기적인 목표 및 비전에 관여하는 정도가 높으면 사람들은 더 크게 동기 형성되고 헌신적으로 기여한다.

(2) 미팅 등 다양한 장면에서 여러 가지의 지식, 경험, 견해 등이 제시되며, 그리하여 아이디어를 교환하는 대화와 토론이 다양하게 이루어진다. 그것은 형식적인 것일 수도 있고 비형식적인 것일 수도 있다.

(3) 분위기가 개방적이고 신뢰에 바탕하고 있다. 모든 아이디어를 존중하고 편견이나 비아냥거림 없이 검토하고 고려하며, 그리고 빠르게 피드백해 주어 추가의 사고를 자극한다. 그리고 아이디어를 뒷받침해 주기 때문에 반대나 마찰이 개인적인 것 또는 파괴적인 것으로 발전하지 않도록 조치하는데 이것은 관료적인 조직에서는 불가능하다. 통제와 구속은 지루함을 느끼게 하고 긴장되게 하며 활력을 떨어뜨린

다. 요약하면 혁신적 조직의 특징은 자유롭고 편안한 아이디어의 교환과 유머가 있는 조직이다. 서로 간의 관계에서 정서적인 안정을 느낄수록 열린 마음이 되고 서로 솔직해진다.

(4) 창의와 혁신은 철저하고 다양한 정보의 유입을 요구한다. 혁신적인 조직은 주변으로부터 많은 정보를 투입받으며 또한 여러 부서와 직능들 간에도 생각과 정보가 풍부하게 교류된다. 사람들은 정보를 탐색하고 변화를 시도해 볼 수 있는 자유를 가진다. 부서와 기능의 경계를 넘으며 기타의 여러 사람들과도 자유롭게 접촉하고 정보를 구한다. 이러한 과정을 거쳐 아이디어를 실현하는 단계에 이르면 실행이 보다 현실적일 수 있을 뿐 아니라 저항도 크게 감소할 것이다. 이것을 우리는 오픈 이노베이션(열린 혁신, open innovation)이라 부르고 있다.

(5) 모험 감수의 정신 자세를 가지고 있다. 혁신적인 활동은 그 결과에 대한 불확실성을 내포하고 있다. 이것이 바로 관행적인 직무수행과 차별되는 요인이다. 그러나 모험 감수는 조직의 과제에 적용되는 것이지 개인에 적용되는 것이 아니어야 한다. 그러므로 실패가 개인의 재앙으로 연결되어서는 안 된다. 혁신적인 활동에 부수하는 불확실성이나 애매함도 견딜만하고 심지어는 자극적일 수 있다. 왜냐하면 개인적으로 안전하고 동료들과 매니저의 신뢰가 뒷받침되고 있기 때문이다. 이런 것은 관료주의적인 분위기에서는 전혀 불가능한 일이다.

이러한 특징들을 가지고 있는 조직 분위기는 창의적인 리더의 리더십(창의적 리더십)과 동전의 양면같이 보이기도 한다. 왜냐하면 창의적 리더십의 핵심에는 이러한 문화 · 분위기를 창조하고 그리고 경영하는 역동적인 과정이 포함되어 있기 때문이다.

3. 조직의 관행

조직에서는 같거나 비슷한 일을 반복하다 보면 '여기선 일을 이렇게 한다'는 특정한 행동방식이 만들어지게 된다. 그것은 세상과 일에 대하여, 그리고 그것을 어떻게 처리할 것인지에 대하여 서로가 공유하고 있는 근원적인 이해와 신념을 반영한 것이다. 그것은 어떻게 하니 작업이 잘되었다는 반복적인 경험과 실제적인 실험의 결과이며 따라서 그것은 학습한 것이다. 이러한 행동 형태는 자동적인 반응 같은 것이 되는데 우리는 이것을 관행(관습적인 행동, routine)이라 부른다.

관행은 자동차 운전을 반복하다 보면 아주 자동적인 수준이 되는 것과 비슷하다. 운전에 익숙해지면 운전하면서 옆 사람과 대화를 나눌 수도 있고, 라디오를 들을 수도 있고, 전화를 받을 수도 있고, 때로는 다가올 모임에 대비할 수도 있다. 그러나 어떤 경우이든 간에 자동차 운전 역시 완전히 자동적이고 수동적인 행동이 아니다. 이와 마찬가지로 조직에서는 조직 관행이란 것이 점차로 형성되며 그것은 조직의 '특별한 성격' 같은 것이 된다.

관행은 신경이 덜 쓰이고 편리하다는 장점이 있다. 그러나 거기에만 고착하면 중요한 부정적인 약점을 드러내게 된다. 관행이 되기까지 반복되고 그것이 보상적이었기 때문에 관행이 다른 사고, 새로운 사고를 하는 데 장애가 될 수 있다. '여기선 일을 이렇게 한다'가 부적합하게 되고 새로운 변화가 필요할 때는 치명적인 걸림돌이 될 수 있다. 따라서 조직의 변화라는 시각에서 보면 관행을 쌓아가는 것도 중요하지만, 그러면서 또한 언제 그리고 어떻게 그것을 파괴하여 새로운 관행이 출현할 수 있게 할 것인지도 역시 중요하다.

개인이 가지는 습관도 이와 비슷하다. 행동을 계속 되풀이하면 습관이 형성된다. 습관이란 빈번한 반복이나 규칙적인 생리적 노출 또는 기량 연마를 통해 획득한 행동 패턴, 즉 거의 또는 완전히 무의식적으로 획득한 행동 양식이다. 행동에 따라 습관은 긍정적(아침 운동)이거나 부정적(도박 중독)인 것이 될 수도 있다. 전략적 습관의 목표는 긍정적인 습관은 장려하고 부정적인 습관은 긍정적인 것으로 전환시키는 데 있다. 누구든 나쁜 습관을 고치려고 노력한 적이 있다면 말보다 행동이 어렵다는 사실을 알 것이다.

끝으로 우리가 주목해야 하는 것은 변화나 변혁은 새롭게 달라지는 것을 의미하며 그래서 새로운 학습과 도전을 요구한다는 것이다. 그것은 흔히 위험하고, 파열적이며, 비용을 지불하게 된다. 그래서 개인이나 조직은 관행과 현상 유지를 도모하거나 점진적인 개선이나 변화에 머물기 쉽다. 이러한 반응은 과거에는 아무리 성공적이었다 하더라도 미래의 요구에 최선으로 대처할 수 있는 좋은 가이드가 되기는 어렵다. 변화의 속도와 규모, 불확실성의 증대, 그리고 치열한 경쟁이 가속화되다 보면 현상 유지적인 반응은 이카로스 역설(Icarus paradox)이 되기가 쉽다. 그리스 신화에 나오는 이카로스는 날개를 밀랍으로 몸에 붙이고 날다가 너무 높이 올라가서 결국은 밀랍이 태양열에 녹아 바다에 떨어져 죽는다.

Ⅵ. 환경과 창의력의 관계

환경 · 맥락과 창의(력) 사이에는 어떤 상관관계가 있을까? 정적 또는 부적인 것일까, 아니면 다른 어떤 것일까? 환경 · 맥락과 창의(력)의 관계에 대하여서는 크게 보면 두 개의 이론이 있는데(보다 자세히는 세 가지) 이들은 어떤 환경(맥락)이 창의를 최대화시킬 수 있는지에 대하여 아주 상이한 예측을 하고 있다. '창의를 최대화'한다는 말에는 창의적인 사고 능력을 최대로 개발 · 교육한다는 의미뿐 아니라 보다 직접적으로 창의적인 아이디어를 생성해 내게 격려하고 자극한다는 의미를 모두 포괄하고 있다.

강세 시장 이론(bull-market model)에서는 창의력은 대단히 지지적이고 양육적인 환경에서만 번성할 수 있다고 본다(Amabile, 1983b; Sternberg & Lubart, 1991). 반면에 약세 시장 이론(bear-market model)에서는 창의력이란 거칠고 때로는 억압적인 환경 속에서 번성할 수 있으며 실제로 이러한 환경이 창의력을 가장 잘 자극할 수 있다고 믿고 있다(Dabrowski, 1964; Simonton, 1988c). 예컨대 Dabrowski(1967)는 창의력을 위한 이상적인 환경은 창의적인 일을 항시 격려하고 보상하는 것이 아니라 창의적인 사람의 앞길에 적당한 수준의 장애를 주어, 그가 그것을 밀고 넘어갈 수 있는 힘을 가질 수 있게 하는 것이라고 말한다.

창의력에 관한 대부분의 이론가들과 일반인들은 강세 시장의 시각에 동의하고 있지만 약세 시장의 시각을 가지고 있는 학자들도 소수지만 없지는 않다. 어떻든 이들 이론들이 가지고 있는 실제적인 함의는 매우 크다. 강세 시장 이론에 따르면 만약에 우리가 학생이나 조직의 구성원들에게 창의력을 신장시킬 수 있는 적극적이고 보상적인 환경을 최대로 제공하지 못하면 그것은 바로 창의적 잠재력을 손상 내지 파괴시키는 것이 된다. 그러나 약세 시장 이론에 의하면 창의적인 잠재 능력을 가지고 있는 사람에게 너무 쉽거나 너무 편안한 환경을 만들어 주면 창의력은 실제로 손상될 수가 있다. 물론 이러한 극단적인 두 가지의 견해를 절충하는 것 같은 이론도 있을 수 있다. 이러한 상호작용주의적인 견해에 따르면 창의력을 촉진시킬 수 있는 환경은 개인적 변수와 장면적 변수(환경)가 상호작용하면서 달라질 수 있다. 개인적 변수에는 잠재능력의 유형과 정도, 실패해도 딛고 일어설 수 있는 복원적 탄력성(resilience)과 같은 성격 유형, 그리고 일하고 있는 필드 등이 포함될 것이다.

그럼에도 불구하고 이들 이론들을 종합해 보면 창의력을 촉진시킬 수 있는 환경에 대하여 좀 일반적인 두 개의 결론은 내릴 수 있어 보인다.

첫째, 창의적인 사고를 격려하고 가치롭게 여기는 환경이 바람직한 것은 분명하다. 그러나 완전한 강세 시장 환경이라서 도전하거나 극복해야 할 것이 전혀 없는 것 또한 창의력을 개발하는 데 완전하게 좋은 것은 아니다. 일반적으로 보아 우호적인 환경이어야 하지만 중간중간에 어느 수준의 얼마간의 어려움과 장애가 뿌려져 있는 환경이 가장 도움 되는 것같이 보인다.

둘째, 여러 가지 환경적 변수들은 직선적으로만 작동하는 것이 아니다. 식역같이 보이는 어느 지점까지는 많은 것이 좋지만 그러한 지점을 넘어서면 긍정적인 효과가 사라지거나 오히려 부정적일 수 있다는 것이다. 이를 몇 가지로 나누어 다시 정리해 보면 다음과 같다.

(1) 작업을 하는 맥락 – 자극이 풍부한 환경이 메마르고 삭막한 것보다 창의적 사고를 격려하는 데 도움 된다. 이러한 자극 단서에는 시각적 또는 청각적인 것뿐 아니라 유머(humor)가 있는 것도 포함될 것이다. 이러한 자극 환경도 너무 강하거나 저속하면 정신 집중을 방해하기 때문에 선택이 중요하다.

(2) 과제의 구속 – 창의적인 과제를 수행하는 기회를 제공할 때 과제에 대한 구속(제한)을 어느 정도로 하는 것이 좋을까? 새로운 제품을 개발하거나 또는 글쓰기나 작곡을 할 때 예컨대 시간제한을 두거나 '타이틀'을 선택케 하는 것과 같은 것이다. 구속의 효과는 과제의 성질과 수행하는 사람에 따라 다르다. 대개의 사람은 '비교적 새로운' 것을 다룰 때 가장 효과적이고, 반대로 너무 어렵거나 너무 쉬우면 창의력을 제대로 발휘하지 못한다.

(3) 평가 – 남이 들여다보거나 점수 매기는 등의 평가를 하면 대개는 그것을 위협으로 지각하기 때문에 창의를 방해한다.

(4) 경쟁 – 우리가 원하든 원하지 않든 간에 삶에는 얼마간의 '경쟁'은 불가피하다. 경쟁이 창의력(창의적 사고)에 미치는 효과에 대한 연구 결과는 양분되어 있다. 일상의 경험에서 보면 경쟁은 창의력을 향상시킨다. 업무에서나, 체육에서나 또는 오락에서도 경쟁심이 작동할 때 훨씬 더 창의적이다. 반대로 경쟁은 창의를 방해한다는 연구도 있다.

이러한 연구 결과들을 제3의 시각에서 정리해 볼 수는 있다. 사람들은 하려는 의

욕으로 동기 형성이 되어 있을 때 창의적이지만 잘하려고 과도하게 동기 형성되면 오히려 비효과적이다. 달리 말하면, 얼마간의 '압력'(내적 또는 외적인)은 좋은 것이지만 어떤 지점을 지나게 되면 압력은 창의적인 생산을 간섭한다. 경쟁은 압력을 증가시키는 것이 분명하다. 결국 경쟁의 효과는 그 사람의 각성 수준(arousal level)에 달려 있다. 또한 경쟁은 과제가 얼마나 어려운가를 말하는 '과제의 곤란도'와도 상호작용할 것이다.

(5) 협력 – 사람들은 하나의 전체로서의 집단의 창의력을 향상시키기 위하여 서로 내밀하게 협력한다. 특히 조직에서 개인이 창의적인 수행을 하려면 여러 사람들이 관여하게 되고 이들의 협력이 요구된다. 그러나 여러 집단의 협력이 창의를 방해할 수도 있다. 모든 집단으로부터 열렬한 협력을 받아야 한다면 당신이 할 수 있는 최선의 창의적인 작품을 생산해 내기가 어려울 수 있다. 당신의 작업을 평가하는 사람들은 나름대로의 이해관계를 가지고 있어 어느 정도는 당신이 거기에 맞추어야 하기 때문이다.

(6) 역할 모델 – 창의적인 능력을 개발하는 최선의 방법은 역할 모델(role model)을 관찰하면서 그것을 열심히 흉내 내면서 배우는 것이다. 가장 대표적인 역할 모델은 부모이고 교사이고 매니저이다. 어느 세대에 나타난 위대한 사상가들은 다음 세대를 위한 귀중한 역할 모델을 제공한다. 그리하여 한 세대에 위대한 사상가가 많을수록 다음 세대에는 위대한 사상가가 더 많을 가능성이 커진다(Simonton, 1985).

그러나 약세 시장 이론에서 예측하고 있듯이 역할 모델의 효과가 부정적일 수도 있다. 만약에 이전 세대로부터 전문기능을 수련받는 기간이 너무 장기화되거나 또는 역할 모델을 모방할 수 있기는 해도 자신의 길을 개척해 가는 것이 용인되지 못한다면 실제로는 비창의적이게 된다. 좋은 역할 모델은 '독립'을 격려하는 것이어야 하지, 노예 같은 모방을 요구하는 것이 아니어야 한다는 것이다.

[장의 요약]

성격이란 비지적인 것이며 장면과 시간에 걸쳐 비교적 지속적이며 사람들을 차별되게 하는 사고, 감정 및 행동양식이라 정의할 수 있다. 그리고 창의적 성격에 대한 전통적인 연구들은 창의적인 사람들이 보여주는 여러 가지의 성격 특성들을 발견하고 있다.

그러나 Sternberg & Lubart는 창의적 성격이란 환경과의 상호작용을 통하여 형성되며 상당 정도는 통제할 수 있음을 강조하고 있다. 그리고 이들은 창의적인 사람들의 성격특성 내지 행동 특성으로 여섯 가지를 제시하고 있다. 장애를 이겨내는 끈기, 분별 있는 모험을 해 보려는 의지, 성장하려는 의지, 애매함에 대한 인내, 경험에 대한 개방성 및 자신을 신뢰하고 확신하는 용기 등이 포함되어 있다.

또한 Csikszentmihalyi는 창의(력)란 '사람-필드-영역(도메인)'의 세 가지 요소들로 이루어져 있다는 자신의 체제적 창의력 이론을 바탕으로 창의적인 사람의 성격을 제시하고 있다. 창의적인 사람이 창의적인 무엇인가를 수행하려면 자신이 전공하고 있는 지식 영역에 익숙해져야 하고, 필드의 조건에 적응할 수 있어야 한다. 그리고 이들의 성격은 지식영역이나 필드의 맥락에 따라, 그리고 장면과 시간에 따라 유연하게 표현될 수 있어야 한다고 본다.

그는 창의적인 사람이 가지고 있는 이러한 성격 특성을 '복합적인' 성격이라 부른다. 복합적인 성격은 갈등적인 양극의 성격 특성이 쌍의 군집으로 같이 존재하며, 그리고 쌍을 이루고 있는 두 개의 양극의 성격은 장면·상황의 요구에 따라 변증법적으로 적용되고 이동한다고 본다. 따라서 갈등적인 양극의 성격 특성들은 하나의 스펙트럼을 이루고 있다고 볼 수 있다. 그리고 그는 이러한 변증법적인 복합적 성격을 10개의 쌍의 성격 특성으로 제시하고 있다. 예컨대 창의적인 사람은 왕성한 신체적 에너지와 아주 조용한 금욕적 모습을 동시적으로 가지고 있다. 그러면서 이들 양극의 스펙트럼의 어디에서 표현하느냐는 것은 장면에 따라 다르다. 그리고 본인은 그것을 자기 통제할 수 있다는 것이다.

동기란 사람을 움직여 행위하도록 몰아가는 힘 또는 유인을 말한다. 그러한 행위하려는 열망이 강하면 강하게 동기 부여(동기 형성)되었다고 말한다. 내재적 동기는 그러한 힘이 자기 자신의 내부에서 나온다. 어떤 일을 하는 것이 즐겁기 때문에, 개인적인 만족을 얻을 수 있기 때문에 또는 활동 자체가 유의미한 것이기 때문에—보상과는 관계없이—어떤 일을 하는 것이다. Wagner는 이러한 내재적 동기에는 장난스러움, 열정 및 목표의식 등의 상호관련적인 세 가지 요소들이 있으며, 이들은 나이가 들면서 점차 진화론적으로 발전한다고 말한다. 반면에 외재적 동기는 일하려는 힘이 자신의 밖에서부터 나온다. 예컨대 돈이나 명예나 승진을 하기 위하여 일하는 것이다. 그러므로 활동 자체는 목적이 아니라 하나의 수단이다.

그리고 대부분의 문헌에서는 외재적인 것보다는 내재적인 동기가 창의(력)에 결정적으로 중요하다고 말하고 있다. 그러나 후속의 여러 연구들은 동기와 창의력의 관계가 그렇게 간단명료한 것이 아님을 보여주고 있다. 내재적 동기가 중요한 것은 사실이지만 외재적 동기가 반드시 창의를 방해하거나 간섭하는 것은 아니다. 또한 내재적 또는 외재적 동기로 특징짓기 어려운 것도 적지 않게 있다.

마지막으로 환경과 창의력에 대하여 살펴보았다. 환경은 사회적, 문화적 또는 제도적인 맥락과 같은 거시적 환경과 조직 분위기와 같은 미시적인 환경으로 나누어 볼 수 있다. 전자에 대하여서는 우리가 즉시적으로 할 수 있는 것이 별로 없지만, 미시적인 환경은 우리가 비교적 쉽게 통제할 수 있다. 거시적 환경의 예시로 문화와 사회적 가치, 사회의 부 및 살고 있는 거주지로 나누어 환경과 창의(력)의 관계를 살펴보았다. 그리고 창의를 뒷받침하고 격려할 수 있는 혁신적인 조직 분위기에 대하여 분석해 보았다. 거기에는 직무가 도전적이고 유의미한 것, 아이디어의 교환이 다양하게 이루어지는 것, 개방적이고 신뢰로운 것, 다양한 정보의 유입을 격려하는 것, 그리고 모험 감수의 자세를 가지고 있는 것 등이 포함되어 있다.

chapter_7 | 비즈니스 창의력 – 경쟁, 가치 혁신과 블루오션

Chapter 7

비즈니스 창의력 – 경쟁, 가치 혁신과 블루오션

이 장에서는 먼저 기업체 등 조직의 비즈니스 창의력에 대한 이론적 기초를 살펴보고, 그리고 이를 바탕으로 비즈니스 창의를 어떻게 경영할 수 있는지를 분석해 볼 것이다. Amabile은 비즈니스의 창의력은 전문 지식(전문성), 창의적 사고 기능 및 동기 등의 세 가지 요소로 이루어져 있다고 본다. 그런 다음 비즈니스에서의 '경쟁'의 의미를 음미해 보고, 제로섬의 경쟁을 넘어선 De Bono의 서페티션과 Kim 등의 가치 혁신의 블루오션 전략에 대하여 논의해 볼 것이다.

Ⅰ. 비즈니스 창의력의 내용과 요소

비즈니스가 업무 수행을 잘하고 성공하려면 시대와 사회 · 경제적인 변화의 트렌드에 뒤처지지 않아야 하고, 경쟁우위를 확보하여 경쟁자들보다 계속하여 앞서갈 수 있어야 한다. 이러한 과정에서 비즈니스는 외적 또는 내적으로 불가피하게 적지 아니한 도전적인 문제들에 직면하게 된다. 어떤 것은 이전에 경험해 본 것에서 유추하면 해결 가능한 것들도 있지만 전혀 새로운 해결책이 요구되는 것들이 훨씬 더 많을 것이다.

사실 조직의 성패를 결정하는 핵심적인 측면들 가운데 하나는 변화하는 환경에서 경쟁우위를 확보하는 능력이라 말할 수 있다. 그래서 현대의 비즈니스에서는 창의적 문제해결과 의사결정 전략의 필요성을 강조하게 된다. 이것은 조직의 생존이나 성패는 새로운 제품이나 서비스 그리고 마케팅 등에서 새로운 방법을 생산(또는 채택)하거나 향상시킬 수 있는 조직의 창의적인 능력에 직결되어 있다는 말이 된다. 조직에서는 마케팅이나 디자인 또는 연구개발 부서뿐 아니라 기타 부서의 활동에서도 창의적인 사고는 다소간 필수적이다. "창의(력)는 마케팅이나 R&D뿐만 아니라 조직의 모든 직무에서 도움이 될 수 있다"(Amabile, 1996, p. 78). 그리고 매니저와 같은 리더 역할을 수행하고 있는 사람은 비전을 가지고 새로운 문제들을 적극적으로 찾아내고, 독창적으로 해결하려고 노력할 뿐 아니라 조직원들의 창의적인 재능에 통찰을 부여할 수 있기를 기대하게 된다.

창의력이란 모든 조직에 존재하는 인간 자원이다. 조직은 구성원들의 창의적 재능이 발휘될 수 있는 절차와 여건을 조성함으로써 이러한 인간 자원들을 최대로 개발하고 활용해야 할 것이다. Porter & Novelli가 1993년 Fortune 500을 구독하는 100명의 경영자들을 서베이한 것을 보면 사람들은 창의(력)가 비즈니스의 성공에 필수적이라 생각하고 있음을 알 수 있다. 그러면 비즈니스의 창의력이란 무엇이며, 어떻게 개발하고 향상시킬 수 있을까?

비즈니스의 창의력에 관한 여러 연구들 가운데 대표적인 것으로 인용되고 있는 것은 Amabile(1983a, 1996)의 것이다. Amabile(1989)은 비즈니스(business)의 창의력은 창의적 사고 기능, 전문지식 및 동기의 3가지 요소들의 상호작용에 따라 결정된다고 본다. 그녀가 수행한 오랜 연구들의 주된 관심사는 '작업 환경과 창의력은 어떤 관련이 있는가?'에 집중하고 있고, 특히 근로자의 '내재적 동기'를 강조하고 있다. 그녀의 연구는 조직의 환경이 조금만 변화해도 내재적 동기, 즉 작업에 대한 호기심과 열정이 크게 증가할 수 있음을 보여주고 있다. 그리고 어떠한 경영이 어떻게 긍정적이고 창의적인 성과와 연관되어 있는지를 찾아보고 있다. 또한 이러한 연구들을 기초하여 매니저가 조직의 창의력을 향상시키기 위하여 무엇을 할 수 있는지에 대한 대안들을 여러 가지로 제시하고 있다. 이들은 매니저 개인만의 활동이나 처치이기보다는 대개가 조직 전체에서 이루어지고 있는 시스템적인 것이다. [그림 7-1]은 Amabile의 비즈니스 창의력의 3가지 요소들을 보여주고 있다. 그리고 아래에서는 이들 각기의 요소에 대하여 좀 더 살펴볼 것이다.

전문지식(전문성)이란 기술적, 절차적 및 지적인 지식이다.

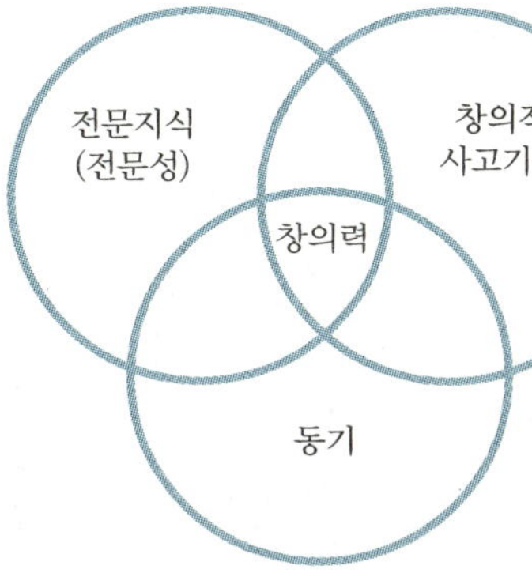

'창의적 사고기능'은 사람들이 문제를 얼마나 융통성 있게, 그리고 상상력을 가지고 접근할 수 있는지를 결정한다. 해결책은 현상 유지적일 수도 있고 현상 변화적인 것일 수도 있다.

모든 '동기'가 동일한 것이 아니다. 문제해결하려는 내적인 열정은 금전과 같은 외적인 보상보다 훨씬 더 많은 창의적인 해결책을 생산해 낸다. 이러한 동기를 '내재적 동기'라 부르는데, 이것은 작업 환경에 따라 가장 즉시적으로 영향을 끼칠 수 있다.

[그림 7-1] Amabile의 비즈니스 창의력의 3가지 요소

1. 전문지식(전문성)

전문지식(전문성, expertise)이란 지적인 지식뿐 아니라 절차적 또는 기술적인 지식까지를 포함한다. 따라서 여기에는 어떤 사람이 자신의 일(직무)과 관련하여 알고 있거나 할 수 있는 모든 것들이 포함된다. 그러므로 직무와 관련한 지식과 기술적인 능력은 물론이고 과학적으로 사고할 수 있는 기본적인 재능도 여기에 포함된다. 이것들은 교육이나 경험을 통하여 습득되며, 이러한 전문지식이 창의적인 사고를 위한 '지적 공간(intellectual space)'을 이루게 된다.

'원재료'가 되는 지식이 아무것도 없는 빈 공간에서 가치 있는 어떤 것을 생각해 낼 수는 없다. 창의와 혁신이란 현재 가용한 관련 지식과 정보를 이해하고, 나아가 그것을 짚고 넘어서 새롭고 가치 있는 것을 생산해 내는 것이기 때문이다. 따라서 관련 지식을 어떻게 습득하며, 정보의 홍수 속에서 적절한 것들을 어떻게 광범위하게 수집하고 분석하여 문제와 관련한 핵심과 미래적인 경향을 파악할 수 있느냐는 것이 결정적인 이슈가 될 것이다('지식, 정보와 창의력'에 관하여서는 5장 참조).

2. 창의적 사고 기능

창의적 사고 기능(creative-thinking skills)이란 사람들이 창의적으로 사고할 줄 아는 방법, 어떻게 문제를 융통성 있게, 그리고 상상력을 가지고 접근할 수 있는지를 말한다. 이것은 기존의 아이디어들을 새롭게 조합해 내는 능력이다. 그런데 이러한 능력은 상당 정도 성격뿐 아니라 사고하고 작업하는 스타일(style)에 의존하고 있다. 예컨대 성격이 호기심이 많고 도전적이거나 사고 스타일이 어려운 도전에도 끈기 있게 인내할 줄 안다면 크게 도움 될 것이다.

그런데 비즈니스에서는 아이디어가 독창적인 것만으로는 충분하지 아니하다. 창의적이려면 아이디어가 새로워야 하지만 또한 유용하고 가치 있고 그리고 행위화하고 사업화할 수 있어야 한다. 예컨대 새로운 제품이나 서비스를 생산하거나, 향상시키거나 또는 새로운 방법이나 기술을 개발해 내는 식으로 비즈니스의 실제에 영향을 미칠 수 있어야 한다. Reich(1992)는 현대 사회에서 필요한 필수적인 노동기능에는 추상화 기능, 시스템적 사고, 실험적 사고 및 팀워크를 할 줄 아는 사고기능 등이 포함되어 있다고 주장한다. 성공적으로 사고하려면 바른 질문을 하고 다양하게 종합을 하고, 협동하고, 시행착오적인 실험을 할 수 있어야 한다.

3. 동기

'지식'과 '창의적 사고 기능' 등의 두 가지 요소는 개인이 가지고 있는 사고의 원재료(자원)이다. 그런데 이러한 원재료가 실제에서 작동되게 하고, 개인으로 하여금 열정적으로 일하게 하는 것은 창의력의 세 번째 요소인 동기(motive, motivation)이다. 예를 들면 자동차의 구조와 기능에 대하여 알고, 운전의 기술(기능)을 익히는 것만으로 효과적인 운전이 보증되지는 아니한다. 왜냐하면 효과적인 운전의 또 다른 중요한 한 가지의 구성요소는 운전을 하느냐, 그리고 어떤 식으로 하느냐는 것이기 때문이다(동기와 창의력에 대하여서는 6장 참조).

Amabile은 동기를 크게 내재적 동기와 외재적 동기로 나누고 있다. 외재적 동기(extrinsic)는 외부에서 나오는 것이다. 그래서 사람들은 원하는 어떤 것을 얻기 위하여 또는 고통스러운 어떤 것을 회피하기 위하여 일을 하게 된다. 가장 일반적인 외재적인 동기유발 요소는 '돈'이다. 돈이라는 외재적 동기요인이 창의적인 것을 반드시 방해하는 것은 아니다. 그리고 어떤 동기인이 가지고 있는 외재적인 측면과 내재적인 측면을 구분해 내기가 어려울 수도 있다. 그러나 사람이 돈 때문에 통제를 받고 있다고 느끼거나 매수당하고 있다고 느낀다면 그것은 창의에 전혀 도움이 되지 않는다. 보다 더 중요한 것은 돈 그 자체는 근로자들이 자신의 일에 대하여 흥미를 느끼고 열정적으로 일하게 만들지는 못한다는 것이다. 돈은 불만을 줄일 수는 있지만 적극적인 동기를 유발하지는 못한다. 그래서 금전은 '위생 요인'일 뿐이란 말도 한다.

반면에 내재적 동기(intrinsic)는 사람들로 하여금 열정과 흥미, 즉 무엇을 하려는 내적인 욕망을 가지게 만든다. 일(작업) 자체가 즐겁고, 도전적이고, 만족스럽다고 느껴지는 것을 내재적 동기 형성이라 하며 이러한 장면에서 사람들은 비로소 가장 창의적으로 일하게 된다.

Ⅱ. 비즈니스 창의(력)는 경영할 수 있는가?

Amabile(1988a)이 말하는 비즈니스 창의력은 전문지식, 창의적 사고 기능 및 동기 등의 세 가지 요소들의 함수이다. 이미 언급해 둔 바와 같이 그녀의 주된 관심사는 '경영자들은 이들 요소에 영향을 미칠 수 있는가?' 그리고 '작업환경과 창의력은 어떻게 관련되어 있는가?' 등을 질문하고 구체적인 전략을 탐색해 보는 것이었다.

물론, 대답은 분명하게 '예'이다. 그러나 왜 창의력의 경영이 절실한지부터 언급해 보자. 사실 여러 조직에서는 다운사이징(downsizing), 리엔지니어링, 아웃소싱, 인수 합병 및 기타 경비를 절약하고 생산성을 향상시키기 위한 방법들을 시도해 본 다음 비로소 구성원들이 창의력의 중요성에 눈을 돌리기 시작하는 경우가 많다고 한다(Puccio, Murdock & Mance, 2005). Florida & Goodnight(2005)는 이렇게 말한다: "회사의 가장 중요한 자산은 원재료, 의사소통 시스템 또는 정치적인 영향력 등이 아니다. 가장 중요한 것은 바로 '창의적 자본'이다. 간단히 말하면 그것은 창의적 사고자들의 집합으로서 이들의 아이디어는 결국에는 가치 있는 산출과 서비스로 태어날 수 있다. 창의적인 근로자들은 새로운 기술을 선도하고, 새로운 산업을 탄생시키고, 경제적인 성장을 주도한다"(p. 125). 그러므로 구성원들의 창의력을 향상시키기 위한 경영이 마지못해서 하는 최후의 선택이 되어서는 안 된다는 말이다.

실제로 경영의 리더들은 조직의 창의력 수준을 향상시키기 위하여 Amabile이 제시한 창의력의 세 가지 요소인 전문지식, 창의적 사고 기능 및 동기의 모두에 작용할 수 있을 것이다. 우선 구성원들의 전문지식과 창의적 사고 능력을 향상시키고 개발하기 위하여 일반적 및 전문적인 교육과 연수, 컨퍼런스와 미팅 등의 기회를 제공하고 지원할 수 있다. 그러나 이러한 경영은 매우 중요하고 결정적인 것이지만 세 번째 요소인 '동기부여'에 견주어 보면 경비도 많이 들고, 더 어렵고, 시간도 더 오래 걸린다. 다른 것에 비교해 보면 '동기'는 훨씬 더 즉시적으로, 그리고 적은 비용으로 효과적으로 경영할 수 있다. Amabile(1988a)은 조직의 작업 환경을 좀 센스 있게 지혜롭게만 바꾸어도 구성원들이 신나게 일하게 되는 내재적인 동기 부여가 상당히 증가할 수 있음을 보여주고 있다.

그러면 경영자들은 조직의 창의의 수준을 향상시키기 위하여 구체적으로 무엇을 할 수 있을까? 다음에서는 그녀가 도전, 자유, 자원, 작업집단, 경영자의 격려 및 조직의 지원 등의 6가지 범주에 따라 제시하고 있는 대안들을 요약하여 정리해 본다.

(1) 도전: 경영자가 조직원들의 창의력을 자극하기 위하여 할 수 있는 간단하면서도 가장 효과적인 한 가지의 방법은 각자에게 '맞는' 과제 · 프로젝트를 배정하는 것이다. 사람과 다루어야 하는 일을 적절하게 맞추어 조합시키면 사람들의 전문 지식이나 창의적 사고 능력을 향상시킬 뿐 아니라 내재적 동기도 크게 활성화시킬 수 있다. '사람-일'의 조합이 완벽할수록 사람들은 자신의 능력을 더 잘 발휘하고 확장시킬 수 있다. 그렇게 할 수 있는 공간이 너무 적고 좁으면 하는 일에 대하여 권태를 느낄 수 있고, 반면에 그러한 공간이 너무 많고 넓으면 압도되어 자기 통제력을 잃어버릴 수 있다. 사람과 과제 · 프로젝트를 맞게 조합할 수 있으려면 경영자 등의 리더는 조직원에 대하여, 그리고 다루려는 과제나 프로젝트에 대하여 상세한 정보를 풍부하게 가지고 있어야 한다. 일이 급하거나 밀렸다고 해서 과제에 유능한 사람을 임기응변식으로 아무렇게나 배정하는 일은 모든 사람에게 불만족스러운 것이 된다.

(2) 자유: 자유와 관련하여 보면 창의력의 핵심은 구성원들에게 '수단'(방법)에 대하여, 다시 말하면 과제의 '목적'이 아니라 그러한 목적을 성취하기 위한 과정(過程, 절차)에 대하여 자유를 주는 것이다. 사람들에게 구체적인 어떤 산을 지정한 다음 그

것을 어떻게 등산할 것인지를 결정하는 자유를 주면 훨씬 더 창의적이게 되는 것과 같다. 물론 어떤 산을 등산할 것인지를 결정하는 자유를 줄 수도 있지만, 그것보다는 정해진 산을 '어떻게' 등산할 것인지를 결정할 수 있는 자유를 주는 것이 훨씬 더 중요하다. 그러므로 어떤 일을 시작할 때는 조직원들에게 비전을 제시할 뿐 아니라 과제와 관련된 구체적인 전략적 목표를 분명하게 설정해 주면 일반적으로 사람들의 창의력이 향상된다.

그렇다고 매니저는 전략적인 목표를 설정하는 데 하위직의 구성원들을 완전히 배제시켜야 한다는 말은 아니다. 중요한 것은 구성원들을 그러한 논의에 참여시켜도 결과가 반드시 긍정적이지는 않다는 것을 이해하는 것이다. 사실 훨씬 더 중요한 것은 누가 목표를 설정하든 간에 그것을 조직 전체가 분명하게 공유하고, 이해하고, 그러한 목표가 의미 있는 기간 동안 안정적으로 지속되어야 한다는 것이다. 표적이 움직이면 맞추기 어렵듯이 목표가 지속되지 않으면 일을 창의적으로 하기가 어렵다('왜'의 중요성에 대하여서는 8장에서 다시 다루고 있다). 이처럼 목표를 향한 '과정(過程)'에 자율성을 부여하면 창의력이 살아나는데 그것은 내재적 동기가 형성되고 과제에 대한 주인의식이 향상되기 때문이라고 설명한다.

그런데 경영자 등 매니저가 자유를 잘못 경영하는 유형에는 두 가지가 있다. 하나는 목표를 분명하게 정의하지 못하거나 또는 목표를 수시로 변경하는 것이다. 이런 경우는 과제를 진행해 가는 과정에 대한 자유를 가지고 있다 하더라도 자신들이 어디를 향해 가고 있는지를 모르기 때문에 그러한 자유는 의미가 없게 된다. 둘째는 이름만 자율성이나 자유일 뿐 사실은 거의 모든 것을 지시하고 처방해 주는 경우이다. 이런 경우 구성원이 창의적인 아이디어를 가지고 거기에서 벗어나려면 스스로 위험을 감수해야 한다.

(3) 자원: 창의력에 영향을 끼칠 수 있는 두 개의 주요 자원(resources)에는 시간과 돈이 있는데, 경영자 등 매니저들은 이들을 조심스럽게 배분해야 한다. 시간과 돈을 어떤 팀이나 프로젝트에게 얼마만큼 배분할 것인지를 결정하는 것은 위험을 수반하는 판단이다. 그래서 거기에 따라 창의력을 뒷받침할 수도 반대로 죽일 수도 있다.

다음으로 시간에 대하여 생각해 본다. 시간이란 면에서 압력이 있으면 창의력을 오히려 고조시킬 수 있는 경우도 있다. 예컨대 경쟁회사가 신상품을 개발한다는 것을 알거나 전염병 '메르스'처럼 상황이 심각할 때 회사가 신약 개발하는 것이 절실한 경우인데, 이런 경우는 도전 정신이 생겨 내재적 동기를 증진시킬 수도 있다. 반대로 마감일을 가짜로 설정하거나 불가능할 정도로 빡빡하게 정해주면 의도하지 않게 창의력을 죽이게 된다. 이럴 때는 그 어느 경우든 간에 불신이 생기고 심신을 피로하게 만들 수 있다. 그리고 지나치게 통제를 받는다고 느끼게 되고 성취감을 느끼지 못하게 된다. 창의에는 흔히 시간이 걸린다. 새로운 것을 고민하고 탐색하려면 다소간 천천히 가야 한다.

다음은 금전과 같은 자원을 계획할 때이다. 경영자는 팀이 과제를 완성하는 데 필요한 합리적인 자금, 사람 및 기타의 자원들이 어느 정도인지를 결정해야 하고, 또한 조직에서 그러한 과제에 어느 정도를 할당할 수 있는지를 고민해야 한다. 그리고 둘 사이에서 타협점을 찾아야 한다. 그런데 매우 흥미로운 것은 '최소로 충분한' 지점을 넘어 더 많은 자원을 추가로 배정하는 것은 창의력을 증대시키지 못한다는 것이다. 반대로 이러한 최소로 충분한 지점 이하로 자원을 제한시키면 창의는 위축되고 풀이 죽게 된다. 그리고 창의력과 '물리적' 공간과의 관계도 매우 흥미롭다. 팀이 창의적으로 작업하려면 편안한 열린 공간이 필요하다. 그러나 이 문제는 문제해결의 과정에 자율성을 부여하는 것 등과 같은 다른 것들보다는 그렇게 결정적으로 중요해 보이지 않는다.

(4) 작업 집단: 창의적인 아이디어를 생산해 낼 수 있는 팀을 만들려면 팀을 디자인하는 데 특별히 신경을 써야 한다. 다양한 시각과 배경을 가지고 있어 상호보완적인 집단을 구성해야 한다. 업무에 대하여 다양한 지적인 기반과 접근을 가지고 있는 사람들로 팀을 구성하면—다시 말하면, 팀원들이 다양한 전문지식과 창의적 사고 기능들을 가지고 있으면—이들이 유용하게 교류하고 조합되어 새로운 아이디어가 생성되는 데 도움 된다. 다양성은 팀을 구성하는 데 기본적이다. 그러나 그것은 적당한 수준의 것이어야 한다. 서로를 이해하고 원활하게 커뮤니케이션이 될 수 있으면서 각자의 전문지식과 창의적 사고가 시너지 효과를 낼 수 있게 해야 한다. 너무 다양하지도, 그렇다고 너무 동질적이지도 아니한 팀원 구성을 만들어야 한다. 그러기 위해서는 경영자가 소속원들에 대하여 많은 정보를 가지고 있어야 하고 그들을 깊게 이해할 수 있어야 한다.

이에 추가하여 경영자는 다음과 같은 3가지에도 유의해야 한다. 첫째, 팀원들이 팀의 목표에 열정을 가지고 헌신할 수 있게 해야 한다. 이런 점에서는 스스로 '지원'하는 사람으로 팀을 구성하는 것도 한 가지 방법일 것이다. 둘째, 팀원들은 일을 하면서 어려운 일이 있더라도 기꺼이 서로 도와주려고 노력해야 한다. 그리고 셋째, 팀원들은 다른 팀원들이 가지고 있는 독특한 지식과 시각을 인정하고 존중할 수 있어야 한다. 그래야 비로소 커뮤니케이션과 융복합이 가능해질 수 있다.

(5) 경영자의 격려: 매니저는 구성원들이 창의적으로 노력한 것에 대하여—성공한 것뿐 아니라 성공하지 못한 것까지도—팀원들을 칭찬하고 격려할 수 있어야 한다. 사람들은 자신이 하고 있는 일이 조직에 중요한 것이라 느낄 때 계속하여 열정적으로 일할 수 있다. 그러므로 매니저는 개인이나 팀의 창의적인 노력을 너그럽게 인정하고 격려할 수 있어야 한다—그러한 노력은 어떤 과제 · 프로젝트가 상업적인 성공을 거두기 이전에도 마찬가지로 중요하다.

그럼에도 불구하고 많은 조직에서는 새로운 아이디어를 열린 마음으로 긍정적으로 대접하지 못하고 있다. 흔히는 검사나 평가를 한다면서 기약 없이 시간을 끌기도 하고 거친 비판을 쏟아 내기도 한다. 새로운 아이디어의 강점과 잠재성을 더 깊게 찾기보다는 제안하고 있는 아이디어를 사용하지 않을 수 있는 갖가지의 이유를 찾는 데 더 열중할 수도 있다.

또한 조직의 문화가 '부정적 편견'에 기울어져 있을 수도 있다. 이런 문화에서는 새로운 아이디어를 격려하기보다는 거칠게 비판하는 데 익숙하며 그럴수록 자신은 보스에게 더욱 스마트하게 보인다고 느낄 수 있다. 이러한 비판적인 문화에서는 구성원들은 외적인 보상과 처벌에 관심을 더 가지며 그리하여 내재적 동기를 억압하고 파멸시킨다.

사실 새롭고 유용해 보이는 아이디어라 하더라도 어느 것이 상업적으로 성공할 수 있을 지를 사전에 정확하게 예상하고 판단하기는 어렵다. 그러므로 결국에 가서는 사업화할 수 없는 프로젝트임이 드러나더라도 '실패의 가치'도 인정할 수 있어야 한다. 그렇지 않으면 실험하고, 탐구하고, 개발해 보려는 다소간 모험적인 의지와 동기가 사라져 갈 것이다.

또한 매니저는 창의력을 격려하고 지원해 주는 태도와 행동을 스스로 '역할 모델'

로 보여줄 수 있어야 한다. 예컨대 쉽지 아니한 문제들을 끈기 있게 밀고 가거나 또는 팀 내에서의 협동과 커뮤니케이션을 실천하고 격려하는 것과 같다.

(6) 조직의 지원: 앞에서 본 바와 같이 매니저가 어떻게 하느냐에 따라 조직의 창의력은 크게 향상되거나 반대로 죽을 수 있다. 그러나 매니저 혼자가 아니라 조직의 전체가 창의적 사고를 뒷받침할 때 창의력은 비로소 정말로 향상될 수 있다. 창의적인 노력을 뒷받침하는 것이 바로 조직의 리더들이 해야 할 일이다. 다시 말하면 조직의 리더들은 창의력을 격려하고 조장할 수 있는 적절한 체제와 절차를 마련해야 하고, 창의적인 노력이 최우선의 가치임을 강조해야 한다. 그리고 창의적인 것을 지속적으로 충분히 인정하고 보상할 수 있어야 한다. 또한 구성원들 간의 정보교환과 협동을 적극적으로 요구하고, 상호경쟁하거나 조직 내 공작 정치나 수군거리며 험담하는 일이 벌어지지 않도록 분명하게 조치하는 것도 창의적인 분위기를 신장시키는 데 중요하다. 이러한 조직의 문화라야 공동의 목표를 가지고 안심하고 헌신할 수 있으며 또한 지식 · 정보가 자연스럽게 교류되고 커뮤니케이션될 수 있을 것이기 때문이다.

어떻든 조직의 창의력을 개발하는 것은 조직의 작업 환경을 생각하고, 디자인하고, 실천하는 매니저들의 손에 주로 달려 있다. 그러려면 매니저들은 개인이나 팀과의 상호작용의 방식을 바꾸고 조직의 문화를 의식적으로 개조할 필요가 있다. 조직에서 창의력이 죽으면 잠재적인 경쟁력의 무기인 새로운 아이디어를 잃게 된다. 그리고 구성원들의 에너지와 헌신을 상실하게 된다. 창의력이 죽으면 구성원들은 답답해하고 좌절하며 심신이 피곤하고 지치게 된다. 그러므로 조직의 창의력을 뒷받침하기 위한 의식적인 노력이 필요하며 또한 조직의 규칙이나 운영의 실제 가운데 창의력을 죽이고 있는 것은 어떤 것들인지를 계속하여 부지런히 눈여겨 찾아보아야 한다. 그리고 계속하여 개선해야 한다.

Ⅲ. 비즈니스와 경쟁 그리고 서페티션

여기서는 서로 다투어 이익을 추구하는 경쟁과 이러한 경쟁을 넘어선 더 높은 수준의 또 다른 의미의 경쟁을 다룬다. 경쟁을 넘어선 수준에서는 경쟁이 무의미하고 부적절한 것이 된다. 이와 같은 수준에는 De Bono(1983)의 서페티션과 Kim & Mauborgne(2005)이 가치 혁신에서 말하는 블루오션 등이 포함된다.

1. 비즈니스와 경쟁

'경쟁하다'란 말은 라틴어 'competere'에서 유래한 것으로 '함께 추구하다', '서로 겨루다'라는 의미이다. 경쟁이란 한 가지 목표를 각자가 달성하기 위해 제로섬(zero-sum)으로 서로 싸운다는 것이다. 거기에는 이기는 사람이 있으면 반드시 패배하고 지는 사람이 있어 이들 각기가 얻거나 잃는 것을 합계하면 전체는 제로가 된다. 제로를 두고 다투는 것은 생산적이지 못하다.

그러나 경쟁은 불가피할 때가 많고, 때로는 필요하고 도움이 될 때도 적지가 않다. 경쟁을 하게 되면 더 많이 더 열심히 노력하게 되고, 그리하여 자신의 잠재적 능력을 더 잘 발휘할 수도 있다. 물론 이렇게 숨 가쁘게 가속의 페달을 밟으면 힘이 들고 스트레스를 받을 수 있다. 어느 때 어느 분야의 개인이든 또는 조직이든 간에 승리하고 성공하려면 잠재력과 노력과 시간을 적극적으로 투자해야 한다. 시장 공간이 이미 잘 정의되어 있고, 관여하는 경쟁자의 수가 많을수록 경쟁은 불가피하게 더욱 치열해질 것이다. 그런데 여기에서 경쟁과 관련하여 우선 두 가지를 주목해 보았으면 한다.

(1) 경쟁은 목적을 성취하기 위한 하나의 수단이고 방법일 뿐이다. 그런데 우리는 '경쟁' 하면 상대방, 경쟁자를 떠올리게 된다. 코카콜라와 펩시, 삼성과 애플, 나이키와 아디다스 등은 모두 서로가 라이벌이다. 그런데 경쟁은 수단일 뿐이란 말은 경쟁의 진정한 의미는 상대방 · 경쟁자를 넘어뜨려 이기는 데 있지 않다는 것이다. 기업의 진정한 목표는 더 큰 이익을 창출하는 것이며, 경쟁자와 직접 벌이는 싸움은 더 큰 이익을 두고 다투는 수많은 싸움 중 하나일 뿐이어야 한다. 이익을 두고 간접적으로 경쟁하는 경쟁자에는 고객, 공급업체, 잠재 신규기업, 대체품 생산 회사 등이 있다. 마찬가지의 논리에서 보면 개인 간의 경쟁도 상대방을 쓰러뜨리는 것이 목적이 아니라 자신의 가치와 신념을 더 잘 실현하는 데 의미가 있어야 한다.

(2) 경쟁에 성공하는 데는 단 하나만의 '수단' · '방법'이 있는 것이 아니다. '더 나

은' 수단 또는 '다른' 수단이 얼마든지 있을 수 있다. 다시 말하면 부가가치 또는 다른 새롭고 혁신적인 가치를 가지고 경쟁할 수도 있다는 말이다.

비즈니스에서는 '부가가치(added value)'란 말을 중요하게 사용하고 있다. 기존의 것에다 새로운 가치를 부가시키는 것이다. 부가가치란 기업이 기업 활동을 통하여 생산해 낸 총금액에서 그것을 위하여 소비한 원자재 등의 총금액을 공제한 순 생산액을 말한다. 그래서 이것은 기업 활동의 생산성이나 성장을 측정하는 데 중요하게 사용된다. 이러한 부가가치는 기업이 소비자의 문제를 해결해 주거나 요구를 충족시켜 줄 수 있는 새로운 가치를 얼마나 추가하거나 새롭게 창조하느냐에 달려 있다.

이렇게 보면 부가하는 가치도 '더 나은' 가치에서 완전히 '다르고' 새로운 가치에까지 이르는 다양한 것으로 보아야 할 것이다. 그래서 '더 나은' 부가가치에서 새롭고 혁신적인 부가가치에 이르는 하나의 스펙트럼 같은 것을 생각해 볼 수 있겠다(1장 참조). 만약에 우리가 고정된 공간의 잘 알려진 소비자를 대상으로 남들과 꼭 같은 제품이나 서비스 또는 똑같은 마케팅 전략으로 경쟁하기에 몰두한다면 문자 그대로 피 터지는 '레드오션(red ocean)'에 빠져들게 될 것이다. 그러면 힘은 힘대로 들고 노력을 배가해도 돌아오는 이윤은 신통치 못할 것이 뻔해 보인다. 이렇게 매달리다 세월이 지나고 나면 자신도 모르는 사이에 '삶겨 죽은 개구리'가 되어 추락할 것이다. 개구리는 미세한 온도 차이를 감지해 낼 수 있는 감각 기관이 없어서 처음은 시원했던 물에다 천천히 온도를 높여 삶겨 죽는 온도에 이르러도 여전히 그 물에서 뛰어나오지 못해서 결국에는 거기에서 죽고 만다.

그러면 어떻게 해야 할까? 조직이 할 수 있는 성공적인 전략은 경쟁 우위를 확보하거나 레드오션의 경쟁을 뛰어넘어, 조직이 지향하는 방향과 목적을 놓치지 않으면서 지속적인 성공을 이끌어내는 것이다. 대개의 경우 경쟁은 피할 수 없지만 가능한 대로 이를 줄이거나 뛰어넘어 끝을 내어 자신의 피해를 최소화하고 생산성을 최대화할 수 있어야 한다.

이를 위하여서는 먼저 외부 환경과 내부 역량을 정확하게 진단할 수 있어야 한다. 이를 기초하여 미래 목표를 분명하게 세우고, 우선순위에 따라 한정된 자원을 배분하고 활용하며, 즐겁고 신나게 일할 수 있는 전략을 활성화하는 것이 관건이 될 것이다. 이러한 승리의 비책은 창의와 혁신을 통하여 차별화하는 것이다. 기존의 능력과 기술을 기반으로 경쟁 우위의 가치를 생산하거나 또는 새롭고 혁신적인 고객

가치를 창조하여 자사의 차별적 지위를 확보하는 것이다. 이러한 맥락에서 아래에서는 De Bono의 서페티션과 Kim & Mauborgne의 블루오션 전략을 살펴볼 것이다.

2. De Bono의 서페티션

먼저 Edward de Bono(1993)가 만들어낸 신조어를 중심으로 경쟁, 가치 창조 및 생존의 관계를 음미해 보기로 한다. De Bono는 비즈니스 사고와 관련하여 '경쟁[컴페티션, (com)petition]'과 '초월 경쟁(서페티션, sur/petition)'을 비교하여 설명하고 있다. 그리고 그는 가치 창조와 가치 혁신을 의미하는 신조어로 'valufacture'란 단어를 사용하고 있다. 이것은 제품 생산을 뜻하는 'manufacture'에 비유한 것으로 '창의적인 가치 제조'란 의미를 가진다.

'경쟁(컴페티션)'은 하나의 공통적인 목표를 두고 '함께 추구하는 것(seeking together)'을 의미한다. 그것은 여러 사람들이 하나의 레이스(race)를 앞다투어 쫓아가는 것이며 따라서 이기는 사람이 있으면 반드시 지는 사람이 생기기 마련인 제로섬 게임이다. 그런데 De Bono(1983, 1990)의 Sur/petition(서페티션)에 포함되어 있는 'sur' 그리고 sur와 petition의 가운데 있는 '/'는 모두가 '넘어서(beyond)' 또는 '위에(over)' 등의 의미이다. 결국 서페티션이란 다른 사람들과 같은 트랙에서 같은 레이스를 벌이면서 다투는 것이 아니라 그것을 넘어서 '그 이상'에서 자신만의 레이스를 달려가는 것을 의미한다.

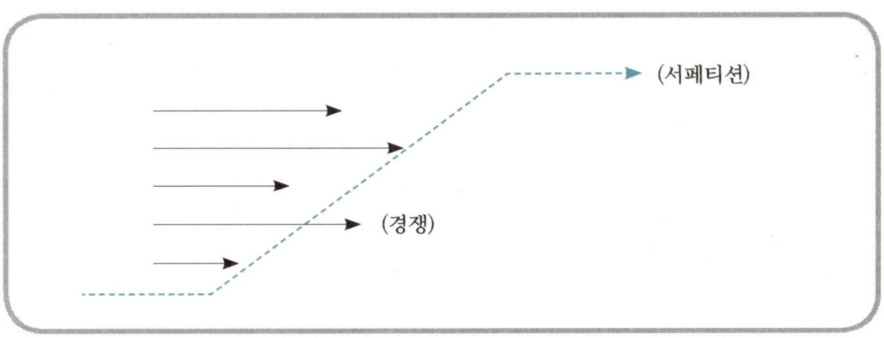

[그림 7-2] (com)petition과 sur/petition

비즈니스에서 자신만의 레이스를 달린다는 것은 남들의 것을 넘어선 새로운 '가치'를 창조하는 것을 의미한다. 결국 서페티션은 새로운 가치를 창조하여 그것을 독점적으로 판매하는 '가치 독점'을 가능하게 만든다. 비즈니스 시장의 많은 것들은 독점이 불법이지만 가치의 독점은 결코 불법이 아니다. 사실 그것은 비즈니스가 추구해 가는 핵심이다. 결국 서페티션이란 가치 독점을 의미하며 그래서 이러한 수준에서는 경쟁이란 사실상 무의미하고 부적절해진다. 컴페티션과 서페티션의 차이를 시각적으로 보여주고 있는 것이 [그림 7-2]이다. 달리 말하면, 경쟁에는 일반적으로 이야기하는 '경쟁(컴페티션)'과 이를 넘어선 수준의 '서페티션'의 두 가지가 있지만 서페티션 수준의 것은 경쟁이란 것이 사실상 무의미하기 때문에 경쟁이라 볼 수가 없다.

그런데 De Bono는 일반적으로 이야기하는 경쟁을 '기저선(base-line)' 수준의 경쟁이라 말한다. 심리학에서 사용하는 기저선 행동(base-line behavior)이란 형식이나 활동이 비교적 안정적인 것이며 따라서 새로운 독립적인 변수가 도입될 때의 결과를 비교해 볼 수 있는 표준이 되는 것이다. 여기서는 조직이 운영되고 얼마간의 수익을 창출하기 위하여 다른 경쟁자들과 다투어야 하는 제품이나 서비스, 또는 기술이나 시장에서의 경쟁의 기본적인 수준을 말한다. 이러한 것들은 거의 모두가 시장에서 잘 정의되어 있고 경쟁자들도 여럿이 있는 것들이다. 물론이지만 이러한 기저선 수준에서 경쟁할 수 없고 경쟁적이지 못한 조직은 생존할 수가 없다. 기본이 되는 기저선 수준에서 생존할 수 없으면 서페티션은 당연히 가능하지 아니하다. 이렇게 보면 조직이 성장하기 위하여 얼마간의 경쟁은 오히려 필요하고 필수적이다.

그래서 많은 비즈니스맨들은 경쟁이 성공의 열쇠라 믿는 것같이 보인다. 그러나 조직이 유지되고 생존하기 위하여 필요한 경쟁은 기저선의 한 부분에 지나지 않는다는 것을 주목해야 한다. 기저선 수준에서 경쟁을 잘하는 데는 원가를 절감하고, 생산성을 향상시키기 위한 여러 가지의 전략들이 포함될 수 있을 것이다. 예컨대 경기가 나쁘면 사업규모를 줄이거나 홍보비를 절감하는 것과 같은 것들을 쉽게 생각해 볼 수 있다.

그런데 이러한 경쟁에 왜 문제가 있는가? 믿기 어려운 하나의 역설은 우리가 경쟁에만 집착하여 그것만 추구하면 진짜 경쟁력을 가지지 못한다는 것이다. 하던 일을 계속하여 열심히 하더라도, 현재의 제품이나 서비스가 소비자의 요구를 만족시킬 수 있는 '가치'를 가지고 있는지를 의문해 보고, 체크해 보지 않는다면(8장에서 다루고 있는 '과제 중심적 사고' 참조), 다행히 기술을 개발하고 생산비용을 절감하는 일에 성공한다 하더라도, 그것은 여전히 레드오션(red ocean)의 '경쟁'의 수준을 넘어설 수가 없다. 이런 사람, 이런 비즈니스는 시장의 요구가 변화하고 새로운 가치가 있는 제품이나 서비스가 새롭게 등장하면 매우 빠르게 몰락해 갈 것이다.

'경쟁'만 고집할 수 없다면 대안은 무엇이어야 할까? 만약에 비즈니스가 단순히 기저선의 목표를 '성취'하는 것이 아니라 조직의 '가치 목표'를 달성하는 데 성공하려면 기저선의 경쟁을 넘어 서페티션으로 올라갈 수 있어야 한다. [그림 7–3]은 만약에 당신이 기저선 밑으로 떨어지면 경쟁하여 다시 기저선으로 회복할 수 있어야 한다는 것을 보여주고 있다. 그러나 기저선의 활동에 그냥 머무는 것만으로는 충분하지 아니하다. 서페티션으로 올라설 수 있게 새롭게 가치 있는 목표를 설정하거나 또는 현재의 제품이나 서비스를 혁신하여 더 높은 수준에서 잘 할 수 있어야 한다.

사회와 소비자가 변화하고 기술이 급속도로 발전하는 시대에서 소비자의 요구를 발견하고 소비자가 원하는 가치를 제공하는 것은 결코 간단하거나 쉬운 일이 아니다. 그럼에도 불구하고 비즈니스가 성공하려면 고객 · 소비자가 요구하는 더 높은 새로운 가치를 생산하여 제공하는 것은 소명이고 요구라 말할 수 있다. 다시 말하면 조직은 소비자들이 기꺼이 소비할 수 있는 가치를 발견하고 제공할 수 있어야 성공할 수 있다. 이들은 모두가 창의와 혁신의 사고를 통하여 비로소 가능할 수 있다.

마지막으로 De Bono는 많은 기업인들이 분석적인 사고는 그런대로 잘하고 있지만 건설적, 창의적, 그리고 개념적인 면에서는 향상될 여지가 많다고 지적한다. 그리고 미래에는 이러한 사고의 측면이 성공의 핵심이 된다고 그는 강조하면서 말한다. "비즈니스 사고에 심각한 한 가지의 질병이 있다. 이것은 오만과 자기도취의 질병으로 '우리는 괜찮아, 우리는 잘하고 있어, 우리는 그런 것들을 모두 알고 있어'라고 생각하는 것이다"(De Bono, 1993, p. xxi). 우리는 이러한 사고를 'NIH 효과'(Not invented here)라 부르고 있다(Isaksen & Tidd, 2006). 이것은 새로운 기술이 발전하고 있는 것을 보아도 자신들이 지각하고 있는 것과는 다르다는 이유로 그것을 인정하거나 수용하지 아니하는 것을 의미한다.

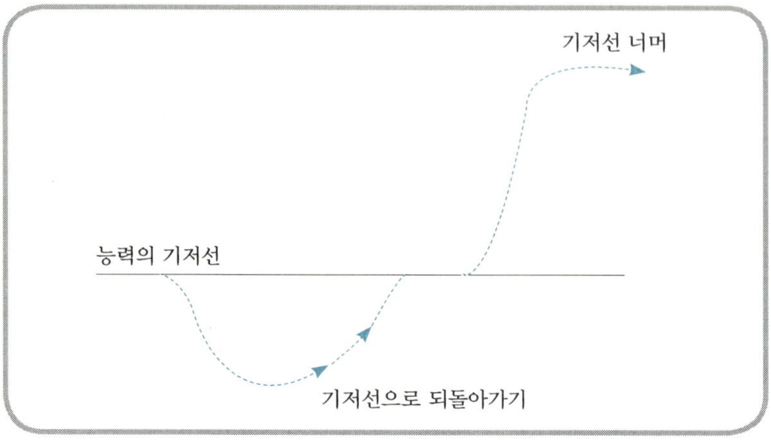

[그림 7-3] 기저선과 그것을 넘어선 서페티션

Ⅳ. 가치 혁신과 블루오션

1. 블루오션 전략

Kim & Mauborgne(1997)은 기업은 가치 혁신(value innovation)을 통하여 경쟁이 무의미하고 불필요한 블루오션(blue ocean)을 창조해야 한다고 주장한다. 가치 혁신 전략은 바로 블루오션 전략이다. 블루오션이란 현재 존재하지 않거나 알려져 있지 않기 때문에 경쟁자가 없는 유망한 시장공간을 가리킨다. 여기에서는 시장의 수요가 경쟁의 대상이 아니고 창조에 따라 얻어진다. 그리고 이에 따라 높은 수익과 급격한 성장이 가능한 엄청난 기회가 존재하게 된다. 블루오션 전략은 고객 관점의 새로운 요구를 창출하여 경쟁이 무의미한 것으로 만들기 때문에 회사 및 소비자와 종업원들 모두에게 커다란 가치를 제공하게 된다. 이처럼 블루오션은 아직은 시도된 적도 없고, 게임의 규칙도 정해져 있지 아니한 광범위하고 깊은 시장을 비유적으로 표현하고 있다.

반면에 레드오션(red ocean)은 이미 알려져 있어 경쟁이 매우 치열하며 붉은 피를 흘려야 하는 경쟁시장을 말한다. 다시 말하면 기존의 산업들을 말한다. 이러한 레드오션의 시장은 산업의 경계가 이미 정의되어 있고, 알려져 있어 경쟁자의 수가 많기 때문에 같은 목표와 같은 고객을 가지고 치열하게 경쟁하게 된다. 따라서 승자가 있으면 반드시 패자가 있기 마련인 제로섬 게임이 벌어지게 된다.

가치 혁신 전략은 이미 수많은 경쟁기업들이 경쟁하고 있는 레드오션의 영역이 아니라 가치 독점으로 경쟁의 필요가 없고 무의미해지는 새로운 영역을 창조하여 지속 가능한 성장을 이루고자 하는 창의적인 사고방식의 경영 전략이다. 이것의 핵심은 소비자에게 최고의 가치를 제공하기 위하여 소비자의 시각에서 혁신을 이루는 것이다. 이러한 가치 혁신은 전통적인 전략이론에서처럼 공급자 관점에서가 아니라 소비자 관점에서 이루어진다. 기업은 장기적으로 보아 성공하려면 새로운 시장을 창조해 낼 수 있는 방법을 발견해야 한다. 기존의 시장에서 경쟁하는 데 머물면 이윤은 점차 줄어들고, 계속하여 거기에 투자하고 헌신해도 지속적으로 성장 가능한 시장 공간을 창출하기가 어렵다. 블루오션 전략은 기존 산업 내의 경쟁을 넘어 새롭게 시장의 범위를 확대할 수 있다는 원리를 가지고 있다.

(1) 이들은 비즈니스에 대한 전통적 논리와 가치 혁신의 논리를 대비시키고 있다. 경쟁을 강조하는 전통적인 전략 논리는 점진적 변화를 통하여 경쟁에서 이기는 것과 기존의 자산과 역량을 활용하여 제품과 서비스를 '더 낫게' 향상시키는 것을 강조한다. 반면에 소비자에게 제공하는 가치 측면을 강조하는 가치 혁신의 전략 논리에서는 소비자들을 만족시킬 수 있는 획기적으로 새로운 '다른' 가치를 창출하고, 그러한 고객의 공통적인 가치에 맞추어 새로운 산업 조건의 제품과 서비스를 제공하여 대량소비 시장을 공략하는 데 초점을 두고 있다.

(2) 가치 혁신은 소비자에게 최고의 가치를 제공하기 위한 소비자 중심의 비즈니스 모델이다. 그러므로 이 모델에서는 새로운 가치를 생성하기 위하여 ERRC라는 도구를 사용하여 가치 혁신을 증진시키고 있다. ERRC란 소비자의 시각에서 불필요한 것은 제거시키고(elimination), 제공하지 못하고 있는 것 중 필요한 것은 창조한다(create). 그리고 업계의 표준 이하로 내려야 할 것은 감소시키되(reduction), 업계의 표준 이상으로 올려야 할 요소는 증가시키는(raise) 것을 의미한다. 그래서 다음과 같은 질문에 대답하려고 노력한다.

- 우리 산업이 당연하게 여기는 요인들 중 제거해야 할 것은 어떤 것인가?
- 어떤 요인들을 회사의 표준 이하로 훨씬 감소시켜야 하는가?
- 어느 것을 회사의 표준 이상으로 훨씬 더 증가시켜야 하는가?
- 회사가 제공하지 못하고 있는 것들 가운데 어떤 것을 새롭게 창조해야 하는가?

(3) 가치 혁신에서는 새롭고 혁신적인 가치를 발견하기 위한 또 다른 기법으로 전략 캔버스(strategic canvas)를 사용하고 있다. 이것은 경쟁사들이 소비자들에게 어디에 어떤 수준으로 어떤 요소를 기반으로 경쟁하고 있는지를 알아보고, 현재적 가치와 잠재적 가치를 일목요연하게 보여주기 위한 것이다. 수평축에는 경쟁기업들이 제공하고 있는 제품, 서비스 및 기타의 요소들이 있고, 수직축에는 고객들이 느끼는 상대적 수준을 나타낸다. 그러고 나면 새로운 가치 곡선을 만들기 위하여 고객의 관점에서 불필요하거나 과잉 제공되는 기능이나 서비스를 제거 또는 감소시키고, 또한 고객의 관점에서 경쟁사들이 제공하지 못하고 있는 어떤 요소를 증가시키거나 새롭게 창조해 갈 것인지를 검토하게 된다.

2. 가치 혁신 - 창의와 혁신

블루오션 전략(Blue Ocean strategy)은 프랑스 INSEAD 경영 대학원의 석좌교수이고 INSEAD Blue Ocean Strategy Institute의 공동 대표인 김위찬 교수와 Renée Mauborgne이 공동 저술한 책의 이름이며 또한 거기에서 제창하고 있는 기업 경영이론이다. 이 책은 출판하자마자 베스트셀러의 반열에 올랐고 100여 개국에서 25개 언어로 번역되었다고 한다. 2015년에는 이론을 더욱 확대한 개정판을 출판하였다.

블루오션 전략의 기본적인 아이디어는 기존의 시장에서 많은 경쟁자들과 싸움하는 레드오션 전략은 전적으로 투자하고 헌신할 합리적인 선택이 아니란 것이다. 그것보다는 경쟁을 넘어 시장의 범위를 확대할 필요가 있으며, 그를 위하여 소비자가 원하는 가치에 따라 새로운 수요를 생성하고, 새로운 시장을 창조하고 또는 차별화된 새로운 전략을 창출하여 더 많은 파이를 만드는 것이 보다 더 우수한 전략이라 주장한다(기존의 시장 공간에서 단순히 제로섬으로 경쟁하는 것보다는). 가치 혁신은 경쟁이 무의미하고, 그래서 경쟁이 없는 시장 공간의 블루오션을 창조하는 것이다.

그리고 많은 사람들은 가치 혁신 이론은 소비자 가치의 시작에서 사고하는 매우 강력하고 매력적인 기업혁신의 전략이라 말하고 있다. 그러나 여전히 많은 매니저들은 기존의 시장에서 얻은 경험을 바탕으로 생각하는 정신적 모델을 가지고 있으며, 이렇게 습득한 가정과 신념은 과거에는 통했지만 새로운 시장 공간을 창조하는 데는 방해가 될 수가 있다고 이들은 강조한다. 다음에서는 창의와 혁신의 관점에서 블루오션의 가치 혁신을 재음미해 본다.

하나는 가치 혁신 전략(또는 블루오션 전략)은 매우 매력적인 것임에도 불구하고 그것은 조직혁신의 전체적인 시각을 커버해 주는 것이 아니라 사실은 한 개 축만을 이야기 하고 있는 셈이라는 것이다. 이미 우리는 조직의 변화에는 한 축에는 '점진적인' 변화가 있고 다른 반대 축에는 '혁명적인(급진적인)' 변화가 있으며 이들은 일종의 스펙트럼을 이루어 여러 가지의 중간형태가 가능하다고 하였다. 점진적인 변화는 기존의 구조, 시설 또는 방법들을 '더 낫게' 개선 · 향상시키는 혁신이고, 반면에 혁명적인 변화는 기존에 가지고 있는 것을 넘어서 비선형적으로 '다르게' 하는 형식이다. 그리고 De Bono는 경쟁을 넘어선 '서페티션'은 여전히 일상적인 경쟁이 이루어지고 있는 '기저선 행동'과 연결되어 있음도 주목해 볼 필요가 있다고 하였다. 이 말은 새로운 가치의 창조는 다른 한 면에서는 경비 절감과 같은 일상적으로 이루어지는 창의적인 경영전략과 연결되어 뒷받침을 받아야 한다는 것이다.

아주 분명한 것은 가치 혁신은 혁명적인 혁신이란 것이다. 이제 가치 혁신 전략 · 블루오션 전략을 몇 가지 차원 · 논리에서 점진적인 혁신과 대비시켜 보면 그 내용이 좀 더 분명해질 수 있다. 다음과 같은 대비들을 떠올려 볼 수 있겠다. '20세기: 진보의 시대' – '21세기 혁명의 시대', 기존의 제품 · 기술 · 생산을 점진적으로 개선하거나 효율성을 제고하여 생산성 향상 – 기존의 것들을 퀀텀(quantum)으로 뛰어넘는 소비자 가치를 창출하여 시장지배, 공급자 시각 – 고객 · 소비자 시각, 전통적인 산업경계 내에서 경쟁 우위 추구 – 새로운 가치 창출로 새로운 산업의 창출과 대량 소비자 시장 개척, 그리고 분화와 맞춤형 – 공통적인 소비자 가치 등등이 될 것이다.

그러면 실제의 조직은 어떻게 해야 할까? 가치 혁신을 통한 블루오션 전략은 매력적인 '혁명적인' 혁신의 전략이지만 조직이 여기에만 매달리는 것은 결코 생산적인 것이 아닐 것이다. 그래서 우리는 조직의 변화를 위하여 '야누스적 사고'를 가져야 함을 강조하게 된다(3장 참조). 그리고 이러한 사고를 할 수 있는 조직을 '양손잡이' 조직이라 부를 수 있다. 조직의 성공적인 변화를 위하여 양손을 잘 쓸 수 있으려면 '왼손'뿐 아니라 '오른손'도 같이 잘 쓸 수 있어야 한다는 말이 된다. 이들은 창의와 혁신을 위한 변화와 변환을 경영할 때 결정적인 도전을 '더 낫게' 하는 것과 '다르게' 하는 두 가지 도전들 모두를 함께 다룰 수 있는 능력이다. 그리고 이들 두 마리의 말은 완전히 독립적인 것이 아니라 밀접하게 연결되어 상보적인 것으로 이루어져야 한다. De Bono는 [그림 7–2]에서처럼 컴페티션과 서페티션을 상승곡선으로 서로 연결시키고 있다.

어떻든 혁신의 도전을 대처하고 리드해 가려면 내적으로 초점을 두고 있는 폐쇄형(closed) 혁신의 점진적인 변화뿐 아니라 외적으로 초점을 두고 있는 개방형(open) 혁신의 급진적인 변화의 두 가지 모두가 필요하고 중요할 것이다. 조직은 점진적 혁신과 혁명적 혁신이라는 상보적인 두 마리의 말을 동시에 탈 수 있어야 한다. 그리고 이러한 혁신의 과정은 변증법적 과정을 통하여 여러 모습의 중간 형태의 산출을 결과할 수 있을 것이다. 사실 기업이 비즈니스하면서 대처해야 하는 문제들은 그냥 한두 개가 아니라 다중적인 것들이 동시에 벌어지는 것이 일반적이다.

다음으로는 블루오션의 전략에도 여전히 창의와 혁신이 중심에 자리하고 있다는 것이다. 블루오션 전략에서의 중심적인 주제는 새롭고 혁신적인 '가치'를 생산해 내는 것이다(고객의 관점에서의 가치, 고객이 가치 있다고 보는 것). 이를 위하여 저자들은 두 개의 사고도구 · 프레임워크를 사용하고 있다. 하나는 ERRC 기법이다. 비용을 절감하거나 투자를 늘리는 것은 고객 관점에서 제거(elimination), 축소(reduction), 증가(raise), 창출(create)이라는 네 가지 요소가 결정되어야 한다는 것이다. 비용절감은 흔히 공급자 관점에서 규모의 경제나 아웃소싱, 구조조정 등을 통해서 이루어지고 있다. 그러나 가치 혁신의 관점에서는 비용 절감은 고객에게 불필요하거나 과잉제공되는 기능 및 서비스를 감소시키거나 제거하여 이루어진다. 투자를 증가시키는 것은 고객에게 제공하지 못하고 있는 요소를 증가시키거나 새롭게 가치를 제공하기 위한 것이다. 따라서 비용절감이나 투자 확대는 고객 관점에서 이루어지기 때문에 서로 상충되는 것이 아니라 동시에 구현되는 것임을 강조하고 있다.

다른 하나의 프레임 워크는 전략 캔버스였다. 이것은 경쟁사들이 고객들에게 제공하고 있는 현재의 가치 또는 잠재적인 가치를 전체적으로 들여다보기 위하여 지도를 그려보는 것이며, 이를 통하여 경쟁사들이 어떤 요소를 중심하여 경쟁하며, 어디에 투자하고 있는지를 확인할 수 있기를 기대한다.

이들 기법은 새로운 수요를 생성하고, 새로운 시장을 창출할 수 있는 고객 관점의 '가치'를 확인하거나 발견하기 위한 것이다. 이를 위하여 제거-축소-증가-창출의 4가지 시각을 적용하였다. 그리고 새롭고 혁신적인 방안을 확인해 내기 위하여 전략적 캔버스라는 도구를 적용하였다. 어떻든 이들은 모두가 새롭고 혁신적인 '가치'를 생성해 내기 위하여 무슨 질문을 하고, 어떤 영역의 어떤 경로들을 채택할 것인지를 고민해야 할지를 개관해 보기 위함일 것이다.

그리고 이들 기법은 비교적 체계적인 분석 도구이기 때문에 새롭고 혁신적인 '가치'를 발견하는 데 도움이 될 것이다. 그럼에도 불구하고 저자는 이들이 필요할지는 몰라도 충분하다고 믿어지지 않는다. 왜냐하면 그 핵심에는 '창의와 혁신'이 있어야 하기 때문이다. 창의와 혁신은 새로운 무엇에 대하여 독창적인 아이디와 해결책을 개념화하고, 나아가 이것을 가치 있고 잘 팔리는 산출을 생성해 낼 수 있는 것으로 개념화 · 원형화하고, 그것들을 실행해 가는 핵심적인 능력이기 때문이다.

창의력은 비즈니스의 영혼이다. 창의적인 사고가 없으면 껍데기인 몸뚱어리는 있어도 영혼은 사라져 버리는 셈이 된다. 창의와 혁신은 전략적 행동으로 비즈니스의 '왜'와 '어떻게'를 끊임없이 연계시키면서 새롭고 혁신적인 것이고 동시에 구체적인 새로운 '가치'를 생산해 내게 할 것이다.

[장의 요약]

기업이나 기관 등의 조직이 비즈니스를 성공적으로 수행하려면 시대와 사회 경제적인 변화의 트렌드를 읽을 수 있어야 하고 그리하여 경쟁 우위를 확보할 수 있어야 한다. 그래서 현대의 비즈니스에는 수많은 문제들을 창의적으로 해결하고 전략적으로 의사결정할 수 있는 창의적인 능력이 생존과 성공의 핵심으로 간주되고 있다.

먼저 비즈니스 창의력에 대한 대표적인 연구인 Amabile의 이론을 살펴보았다. 그의 주 관심사는 '작업 환경과 창의력은 어떤 관련이 있는가?'란 질문으로 요약할 수 있다. 그녀는 비즈니스 창의력에는 전문지식(전문성), 창의적 사고 기능 및 동기의 세 가지 요소가 있다고 말한다. 비즈니스의 창의는 이러한 세 가지 요소들의 상호작용으로 이루어지지만 그녀는 특히 어떻게 하면 구성원들의 동기를 향상시켜 창의력을 증진시킬 수 있는지에 커다란 관심을 가진다.

전문지식(전문성)이란 자신의 일(직무)과 관련하여 알고 있거나 할 수 있는 모든 지식들을 포함하며 이들은 교육이나 경험을 통하여 습득한다. 창의적 사고기능은 융통성 있게 상상력을 가지고 문제를 창의적으로 생각하는 방법을 아는 능력이다. 다시 말하면 새롭고 유용한 아이디어를 생산해 낼 줄 아는 능력이다. 그리고 '동기'에는 내재적인 것과 외재적인 것이 있지만 사람들이 즐겁게, 창의적으로 일하게 하는 것은 주로 내재적 동기라고 본다. 내재적 동기는 개인의 내부에서 나오는 것으로 즐거움, 열정과 흥미 등을 말하는 반면에 외재적 동기는 동기인이 개인의 밖에서 오는 것으로 금전이나 승진, 수상 등과 같은 것들이 거기에 포함된다.

그리고 Amabile은 창의력을 이루고 있는 세 가지 요소의 어느 것을 통하여서도 창의적인 수행을 향상시킬 수 있다고 말한다. 예컨대 전문지식(전문성)을 향상시키거나, 창의적인 사고기능을 교육하는 것 등이다. 그러나 작업 환경의 경영을 통하여 구성원들의 '동기'를 향상시키는 것은 비교적 쉽고 비용도 적게 든다고 그녀는 말한다. 그러면서 6가지의 범주에 따라 그러한 경영이 실제로 어떻게 가능한지를 비교적 자세하게 보여주고 있다. 6가지의 범주에는 도전, 자유, 자원, 작업 집단, 경영자의 격려 및 조직의 지원 등이 포함되어 있다.

다음으로 비즈니스와 경쟁 그리고 서페티션에 대하여 공부하였다. 경쟁이란 한 가지의 목표를 여러 사람·조직의 각자가 달성하기 위하여 다투는 것이다. 그리고 대개의 경기는 이기는 사람이 있으면 반드시 지는 사람이 있는 제로섬의 게임이다. 특히 비즈니스에서 경쟁은 불가피할 때가 많고, 때로는 필요하기도 하고 도움이 될 때도 적지가 않다.

그러나 경쟁과 관련하여 특히 주목해 보아야 할 것으로 두 가지를 제시하였다. 하나는 경쟁은 어떤 목표를 성취하기 위한 수단이고 방법일 뿐이란 것이다. 다시 말하면 경쟁 자체가 목적이 되면 안 된다는 것이다. 그리고 다른 하나는 경쟁에서 성공하는 데는 단 하나만의 수단·방법만이 있는 것이 아니라 더 나은 방법이 얼마든지 있을 수 있다는 것이다. 다시 말하면 그것은 여러 가지의 부가가치로 경쟁할 수 있다는 말이다.

De Bono가 말하는 '서페티션(sur/petition)'은 일반적으로 이야기하는 기저선 수준의 경쟁을 넘어선 것이다. 결국 서페티션은 새로운 가치를 창조하여 그것을 독점적으로 판매하는 '가치독점'을 말하기 때문에 여기서는 경쟁이란 사실상 무의미해진다. 그러므로 조직에서는 소비자들이 기꺼이 소비할 수 있는 새로운 가치를 발견하고 제공할 수 있어야 한다.

이와 비슷한 맥락의 창의적 경영 이론이 Kim & Mauborgne이 말하는 가치 혁신을 통하여 블루오션을 창조하는 것이다. 블루오션 전략은 고객·소비자의 관점에서 새로운 요구와 가치를 창출하여 높은 수익과 급격한 성장을 가능케 하는 새로운 시장을 개척하는 것으로 이것은 제로섬의 레드오션 전략과 대비가 된다. 이것은 소비자 중심의 비즈니스 모델이며 ERRC라는 사고도구를 사용하여 새로운 가치를 생성한다. 또한 전략 캔버스라는 프레임을 사용하여 경쟁의 상황을 일목요연하게 확인해 보고 있다. 그러나 조직의 시각에서 보면 가치 혁신을 통한 블루오션 전략도 '더 나은' 변화와 '다른' 변화라는 연속적인 하나의 스펙트럼에 따라 함께 동시적으로 추구해야 할 것이다. 그리고 가치 혁신의 중심에는 언제나 새로운 아이디어와 가치를 생성해 내는 '창의와 혁신'이 있어야 함도 아울러 강조하였다.

chapter_8 | '왜'와 창의적인 전략적 행동

Chapter 8

'왜'와 창의적인 전략적 행동

이 장에서는 개인이나 조직이 일을 하거나 존재하는 이유를 설명하는 목적과 가치부여를 다룬 다음 이와 일치되기를 바라는 전략적 행동에 대하여 알아본다. 그리고 가치 추구와 개념화의 중요성과 관련하여 작업 수행에 대한 '왜' 스타일과 '어떻게' 스타일에 대하여서도 음미해 볼 것이다. 그런 다음 목적이 없는 과제 중심적 사고의 내용과 거기에 수반하는 함정에 대하여 살펴볼 것이다. 마지막으로 '왜'와 '어떻게'를 연결하여 창의적인 전략적 행동과 창의적인 문제해결 능력을 향상시킬 수 있는 구체적인 방안들을 세 가지로 나누어 분석해 볼 것이다.

Ⅰ. 왜? – 삶과 일에 대한 가치부여

1. 일의 의미와 가치

우리가 흔히 목적이나 목표란 용어로 표현하고 있는 것에는 여러 가지의 개념들이 있을 수 있다. 추상적인 수준의 것으로는 비전(vision), 미션(mission), 이념, 이상, 신념, 희망, 꿈 등의 개념들이 있을 수 있고 상징이나 로고(logo) 등도 여기에 포함될 것이다. 이들은 모두가 존재(설립)의 이유이며 나아가야 할 목표이며, 또한 지향하는 미래에 대한 그림 같은 것이다. 그리고 이들을 표현하기 위한 보다 편안한 일상의 용어로는 '왜'(why)를 사용할 수 있다.

'왜'라는 질문이 요구하는 것은 이유, 목적(목표), 신념, 가치, 대의명분 같은 것들이다. 정말로 성공하려면 모든 것은 목적의식인 '왜'에서 시작해야 한다. 그리고 그러한 왜에 도달하고 성취하기 위하여 수행하는 것이 전략적 행동이다. 전략적 행동은 '무엇을' '어떻게' 실천할 것인지를 결정하고 행동하는 것이다. 거기에서 얻어지는 것이 사고/행동의 결과이고 성과이다. 왜 힘들게 일을 하며, 회사는 왜 존재하는 것일까? 쉽게 떠오르는 대답은 '돈을 벌기 위하여'일 수도 있다. 그러나 생각해 보면 그것은 목적이 아니라 무엇을 할 수 있기 위하여 일해서 얻게 되는 결과일 뿐이다.

그러나 기업이든 거기에 몸담고 있는 개인이든 간에 '왜' 이 일을 하는지를 설명하기란 쉽지가 않다. 그냥 열심히 일은 해도 그것을 떠올려 보는 경우가 별로 없는 그런 것이며, 흔히 먼 길을 돌아와 되돌아보면서 말하는 초심(初心) 같은 것이기 쉽다.

그러나 모든 일은 왜에서 시작한다고 볼 수 있다. 사실 모든 것은 그러한 왜를 성취하기 위한 것이다. 그러므로 왜는 일의 꼭짓점에 있다. 그리하여 그것은 일과 과제의 방향을 지시하고 힘과 열정을 생성해 내는 원천이 된다. 그러므로 우리는 자신이 '왜' 그 일을 하는지를 분명하게 의식하고 알아야 한다. 개인이든 조직이든 존재하는 이유를 명료하게 설명할 수 있어야 한다. 어떤 것이 존재하는 의미, 자신이 하고 있는 일에 대하여 어떤 가치를 찾고 설명할 수 있어야 한다. 그러면 목적지가 분명해서 행동에 방향이 있게 되고, 열정이 생기고 그리고 조직에서는 공동체 의식이 살아날 수 있기 때문이다.

그런데 중요하고 흥미로운 것은 사람에 따라, 그리고 조직에 따라 '왜'의 수준이나 내용이 매우 다를 수 있다는 것이다. 먼저 같은 일을 하더라도 거기에 부여하는 의미나 가치가 많이 다를 수 있다는 것을 예시해 보는데 그것은 매우 중요한 의미를 가지고 있기 때문이다. 다음 〈보기〉의 글에는 똑같이 돌 쪼개는 일을 하고 있는 두 사람의 석공이 있다. 8월의 뙤약볕 아래에서 벌어지고 있는 일이라 생각해 보라. 그런데 이들 두 사람은 가지고 있는 비전, 목표의식이 전혀 다르다. 한 사람은 먹고 살기 위하여 돌을 쪼개고 있고, 같은 일을 하고 있는 두 번째 사람은 성당을 짓기 위해 땀 흘리고 있다고 대답한다. 두 사람은 자신이 하고 있는 일에 부여하고 있는 의미, 의의(意義) 내지 가치의 수준이 아주 다르다는 것을 알 수 있다. '왜'에 대한 의식이 달라지면 일에 대한 지향과 일에 대한 관점이 달라지고 따라서 행동이 달라진다.

그러므로 돈을 좀 더 많이 받을 수 있다면 첫 번째 석공은 아마도 바로 떠나갈 것이다. 그러나 더 높고 아름다운 목표의식으로 영감을 받은 두 번째 석공은 힘이 좀 더 들더라도 높은 대의명분, 가치, 이상의 일부가 되기 위해 가능한 한 오랫동안 거기에 남아 일을 계속할 것이다. 좋은 목표는 일에 집중케 하고, 열정적으로 일하게 하며, 또한 서로 간에 소속감을 느끼게 만든다. 그리고 자신의 행동은 높은 가치를 실현하는 방법이고 하나의 수단이고 경로라 인식하고 즐거워할 것이다. 우리는 작은 일을 하더라도 큰 그림을 생각할 줄 알아야 한다. 그래야 모든 작은 것들이 의미를 가지고 제대로의 방향으로 나아갈 수가 있다. 그리고 큰 그림은 작은 것들을 통하여 비로소 이루어질 수 있다.

〈두 사람의 석공〉

어떤 사람이 거리를 지나가다가 공사 일을 하고 있는 두 사람의 석공을 만나게 되었다. 이들은 모두 돌을 쪼개는 같은 일을 하고 있었다. 그는 첫 번째 사람에게 지금 무엇을 하고 있느냐고 물었다. 그 사람은 "돌을 쪼개고 있지요, 보듯이. 먹고 살기 위해서"라고 대답하였다.

그리고 같은 질문에 대하여 두 번째 사람은 "성당을 짓고 있지요"라고 대답하였다. 두 번째 사람은 더 높은 비전을 가지고 있음이 분명하다. 그는 자기가 하고 있는 일이 가지고 있는 '의의(意義)', 가치 내지 '의미'를 더 넓게, 더 높게 이해하고 있다. 비전이란 '개념화와 존재의 의미'를 보여주는 것이라 말할 수 있다.

2. 학교 영재와 창의적-생산적 영재

지금까지 개인이나 팀이나 조직이 작업/과제에 부여하는 의미 내지 가치의 수준이 매우 다를 수 있고 이에 따라 행동이 달라진다는 것을 생각해 보았다. 그것은 목적의식, 추구하는 가치의 중요성을 강조한 셈이다. 누구나 원하는 가치가 다를 수 있고 그리하여 성공의 잣대 또한 다를 수 있다. 돈이거나 명예거나 개인적인 신분 상승이 중요한 가치일 수도 있다. 그리고 어떤 가치는 수준이 낮다고 비판하는 것도 적절해 보이지 않는다.

그럼에도 불구하고 여기서 우리는 새로운 변화를 추구하는 창의와 혁신에 관심을 가지고 있음을 다시 주목해 보아야 한다. 그러면 새롭고 가치 있는 창의적인 산출을 통하여 세상을 더 낫게 또는 아주 다르게 변화시키는 데 기여해야 하는 창의적인 사람이 가져야 하는 가치는 어떤 것일까라고 물어보게 된다. 개인뿐 아니라 조직에서 기대하고 격려해야 하는 이들 가치는 어떤 것일까? 아마도 창의적이고 혁신적인 사람은 자신이 무엇을 하든 간에 자신이 하는 일을 좋아하고, 함께 일하는 사람에게 관심을 가지고 마음을 쓰며, 그리고 자기가 하고 있는 것이 중요하고 세상을 더 낫게 변화시키는 데 기여한다는 것을 자각하는 사람일 것이다. 특히 중요한 것은 단순히 일을 좋아하는 것을 넘어 자기 자신의 개인보다 더 큰 어떤 것, 더 넓은 어떤 것에 삶의 초점을 두는 것으로 기대해 볼 수 있다. 이러한 개인이 목표하는 것은 개인적인 입신양명이 아니라 자신의 성취를 세상에 돌려주고 더 나은 세상의 변화에 기여하는 그러한 의미 있는 가치일 것이다.

조직에서 이러한 가치가 조직원들이 공유하는 기업 문화가 되기 위해서는 리더의 리더십이 중요하다. 윤리적 기업 문화의 개발을 돕는 회사인 LRN의 창설자이고 CEO인 Dov Seidman이 인터뷰를 통하여 자식에게서 바라는 가장 중요한 것이 무엇인지에 대하여 대답한 내용의 한 부분을 인용해 본다: "무엇보다도 나는 내 아들에게 '희망'을 고취시키고 싶다. 가장 기본적인 가치는 희망이다. 왜냐하면 희망에 뿌리를 두지 아니하면 자기 자신에게만 틀어박히고, 남들과 떨어져 멀어진다. 희망을 가지면 세상을 의미의 원천으로 보게 되고 더 나은 미래에 대한 무한한 가능성을 바라볼 수 있게 된다. … 그리고 그러한 미래를 실현하기 위하여 남들과 협력할 수 있게 될 것이다"(Wagner, 2012, pp. 216–217).

마지막으로 영재 교육과 영재의 종류에 대하여 생각해 본다. 뛰어난 영재들에게 교육자원과 세금을 불공평하게 소비하면서 전문적인 학습 경험을 제공하는 이유는 무엇일까? 이러한 질문은 누구가 영재이며, 영재 교육의 커리큐럼은 어떻게 구성되어야 하느냐에 앞서서 제기해 보아야 할 질문이다. 영재 교육에는 크게 보면 두 가지의 목적이 있다. 하나는 우수한 개인으로 하여금 뛰어난 잠재 능력을 개발하고 실현할 수 있게 자기성취의 기회를 제공하는 것이다. 두 번째는 기존의 지식을 단순히 소비하는 사람이 아니라 새롭고 가치 있는 지식을 생성하고 그리하여 현재와 미래의 문제를 해결하는 데 주도적인 역할을 할 수 있는 인재를 길러내는 것이다. 두 번째의 목적은 국가나 조직의 시각에서 보면 생산성과 경쟁력을 높일 수 있는 인재풀을 확대하는 것이다.

그런데 자기성장과 사회적 기여라는 이들 두 가지의 목적은 상호작용적이고 상호의존적일 수 있기를 우리는 기대한다. 과학자, 예술가 및 기타 모든 분야에서 뛰어난 리더는 매우 자기성취적일 뿐 아니라 그러한 성취를 통하여 사회에 가치 있는 공헌을 할 수 있는 잠재력을 가지고 있다. 따라서 영재 교육의 초점은 기존의 지식을 단순히 흡수하고 소비하는 것이 아니라 기존의 지식을 효과적으로 활용할 수 있을 뿐 아니라 새로운 지식을 생산해 낼 줄 아는 창의적이고 생산적인 인재를 개발하는 데 목적이 있을 것이다. 영재 교육의 목적은 결코 어려운 시험에 통과하고 사회에 창의적인 기여와는 거리가 먼 개인의 입신영달을 도와주는 데 있지는 아니할 것이다.

이와 관련하여 Renzulli(1986)가 진정한 영재(英才)라 말하고 있는 '창의적 – 생산적 영재'에 대하여 주목해 본다. 그는 영재를 두 가지로 분류하고 있는데, 하나는 '학교 영재'(schoolhouse giftedness)이고, 다른 하나는 '창의적–생산적 영재'(creative–productive giftedness)이다. 전자는 인지능력이 뛰어나서 학교 성적이 우수하다. 그래서 시험을 잘 치고 출세에 매우 유능한 사람이다. 그러나 후자는 정보와 사고 과정들을 통합적으로, 귀납적으로, 그리고 실제문제 중심으로 사용하고 적용하여 새로운 산출을 개발해 내는 능력이 뛰어나며, 여기에 삶의 가치를 두는 사람이다. 이들 두 가지 종류는 상호작용하면서 함께 공존할 수도 있다. 그래서 '학교 영재'이면서 동시에 '창의적 – 생산적 영재'일 수도 있다. 그러나 많은 경우 이들 두 가지 종류의 영재는 별개의 것일 수도 있다. 그래서 출세와 치부 같은 세속적인 일에만 몰두하는 영재도 적지 않게 있다. 이러한 사람은 '왜'에 대한 생각에 문제가 있다고 보아야 한다. 세상이 기대하는 창의적 영재는 물론이고 당연하지만 '창의적 – 생산적 영재'일 것이다. 그리고 이러한 가치가 정말로 창의적인 사람의 가치이기를 우리는 기대하게 될 것이다.

Ⅱ. 무엇을 어떻게? – 창의적인 전략적 행동

무엇을 '어떻게'(how)는 '왜'보다는 좀 더 분명하고 구체적이다. 그것은 어떤 대상(제재, subject)을 가지고 일을 처리해 가는 방법이기 때문이다. 개인이나 조직의 대부분은 자신이 '어떻게' 일을 하는지를 알고 있다. 친절 제일의 방법으로, 연말 특별 할

인의 방법으로, 현장 방문으로, 속임수의 방법으로, 과학적인 방법으로 또는 창의적인 수업 방법으로 … 등으로. '어떻게'를 효과적으로 설계하면 인기를 얻고 판매고를 높이고 경쟁에서 이길 수 있다. 그러므로 조직에서의 회의든 개인적인 사색이든 간에 대부분의 의사결정은 '어떻게'에 대한 것이며 이를 전략적으로 판단하는 것이다.

그런데 여기서 매우 중요한 것은 목적, 즉 '왜'와 전략적 행동, 즉 '어떻게'의 관계이다. 어떤 일을 '왜' 하는지를 철저하게 의식하고 거기에 도달하기 위한 방법으로 '어떻게'를 하는가? 아니면 '왜'는 생각 없이 '어떻게'에만 따라서 행동하는가? 경영의 대부라 부르는 Welch(2013)는 왜와 어떻게의 관계를 얼라인먼트(alignment)란 개념으로 설명하고 있다. 얼라인먼트란 전파를 송출하거나 수신하는 장비의 주파수를 조절하거나 자동차 타이어를 같은 방향이 되게 맞추는 것을 말한다. 얼라인먼트를 통하여 조직의 구성원들이 목표, 행동 및 결과를 일관성 있게 공유하며 그리하여 한 마음으로 일하는 것을 그는 매우 강조하고 있다. 또 다른 어떤 사람들은 '왜'와 '어떻게'의 관계를 동반자 관계라 말하기도 한다.

'어떻게'는 개인이나 조직의 왜, 즉 목적을 성공적으로 성취할 수 있는 전략적인 '수단'이고 '방법'이다. 그것은 자신이 추구하는 목적, 신념, 이유, 대의명분에 숨을 불어넣고 현실에서 구체적으로 표현될 수 있게 하는 방법을 추구해 가는 원칙이고 가치관이다. 어떻게는 목적을 실현하기 위한 행동이다. 그러므로 행동에는 일관성과 진정성이 중요하다.

'무엇을'(what)은 전략적 행동의 주제이고 대상이며 또한 그러한 행동의 결과물이다. 기업에서 보면 제품, 서비스, 홍보, 마케팅 등이 이러한 '무엇'에 해당된다. 개인에서 보면 제품, 서비스뿐 아니라 공부, 전시, 발표 등이 다양하게 해당될 것이다.

그리고 '무엇을' '어떻게' 행동하는 것을 전략적 행동이라 부른다. '전략적'이란 몇 가지의 대안들을 생성해 내고 그중에서 가장 그럴듯해 보이는 것을 의사결정하는 것을 말한다. 중요한 것은 Welch의 얼라인먼트에서 보듯이 '왜'라는 이유, 목적은 효과적인 전략적 행동으로 실천되어야 한다는 것이다. 그러려면 '왜' – '무엇을' – '어떻게'가 이 순서대로 지켜져야 하며 서로가 동반자 관계로 일치하여 균형 있게 조정되어야 한다는 것이다. 실제로 개인이든 조직에서든 간에 가지고 있는 꿈, 비전, 목적이 아무리 참신하고 웅대하다 하더라도 남들이, 소비자가 그것을 사주지 않으면 의미가 없다. 왜는 오로지 전략적 행동을 통해서만 현실에서 이루어질 수 있기 때문이다.

모든 조직이나 개인은 자신이 '무엇을' 하고 있는지는 잘 알고 있다. 예컨대 어떤 일을 하며, 어떤 서비스를 하며, 어떤 교육을 하며, 무엇을 판매하고 있는지를 안다. 그러나 '어떻게'는 '무엇을'보다는 덜 분명하고 덜 구체적이다. '왜'는 대개가 가장 추상적이고 막연해서 쉽게 설명하기가 어렵다. 그리고 사람들은 왜에 대하여서는 별로 말을 하지 않는다. 그래서 질문을 받으면 대부분의 경우 '무엇을' 하는지에서 시작하여 '왜'의 방향으로 거꾸로 접근해 들어가고 있다. 그러나 중요한 것은 성공하려면 반대가 진(眞)이어야 한다는 것이다. 다시 말하면 '왜'에서 시작하여 '무엇을' '어떻게'라는 전략적 행동을 계획하고, 이해하고, 실천하고 그리고 통제할 수 있어야 한다. '왜'는 신념이고, '어떻게'는 그러한 신념을 실현하는 행동이며, 그 결과 만들어지고 달라지는 것이 '무엇을'이기 때문이다.

Ⅲ. 가치의 추구와 스타일의 차이

1. 가치의 추구와 개념화

'왜'는 어떤 조직이나 개인이 어떤 현상이나 문제가 어째서 존재하는가, 왜 필요한가, 어떤 의미를 가지는가, 또는 그것들이 어떻고 어떻게 되거나 되어야 하는지를 묻고 대답하는 것이다. 그것은 현재의 보이는 것을 넘어선 어떤 것에 대한 꿈이고 상상일 수도 있다. 그러한 '왜'에 대한 담론의 수준은 몇 가지로 추상의 수준을 달리 할 수 있다고 하였다. 물론 우리의 담론은 목적을 살펴보는 것뿐 아니라 지금의 방법이나 대상에서 시작할 수도 있다. 그러나 '왜'를 질문하는 것은 현상이나 대상을 넘어 근본적인 의미, 이미지, 이유와 가치를 추구하는 것이기 때문에 그것은 대상이나 현상 자체에 대하여 담론하는 것보다 훨씬 더 수준이 높고 더 중요할 수 있다.

'왜'를 질문하고 그리하여 추구하는 의미나 가치가 무엇인지를 묻고 거기에 대하여 사고한다는 의미에서 이러한 행동은 '가치 개념의 추구'라 말할 수 있다. 달리 말하면 '가치 있는 개념의 추구'(가치 개념) 또는 가치의 개념화(conceptualization)라 말할 수 있다. 그것은 자신이 하고 있는 일 또는 어떤 행동이나 대상의 의미나 존재 가치를 묻고 발견해 내는 것이다. 그러므로 이러한 작업은 현상이나 대상 자체보다 훨씬 더 중요할 수 있다.

앞에서는 같은 일을 하고 있는 두 사람의 석공에 대한 이야기를 언급한 바 있다. 두 사람은 일에 부여하는 목적(즉 '왜')과 비전이 다르다. 다시 말하면 자기가 돌을 쪼고 있는 일을 하는 이유(목적), 그러한 일을 하는 이면의 '가치'가 두 사람은 서로 다르다. 그리고 그러한 가치를 어떻게 개념화하느냐에 따라 하고 있는 일의 중요성과 그에 부수하는 태도와 행동의 방향이 크게 달라진다는 것을 쉽게 짐작할 수 있었다.

변화나 창의력은 대개가 우리의 눈에 보이는 구체적인 현상 또는 대상으로 나타난다. 그러나 그 이면의 근원에는 '개념'이 있다. 그리고 그러한 가치 개념이 창의를 통하여 구체적인 모습으로 실현되기 위해서는 '무엇을' '어떻게'의 구체적인 전략적 창의가 뒤따라야 한다. 근원에 있는 어떤 추상적인 개념은 물리적인 대상의 모습을 가짐으로써 비로소 현실에 구체화되고 공개된다. 그리고 '기술력'(technical skills)이 있을수록 개념이 지닌 의미를 보다 더 적절하고 아름답게 표현할 수 있을 것이다.

어떻든 궁극적인 가치는 물건 자체가 아니라 그 이면의 근원에 있는 '개념'에 있음을 주목하는 것이 중요하다. 그러한 개념은 바로 가치 개념이다. 그리고 중요한 것은 제품과 같은 물건이나 어떤 현상은 '개념'과의 관계 속에서만 가치를 가진다는 것이다. 그러므로 좋은 물건을 효과적으로 만들어 내는 노하우(know-how)도 좋은 개념을 위하여 적용되어야 비로소 제대로의 가치를 가질 수 있다. 물론이지만 '노하우'가 신통치 않으면 아무리 좋은 가치의 개념도 구체적인 모습으로 실현될 수가 없다. 그래서 창의와 혁신에는 몇 가지의 수준이 있지만 이들 가운데서 가치 있는 개념을 생성해 내는 '개념의 창의'가 분명히 가장 고급 수준의 것이다.

경영자를 비롯한 조직의 리더들은 시작 지점, 즉 '왜'의 꼭짓점에 앉아 목적지를 상상하고 조직원의 전체가 거기에 영감을 받아 그러한 방향에 맞추어 신나게 일할 수 있게 신바람을 부여하는 책무를 지니고 있다. 이렇게 보면 CEO와 같은 최고 경영자들이 가져야 하는 가장 중요한 능력 가운데 하나는 조직의 '왜', 즉 가치 개념을 창출하고, 설명하고 그리고 설득하는 개념적 기능(conceptual skills)일 것이다. 그리고 중간 관리자에게는 "인간관계 기능"(human skills)이, 그리고 일선 감독자에게는 '기술적 기능'이 특히 더 요구될 것이다. 그러나 이러한 주된 기능의 차이에도 불구하고 '왜'를 물어 창의적인 가치를 발견하고 이를 개념화하는 노력은 어느 직급의 어떠한 사람에게도 어느 정도는 필요할 것이다. 좋은 기술, 좋은 생산 설비를 가지고 있더라도 어떤 것이 존재하는 의미 또는 하고 있는 일이 중요할 수밖에 없는 어떤 창의적인 가치를 찾지 못하면 살아남기 힘든 시대가 오고 있다. 앞으로는 지식가치 시대의 요구에 따라 새로운 가치 개념, 새로운 문화의 창출이 더욱 더 절실하게 중요해질 수밖에 없을 것이다.

2. '왜' 스타일과 '어떻게' 스타일

목표는 조직이나 개인의 지향점이며 나아가야 하는 방향이다. 그리고 '어떻게'라는 전략적 행동은 목표에 도달하기 위한 수단이고 방법이다. 그래서 '왜'의 목표와 '어떻게'의 전략적 행동은 매끄러운 동반자 관계로 연계되어 일치를 이루어야 한다.

'왜' 스타일의 사람은 보이는 현상, 대상 또는 행동 자체보다는 그것을 넘어서 그 이면에 있는 의미, 의의와 가치를 상상하기를 선호하는 능력의 사람이다. 이러한 사람은 대부분의 다른 사람들이 보지 못하는 어떤 것이나 미래의 모습 따위를 꿈꾸고 상상한다. 이들은 이상주의자나 낙관주의자라 불릴 수 있다. '왜' 스타일의 사람은 자신의 꿈과 이상을 위해 겁 없이 덤비다가 비참하게 실패할 수도 있다. 그러므로 이러한 사람에게는 자신의 비전, 꿈, 가치에 고무되고 영감을 받아 그것을 현실에서 실현해 줄 수 있는 지식과 기능을 갖추고 있으면서 자신을 도와 줄 수 있는 사람이 절대로 필요하다. 그렇지 못하면 머릿속에 잔뜩 들어 있는 '왜'는 결코 현실에서 이루어질 수가 없다. '왜'에는 '어떻게'가 반드시 필요하다는 말이다. 반면에 '어떻게' 스타일은 실용적인 면에서 보다 더 분명한 개념을 가지고 있으며 그래서 현실주의적이다. 이들은 누구나 볼 수 있는 실제의 현실적인 일에 집중한다. 이들은 해결의 방법을 생각해 내고, 일을 마무리하고, 또는 구조나 절차를 만드는 일에 뛰어난 역량을 보인다.

그런데 세상의 대부분의 사람들은 '어떻게' 스타일이다. 이들 다수는 현실 세계의 눈에 보이는 일에 집중하여 나름의 전략으로 처리해 가기를 좋아한다. 그리고 물론이지만, '어떻게' 스타일도 나름대로의 성취를 할 수가 있고 그래서 성공을 즐길 수 있다. 그러나 주목해야 하는 것은 '왜'를 간과하고 '어떻게'에만 집착하면 좁은 시야를 넘어 혁신하고 크게 성공하기는 어렵다는 것이다. 이미 앞에서 우리는 조그마하고 사소해 보이는 일을 하더라도 '큰 그림'을 생각할 줄 알아야 한다는 것을 주목한 바 있다. '큰 그림'이란 더 높은 꿈이고 목적이고 더 넓은 바람일 것이다.

우리의 생각은 눈에 보이는 것, 구체적으로 접근할 수 있는 대상이나 현상에 구속되고 제한되는 경향이 있다. 구체적인 것만을 다루어 해석하고 결론 내리고 처리하는 데 빠져 버리기 쉽다. 이것은 다소간은 자연스러운 경향이다. 왜냐하면 당면한 현상적인 문제를 처리하는 것은 당장에 필요하고 중요하기 때문이다. 또한 눈에 보이지 않고 이해하기 힘든 추상적인 개념을 사용하여 설명하고 커뮤니케이션하고 작업하는 것은 구체적인 것을 대상으로 하는 것보다 훨씬 더 어렵다.

다시 말하면 개인이든 조직이든 '왜'의 비전/목표와 '어떻게'의 전략적 행동이 균형 있게 일치를 이루고 동반자 관계를 이루면서 일 처리되기를 우리는 기대한다. 구체적인 방법 없이 목적지만 있으면 그러한 목적은 효과적으로 이루어질 수 없다. 또한 지향해야 할 목적지가 없다면 전략을 결정하거나 우선순위를 정할 수 없고 의미와 보람을 느끼기 어렵기 때문에 작업의 진행은 혼란스럽게 된다. 창의적인 전략일수록 특히 더 그러할 것이다. 눈앞의 좁은 성취가 아니라 좀 더 크고 먼 이상적인 성공에 목표를 두고 거기에 따라 행동이 이루어진다면 창의와 혁신의 공간은 훨씬 더 가치 있는 것으로 확대되어 이루어질 수 있을 것이다.

Ⅳ. 과제 중심적 사고 – '왜'가 없는 행동

어떤 일을 열심히 해도 그 일을 왜 하는지, 목적이 무엇인지를 의식하지 못할 수도 있다. 그러면 어떤 전략적 행동을 하는 것과 그를 통하여 도달하려는 목표 사이의 연결고리가 약해지거나 무너져 버리게 된다. 그것이 일시적이고 부분적인 것이 아니고 작업 전체의 전개 과정이 그러하면 조직의 행동은 지향의 방향이 없어지고 갈팡질팡의 혼란을 일으킬 것이다. 이처럼 과제 자체에 매몰된 '과제 중심적 사고'를 하면 닫힌 사고 때문에 창의와 혁신이 어렵거나 불가능해진다. 그리고 작업은 비효과적이게 되기가 쉽다. 그렇게 하면 지금처럼 끊임없는 변화가 요구되는 세상에서 지속적으로 성공하기는 어려울 것이다.

이러한 사고의 비즈니스맨은 지금 수행하고 있는 과제를 '왜' 하는지 '목적'을 묻지 않으며, 그러므로 현재 수행하고 있는 것이 목적에 맞게 제대로 전개되고 있는지를 체크하지 않는다. 소비자의 요구를 확인하고 이를 만족시키는 것은 비즈니스의 목적이고 성공의 기준임에도 불구하고 이들은 여기에 둔감해지게 된다. 우리는 이를 과제 중심적 사고(task-driven thinking)라 부를 수 있다.

많은 경영자나 관리자들은 매일 매일의 일과가 너무 바빠서 '생각할' 시간이 없다는 말을 자주 한다. 이들의 매일 매일은 지금 바로 꼭 처리해야 하는 과제에 둘러싸여 있어 거기에 집중하고 있다. '소방관식 사고' 또는 '식당 의자 정리' 등의 용어는 모두가 이러한 현상을 지적하고 있다. '소방관식 사고'란 그것이 정말로 중요한 것인지는 생각하지 아니하고 지금 당장 급한 일을 하느라 뛰어다니기 바쁜 것을 말한다. '식당 의자 정리'란 타이타닉 여객선이 한참 침몰하고 있는데도 실제로는 전혀 중요하지도 아니한 식당 의자 정리하는 일을 하는 것에 비유한 것이다. 이런 사람은 과제의 우선순위를 계획하지 못하며, 그리고 시간이라는 자원을 효율적으로 활용하지 못하는 사람들이다.

그러면 목적, 이유와는 관계없이 떨어져 과제 자체에만 매몰되는 과제 중심적 사고는 어떻게 해서 생겨나는 것일까? 두 가지의 이유가 있는데 하나는 목표를 분명하게 정의하지 아니하고 넓고 막연한 목표를 형식적으로 진술한 다음 바로 과제/문제를 실행하고 수행해 가기 시작하는 것이다. 둘째는 과제를 수행해 가는 행동이 목표에 '적절하게' 이루어지고 있는지를 점검하지 않기 때문이다. 아래에서 이들 각기의 이유에 대하여 좀 더 자세하게 살펴볼 것이다.

1. 구체적인 목표진술의 결여

Gilbert(1996)는 과제 중심적 사고의 모습을 [그림 8-1]과 같이 제시하고 있다. 여기에서 보면 과제/문제의 목표를 자세하게 정의하지 아니하고 넓고 막연하게 대강 대강 제시한 다음 바로 과제/문제를 해결하기 위한 전략을 세우고 집행하기 시작한다.

이미 지적해 둔 바와 같이 어떤 일을 하든 간에 먼저 문제를 바르게 정의하는 것이 중요하다. 그런데 문제를 정의할 때는 '왜'(목표, …을 위하여)와 '무엇을'의 차이를 주목해야 한다. 목표는 '왜'를 나타내고, '무엇을'은 현재 해결하려는 과제 내지 대상이다. 그리고 '어떻게'는 '무엇을' 행동해 가는 전략적인 방법이다. 전략적 행동은 수단이며 목표는 도달하려는 표적의 지향지점이다. 따라서 수행하고 있는 행동은 도달하려는 목표에 부합하여 적절해야 하며, 또한 그것을 달성하는 데 효과적이어야 한다. 아래의 단락에서는 어느 가정에서 자동차를 구입코자 할 때의 가상적인 장면을 예시적으로 제시하고 있다.

〈자동차를 '왜'?〉

어떤 가정에서 자동차를 구입하는 문제를 생각해 보자. 자동차를 사는 것은 수행해야 할 '과제'이다. 그럼에도 불구하고 이것이 마치 목표인 양 착각하기 쉽다. 자동차를 사려면 우선 '왜' 사려고 하는지를 물어 보아야 한다(목표의 정의). 어떤 종류의 자동차를 살 것인지는 전략의 문제이다. 그래서 그것은 '왜' 다음에 따라오는 이차적인 문제이다. 그러므로 이 가정에서 해결해야 할 보다 일차적인 문제는 왜 자동차를 사려고 하는지를 물어 보는 것이다. 그것은 '왜', 목표를 묻는 것이다. 이것이 보다 기본적인 것이며 우선적으로 고려해 보아야 하는 것이기 때문에 이것이 훨씬 더 중요하다.

목표는 '교통 문제'를 해결하는 것일 수도 있다. 문제를 일단 이렇게 정의하고 나면 몇 가지의 대안들이 머릿속에 떠오를 수 있을 것이다. 쓸 수 있는 돈이 얼마인가, 몇 사람의 교통 문제인가, 어디로 다녀야 하는가 등에 따라 선택적인 대안은 달라질 수 있다. 대중 교통수단을 이용하는 대안도 있을 수 있다. 승용차를 구입하기로 결정한다면 가정의 경제 사정과 수요에 따라 대형차 한 대 또는 소형차 두 대 구입하는 등과 같은 대안도 고려할 수 있을 것이다. 이쯤까지 생각이 미치면 교통문제와는 관계가 없는 사회적 체면 문제가 더 중요한 것인지도 함께 고려해 보게 될지도 모른다.

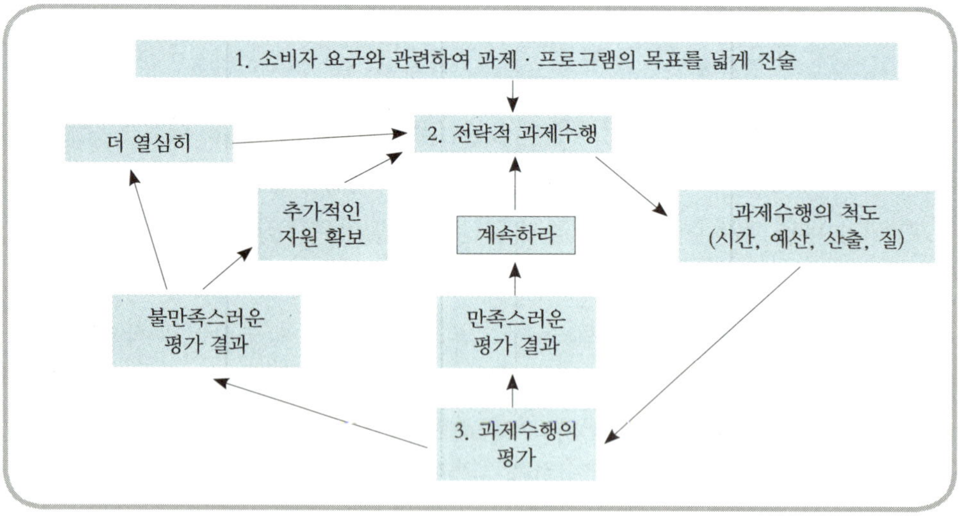

[그림 8-1] 과제중심적 사고의 작업 전개

2. 소비자 효과 체크의 결여

1980년대의 IBM은 자신들이 생산하고 있는 제품이 소비자에게 적절하며 소비자에게 팔릴 수 있는 것인지를 점검하지 않고 회사 중심의 경영을 계속한 대표적인 기업의 하나로 이야기되고 있다. 이때의 IBM은 쇠로 만든 거대한 컴퓨터 시스템을 개발하는 데 열중하였다. 판매고와 생산비에만 관심을 가지고 이러한 컴퓨터를 구입하여 소비하는 사람들에게 그것이 정말로 유용한 것인지에 대하여서는 충분한 관심을 기울이지 아니하였다. 불행히도 그들이 만들고 있던 컴퓨터는 소비자가 원하는 것도, 소비자가 쉽게 구입할 수 있는 것도 아니었으며 그리하여 IBM은 급격하게 몰락하게 되었다고 한다.

여기서 강조하고 싶은 것은 당신이 하고 있는 일이, 또는 당신이 생산하거나 제공하고 있는 제품이나 서비스가 소비자의 요구에 적절하고 유용해야 한다는 것이다. 그리고 그것이 바로 목표 달성의 정도와 과제 수행의 준거가 되어야 한다는 것이다. '소비자 효과'란 소비자에게서 나타나는 결과, 소비자에게 미치는 영향 내지 성과를 말한다. 물론 소비자는 경우에 따라 조직의 외부에 있을 수도 있고, 조직의 내부에 있을 수도 있다.

[그림 8-1]에서 보면 일정한 시간이 지나면 과제가 얼마만큼 성공적으로 수행되고 있는지를 평가하고 있다. 그러나 이러한 평가는 과제가 어떻게 수행되고 있느냐에 대한 것이지 과제의 목표가 어떻게 달성되고 있는지에 대한 것은 아니다. 예컨대 과제수행의 진도가 시간에 맞게 이루어지고 있는지, 예산의 범위 이내인지, 의도했던 제품이 생산되고 있는지, 또는 제품의 성능이 표준에 이르고 있는지 등을 평가한다. 이러한 평가도 물론이지만 중요할 수 있다. 그러나 이렇게만 평가하면 현재의 과제의 수행이 소비자가 바라는 것, 소비자의 요구를 최적으로 만족시킬 수 있는 것인지를 말할 수는 없다. 다시 말하면 과제의 '왜'라는 기준에 따른 평가로는 미흡할 수밖에 없다.

이러한 평가의 결과는 '만족'스럽거나 반대로 '불만족'스러운 것의 어느 하나일 것이다. 만약에 평가의 결과가 만족스러우면 하던 대로를 계속할 것이다. 그러나 만약에 평가의 결과가 불만족스럽다면 다음과 같은 두 가지 대안들 가운데 하나 또는 두 가지 모두를 사용할 가능성이 커 보인다. 하나는 '더 열심히' 하라고 독려하는 것이고, 다른 하나는 필요한 '자원을 추가적으로' 투입하여 하던 대로를 더욱 강하게 밀

어붙이는 것이다. 이들은 어느 것이나 현재 하고 있는 과제수행을 더욱 계속하기 위한 것이다. 그리고 현재 수행하고 있는 전략적 행동이 '왜'가 요구하는 소비자의 문제를 해결하거나, 소비자의 요구를 충족시키는 데 최적의 것이라 '가정하고' 있다. 이러한 가정이 타당하지 아니하면 현재의 과제, 현재의 프로그램은 결국에는 실패할 것이다.

반면에 소비자 중심의 효과/결과에 따라 사고하는 사람은 현재 하고 있는 과제(또는 프로그램 등)를 뛰어넘어 그것을 하고 있는 '이유'(목표)에 따라 생각하고 그것에 더 잘 도달하기 위하여 적절한 정보를 찾고 보다 나은 과제와 해결책을 발견/확인하기 위하여 계속적으로 노력할 것이다. 그러므로 같은 '결과'라도 비즈니스의 목표에 관련시켜본 결과와 계획하고 있는 전략적 행동에만 관련시켜 본 결과는 매우 다를 수 있다. 바라는 결과를 조직의 목표에 따라 이해하고 평가하면 여러 가지의 효과적인 전략적 행동들을 선택할 수 있다. 그러나 한 가지의 전략(전략적 행동)에 매몰되어 그것을 성취하는 것이 최종지점이라 착각하면 우리의 사고는 하나의 선택에 구속된다. 현재 사용하고 있는 전략은 조직의 목표를 성취하기 위한 가능한 여러 대안들 가운데 하나일 뿐이어야 한다. 따라서 그것이 '왜'에 적절한지, 더 나은 전략이 없는지를 질문하고 탐색하는 것은 언제나 계속되어야 한다. 그래야 창의적인 사고의 전략이 가능해질 것이다.

Ⅴ. '왜'와 '무엇을' '어떻게'의 행동적 진술

앞에서는 무슨 일을 하든 간에 모든 일은 '왜'라는 '목적'에서 시작해야 하며, 그리고 그러한 '왜'를 효과적으로 성취하기 위하여 '무엇을' '어떻게' 할 것인지를 전략적으로 계획하고, 의사결정하고, 그에 따라 전략적 행동이 이루어져야 함을 강조하였다. '왜'는 목적/목표이고, '무엇을' '어떻게' 하느냐는 것을 전략적 행동이라 하였다. 전략적 행동은 목적/목표를 성취하기 위한 수단이고 방법이며 거기에 이르기 위한 통로이다. 그리하여 '왜 – 무엇을 – 어떻게'가 이러한 순서대로, 그리고 서로는 일관성 있는 동반적 관계로 일치하여 균형 있게 이루어지는 것이 바람직하고 효과적인 것임을 강조하였다. 그리고 '왜'와 '어떻게' 사이에 연결고리가 무너져 버리면 과제 중심적 사고가 되는데 그 이유에 대하여서도 살펴보았다.

그러면 '왜'(목적/목표)에 대한 목표 의식을 뚜렷하게 하면서 그것을 위한 전략을 의사결정하고 계획하는 데 도움 되는 방법은 없을까? '왜'와 '무엇을 어떻게'를 보다 구체적으로 행동형으로 진술하고 실제적으로 다루는 데 도움 되는 요령은 없을까? 아래에서는 이러한 질문에 대한 대답을 세 가지로 나누어 제시해 볼 것이다.

1. 동사형 조직 - '왜'의 행동적 진술

보다 구체적인 수준에서 보면 '왜'가 요구하는 것은 목적이나 목표이다. 목적(goal)보다 좀 더 구체적인 것으로 목표(objective)를 말하기도 하지만 이들을 구분하지 아니하는 사람들도 많이 있다. 그리고 목표를 구체화하기 위하여 사용되는 용어들을 약어로 표기한 것이 바로 SMART이다. SMART는 목표는 구체적이고, 측정 가능하고, 성취 가능하고, 적절한 것이고 그리고 시간 구속적이어야 한다는 것이다. 이러한 조건들을 충족시킬 수 있어야 제대로 된 '목표'라 말할 수 있다는 것이다.

그러나 목적이든 목표든 간에 이들은 대개가 '명사'로 나타낸 구호나 모토(motto)로 표현하고 있다. 그런데 이렇게 명사로 표현하여 명사화한 목적이나 목표를 벽면에 걸어 둔다 해도 그것은 어떻게, 즉 왜를 성취하기 위한 구체적인 행동을 찾아가는 나침반이나 지침은 되기가 어렵다. 막연하고 추상적인 '왜'는 실천적이지 못하며, 열정이나 혁신을 유도하지도 않고, 그리고 당사자가 계속하여 책임감을 가지는 것도 불가능하다. 그러면 어떻게 해야 하는 것일까?

왜에서 구체적이고 효과적인 지침, 방향, 또는 가치를 원한다면 목적을 '동사의 형태'로 진술하는 것이 효과적이다. 그러면 추구하는 가치의 개념이 보다 분명해진다. 이렇게 함으로써 하고 있는 일의 목적지가 어디며, 거기에 도달하기 위해 어떻게 해야 하는지를 보다 뚜렷하게 보여주는 실질적인 지침을 가지게 된다. 이러한 조직을 우리는 '동사형 조직'이라 부를 수 있다.

예컨대 '성실' 대신에 '언제나 바르게 행동하라' 또는 '친절' 대신에 '항시 웃으며 대화하라'로 진술하는 것이다. 이때 중요한 것은 목적인 '왜'에 가장 적절해 보이는 '동사'를 찾아내는 것이다. 동사에는 범위가 상당히 넓고 추상적인 것에서 보다 구체적인 것까지 여럿 있을 수 있다. 예컨대 '바르게 행동하라' 대신에 '거짓말하지 말라'거나, '웃으며 대화하라' 대신에 '인사를 잘 하라' 등은 보다 구체적인 동사들이다. 어떻든 표현하려는 '왜'에 가장 적합해 보이는 동사를 선택하여 사용해야 한다.

목적/목표를 행위 동사로 진술하면 의욕을 불러일으킬 수도 있고 책임감을 가지게 하며 또한 평가도 보다 쉽게 할 수 있다. 그리고 목표를 향하여 노력하려는 열망을 품게 하고 자기 확신의 영감을 주고, 그리고 합리적이고 실질적이고 즉각 실시할 수 있는 창의적인 행동의 구체적인 지침을 제시할 수가 있다. 이처럼 구체적인 목표 달성에 헌신하는 것을 계속하여 격려하고 입으로 말할 수 있다면 자신들을 그 길로 몰아가서 행동하게 하는 데 크게 도움이 될 것이다.

2. 전략적 행동의 진술 - '무엇을 어떻게'의 아이디어 생성적 진술

이미 지적해 둔 바와 같이 우리는 '왜'의 목표를 효과적으로 달성하기 위하여 '무엇을' '어떻게'의 방법으로 전략적으로 행동해 가야 한다. 그런데 '어떻게'는 행동해 가는 행위 동사로 표현되며, 그리고 '무엇을'은 그러한 행위 동사의 '목적어'가 되기 때문에 '무엇을 + 어떻게'라는 전략적 행동은 '목적어 + 행위 동사'의 형태가 된다는 것이 중요하다. 그리고 여러 아이디어들을 많이 생성해 내도록 유도하려면 아이디어 초대적인 의문형으로 표현하는 것이 효과적이다. 거기에는 '어떻게 …?', '어떻게 하면 …?', 또는 '어떤 방법으로 하면 …?' 등의 어간이 있다.

예컨대, '어떻게 하면 우리가 클럽의 회원 수를 증가시킬 수 있을까?'와 같은 것이다. 여기에서 보면 '증가시키다'는 '어떻게'의 행위 동사이고, 이것의 '무엇을' 나타내는 '목적어'는 '클럽의 회원 수'이다. 그리고 '어떻게 하면 …?'과 같은 의문문의 형식으로 진술하면 창의적인 여러 아이디어들을 생각해 보도록 초대하는 데 도움 된다고 본다. 이러한 의문형의 진술에 대하여 많은, 다양한, 독특한 아이디어들을 발산적으로 사고해 내고, 그런 다음 가장 그럴듯해 보이는 것을 수렴하여 선택한다면 그것은 아마도 우리가 취할 수 있는 가장 그럴듯한 '전략적 행동'일 것으로 기대할 수 있다.

어떤 조직의 목표를 달성하기 위한 전략적 행동들의 몇 가지 보기를 의문문의 형태로 진술하여 제시해 보면 다음과 같다. 이들은 모두가 앞에서 설명한 진술의 형식을 따르고 있음을 알 수가 있다.

> 어떻게 하면 우리가 회사의 비전을 만들 수 있을까?
> 어떻게 현장 팀이 작업의 생산성을 높일 수 있을까?

어떤 방법으로 하면 내가 자식들의 학습 동기를 향상시킬 수 있을까?
어떻게 우리 팀의 창의력을 향상시킬 수 있을까?
어떻게 하면 우리 부서의 시간 활용의 우선순위를 정할 수 있을까?
어떻게 하면 우리가 팀원들 간의 협동을 더 잘 할 수 있을까?

조직에서는 회의나 미팅(meeting) 같은 것들을 빈번하게 가진다. 그것은 형식적인 것일 수도 있고 또한 비형식적인 것일 수도 있다. 그리고 회의/미팅에는 거의 반드시 다루고자 하는 '안건' 또는 '의제'(議題) 등으로 불리는 것이 있다. 토픽(topic)이라 부르는 경우도 있다.

이때 '안건'을 '명사'로만 제시하는 것보다는 위에서 다룬 바와 같이 의문형의 전략적 행동을 탐색하기 위한 형식에 따라 진술하는 것이 보다 효과적이다. 그러면 구체적인 무엇을 어떻게 할 수 있는지에 대한 아이디어들을 요구하게 되며, 그리하여 창의적인 사고를 자극하고 격려할 수 있다. '안건' 등에서뿐 아니라 다루려는 과제와 프로젝트를 진술할 때도 이와 마찬가지로 사용할 수 있다. 예컨대 '생산성 향상' 대신에 '어떻게 하면 조직의 전체가 생산성을 향상시킬 수 있을까?'라고 진술하는 것과 같다.

3. 효과적인 문제 진술 - '왜'와 '무엇을 어떻게'를 포괄하는 진술

"문제(problem)란 당신이 현재 가지고 있거나 행위하고 있는 것과 미래에 새롭거나 다른 어떤 것을 창조하거나 행위해야 할 기회나 요구(need) 사이에 있는 간격을 의미한다. … 문제란 틀린, 결손된, 또는 수리하거나 교정해야 할 필요가 있는 어떤 것으로만 생각하지 말고, 그 대신에 새롭고 유용한 대안을 찾아가는 길을 열어주는 질문이라 생각하라"(Isaksen, Dorval & Treffinger, 2011, pp. 70-71). 여기에 있는 이야기를 자세히 들여다보면 우리가 바라는 미래의 기회나 요구는 '왜', 즉 목적/목표이고 그리고 현재란 '현재 가지고 있거나 행위하고 있는 것'이다. 그리고 현재에서 미래를 찾아가는 '길'이란 바로 '무엇을' '어떻게'이며 이것을 우리는 창의적인 전략적 행동이라 하였다. 그리고 그것은 왜로 나아가는 수단이고 방법이며 '경로'(pathway)라 하였다.

이로써 보면 효과적인 문제 진술(problem statement)에는 '왜'와 '무엇을' '어떻게'가 하나로 모아지고 접합된다는 것을 알 수 있다. 그리고 창의적 문제 진술이란 '목표'와 '전략적 행동'을 모두 포함해야 하며, 그리고 이러한 진술은 의문문의 형식으로 하면 창의적인 아이디어를 생성해 내는 데 도움 된다는 것도 쉽게 이해할 수가 있겠다. 이를 다르게 말하면 앞에서 알아본 '전략적 행동'의 진술에다 바라는 '목표'만 추가시키면 효과적인 문제 진술을 완성시키게 된다.

예컨대 '어떻게 하면 우리가 클럽의 회원 수를 증가시킬 수 있을까?'를 '어떻게 하면 우리가 클럽의 수입을 올리기 위하여 클럽 회원 수를 증가시킬 수 있을까?'로 바꾸면 효과적인 문제 진술이 된다. 여기에서 두 가지를 주목해 보는 것이 좋겠다. 하나는 전략적 행동은 목표에 적절해야 한다는 것이다. 예컨대 회원 수를 증가시키는 어떤 대안이라도 '클럽의 수입을 올리는 데' 적절하고 중요하지 않으면 그것은 소용이 없는 것이다. 그리고 다른 하나는 '클럽의 수입'을 올리는 목표를 달성하는 데는 여러 가지의 전략적 행동들이 있을 수 있다는 것이다. 따라서 '목적어' + '행위 동사'를 여러 가지로 바꾸어 보면 새로운 대안의 전략들이 가능해질 것이다. 앞에서 다룬 '전략적 행동'의 보기들 가운데 몇 개만 골라 효과적인 문제 진술의 보기로 들어 보면 다음과 같다.

> 어떻게 하면 우리가 회사의 이미지를 높이기 위하여 회사의 비전을 만들 수 있을까?
> 어떻게 내가 자식들의 학교 성적을 끌어올리기 위하여 그들의 학습 동기를 향상시킬 수 있을까?
> 어떤 방법으로 하면 우리 팀이 제품을 보다 빨리 완성시킬 수 있도록 팀원들 간의 협동을 더 잘 할 수 있을까?

효과적인 문제 진술의 형식을 사용하면 목표가 구체적이고, 행위의 동사와 연결되며, 그리고 전략적인 대안을 발견하려는 사고와 자세를 자극하고 동기부여시키는 데 크게 도움될 것이다. 그러므로 회의/미팅의 안건뿐 아니라 모든 과제/프로젝트는 이러한 진술의 형식을 따르는 것이 바람직할 것이다(11장의 창의적인 문제 진술 참조).

이러한 이유로 창의적이고 혁신적인 문제해결의 첫 번째 단계는 가치 있고 생산적인 '문제'를 확인하거나 발견하는 것이라 말할 수 있다. 이것이 가장 중요한 것이고 또한 가장 어려운 일이라 말할 수 있다. 창의와 혁신에 관한 많은 사람들은 창의적인 문제의 확인/발견의 중요성을 거듭하여 강조하고 있다.

Ⅵ. 조직의 혁신과 포괄적 리더십

포괄적 리더십(inclusive leadership)은 여러 연구 프로젝트에서 나온 개념이지만 이들 가운데 하나는 Pricewaterhous Coopers가 수행한 '혁신 서베이'에서 시작하였다(Davis, 2000). 이 연구에서는 Times지가 선정한 영국에 있는 1,000개 조직에서 가장 혁신적인 회사와 반대로 영업 실적이 가장 낮은 회사들 간의 차이를 분석하고 있는데 연구의 목적은 조직을 운영하기 위한 '최선의 실제'가 무엇인지를 발견하는 것이었다.

연구를 통하여 확인해 낸 것들은 이들 조직들 가운데 상위 20%(새로운 제품과 서비스에서 얻은 총 매상고의 퍼센트가 가장 높은)와 하위 20%를 차이 나게 하는 것에는 3개의 기본적인 능력이 있다는 것이었다. 이들 세 가지 능력은 포괄적인 리더십을 취하는 것, 창의적인 분위기를 만드는 것, 그리고 창의력을 적용하기 위한 의도적이고 숙고적인 절차적 과정과 방법을 가지고 있는 것 등이었다. 상위 5%의 조직에서는 이러한 능력에 집중하는 수준이 훨씬 더 높았다. 그리고 혁신을 가장 효과적으로 주도하고 경영하는 조직들은 이들의 하나 또는 두 가지가 아니라 이들 세 가지 영역에 동시적으로 집중하는 것같이 보였다. 아래에서는 포괄적 리더십을 포함한 이들 세 가지의 특징적인 능력들을 간단히 살펴본다.

(1) 아이디어 관리를 위한 계획적인 과정을 가지고 있다. 이들 조직은 아이디어를 생산, 저장 및 인출/사용하기 위한 과정이 매우 계획적이고 의도적이다. 이들은 시장에서 발생하는 문제에 관심을 가지며 문제 해결을 위한 대안은 다름 아닌 아이디어라 본다. 따라서 이들은 고객과 소비자의 요구를 이해하고 계획적으로 다루려고 노력한다. 좋은 아이디어는 주로 지위가 높은 경영자나 관리자에게서 나온다고 생각하지 아니하고 모든 사람이 잠재적으로 보아 가치 있는 아이디어를 생산해 낼 수 있다고 전제한다.

(2) 창의적인 분위기를 만들고 창의력을 격려하는 리더십을 발휘한다. 좋은 아이디어를 얻기 위하여 일상의 언어와 행동에도 관심을 가지며, 모든 사람들이 관여하게 하고 그리고 아이디어가 표현되고 성장할 수 있는 분위기와 절차를 강조한다. 변화를 위한 분위기와 문화를 조성하려고 노력한다. 그리고 여러 수준의 리더들은 창의력을 가치롭게 여기고 격려한다.

(3) 포괄적 리더십을 발휘한다. 이들은 리더십(leadership)을 보다 넓고, 포괄적인

것으로 이해하는데 거기에는 적어도 두 가지의 특색이 있다. 하나는 경영자적 기능(managerial skills)뿐 아니라 기업가적 기능(entrepreneurial skills)까지를 포괄한다는 것이다. 흔히 리더십에는 경영자적 기능과 기업가적 기능의 두 가지 종류가 있고 이들은 반대적인 것이라 보는 사람도 있다(Sternberg & Lubart, 1995). 새로운 창의적 제품이나 아이디어를 생각해서 마케팅하는 것은 성질상 기본적으로 보아 기업가적이다. 여기에는 새로운 비즈니스를 창업하고 다른 사람들이 그것을 뒷받침해 주도록 설득하는 것이 포함되기 때문이다. 기업가 정신에는 기회를 포착하고, 독립적이고, 애매함을 인내하고 그리고 장애물들을 극복해 내는 의지 등이 포함된다. 이들은 모두가 창의적 성격의 핵심들이다.

그러나 일단 비즈니스를 시작하고 나면 훌륭한 경영이 더 필요해진다. 리더의 성격이나 스타일에 따라 기업가적인 것과 경영자적인 것의 어느 것을 더 잘 할 수는 있지만 이들 두 가지를 다소간 모두 포괄할 필요가 있다고 본다. 기업가적 리더와 경영자적인 역할에 대한 논의는 많이 있지만 포괄적 리더십은 리더십 기능을 매일의 유지 기능에 제한하여 이해하는 것은 비생산적이라 본다.

포괄적 리더십 기능에는 과제와 사람에 초점을 두는 것에서 더 나아가 '변화'라는 차원을 추가시키고 있는 셈이다. 그러면 리더는 점진적인 변화에서 급진적인 혁신에 이르는 변화의 전체 스펙트럼을 내려다보게 될 것이다. 다른 하나는 리더십을 폭넓게 이해하고 그리하여 모든 사람들이 창의적인 아이디어 생성에 참여케 하는 것이다. 이런 면에서 보면 경우에 따라 모든 사람들이 리더처럼 보일 수 있다. 리더와 구성원들 간의 관계는 비지시적이며 창의를 격려하고 있음을 피부로 느낄 수 있다. 이러한 포괄적 리더십에는 다음의 기능들이 포함된다(Kouzes & Posner, 1995).

(1) 현재의 상태에 도전한다. 조직을 향상시킬 수 있는 기회와 혁신적인 방법을 모색하고, 실험하고 그리고 위험 부담을 감수한다. 리더가 이렇게 하면 조직의 사람들은 현재 일하고 있는 관행에 대하여 의문하고, 새로운 작업 방법을 모색하고, 그리고 때로는 담대한 변화를 시도해 볼 수 있는 분위기가 조성된다.

(2) 공동의 비전에 영감을 불어넣는다. 이러한 리더는 할 수 있다는 믿음을 가진다. 그리하여 미래에 대한 비전을 제시하며 조직이 할 수 있고 하려는 것에 대한 이상과 이미지를 창조한다. 리더는 미래에 대한 비전과 창의적인 전략에 대하여 자주 언급하며 그리하여 조직 전체의 에너지와 헌신의 수준을 끌어올리려고 노력한다.

⑶ 사람들이 행위하게 만든다. 가능한 대로 사람들이 많이 관여하게 하며 생산적인 팀을 구성하고 팀 작업을 격려한다. 상호존중과 신뢰의 분위기를 만들며 각자가 자신감과 열정을 가지게 한다. 그리고 전략적 소통을 위하여 노력한다. 이를 위하여 아이디어나 의견을 솔직하게 표현하려는 자세와 마음을 가지고, 다른 사람의 아이디어를 성급하게 판단하지 아니하며, 경청하고 관심 있게 질문하고 그리고 이해하려고 노력한다. 그리고 열린 마음으로 아이디어와 의견을 나눈다.

⑷ 행위의 모델을 보여준다. 원하는 비전을 보다 분명하게 제시하고, 목표를 추구하는 방식을 말해 주고 그리고 따라갈 수 있는 보기를 보여준다. 리더가 역할 모델을 보여주려면 말과 행동이 일관성을 가져야 한다. 그러면 게임의 규칙이 명료하고 일관성이 있어 조직원 간에 신뢰와 정서적 안정이 생긴다.

⑸ 업무의 우선순위를 효과적으로 관리하며 성과에 대하여 적절하게 격려하고 보상한다. 그래서 무슨 일을 먼저 하며 왜 그렇게 해야 하는지를 납득할 수 있게 해야 한다. 다루는 모든 사안이 다 같이 중요하다고 판단하면 과잉 업무 증후군에 걸리기 쉽다. 그리고 개인이나 팀이 노력하고 성취한 것에 대하여 적절히 보상해 주어야 하며, 그리하여 그들이 스스로 영웅처럼 느낄 수 있게 해야 한다.

[장의 요약]

조직이 가지고 있는 목적이나 목표는 여러 가지의 개념들로 표현될 수 있다. 비전, 미션, 이념, 신념 등이며, 이들은 모두가 존재의 이유나 지향하는 미래에 대한 희망이나 꿈과 같은 것들이며 일상용어로는 '왜?'로 나타낼 수가 있다.

정말로 성공하려면 모든 것은 '왜'라는 목적의식에서 시작해야 한다. 그리고 왜에 도달하고 성취하기 위한 것이 전략적 행동의 '어떻게'이다. 개인이나 조직은 왜의 수준이 매우 다를 수 있으며 이에 따라 일에 부여하는 의미와 가치의 수준이 크게 달라진다. 사람 따라 돈이나 명예가 중요한 가치일 수도 있고, 다르게는 세상을 더 낫게 또는 다르게 창의적으로 변화시키고 기여하는 데 가치를 두고 사는 사람도 있다. Renzulli는 영재를 학교 성적이 우수하고 시험을 잘 치는 '학교 영재'와 정보와 사고의 과정을 사용하여 새로운 산출을 개발해 내는 데 삶의 가치를 두고 있는 '창의적 - 생산적 영재'로 구별하고 있다. 이들 두 가지 유형은 동일한 사람이 모두 가질 수도 있고, 어느 하나만 가질 수도 있다. '학교 영재'는 주어진 공간을 최대로 활용할 줄 알며, 그래서 세속적인 출세에 매우 능하다. 그러나 이렇게만 영재인 사람은 다른 사람과 사회에 공적인 기여를 별로 남기지 못한다.

그런데 목적/목표를 성취하려면 '왜'와 이를 실제 세계에서 수행해 가는 '어떻게'라는 전략적 행동이 일치를 이루어 동반자 관계를 보여 주어야 한다. 비전 없는 행위는 혼란스럽고 시간의 낭비일 수 있지만, 마찬가지로 행위할 수 없는 비전이나 목적은 하나의 허망한 꿈으로 끝나 버리기 쉽다.

개인이나 조직이 왜를 질문하고 그리하여 자신이 하고 있는 일의 의미나 가치가 무엇인지를 묻고 거기에 대하여 생각하는 것을 '가치 개념의 추구' 또는 가치의 개념화라 부르고 있다. 그러나 이러한 눈에 보이지 아니하는 가치는 구체적인 물건이나 현상을 통하여 비로소 실천되고 표현된다. 이렇게 보면 왜의 꼭짓점에 있는 경영자들은 개념을 창출하고 설득하는 개념적 기능이 특히 중요해 보이고, 중간 관리자는 인간관계 기능, 그리고 일선 감독자는 기술적 기능이 특히 더 많이 요구된다고 볼 수 있다.

그리고 '왜' 스타일의 사람은 현상, 대상 또는 행동 자체보다는 그 이면에 있는 의미와 가치를 상상하기를 선호하는 사람이다. 그러나 이러한 스타일의 사람은 그러한 영감을 현실에서 실현해 줄 수 있는 '어떻게' 스타일을 만나지 못하면 비참하게 실패하기가 쉽다. 그런데 대부분의 사람들은 '어떻게' 스타일이다.

어떤 과제/프로젝트를 수행하면서 그 일을 왜 하는지, 지향하는 목적이 무엇인지를 의식하지 못하고, 하고 있는 일 자체에만 매몰되어 있는 것을 '과제 중심적 사고'라 부를 수 있다. 이런 사고를 가지고서는 창의와 혁신은 어렵거나 불가능하다. 과제 중심적 사고를 하는 데는 두 가지의 이유가 있다고 보았다. 하나는 과제/프로젝트의 목적이 무엇인지를 제대로 정의하거나 이해하지 아니하고 넓고 막연하게 목적을 대강대강 제시한 다음(마치 빼놓을 수 없는 하나의 '장식'처럼), 바로 그것을 해결하는 전략을 세우고 수행해 가는 것이다. 다른 하나는 과제의 수행을 평가하면서 목적이 되어야 하는 '소비자의 만족'에 평가의 준거를 두지 않고 있다는 것이다. 평가의 준거를 과제 자체에만 두면 과제 수행이 돌아가게 하는 데는 도움 되지만 소비자 효과는 체크하지 못한다. 그러면 과제/프로젝트의 왜가 달성되고 있는지를 말하기 어렵다.

또한 '왜'와 '어떻게'를 동사화하고 서로 연결할 수 있는 보다 실제적인 대안을 세 가지로 제시하고 있다. 하나는 목적을 명사가 아닌 동사형으로 제시하여 행동 목표를 보다 분명하게 그리고 즉각 실시 가능하고 구체적으로 움직일 수 있게 표현하는 것이다. 예컨대 '친절' 대신에 '항시 웃으며 대화하라'로 표현하는 것이다. 이것을 우리는 동사형 조직이라 부를 수 있다. 둘째는 '무엇을'과 '어떻게'를 연결하여 전략적 행동을 탐색하기 위한 의문문의 형식으로 진술하는 것이다. 예컨대 '어떻게 하면 회사의 비전을 만들 수 있을까?'라고 진술하는 것이다. 이러한 질문에서 여러 가지의 창의적인 해결 대안들을 찾을 수 있다. 마지막은 효과적인 문제 진술을 하는 것이다. 여기에는 '왜'와 '무엇을' '어떻게'가 하나로 접합하게 된다. 예컨대 '어떻게 내가 자식의 학교 성적을 끌어올리기 위하여 그들의 학습 동기를 향상시킬 수 있을까?'와 같은 것이다. 이러한 진술에는 바라는 목표가 있으며 그것을 성취해 갈 수 있는 통로를 제시하고 있어 이제 전략적 행동을 발산하고 수렴하는 일을 격려할 수 있을 것이다. 이와 같은 과제/문제의 진술 요령은 회의나 미팅에서 제시하는 안건이나 의제를 만들 때도 유용하게 사용할 수 있다.

끝으로 조직의 혁신과 포괄적 리더십에 대하여 분석해 보았다. 창의적이고 혁신적인 조직은 적어도 세 가지의 특성들을 가지고 있다. 거기에는 아이디어 관리를 위한 계획적인 과정과 절차를 가지고 있으며, 창의적인 분위기를 만들고 이를 위한 리더십을 발휘하고 있으며, 그리고 포괄적 리더십을 보여주고 있다는 것 등이 포함된다. 그리고 포괄적 리더십의 기능에서는 현재의 상태에 도전하는 분위기를 조성하고, 공동의 비전에 영감을 불어넣고, 사람들이 행위하게 하고, 행위의 역할 모델을 보여주고 그리고 업무의 우선순위를 효과적으로 관리하고 그리고 성과에 대하여 적절하게 보상하는 것 등을 중요하게 여기고 있다.

chapter_ 9 | 집단 창의와 팀워크

Chapter 9

집단 창의와 팀워크

이 장에서는 먼저 집단 창의와 팀워크가 어떻게 대세의 흐름이며 시대의 요청인지를 살펴본다. 그리고 집단 창의에 긍정적 또는 부정적으로 작용할 수 있는 요인들을 몇 가지로 나누어 분석해 본 다음 집단 · 팀의 다양성의 중요성에 대하여 음미해 본다. 그리고 집단 동조적 사고를 특징으로 하는 '그룹 싱크'의 특징적인 증상과 이를 방지할 수 있는 요령들을 살펴 본 다음 생산적인 팀워크의 특징과 이를 향상시키기 위한 전략들을 집단 창의의 과정에서, 그리고 리더십 차원에서 살펴볼 것이다.

Ⅰ. 집단 창의의 개념과 필요성

전통적으로 '창의'에 관한 연구는 주로 심리학적인 것이었으며 여기서는 '창의'와 함께 '집단 창의'란 용어를 주로 사용하고 있다. 반면에 비즈니스나 조직을 다루는 연구자들은 '혁신'과 '팀워크'란 용어를 선호하여 사용하고 있다. 이미 1장에서 언급해 둔 바와 같이 연구자에 따라 창의 또는 혁신이 창의적 문제해결의 전체 과정을 커버하는 것으로 다루기도 하고 이와는 달리 둘을 다른 의미로 사용하는 사람들도 있다. 이와 마찬가지의 맥락에서 집단 창의(group creativity)와 팀워크(teamwork)를 다르게 사용하는 이들도 있지만 양자를 상호교환적으로 사용하는 것이 일반적이다. 다만 집단 창의에서는 아이디어(해결책)의 생성에 초점이 있고, 팀워크는 아이디어의 생성을 포함하여 아이디어의 실행과 생산의 과정에 중심을 두는 차이는 있다. 그래서 여기에서처럼 '집단 창의와 팀워크'라 표현할 수도 있다. 그리고 장면의 맥락에 따라 어느 하나를 선택적으로 사용할 수도 있다.

집단 창의나 팀워크는 모두가 두 명 이상의 사람들이 공동의 목적을 성취하기 위하여 함께 작업하는 것을 말한다. 여기서 말하는 '공동의 목적'은 포괄적으로 말하면 창의적 문제해결이다. 어떤 저자는(예컨대 Katzenbach & Smith, 1993) 팀에는 공동의 목적이 있지만 집단에는 그런 것이 없기 때문에 집단 창의와 팀워크를 구분해야 한다고 말하고 있는데 이것은 정확하지 아니하다. '집단 창의'를 위한 집단에 공동의 목적이 없는 경우는 거의 없다.

집단 창의 · 팀워크를 수행하는 집단 성원들 간의 상호작용에는 적어도 두 가지의 주요 요소들이 있는데 그것은 '내용'과 '과정(過程)'이다. '내용'이란 집단에서 같이 작업하는 과제 또는 제재(題材, subject matter)를 말하며 대부분의 상호작용에서는 이것이 일차적인 초점이 된다(상호작용의 '무엇'). 두 번째의 요소는 '과정'인데 이것은 집단이 작업을 진행해 가는 동안 집단 성원들 사이에 일어나고 있는 역할을 말한다. 여기에는 집단 과정은 물론이고 사용하는 사고방법 · 도구, 언어 그리고 전개의 뼈대가 되는 구조 · 절차 등을 어떻게 사용하느냐가 포함된다(상호작용의 '어떻게'). 그리고 '집단 과정'에는 집단의 사기, 참여 시기, 영향을 끼치는 세력, 리더십, 경쟁, 협력 등등이 포함된다. 팀의 활동과 의사결정이 비효과적인 대부분의 경우는 진행의 '과정'이 잘못되었기 때문이다. 그럼에도 불구하고 사람들은 팀워크의 진행과정에 크게 신경을 쓰지 않는 것처럼 보인다.

전통적으로 창의력에 관한 대부분의 연구는 개인 수준의 것이고 개인 창의와 외로운 천재에 초점을 두고 있다. 이들 연구는 주로 개인의 창의 과정을 이해하고 개인의 창의적 활동과 산출에 영향을 미치는 요인들을 다루고 있다. 그러나 이러한 개인 수준 내지 개인 중심적 견해는 정보사회의 요구, 전문화의 필요성 및 과학 분야의 창의가 지향하는 중요한 여러 측면들을 간과하기 쉽다. 창의의 어떤 단계에서는 팀 활동, 집단 협의, 또는 집단 상호작용은 점차로 더 많이 그리고 필수적으로 요청되고 있다. 조직의 활동 그리고 산업 및 대학에 있는 많은 과학적 연구들은 다양한 전문지식과 다양한 기능을 가지고 있는 구성원들의 팀워크에 의존하고 있다. "비즈니스나 조직에서는 경쟁이 치열해짐에 따라 조직들은 생산성을 향상시킬 수 있는 전략을 마련하려고 노력하고 있다. 그래서 많은 조직에서 채택하고 있는 하나의 전략은 팀을 활용하는 것이다. 조직의 리더들은 개인들이 떨어져 작업하면 개인 각자가 가지고 있는 재능을 충분히 활용하지 못한다고 생각한다. … 팀은 혼자서 작업하는 개인들의 노력을 총합한 것 이상의 산출을 얻을 수 있다고 믿고 있다”(Puccio, 1999, p. 639). “조직의 리더들은 집단의 성원들이 문제를 창의적으로 함께 해결하는 활동을 하도록 함으로써 자신이 감당하는 직무에 더 큰 의미를 느낄 수 있기를 희망하고 있다”(Puccio, 1999, p. 640).

집단 창의를 주장하는 사람들은 대개가 조직이나 기업에서의 혁신과 관련되어 있다. 대표적인 것은 광고업을 하던 Osborn(1963)이 새로운 아이디어를 생성해 내기 위한 유용한 기법으로 집단 브레인스토밍을 개발한 것이다.

오늘날은 팀워크(teamwork)의 시대이다. 대부분의 조직은 개인들이 팀으로 같이 일할 수 있도록 프로젝트에 따라 구조화하고 있다. 그리고 팀워크는 더 높은 직무만족과 생산성 향상을 가져올 것으로 기대하고 있다. 팀워크는 과학 분야 연구에서도 쉽게 찾아 볼 수 있다. 왜냐하면 대부분의 과학 문제들은 다양한 기능을 가지고 있는 여러 개인들을 요구하기 때문이다. 이처럼 비즈니스와 과학 분야의 창의적 과제의 대부분은 집단이란 맥락 속에서 이루어지고 있지만 집단의 창의 과정에 대한 연구는 비교적 최근에 이르러 비로소 이루어지고 있다(김영채, 2007b).

Ⅱ. 집단 창의에 작용하는 요인들

1. 집단 창의는 비생산적인가?

지난 50여 년 동안 이루어진 여러 연구들은, 기대와는 달리, 상호작용적인 집단 창의가 개인 창의보다 훨씬 더 비생산적임을 발견하고 있는데(Mueller et al., 1991), 이것을 집단 창의의 과정손실(process loss), 생산손실(production loss) 또는 생산성 손실(productivity loss) 등으로 부른다. 여러 연구들은 과정손실에 작용하는 이유로 다음과 같은 여러 가지 설명들을 제시하고 있다.

(1) 집단 창의는 개인의 책무성을 떨어뜨리고, 그래서 동기수준이 저하된다고 말한다(Diehl & Stroebe, 1987). 팀의 개인은 열심히 노력하지 아니하고 다른 구성원에게 일을 떠넘겨 버리며 그러한 결과로 아이디어 생성이 감소할 수 있다.

(2) 집단 성원들이 자신이 말하는 것을 다른 사람들이 부정적으로 평가할지도 몰라서 걱정(불안)한다고 말한다(Camacho & Paulus, 1995). 이 때문에 아이디어 생성이 위축되며, 특히 이상하거나 엉뚱해 보이는 아이디어는 표현하지 않는다.

(3) 일반적으로 집단은 서둘러 합의나 결론을 도출하려는 강한 열망을 갖고 있다고 말한다. 그래서 아이디어 생성이 서둘러 종결되기 쉽다.

(4) 동조(conformity)를 요구하고 반대 의견을 무시 내지 차별하기 쉽다. "의견일치에 대한 열망 때문에 개인은 반대 의견을 말하거나 … 다른 성원들이 선호하고 있는 입장이 포함하고 있는 부정적인 측면을 말하거나, 대안을 심각하게 고려하거나 또는 유관 계획을 체계적으로 개발하기를 꺼려한다. … 성원들은 반대 의견을 말하는 것을 두려워하며, 집단은 어떤 성원이 반대 의견을 말하면 재빨리 그리고 일관성 있게 거기에 대하여 처벌적으로 대응한다."(Nijstad & Paulus, 2003).

(5) '생산 차단(production blocking)' 때문이다. 전형적인 집단 브레인스토밍에서는 한 번에는 한 사람밖에 말할 수 없기 때문에 아이디어의 생산 차단이 생길 수 있다. 집단의 성원은 자신의 아이디어가 떠오르더라도 다른 사람의 발표가 끝나고 자기 차례가 될 때까지 체크하면서 기다려야 하는데, 기다리는 동안에 떠올랐던 아이디어가 억압, 망각 될 수도 있고, 다른 사람의 아이디어에 주의 집중하느라 자신의 사고의 흐름이 간섭받을 수도 있다고 본다.

아마도 이러한 복합적인 이유들 때문에 집단 창의가 개인들 각자가 창의하는 것보다 반드시 더 생산적인 것은 아닐 수 있음을 보여주고 있다.

2. 집단 창의의 생산성을 결정하는 요인

여러 연구들은 집단이 창의의 과정을 오히려 제지 또는 억압할 수 있음을 보여주고 있음에도 불구하고 많은 사람들은 여전히 집단 창의가 오히려 더 효과적이라 믿고 있다. 심지어는 집단 성원뿐 아니라 외부에서 관찰하고 있는 대부분의 사람들조차도 혼자 아이디어를 생성할 때보다 집단에서 같이 작업하는 것이 보다 더 재미있고, 만족스럽고, 선호되며 창의적 아이디어들을 더 많이 생성해 낼 수 있다고 착각하고 있다(Stroebe, Diehl & Abakoumkin, 1992). 이것을 우리는 '집단 효율성에 대한 착각' 또는 '집단 효율성 착각(illusion of group efficacy)'이라 부른다.

이에 대하여 연구자들은 가능한 두 가지의 설명을 제시하고 있다. 하나는 사람들은 자신의 수행을 다른 사람들의 것과 비교해 보고 싶어 하기 때문이라고 본다. 자신의 수행을 동료들의 것과 비교해 보는 기회를 경험한 사람들은 그들의 수행이 서로 아주 유사하다는 것을 발견한다(Paulus & Dzindolet, 1993). 그러면 사람들은 크게 만족을 느낀다. 두 번째 설명은 집단 성원들은 자신이 가지고 있던 아이디어와 다른 집단 성원이 제시한 아이디어를 변별하기 어렵기 때문이라고 본다(Stroebe & Diehl, 1994). 이러한 기억 혼돈 때문에 집단 성원들은 자신의 수행을 과잉 추정하며 그리하여 일반적으로 자신들의 수행에 보다 더 만족해한다고 설명한다.

그러면 집단 창의에 부정적인 효과인 과정 손실이나 반대로 긍정적인 효과인 집단과정 획득에 작용하는 요인들을 어떻게 정리해 볼 수 있는가? Paulus & Brown(2003)은 이들을 사회적 · 동기 형성적 요인과 인지적 요인들로 나누고 있다. 그리고 전종희(2015)는 방송 프로그램 제작팀을 연구 대상으로 하여 집단 창의에 영향을 미치는 개인 및 조직 요인들을 도출해 내면서 개인 요인과 조직 요인의 두 가지로 나누고 있다.

그러나 다음에서는 집단 창의의 생산성을 결정하는 것으로 사회 동기적 요인, 인지적 요인 및 집단 다양성 등의 세 가지로 나누어 좀 자세히 살펴볼 것이다.

(1) 사회 동기적 요인

집단 성원이 집단 창의를 할 때 동기 형성적 단서를 제공해 줄 수 있는 것에는 몇 가지가 있다. 그리고 이들은 어느 것이나 집단 과정에 손실로 작용할 수도 있고, 획득으로 정적 작용을 할 수도 있다. 실험자(사회자)는 과제의 중요성을 알려주거나 기타 내재적 또는 외재적 동기인이나 압력을 가할 수도 있다. 브레인스토밍하는 집단 과정을 가이드하고 동기 부여할 수도 있다. 또는 높은 수행 수준을 제시하거나 다른 성공한 개인이나 집단을 예시하면서 비교 정보를 줄 수도 있다. 과제가 가지고 있는 단서에서(과제 단서) 무엇을 기대하는지를 집단 브레인스토밍하는 사람들에게 알려 줄 수도 있다. 브레인스토밍하는 회기나 휴식 시간의 길이도 동기수준에 영향을 미치고, 다른 사람들이 말하고 의견 교환하는 정도도 성원의 동기수준에 영향을 미칠 수 있을 것이다.

(2) 인지적 요인

문제에 대한 해결 대안을 생성해 내려면 적절한 정보와 지식을 의식 속으로 활성화해야 하고, 이들을 어떻게든 새롭게 조합하여 새로운 아이디어를 생성해 내어야 한다. 그런데 집단 창의에서는, 개별 창의에서와는 달리, 각자의 아이디어를 서로 나누어 교환한다. 이러한 집단에서의 아이디어 교환은 아이디어 생성을 위한 인지과정을 촉진시킬 수도 있지만 반대로 간섭할 수도 있다. 집단에서는 한 번에는 한 사람밖에 아이디어를 말로 표현할 수 없다. 집단 성원은 다른 사람이 말하는 것에 주목하고 체크해야 한다. 또한 자신의 아이디어를 언제 어떻게 표현해야 할지를 조심스럽게 점검해야 한다. 생각났던 아이디어를 망각하지 않기 위하여 기억에서 계속하여 시연해야 하며 그러면 다른 아이디어 생성은 간섭이나 제지를 받는다. 그리고 인지간섭은 집단 성원들이 가지고 있는 가용한 지식이 얼마나 중복되는가, 서로의 지식이 얼마나 이질적인가에 따라서도 달라진다. 집단 속에서의 의견교환이 미치는 간섭효과가 촉진 효과보다 크면 과정 손실이 일어나고, 반대로 촉진 효과가 더 크면 과정획득이 일어날 것이다.

(3) 집단의 다양성

집단 다양성(diversity)이란 집단구성이 이질적임을 의미한다. 그런데 다양성을 두 가지의 개인차 범주로 나누기도 한다(Pelled, 1996). 하나는 쉽게 인식할 수 있는 속성상의 개인차이고(성별, 연령, 인종, 언어), 다른 하나는 쉽게 관찰하기 어려운 기저적 속성상의 개인차이다(교육, 성격, 가치, 사회경제적 배경). 그러나 보다 많은 학자들은(예컨대 Maznevski, 1994) 다양성을 '과제관련 다양성(task-oriented diversity)'과 '관계관련 다양성(relations-oriented diversity)'으로 나눈다. 과제관련 다양성은 사람의 역할이나 과제와 관련한 적절한 속성을 말한다(예컨대 전문지식이나 기능, 조직에서의 지위 등). 그리고 관계관련 다양성은 수행하려는 과제와는 관계없이 집단 구성원들이 개인적으로 고유한 속성에서의 이질성을 말한다(예컨대 연령, 성별, 성격, 지위, 인종 등).

다양한 사람들로 구성된 이질적인 집단은 구성원들이 비슷한 집단보다 더 창의적이고 혁신적인가? 구성원의 지식, 기능, 배경, 성격, 경험 및 훈련이 다르면 성원들은 문제(토픽)에 대한 다양한 시각을 가지고 집단 과정에 참가할 것이다. 이러한 다양한 견해 · 접근은 자극적인 다양한 시각을 만들어 줄 수도 있고 반대로 불화와 갈

등의 원인이 될 수도 있다. 정보 갈등이 스트레스를 주고 집단 소속감을 위협하거나 집단 갈등을 일으킬 수도 있다(De Dreu & De Vries, 2001). 반대로 이들이 효과적인 과제수행과 의사결정의 방향으로 작용한다면 집단은 보다 더 혁신적인 아이디어 생성과 수행의 향상을 기대할 수 있다. "다양성은 집단의 창의적 및 혁신적 성과를 촉진시킬 수 있다는 아이디어가 광범위한 수용을 받고 있다. … 그러나 최근의 연구들은 몇 개의 중요한 측면에서 서로 다른 특징을 가진 성원들로 이루어진 집단은 갈등수준이 높고 응집성 수준이 낮음을 보여주고 있다. 그러므로 집단 구성의 다양성은 칼날의 양면같이 보인다. 그것은 창의력의 기회를 향상시킬 수도 있고 반대로 집단 성원들이 불만을 가지고 집단에 동일시하지 못하게 만들 수도 있다"(Milliken & Martins, 1996, p. 403).

그러나 집단의 아이디어 생성에서 특히 중요한 것은 전문지식, 정보, 경험, 기능 및 정보처리 스타일과 같은 인지적 변수에서의 다양성이다. 인지적 자극을 최대화하려면 집단 구성원들이 가지고 있는 접근 가능한 지식이 다양해야 한다. 집단 성원들이 접근 가능하여 쉽게 활성화할 수 있는 지식이 다양하면 구성원 서로가 새로운 아이디어 생성을 자극할 수 있다. 그러나 가지고 있는 지식이 비슷하다면 촉진효과는 감소한다. 이러한 경우 집단에서 토론하는 것은 인지 간섭 효과를 일으킬 수 있다.

그러나 특별히 주목해 볼 것은 다양성은 일반적으로 보아 장점을 가지지만 지나친 다양성은 오히려 부정적이란 것이다. 다양성이 너무 심해서 집단 성원이 과제에 대하여 이해를 같이할 수 없거나 의견 교환하고 있는 언어를 서로 이해하기 어렵다면 그러한 집단 다양성은 바람직하지 않다. Simonton(2004)의 지적은 매우 적절해 보인다. "이러한 실험들의 발견을 종합해 보면 집단 성원이 전문 지식, 경험 및 지위 등에서 보다 이질적일수록 동질적인 집단보다 훨씬 더 창의적이다. 성원들 간에 팀 미팅에서 또는 벤치에서 쉬면서 교환하는 정보는 자극 기능을 하기 때문에 이들은 어떤 개별 과학자가 동시에 여러 가지 프로젝트를 수행할 때 경험하는 것과 비슷한 기능을 한다. … 공동 연구자의 배경과 전문 지식이 다양할수록 상호 자극의 수준은 증가한다. 따라서 집단 문제해결의 결과는 보다 더 창의적이게 된다. … 연구를 위한 집단의 구성원들은 상이하면서도 서로 중복되는 연구배경을 가져야만 한다. 과학자들의 전문영역은 전문 용어, 목표, 방법 및 기타 효과적인 공동 연구에 필수적인 요소들에 대하여 의견을 같이할 수 있을 정도로만 중복적이어야 한다"(pp. 155–156).

집단 구성원의 다양성이 집단 과정에 미치는 효과에 특히 결정적인 영향을 미칠 수 있는 것은 집단에서의 리더십(leadership)이다. 다양한 시각을 효과적으로 통합하고 갈등을 경영할 줄 아는 리더는 다양성의 효과를 신장시킬 수 있다. 반면에 그렇지 못해서 다양한 시각의 통합을 제지하는 리더는 집단 과정에 미치는 다양성의 효과를 살리지 못할 것이다.

Ⅲ. 생산적인 팀워크의 특징

집단 창의 · 팀워크의 집단이나 팀은 공동의 목적을 성취하기 위하여 구성되어 있는 집단이다. 그러므로 팀은 자신들이 맡고 있는 프로젝트 · 과제나 일을 위하여 협동(collaboration, cooperation)해야 하며, 기대하는 성과나 결과를 얻는 데 공동의 책임을 가진다. 여러 문헌에서는 창의적이고 생산적인 팀워크(teamwork)를 위한 제안들을 여러 가지로 하고 있는데 중요한 몇 가지를 다음과 같이 정리해 볼 수 있다.

(1) 분명한 공동의 목표를 가져야 한다. 공동의 '왜', 즉 목표를 가진다는 것은 팀이 함께 다루어야 할 과제에 대하여 같이 깊게 이해하고, 상호 동의하고, 서로 동일시한다는 것을 의미한다. 이들은 바라는 목표 상태에 대하여 공동의 비전을 가지며, 노력의 결과가 가지는 중요성과 이에 부수하게 되는 이득도 알고, 그리하여 팀 구성원 각자는 목표를 획득하려는 적극적인 욕망을 가질 수 있어야 한다. 그리고 팀원들은 서로 도와주고, 공동의 목적을 위하여 성실하게 헌신하며 생산적으로 자기희생할 줄 안다. 덜 창의적인 팀일수록 이런 종류의 동기가 부족하고, 노력하여 얻게 되는 최종의 결과가 가지고 있는 가치를 인식하는 능력이 떨어진다.

(2) 능력 있는 팀 구성원들을 가져야 한다. 유능한 팀은 능력 있고 성실한 멤버들로 이루어져 있다. 이들 구성원들은 과제와 관련한 지식, 기능과 능력 그리고 기여하려는 강한 욕구를 가지고 있다. 또한 효과적으로 협동할 줄 알고, 책임감을 가지고 있다. 각기의 개인은 다양한 배경, 경험과 통찰을 가지고 있으며, 효과적인 팀은 이러한 다양한 강점과 재능들을 이해하고, 서로 존중하며, 그것을 효과적으로 활용할 줄 안다.

(3) 협동적인 분위기를 가져야 한다. 생산적인 팀워크는 우연히 이루어지는 것이 아니라 협력과 협동을 뒷받침해 줄 수 있는 분위기를 요구한다. 이러한 장면에는 상호 신뢰—타인에 대한 믿음—가 가장 중요하다. 조직이라는 더 넓은 맥락이 그러한 분위기를 뒷받침해 주어야 한다. 그리고 창의적인 팀은 새로운 아이디어를 격려하고 새로운 방식으로 작업하는 것을 허용하는 환경을 가져야 한다. 모든 사람들은 편안하고 솔직하게 아이디어를 논의하고 제안할 수 있어야 한다. 이러한 분위기에서는 서로의 아이디어에 귀를 기울이고 존중하고 서로를 격려할 수 있을 것이다.

(4) 외적인 인정과 뒷받침이 있어야 한다. 사람들이 팀에 소속하는 것을 좋아할 뿐 아니라 팀원이 되어 일하고 기여하는 것을 자랑스럽게 생각할 수 있어야 한다. 그래야 과제 수행을 계속하는 데 필요한 열정과 에너지를 충전받을 수 있으며, 주인의식으로 무장하게 된다. 팀은 인정, 격려 그리고 적합한 보상으로 뒷받침을 받아야 한다.

(5) 의사결정에 참여하게 해야 한다. 팀워크를 격려하는 최선의 방법 가운데 한 가지는 팀원들이 해결 또는 개선하려는 도전과 문제를 확인하고, 아이디어를 생성하고, 아이디어들을 해결책으로 번역하는 등의 해결 과정에 참여토록 하는 것이다. 특히 중요한 것은 과제를 해결하기 위한 방법과 절차에 대하여 상당한 자유를 가지는 것이다. 이렇게 하면 팀워크가 향상될 뿐 아니라 아이디어나 해결책을 수용하고 실천하는 데도 도움이 된다(7장의 비즈니스 창의력 참조).

Ⅳ. 그룹 싱크의 함정

Janis(1972)는 집단이 지나치게 응집적이고 일차원적인 것이 되어 의견일치와 동조를 열망하게 되고, 그리하여 창의적이고 비판적인 사고가 말살되어 결과적으로 비합리적인 또는 기능 장애적인 결정을 내리게 되는 심리적 현상을 '그룹 싱크(groupthink)'란 용어로 표현하고 있다. 이 단어는 George Owell의 소설 '1984년(Nineteen Eighty–Four)'에 나오는 'doublethink' 등과 같은 'newspeak' 표현법의 신조어들을 따라 만든 것이다. '그룹 싱크(groupthink)'는 단순한 'group think'가 아니라 '집단 동조적 사고'의 현상을 나타내는 특별한 조어이기 때문에 여기에서는 '집단 사고'보다는 원어 그대로 '그룹 싱크'로 번역한다.

Janis는 최초의 저술에서 그룹 싱크를 이렇게 정의하고 있다. "나는 사람들이 응집적인 집단에서 의견일치를 보려는 욕망이 너무나 지배적이게 되어 대안적인 행위 코스를 현실적으로 평가하지 못하게 되는 행위 양식을 쉽게, 빠르게 표현하는 방법으로 '그룹 싱크'란 용어를 사용한다. … 이 용어는 집단 압력의 결과로 정신적인 능력, 현실 검증 및 도덕적 판단이 악화되는 것을 표현하는 것이기 때문에 좀 엉성한 기분이 들 수도 있다"(p. 43).

그룹 싱크에서는 집단 구성원들은 대안을 내고 비판하는 것을 억압하며 만장일치를 이루려 노력한다. 그리고 개인들은 대안의 해결책이나 말썽스러운 이슈를 제기하지 않기를 요구하기 때문에 개인 창의나 독립적인 사고가 거의 없다.

그룹 싱크는 사회 심리학에서 사용하는 개념이지만 커뮤니케이션 분야, 정치 과학, 경영 및 조직 이론 등에도 광범위하게 영향을 미치고 있다. 심리학 교수인 Janis는 자신의 이론을 뒷받침하는 사례로 미국의 피그스만 침공 실패(Bay of Pigs disaster, 1961년 미국이 카스트로의 쿠바 침공에 실패한 것), 1941년 일본의 진주만 공격 실패(Pearl Harbor) 및 월남전 수행(1964~1967) 등과 같은 역사상에 있었던 여러 가지 잘못된 결정들을 원용하고 있다.

1. 선행요인과 증상

Janis는 그룹 싱크가 일어나서 의사결정에 영향을 미칠 수 있는 선행 조건으로 세 가지를 제시하고 있다.

(1) 높은 집단 응집성(group cohesiveness): 비개인화 – 집단 응집성이 개인의 표현의 자유보다 더 중요하다.

(2) 구조적인 결점: 집단을 고립시키는 것, 공평한 리더십의 부재, 방법적인 절차를 요구하는 규범의 부재, 그리고 집단 성원들의 사회적 배경과 이데올로기의 동질성 등이다.

(3) 장면적 맥락: 스트레스가 강력한 외부의 위협, 최근의 실패, 의사결정 과제가 너무 어려운 것, 그리고 도덕적 딜레마 등이다.

이들 세 가지 가운데 조직의 응집성이 가장 중요하다. 그러나 조직의 응집성이 높다고 하여 그것만으로 그룹 싱크가 일어나는 데 충분하지는 아니하다고 그는 말한다. 또한 조직의 응집력이 높으면서 동시에 충분한 토의가 이루어질 수 없는 경우(잘못된 집단 구조), 그리고 외부의 위험이 임박하여 구성원의 스트레스가 심한 경우(장면적 맥락) 등에서 그룹 싱크가 일어날 가능성이 높다고 설명한다.

그리고 Janis는 그룹 싱크의 특징적인 증상을 8가지로 제시하고 있는데 이것은 이 개념을 검증 가능한 것으로 만들기 위한 것이었다.

(1) 무오류의 착각(illusions of invulnerability): 집단 성원들은 자신들의 능력을 과대평가하고, 그래서 절대로 실패할 수 없다고 생각한다.

(2) 도덕성의 착각: 자기 집단의 도덕성을 의심 없이 신봉하며 자신들의 행위는 정당하다고 굳게 믿는다. 자신들은 '옳은 일을 하고 있다'라고 절대적으로 신봉하는 사람들은 자신의 행위에 따른 결과를 무시하기 때문에 끔찍한 범죄를 저지르기 쉽다.

(3) 합리화의 착각: 이러한 집단의 사람들은 광범위한 정보를 인용하여 자신들의 행동을 정당화 또는 합리화하고, 반대로 자신이 선택한 전략과 맞지 아니한 증거들은 모두 무시한다.

(4) 스테레오타이핑(stereotyping): 고정관념에 사로잡혀 있는 사람들은 자신들과 의견을 달리하는 다른 사람들의 가치를 잊어버리거나, 얕잡아 보거나 또는 어리석다고 경시한다.

(5) 자기 검열(self-censorship): 집단이 합의를 이룬 것처럼 보이는 것에서 어긋나는 것같이 보이는 자신의 생각에 검열을 가한다. 그래서 이들은 어떤 장면에 관련하여 느끼는 어떠한 우려나 의문도 밖으로 소리 내지 않는다.

(6) 만장일치의 착각(illusion of unanimity): 비판이 소수일 때는 대부분의 사람들은 자기가 의문하는 것을 말하기 싫어하고, 비난하는 사람이 들리지 않으면 모든 사람들이 의견일치하고 있다고 가정한다.

(7) 동조압력: 집단에 의문을 제기하는 사람에게 '불충(불충성)'이란 이름으로 직접적인 압력을 가하여 동조하게 한다.

(8) 마인드가드(mindguards): 반대적인 정보가 들어가지 못하게 집단을 보호하는 일을 자진하여 한다. 리더를 맹목적으로 추종하여 비판적인 정보를 감추고 불만 있는 사람을 비난하는 식의 사람을 비즈니스에서는 '부지배인(assistant manager)', 그리고 학교에서는 '부교장'(교감)이라 부른다.

2. 그룹 싱크를 방지하는 요령

그러나 Janis(1982)에 의하면, 의사결정을 내리는 모든 집단이 반드시 그룹 싱크를 하게 되는 것은 아니다. 그는 그룹 싱크를 경계할 수 있는 8가지의 방법들을 제시하고 있는데 이들 대부분은 창의와 혁신의 장면에서 바로 사용할 수 있는 것들이다.

(1) 리더는 각 구성원에게 '비판적인 평가자'의 역할을 부여해야 한다. 이렇게 하면 각 구성원들은 반대나 의문점을 자유롭게 말할 수 있다.

(2) 리더는 집단에 과제를 배정할 때 자기 자신의 의견을 표현하지 않아야 한다.

(3) 리더는 집단 미팅에 여러 번 불참함으로써 미팅의 결과에 지나치게 영향을 미치지 않도록 한다.

(4) 조직에서는 몇 개의 독립적인 집단을 구성하여 같은 문제를 각기가 독립적으로 다루게 해야 한다.

(5) 그럴듯해 보이는 대안들은 모두 다 음미해 본다.

(6) 각기의 구성원들은 신뢰할 수 있는 외부의 전문가들과 함께 집단의 아이디어들을 토론하고 논의한다.

(7) 집단에서는 외부의 전문가를 미팅에 초대해야 한다. 집단 멤버들은 이들 외부 전문가들과 함께 의견 교환하고 의문을 제기할 수 있어야 한다.

(8) 적어도 한 사람의 집단 구성원은 '악마의 옹호자' 역할을 맡아야 한다. 그리고 이런 역할을 맡을 사람은 미팅마다 다른 사람으로 교체해야 한다.

그룹 싱크는 집단의 응집력이 너무 높아 만장일치를 추구하여 창의와 비판적 사고를 허용하지 않으며, 그리하여 그런 집단이 내린 의사결정은 비합리적이고 실패하기가 쉽다. 그래서 지금까지 이러한 현상을 방지하기 위하여 Janis가 리더의 리더십 중심으로 제시한 8가지 방법을 알아보았다.

Ⅴ. 집단 창의와 팀워크 향상을 위한 전략

현대의 많은 과학적 발견들은 대부분이 협력적인 집단에서 나오고 있다. 특히 연구하는 실험실이 대학이나 산업체에 자리 잡고 있으면, 대부분의 경우 팀은 주연구자, 여러 공동연구자, 박사 및 박사과정 학생, 실험실 기사 등으로 구성되어 있다.

그런데 과학 실험실에 대한 연구들을 보면 이들이 의미 있는 발견을 하는 데는 집단 팀원들 간의 상호작용이 매우 중요하다는 것을 보여주고 있다. 이러한 상호작용은 연구결과를 논의하는 공식적 또는 비공식적인 미팅에서 이루어지고 있다. 그리고 이들이 창의적인 성공을 거두는 데는 성원들의 다양한 전문지식, 서로의 의견이나 해석에 도전해 보려는 의지, 그리고 다루고 있는 이슈를 다른 시각에서 생각해 보도록 서로를 자극할 수 있는 질문을 제기하는 것 등이 중요하다.

관련의 실험결과들을 종합해 보면 연구 팀원들이 전문지식, 경험이나 지위 면에서 보다 이질적이면 동질적인 경우보다 더 창의적이다. 랩 미팅과 벤치에서 교환하는 정보는 새로운 자극의 기능을 하기 때문에 팀원들 간의 커뮤니케이션은 개인 과학자가 별도로 몇 개의 프로젝트를 동시적으로 수행할 때 일어나는 것과 유사한 기능을 한다. 그리하여 어느 한 과학자의 생각이 다른 동료들의 생각에 예상치 못한 효과를 가져올 수도 있다. 참여하는 팀원의 배경과 전문지식이 다양할수록 상호 간의 자극의 수준은 보다 더 커진다고 볼 수 있다.

조직에서의 팀 혁신에 관한 연구들도 비슷한 시각을 보여주고 있다. 팀에서의 아이디어의 개발이나 혁신을 조직이 뒷받침해 줄 필요가 있다. 이러한 조직이 가지고 있는 중요한 측면에는 조직이 혁신을 외현적으로 뒷받침해 주는 것, 참여적인 리더십 스타일, 효과적인 커뮤니케이션 및 협동적인 분위기 등이 있을 것이다.

혁신적인 팀에는 혁신적인 제안을 할 수 있는 다양한 배경과 기능을 가진 팀원이 있어야 한다. 그리고 팀이 일련의 분명한 목적을 가지고 헌신하는 것, 갈등적인 의견이나 아이디어라 하더라도 열린 마음으로 솔직하게 서로 의견 교환할 수 있는 것, 그리고 혁신적인 아이디어를 뒷받침해 주는 것 등이 필요해 보인다.

1. 집단 창의 과정에서의 전략

다음에서는 집단 창의의 과정에 초점을 두고 창의적인 상호작용을 최대화할 수 있는 전략 8가지를 제시해 본다. 이것은 Osborn(1963)이 집단 브레인스토밍을 효과적으로 사용하기 위하여 제안하고 있는 것과 선행의 여러 연구 결과들을 참고한 것이다. 그런 다음 집단 창의에 미치는 리더십의 효과도 살펴볼 것이다.

(1) 발산적 사고의 규칙을 사전 훈련하고 엄격하게 지킨다. 그리고 발산적 사고의

국면과 수렴적(초점적, 비판적) 사고의 국면을 철저하게 구분하여 사용한다. Osborn은 집단 창의를 저해하는 가장 큰 요인은 아이디어를 성급하게 평가하고 판단하는 것이라 믿었다. 아이디어 생성에 많은 사람들이 참여케 하기 위해서는 평가(판단)에 대한 불안이 최소화되어야 한다. 아이디어의 가치나 유용성을 따지는 수렴적 사고는 반드시 발산적 사고가 충분히 이루어진 다음에 이루어져야 한다(10장의 발산적 사고 참조).

(2) 집단 브레인스토밍과 개별 브레인스토밍을 교대로 조합하여 사용한다. 또한 이들 가운데 과제에 적절한 것을 선택하여 활용한다. "팀워크의 창의를 최대화하기 위해서는 성원 각자는 개별적으로 사색할 수 있는 시간을 가져야 한다. 같이 작업하고, 다음에는 개별적으로 혼자서 작업하고, 그러고는 다시 같이 공동으로 작업하는 식으로 진행하면 창의적 사고를 최대로 성취할 수 있다"(Osborn, 1963, p. 146).

혼자서 아이디어를 생성하는 개별 브레인스토밍은 다른 집단 성원이 가지고 있는 다양한 지식과 시각에 노출되어 인지 자극을 받지 못한다. 그러나 다른 사람이 말하는 시간에 자신의 아이디어를 표현하지 못해서 인지간섭을 받는 일은 없다. 집단 브레인스토밍에서는 팀원들의 지식과 시각이 보다 광범위하기 때문에 보다 새로운 아이디어들이 더 많이 조합 · 생성되는 장점이 있다. 유레카(eureka)적인 과제일수록 개별 브레인스토밍이, 그리고 진화론적인 과제일수록 집단 브레인스토밍을 사용하는 것이 보다 효과적이다.

(3) 모든 집단 성원은 사전에 브레인스토밍의 규칙과 진행에 관하여 얼마간의 훈련을 받으며 훈련받은 사회자를 사용한다. 집단 과정에서는 모든 성원들이 참여하는 것이 중요함에도 불구하고 어떤 사람이 집단의 상호작용과정을 독점하다시피 지배할 수도 있고, 아이디어의 양(量)이 중요한데도 자신의 아이디어를 장황하게 설명하는 사람도 있고, 그리고 아무도 말하는 사람이 없어 침묵의 시간이 흐를 수도 있다. 이런 경우 사회자는 구성원이 과제에 집중하고 동기형성이 될 수 있게 가이드해야 한다. 또한 이러한 내용을 추가적인 규칙으로 만들어 집단이 유의토록 하는 것도 효과적일 것이다.

(4) 브레인스토밍 회기 중에 짧은 휴식시간을 가진다. 휴식시간에는 집단 상호작용 과정에서 교환했던 아이디어에 대하여 반성해 볼 수도 있고, 새로이 떠오르는 추가적인 아이디어를 이 시간 동안에 노트했다가 이것을 후속의 회기에서 교환할 수

도 있다. 회기 동안에 어떤 한 가지 접근이나 범주에 고착되어 정신적으로 차단되었으면, 짧은 휴식시간을 가지면 이것을 극복하는 데도 도움 된다. 이전의 아이디어가 너무 높게 활성화되면 새로운 아이디어의 생성이 방해되고, 집단의 수행이 바닥나서 회기를 마치고 싶어 할 수도 있다. 그러므로 브레인스토밍이 지속되게 하는 데도 얼마간의 휴식시간이 도움이 될 수 있다.

(5) 필요에 따라 한 사람씩 '말로 하는' 전통적인 구두(口頭)의 브레인스토밍(oral brainstorming) 대신에 '쓰기해서' 상호작용하는 브레인라이팅(brainwriting)을 사용할 수도 있다. 브레인라이팅에서는 아이디어를 말로 표현하는 대신에 소정의 용지에다 아이디어를 적은 다음 가운데에 있는 탁자 위에 놓거나 옆 사람에게 돌린다. 이 방법은 특히 성원들이 내성적일 때, 그리고 아이디어의 흐름이 빨라서 인지 간섭이 일어날 수 있을 때 효과적이다. 언제 개별 브레인스토밍 또는 집단 브레인스토밍을 선택하여 사용할 것인지를 과제와 장면에 따라 적절히 골라 활용하는 것을 기법의 칵테일 접근법이라 부른다(10장의 발산적 사고 참조).

(6) 가능하면 집단 성원들을 다양하게 구성한다. 접근 가능한 지식의 다양성을 고려하는 것이 특히 중요하다. 성원들이 가지고 있는 배경 지식과 기능이 다양하면 지적 자극을 촉진할 수 있다. 반대로 배경 지식이나 기능이 서로 아주 비슷하면 지적 자극이 적어서 새로운 아이디어 생성에 도움이 되지 않는다. 성원들의 배경이 다양하면 다양한 지식과 시각을 활용할 수 있기 때문에 인지 간섭보다는 인지 촉진 효과가 커지고 그러면 독특한 아이디어를 더 많이 생성해 낼 수 있다(Diehl & Stroebe, 1991).

그러나 집단 성원이 과제에 대하여 이해를 같이하고 그것에 대하여 커뮤니케이션하는 언어가 비슷하지 아니할 정도로 너무 다양하면 집단은 서로 오해하거나 갈등을 경험할지도 모른다(Williams & O'Reilly, 1998), "매우 창의적인 실험실은 성원들의 이질성, 연구원들 간의 정보교환, 프로젝트의 다양성 및 예상외의 결과에 대한 개방성을 보여주어야 한다"(Simonton, 2004, p. 157).

(7) 다루려는 문제(토픽)를 몇 가지로 나누어 차례대로 처리한다. 그러면 각기에 대하여 많은 수의 아이디어를 생성해 낼 수 있는데, 이것은 아마도 인지 획일성을 방지할 수 있기 때문일 것이다. 문제(도전)가 가지고 있는 상이한 측면들을 계열적으로 차례대로 다루면 집단 활동이 활발하게 지속될 수 있다(Nijstad, Diehl & Stroebe, 2003).

(8) 집단의 동기 수준을 높이기 위한 방안을 강구할 수 있다. 각자에게 얼마간의 아이디어 생성의 책무를 지우거나 또는 구성원들 간에 얼마간의 경쟁을 도입할 수도 있을 것이다. 집단의 수행 수준을 다소간 높게 잡는 것, 아이디어를 자유롭게 교환하는 것, 그리고 반대 의견에도 주의집중토록 하는 것 등도 도움이 될 수 있다(Paulus & Brown, 2003).

2. 집단 창의와 리더십

집단 효율성을 결정하는 중요한 요인들 가운데 하나는 리더십이다. 대부분의 집단이나 팀에서는 공식적 또는 비공식적인 리더가 있다. 리더의 주요 기능은 집단의 각 구성원들이 집단의 수행에 효과적으로 기여하도록 통합하고 동기 부여하는 것이다. 그러므로 리더의 스타일은 집단의 기능에 상당한 영향을 미친다. 어떤 리더는 대단히 지시적(directive)이고, 성취 중심적(과제 중심적)이며, 그래서 일이 돌아가게 하고 목표를 성취하는 데 집중한다. 이와는 다른 리더들은 보다 사람 중심적이고 비지시적이다. 비지시적인 리더는 집단의 목표 성취보다는 구성원들의 개인적인 안녕과 복지에 더 큰 관심을 가지는데, 이러한 스타일은 참여적인 팀워크 문화와 상당히 부합한다.

팀워크에 대한 최근의 경향은 팀이 자율적, 자기 지시적인 것을 강조하고 있다. 여기서는 팀원들이 과제를 선택하고 수행하는 데 좀 더 많은 자유를 가지는데, 이러한 유형의 팀이 보다 더 생산적임을 보여주고 있다. 팀의 자율성은 팀 창의와도 관련되어 있다. 팀원들은 과제수행에서 선택의 폭이 넓을수록 보다 더 내재적으로 동기 부여되는 것 같다.

그러나 비지시적, 참여적인 리더십이 집단 창의를 향상시키는 데 반드시 더 나은 것은 아니다. 사람들은 내재적 이유뿐 아니라 외재적인 이유로도 동기 부여될 수 있기 때문이다. 금전이나 승진 등과 같은 외재적인 보상이 자신의 능력을 인정하고 과제 성취에 대한 자기 효능감을 향상시켜 준다면 이것은 팀원들을 크게 동기 부여시킬 것이다. 많은 유능한 사람들은 경제적인 보상과 환호를 받으면 계속하여 열심히 더 노력한다. 지시적 리더가 높은 목표 기준을 설정하고 창의적 성공에 대하여 의미 있는 보상을 제공한다면 팀원들의 창의적인 노력을 향상시킬 수 있을 것이다.

그러면 리더 또는 관리자가 가져야 할 중요한 특성은 무엇일까? 그것은 아마도 리더십의 변환적 스타일(transformational style)이 아닌가 싶다. 변환적 리더는 능력, 표준, 끈기, 가치, 그리고 모험을 감수하려는 의지라는 측면에서 강력한 역할 모델로서의 카리스마(charisma)를 가지고 있다. 이러한 리더는 혁신과 창의를 격려하며, 공개적으로 구성원들을 비판하는 것은 자제한다. 그리고 각 팀원들의 요구와 특징에 민감하며 지시적 또는 비지시적인 뒷받침을 적절한 수준에서 적절하게 사용할 줄 안다. 반면에 창의를 제지할 수 있는 리더십은 강한 통제, 외적인 평가와 비판을 강조하며, 분명한 방향이나 비전(vision)이 결여되어 있거나 또는 혁신에 대한 뒷받침이 없거나 부족한 것 등의 특징을 가지고 있다.

창의와 혁신이 성공하려면 리더의 리더십과 함께 구성원들의 폴로어십(followership) 또한 더불어 중요한 것이다. 그래서 여기서는 집단 창의와 팀워크에 핵심적인 것같이 보이는 세 가지를 간추려 본다.

(1) 집단 구성원의 구성을 신중하게, 그리고 다양하게 구성한다. 그리하여 격려적인 분위기 속에서 지적 자극이 다양하게 이루어지고 창의가 촉진될 수 있게 해야 한다. 다양성은 집단의 시각을 넓혀 주기 때문에 집단의 수행을 향상시킨다고 본다. 다양성 관리란 구성원들 간의 유사성과 차이점들을 가치롭게 여기는 긍정적인 작업 환경을 유지해 가는 과정이다.

(2) 변증법적 사고를 이해하고 실천하는 것이다. 이러한 사고에서는 반대나 모순은 본래적으로 존재하는 것이며, 반대 · 모순 · 갈등이라는 시작이 없으면 어떠한 변화나 발전도 당연히 없다고 본다. 우리에게 필요한 것은 반대되는 의견을 존중하고 이것을 통합하여 현재를 넘어서 새로운 변화를 도모하는 자세와 노력일 것이다.

(3) 조직에서는 구성원들의 지식 기반, 기능 및 능력을 강대화하고 확대시켜 갈 필요가 있다. 이러한 목적을 달성할 수 있으려면 구성원들에게 창의력과 전문 지식 관련의 체계적인 교육과 훈련을 실시해야 한다. 이렇게 함으로써 회사의 비즈니스는 계속적으로 성장하고 혁신할 수 있어야 하며 지속적인 발달을 추구해야 한다. 그리고 점차 더 경쟁이 심해가는 국제시장은 물론이고 외적 환경이 빠르게 변화하는 데 대처해 갈 필요가 있다.

많은 사람들은 창의를 주로 개인의 일로 생각하고 있지만 이제는 이러한 개인적인 힘을 집단이란 맥락 속에서 적용하는 것이 점차 더 많이 필요해지고 있다. 개인 창의와 팀 창의는 이미 이것 아니면 저것이란 식의 것이 아니다. 팀 창의를 하면서 동시적으로 개인의 창의도 증진시킬 수 있어야 하는 것이 시대의 요청같이 보인다.

[장의 요약]

전통적으로 창의력 연구는 심리학적인 것으로 창의와 집단 창의 등의 용어를 주로 사용하였지만 조직이나 비즈니스에서는 혁신과 팀워크란 표현을 더 자주 사용하고 있다. 그리고 집단 창의와 팀워크는 구분하기도 하지만 상호교환적인 것으로 사용해도 무방해 보인다. 정보 사회의 요구, 전문화의 필요성 및 비즈니스에서의 치열한 경쟁 등에 따라 팀워크는 시대의 요청이고 대세가 되고 있다.

집단 구성원들이 상호작용하여 이루어내는 집단 창의가 개인의 창의보다 효과적이리라는 일반의 기대와는 달리 많은 연구들은 집단 창의가 오히려 비생산적일 수 있음을 보여주고 있다. 그리고 이러한 과정 손실의 요인으로 개인의 책무성 저하, 평가에 대한 걱정 및 합의에 대한 지나친 열망, 반대의견 무시 및 생산 차단 등을 제시하고 있다. 그리고 집단 창의의 생산성을 결정하는 요인으로 사회 동기적 요인, 인지적 요인 및 집단 다양성 등의 세 가지 요인들을 다루었다.

그리고 Janis가 제안하고 있는 그룹 싱크(groupthink)에 대하여 음미해 보았다. 이 용어는 뉴스피크의 표현법에서 만들어낸 조어이다. 이것은 집단 동조적 사고로서 집단이 지나치게 응집적이고 일차원적인 것이 되어 의견 일치와 동조를 열망하며, 그리하여 창의적이고 비판적인 사고가 말살되고 결과적으로 비합리적이고 비극적인 결정을 내리는 심리적인 현상을 나타낸다. 그룹 싱크를 일어나게 하는 세 가지 조건, 특징적인 8가지 증상 그리고 그룹 싱크를 제어할 수 있는 요령들을 아울러 살펴보았다.

팀워크가 생산적이려면 몇 가지의 특징적인 측면들을 소유하고 있어야 한다. 여기에는 분명한 공동의 목표를 가지는 것, 능력 있는 구성원들로 팀을 구성하는 것, 협동적인 분위기를 가지는 것, 외적인 인정과 뒷받침이 있는 것 그리고 구성원들이 의사결정에 많이 참여케 하는 것 등이 여기에 포함된다. 그리고 집단 창의와 팀워크 향상을 위한 전략들을 집단 창의의 과정에서의 전략과 리더십으로 나누어 비교적 자세하게 분석해 보았다.

chapter_10

창의의 기본 과정 – 발산적 사고와 수렴적 사고

Chapter 10

창의의 기본 과정 – 발산적 사고와 수렴적 사고

이 장에서는 창의(력)의 두 개의 기본적인 축인 발산적(확산적) 사고와 수렴적 사고의 내용과 이들 각기에서 중요하게 사용되고 있는 몇 가지 사고도구들을 다룰 것이다. 먼저 발산적 사고의 내용, 창의력의 요소 사용의 가이드라인과 도구의 선택적 사용에 대하여 알아본다. 그리고 대표적인 발산적 사고도구로 브레인스토밍 기법, 브레인라이팅 기법 및 SCAMPER 등에 대하여 살펴볼 것이다. 그런데 창의적인 것은 새로워야 할 뿐만 아니라 유용하고 가치 있어야 한다. 그러므로 발산적 사고를 통하여 아이디어들을 생성해 내었으면 이들을 정리하거나 평가 · 판단하여 가장 그럴듯한 것을 선택할 줄 알아야 하는데 이러한 사고를 우리는 수렴적(비판적) 사고라 부른다. 발산적 사고에 이어 수렴적 사고의 내용과 사용의 가이드라인들을 알아본다. 그리고 여러 가지의 수렴적 사고도구들 가운데 하이라이팅 기법, ALU 기법 및 쌍비교 분석법 등의 몇 가지를 보다 자세하게 음미해 볼 것이다.

Ⅰ. 발산적 사고의 내용과 가이드라인

1. 발산적 사고, 수렴적 사고 그리고 창의력의 3C

창의와 혁신의 과정은 크게 보면 많은 아이디어들을 생성해 내는 발산적 사고, 그리고 생성해낸 아이디어들 가운데서 가장 그럴듯해 보이고 가치 있어 보이는 것을 평가하여 선택하는 수렴적 사고의 두 가지의 과정을 통하여 새롭고 유용한 산출을 생산해 내는 것이다. 이처럼 창의와 혁신은 발산적 사고와 수렴적 사고가 차례대로, 교행적으로, 그리고 균형 있게 작동하면서 수행된다. 이것은 창의와 혁신의 어떠한 국면, 어떠한 단계 또는 어떠한 과정에서도 마찬가지로 적용되는 원칙이다. 이러한 과정을 통하여 가장 그럴듯한 아이디어를 발견하게 되면 비로소 이를 커뮤니케이션하고 발표한다. 이를 다시 정리해 보면 창의와 혁신의 과정은 '발산적(확산적, 창의적) 사고' → '수렴적(비판적) 사고' → '커뮤니케이션'이라는 세 개의 과정으로 이루어진다고 말할 수 있는데 이를 창의력의 3C라 부르기도 한다. 3C란 'creative thinking–critical thinking–communication'에서 첫 철자를 따온 것인데 여기서 말하는 '창의적 사고'는 협의의 창의력으로 '발산적 사고'를 의미한다. 그리고 수렴적 사고를 비판적 사고라 부르기도 한다.

그러나 전문적인 경우가 아니고 기업체나 대학에서 발산적(창의적) 사고–수렴적(비판적) 사고–커뮤니케이션 등을 이야기하면 생소할 뿐 아니라 현학적 또는 전문적인 특수 용어같이 들릴 수도 있다. 그래서 이들 용어들이 가지고 있는 의미도 추가적으로 설명해야 하기 때문에 3C의 내용을 보다 일상생활적인 용어로 표현할 필요가 있을 수도 있다. 예컨대 Singularity University(SU)의 사례를 보기로 들 수가 있다('Singularity'란 공상과학 소설에서 따온 것으로 대개는 컴퓨터 지능이 인간 지능을 초월하는 '특별한 시점'을 의미한다. Kurzwell은 그것이 2029년일 것으로 추측하고 있다). Singularity University(SU)는 학위를 수여하는 정식 대학이 아니라 최첨단 테크놀로지를 활용하여 새롭게 창업하는 것을 지원하는 영리 공익 법인이며 California의 Silicon Valley에 있는 NASA Research Park에 본부를 두고 있다. SU의 랩(Lab) 교육에서는 3C를 이용한 3단계 접근법(3 phases approach)을 [그림 10–1]과 같이 'Discover–Define–Develop'로 표현하면서 도전과 기회를 다루어 구체적인 성과를 얻을 수 있기를 기대하고 있다. 이들 단계(국면)들은 발견하는 것(Discover, 발산적 사고), 정의하는 것(Define, 수렴적 사고) 그리고 개발하는 것(Develop, 산출 · 커뮤니케이션) 등이다. 창의와 혁신을 위한 모든 과정, 모든 프로그램에서 이들은 이 접근법을 사용하여 다루고 있는 도전에 적절해 보이는 아이디어들을 생성해 내고, 이들을 우선순위 매기거나 검증하여 가장 그럴듯해 보이는 것을 발견해 가는 발산적 사고와 수렴적 사고를 반복하면서 통합적으로 사용한다. 다시 말하면 팀 멤버들은 발견하고 정의하는 사이클을 계속하여 반복하고, 드디어는 원형(prototype)을 개발하고 시제품을 만들고 테스팅을 하게 된다.

발견하라

가속도적인 페이스로 변환하게 하는 여러 원인과 이들이 가지고 있는 함의들을 이해한다. 다른 분야에도 접해 보고 무관해 보이는 아이디어들을 커넥션시켜 봄으로써 통상적인 비즈니스 사고를 넘어서게 한다.

정의하라

기존의 전략적인 초점 영역과 새로운 영역 모두에서 파열적인 혁신의 기회를 확인하고 평가한다. 스마트한 방책에 대하여 장단기적인 포트폴리오를 만들어 본다.

개발하라

빠르게 원형(prototype)을 만들기를 반복하며 그리하여 아이디어가 구체적인 것으로 생명을 가지게 한다. 파트너를 구하여 실험하면서 시장에 내놓는 시간을 줄이도록 가속화한다.

[그림 10-1] Singularity University의 3단계 접근법

이 장에서는 먼저 발산적 사고를 할 때 유용하게 사용할 수 있는 사고도구들 가운데 특별히 중요해 보이는 브레인스토밍 기법과 SCAMPER에 대하여 알아볼 것이다. 그리고 이어서 수렴적 사고와 사고도구에 대하여서도 다루게 될 것이다.

2. 발산적 사고의 요소

창의력을 바로 발산적 사고라 좁게 정의하기도 한다. 이렇게 정의하면 '발산적 사고의 요소' 대신에 '창의력의 요소'란 말을 사용할 수도 있다. 발산적 사고(확산적 사고, divergent thinking)란 '새로운(new, novel)' 것을 생산해 내는 것이다. 여기서 말하는 '것'에는 아이디어뿐 아니라 해결책이나 행위 또는 산출 등 다양한 것이 포함될 수 있다. 발산적 사고의 내용을 보다 자세하게 설명하고 있는 것이 발산적 사고의 요소인데 일반적으로는 다음과 같은 것들이 포함되어 있다.

(1) 유창성(fluency): 많은(many) 아이디어들을 생산해 내는 능력이다. 주어진 시간에 가능한 대로 많은 아이디어를 생각해 낼수록 '유창성'이 높으며, 점수는 아이디어의 개수로 채점한다.

(2) 융통성(flexibility): 다양한(varied) 아이디어들을 생성해 내는 능력이다. 다양한 시각에서 생각할 줄 아는 것이며 따라서 포함되어 있는 '범주'의 수에 따라 채점한다.

(3) 독창성(originality): 남들이 생각하지 못하는 기발하고 독특한(unique, original) 아이

디어를 생성해 내는 능력이다. 다른 사람들의 반응에는 없는 것일수록 독창적이다.

(4) 정교성(elaboration): 사고가 피상적인 수준에서 머물지 않고 보다 더 깊게 세부적으로, 자세하게(elaborated) 파고들어 갈 수 있는 능력이다. 기본적인 아이디어를 보다 더 재미있고 완전한 것으로 다듬고 개발시켜 갈 수 있을수록 아이디어가 창의적일 가능성이 커진다.

앞에서 창의력의 요소(또는 발산적 사고의 요소)로 '일반적으로' 유창성, 융통성, 독창성 및 정교성의 네 가지를 포함시키고 있다고 하였다. 그래서 많은, 다양한, 또는 독창적인 가능성이나 대안들을 탐색하거나, 또는 기존의 대안 · 아이디어에다 자세한 세부적인 내용을 추가하거나 확대시킬 때, 우리는 아이디어를 발산적으로 '생성' 해 낸다고 말한다. 그런데 발산적 사고의 요소에 대한 논의는 Guilford의 지능의 구조(SOI, structure of intellect)에서 시작하였는데, 창의력의 요소라 하여 실제로 포함시키고 있는 내용은 경우에 따라 다소간 다를 수 있다. 그래서 지적인 요소가 아니라 정의적인 요소이지만 '민감성(sensitivity)'이나 FPSP에서처럼 '미래 지향성(futurism)'을 포함시키기도 한다. 그리고 TTCT 창의력 검사에도 위에서 설명한 4가지 모두가 포함되어 있지는 않다.

3. 발산적 사고의 가이드라인

아이디어를 생성해 낼 때는 자유스러워야 한다. 그러나 그것은 아무렇게나 자유분방해도 되는 것은 아니고 반드시 지켜야 할 원칙, '가이드라인(guideline)'이라 부를 수 있는 것을 따라야 한다. 발산적 사고도구들 가운데 어떠한 것을 사용하든 간에 이러한 가이드라인은 마찬가지로 반드시 지켜져야 한다. 아이디어 생성을 위한 4개의 가이드라인을 정리한 것이 〈표 10-1〉이다. 그리고 다음에서는 이들 4개의 가이드라인을 좀 더 부연 설명해 본다.

(1) 비판 또는 판단의 유보 – 아이디어의 '생성'과 아이디어의 '판단'을 구분하라.

생성해 내는 아이디어에 대하여 비판이나 칭찬 등으로 판단하지 않는다. 또한 아이디어에 대하여 '예' 또는 '아니오'(또는 찬성이나 반대)란 말을 하지 않는다. 우리가 할 수 있는 최선의 방법은 어떠한 비난이나 칭찬도 받지 않고 많은 아이디어들이 자유롭게 흘러나오게 하는 것이다.

〈표 10-1〉 발산적 사고의 가이드라인

(ⅰ) 비판 또는 판단하는 것을 유보한다.
 – 아이디어에 대하여 '예' 또는 '아니오'라고 말하지 않는다.
 – 아이디어의 생성과 아이디어의 비판을 구분한다.
(ⅱ) 양(量)이 중요하다.
 – 할 수 있는 대로 많은 아이디어들을 생성하라.
(ⅲ) 자유분방한 것을 환영한다.
 – 모든 대안들을 수용하라. 거칠고, 엉뚱하고, 우스운 아이디어일수록 다른 새로운 아이디어를 생각해 내게 할 가능성이 더 크다.
(ⅳ) 조합하거나 더 낫게 고쳐라.
 – 기존의 아이디어들에 살짝 올라타거나 서로 연결시켜 새로운 아이디어를 만들 수도 있다.

그리고 분석하고 판단하는 것은 많은, 다양한, 훌륭한 대안 · 아이디어들을 생산해 낸 다음까지 유보한다. 비판하고 판단하는 '검열관'은 집단 내의 다른 사람일 수도 있고, 또는 당신 마음속에서 자기 스스로 작동시키고 있는 자기 내적인 것일 수도 있다. 아이디어를 생성해 내는 것과 판단하는 것이 뒤섞이면 아이디어의 흐름이 방해되거나 질식된다.

⑵ 양(量)을 추구하라 – 할 수 있는 대로 많은 아이디어들을 생성하라.

우리는 양이 질(質)을 낳는다고 믿는다. 그러므로 보다 더 많은 대안 · 아이디어들을 생성해 낼수록 그들 중 얼마는 보다 더 독창적이고 유용한 것일 가능성이 커진다고 본다. 그러므로 긴 설명보다는 몇 개의 간단한 단어나 구(句)로 자신의 생각을 간결하게 말하려고 노력하라. 그러면 많은 것들을 생각해 내는 데 시간을 더 많이 사용할 수 있다.

⑶ 자유분방한 것을 환영한다 – 모든 대안들을 수용하라.

대안 · 아이디어가 거칠고 우스꽝스러울수록 더 좋다. 엉뚱하고 우스운 것일수록 다르게는 생각해 내기가 어려운 새로운 아이디어나 발견을 가져올 가능성이 크다. 따분한 아이디어에다 흥분과 생명을 불어넣기보다는 거친 아이디어를 다듬고 길들이는 것이 훨씬 더 쉽고 생산적이다.

(4) 조합하거나 더 낫게 고쳐라.

남들이 생각해 낸 이런저런 아이디어들을 서로 연결시켜 조합하거나 다른 아이디어를 살짝 고쳐 새로운 아이디어를 만든다. 다른 아이디어에 편승하여 새로운 것들을 만들어 보라.

Ⅱ. 발산적 사고 도구의 활용

1. 발산적 사고 도구의 선택

많은, 다양한, 독특한, 그리고 자세한 새로운 아이디어들을 생성해 내는 데 도움이 될 수 있는 기법들을 발산적 사고도구라 부른다. 여러 가지 발산적 사고도구들이 개발되어 있고 창의력 관련의 문헌에서는 거의 빠짐없이 이들을 얼마간은 다루고 있다.

그런데 여러 발산적 사고도구들은 개인용의 사고도구와 집단용의 사고도구로 나눌 수도 있지만 조직에서는 대개가 집단용 사고도구를 사용하게 될 것이다. 대표적인 발산적 사고도구들을 정리해 보면 다음과 같다.

(1) 브레인스토밍 기법과 몇 가지의 변형
- (집단) 브레인스토밍 기법
  브레인라이팅 기법
  브레인라이팅 게시기법
  Gordon-Little 브레인스토밍 기법
  역브레인스토밍 기법

(2) 강제 결부법과 관련의 제기법
- 강제 결부법
  시넥틱스(synectics)
  유추법

(3) 형태 분석법과 관련 제기법
- 형태 분석법
  속성 열거법

체크리스트법

(4) Osborn의 질문 리스트와 SCAMPER

– Osborn의 질문 리스트

SCAMPER

그런데 가장 중요한 것은 실제의 문제 장면에서 이들 사고도구들 가운데서 어떤 사고도구를 선택하여 사용하느냐는 것이다. 물론이지만 하나의 과제 수행에서도 몇 가지의 사고도구들을 번갈아 가면서 같이 사용할 수도 있다. 그런데 어떤 사고도구를 선택하여 사용해야 좋은 것인지를 말해 줄 수 있는 유일한 준거는 '어떤 성질의 아이디어를 얻고자 하는가?'일 수밖에 없다.

다행히 여러 가지의 발산적 사고도구들은 각기에서 기대할 수 있는 아이디어를 '순응적–혁명적'의 연속선에 따라 정리해 볼 수는 있다. 변화의 스펙트럼에서 이미 살펴본 바와 같이 '순응적인(점진적인, adaptive)' 아이디어는 점진적인 것이며 현재의 것을 '더 낫게' 변화시키는 데 초점이 있다. 반면에 '혁명적인' 것은 순응적인 것의 반대 축에 있으며 현재의 것을 급진적으로, 파열적으로(disruptive), 또는 혁명적으로 바꾸어 '다르게' 변화시킬 수 있는 대안 · 아이디어를 찾는 데 초점이 있다.

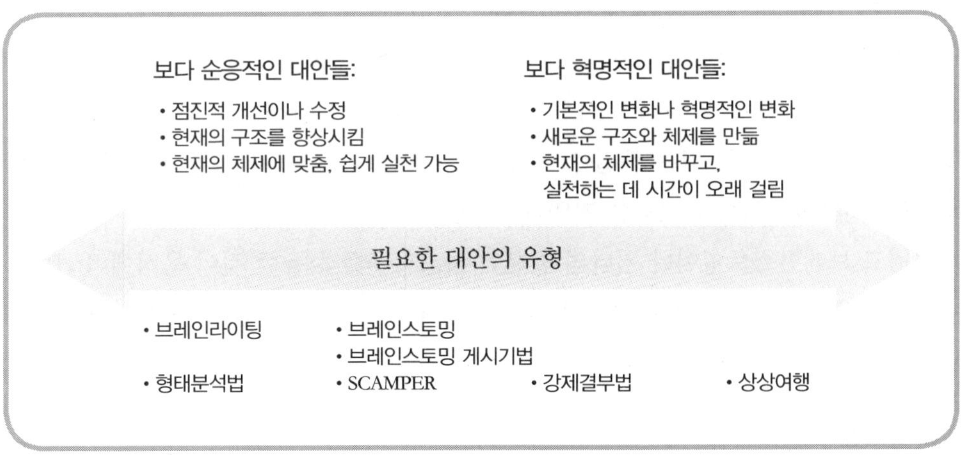

[그림 10–2] 순응적 – 혁명적 대안과 발산적 사고도구의 선택

그러므로 예컨대 보다 순응적이고 보수적인 대안 · 아이디어를 기대하면 '형태 분석법'과 같은 기법이 도움이 된다. 그러나 강제 결부법 등은 보다 혁명적인 아이디어가 필요할 때 효과적으로 사용할 수 있다. 여러 발산적 사고도구들을 '순응적–혁명적'의 두 개의 축이 이루고 있는 연속선에 따라 정리해 본 것이 [그림 10–2]이다.

여러 발산적 사고도구들 가운데 가장 광범위하게 사용되고 있는 것은 브레인스토밍 기법이다. 이 기법은 특히 조직에서 매우 유용하게 사용할 수 있는 기법임이 분명하다. 그리고 발산적 사고 기법이 일반 토론처럼 잘못 사용되고 있는 경우도 쉽게 볼 수 있다. 그래서 다음의 절에서는 여러 발산적 사고도구들 가운데 브레인스토밍에 대하여 보다 자세하게 알아볼 것이다. 그리고 이어서 '발명반' 등에서 많이 사용되고 있는 SCAMPER에 대하여서만 살펴보기로 한다.

2. 생성해 낸 아이디어의 평가와 피드백

브레인스토밍 등의 발산적 사고 과정을 통하여 새로운 아이디어들을 많이 생성해 내는 것은 매우 중요하지만 거기에서 끝날 수는 없다. 왜냐하면 모든 아이디어들이 유용하고 가치 있는 것은 아니기 때문이다. 따라서 생성해 낸 아이디어들을 정리하고, 분류하고, 어느 것이 가장 그럴듯한 것인지를 평가해야 한다. 그래서 하나 또는 몇 개의 가장 그럴듯한 아이디어를 선택해야 한다. 많은 경우, 이러한 시초의 아이디어들을 다듬고 개발시킴으로써 더 나은 아이디어로 발전시켜 갈 수가 있다.

이러한 목적을 위하여 필요한 것이 바로 다음에서 다루는 '수렴적 사고기법'이다. 수렴적 사고의 목적은 발산적인 사고의 과정을 통하여 생산해낸 아이디어들 가운데서 가장 유용하고 가치 있는 해결 아이디어를 찾아내고, 나아가 이를 통하여 문제해결을 창의적으로 하는 데 있음을 기억해야 한다.

그리고 브레인스토밍이나 기타의 발산적 사고도구를 사용한 것이 목적에 맞게 얼마나 성공적으로 진행되었는지를 체크해 볼 필요가 있을 수도 있다. 이때 참고할 수 있는 것은 〈표 10–2〉에 있는 체크리스트이다.

〈표 10–2〉 브레인스토밍 기법의 체크리스트

다음의 설문을 사용하여 당신이 브레인스토밍 기법(또는 기타의 발산적 사고기법)을 성공적으로 사용하고 있는지를 체크해 보라.

발산적 사고의 체크리스트	예/아니오
• 문제는 분명하게 제시하고 모든 사람들이 알아볼 수 있게 게시하였는가?	
• 참가자들은 서로의 신체, 언어나 태도를 읽고 그것에서 말을 걸기도 하였는가?	
• 참가자들은 필요할 때만 질문하고 격려를 받았는가?	
• 모든 사람들이 평등하게 참여하도록 격려를 받았는가?	
• 기록자는 모든 반응을 빠짐없이 기록하였는가?	
• 멤버들은 기록자가 핵심 아이디어를 정확하게 파악할 수 있게 도와주었는가?	
• 전체의 흐름은 초점을 유지했는가?	
• 아이디어들은 이전의 것에서 건설적으로 계속 발전되었는가?	
• 창의적 흐름이 지체되면 새로운 아이디어가 제시되었는가?	
• 사회자와 기록자는 자기 생각을 가지고 토론에 끼어들지 않고 중립을 지켰는가?	
• 비판이나 평가 같은 말이 있으면 브레인스토밍의 기본 규칙을 다시 떠올렸는가?	
• 팀은 자극을 받고 더욱 열성을 가지게 되었는가?	
• 의견의 일치 같은 것이 느껴지고 그것을 요약해 본 적이 있는가?	

Ⅲ. 브레인스토밍 기법

1. 브레인스토밍 기법의 요령

브레인스토밍 기법(brainstorming)은 창의력 사고기법들 가운데 가장 오래된 것이며 아이디어 생성을 위하여 다양한 집단 맥락에서 가장 광범위하게 사용되고 있는 기법이다. 브레인스토밍 기법은 종교 행사 참가자들이 떠오르는 생각을 자발적으로 말로 하고 마음에서 일어나는 비판적 사고를 털어내게 하기 위하여 인도의 힌두교 지도자들이 오랫동안 사용해 왔다고 한다(Osborn, 1957). Osborn(1963)은 이를 형식적 · 구조적 기법으로 개발시켰다. 그의 노력을 통하여 이 기법은 대중화되었고, 그리고 60여 년이 지난 현재까지도 아이디어 생성에 관한 가장 영향력 있는 기법으로 활용되고 있다.

Osborn의 주 관심은 조직에서의 창의력을 향상시키는 것이었다. 그는 미국의 대부분의 근로자들은 자기 의견을 목소리 내지 못하고 의견이 거부되고 있다고 믿었다. 또 모임에서는 권위적이고 지배적인 리더가 지위 압력을 행사하고 지각없는 행동을 함으로써 소수가 집단을 좌지우지한다고 믿었다. 그는 이런 소수가 보여주는 아이디어 생성차단 현상(blocking)을 중립화하고 모든 참가자들이 자유롭게 아이디어를 생성할 수 있는 모임의 구조로 브레인스토밍을 개발하고 실험하기 시작하였다.

Osborn의 접근은 관련되어 있는 두 개의 개념에 기초하고 있다. 하나는 판단 유보의 원리이고 다른 하나는 광범위한 탐색의 원리이다. 이러한 두 가지 원리를 하나로 간추리면 '아이디어에 대한 성급한 판단의 유보'라 말할 수 있다. 그는 아이디어에 대한 성급한 판단은 조직의 창의력을 저해하는 주요 이유들 가운데 하나라 믿었다. 아이디어를 성급하게 판단하면 새로운 아이디어의 생성이 제지된다. 그래서 그는 집단 참가자들에게 아이디어 생성의 과정에서 자신이나 남의 아이디어를 판단하는 것을 유보하는 훈련을 받는 것이 필요하다고 말한다.

또한 그는 아이디어의 양(量)에 초점을 두고 자유분방하게 가능한 대로 많은 아이디어들을 생성해 내는 것을 강조한다. 그는 이러한 브레인스토밍의 '규칙'을 지켰을 때 아이디어 생성이 효과적임을 보여주는 증거들도 많이 제시하고 있다. 브레인스토밍의 규칙을 훈련 · 지시받고 아이디어 생성을 하면, 개인이든 집단이든 간에, 그렇지 아니한 조건에서보다 훨씬 더 많은 수의 아이디어를 생성해 낼 수 있다(Parnes & Meadow, 1959).

브레인스토밍 기법은 많은 수의 아이디어를 비평가적인 장면에서 상호 교환하는 한 가지의 집단과정이다. 그는 집단에서 아이디어 교환을 자유롭게 하면 개인이 가지고 있는 생각들을 넘어선 추가의 새로운 아이디어를 자극하리라 믿었다. Osborn(1963)은 집단 브레인스토밍(group brainstorming)은 개별 브레인스토밍(solitary brainstorming)보다 두 배나 더 생산적일 수 있다고 주장하였다.

그런데 같은 브레인스토밍 기법이라도 과제와 장면에 따라 다소간 변형하여 사용할 수도 있다. 예컨대 아이디어는 입으로 말하는 것이 보통이지만 성원들이 수줍어하거나 부자연스러워할 때는 아이디어를 종이 위에 기록하여 제출할 수도 있는데, 이것을 브레인라이팅(brainwriting) 기법이라 부른다. 또는 종이 위에 글로 쓰거나 그림을 그려서 그것을 벽면이나 화이트보드 등에 게시할 수도 있다. 그리고 아이디어를 생성해 내는 기법이기는 하지만 어떤 아이디어가 가지고 있는 약점을 발견해 내는 데 목적이 있기 때문에 발산적 사고도구가 아니라 수렴적 사고도구로 사용되는 것이 역브레인스토밍(reverse brainstorming)이다. 브레인스토밍을 위하여 사용할 수 있는 활동 양식은 〈표 10-3〉과 같다.

〈표 10-3〉 브레인스토밍 기법

문제 · 과제: ______________________________

____

____

아이디어 · 대안

____

____

____

____

____

____

____

____

____

____

____

____

2. 사용할 수 있는 장면

브레인스토밍 기법은 창의적인 아이디어들을 많이 생성해 내는 것이 중요한 장면이면 어디에서든 사용할 수 있다. 그러나 매우 간단하게 사용하는 경우라 하더라도 브레인스토밍의 기본 원리와 규칙은 철저하게 따르는 것이 중요하다.

(1) 주로 집단토의에서 사용할 수 있는 기법이지만 개인이 혼자서 사용할 수도 있다.

(2) 어떤 문제를 창의적으로 해결하기 위하여 계획된 모임에서 이 기법의 사용을 미리 계획하여 사용할 수도 있다. 그러나 사전계획 없이 수시로, 그리고 자연스러운 필요 때문에 사용할 수도 있다. 예컨대 접하게 된 문제 · 사건에 대하여 가능한 원인을 브레인스토밍하는 것과 같다. 보다 구체적으로 보면 다음과 같은 경우 유용하게 사용할 수 있다.

- 어떤 장면에서 무엇을 해야 할지 또는 어떻게 반응해야 할지를 모를 때,
- 여러 개의 대안이 필요할 때,
- 다양한 가능성을 고려해 보고 싶을 때,
- 여러 가지의 시각에서 아이디어들을 생각해 보고 싶을 때

3. 조직에서의 브레인스토밍 활용 요령

아래에서는 기업체 등의 조직에서 집단 브레인스토밍을 사용할 때의 요령을 간추려 보기로 한다.

(1) 집단의 구성

(i) 집단의 크기는 5~12명이 이상적이다. 멤버들은 배경 경험이 다양하고, 브레인스토밍 기법에 익숙하고, 현재의 문제나 조직에서의 위치가 문제에 너무 밀착되지 않는 것이 좋다. 브레인스토밍 기법에 대한 경험이 별로 없으면 15명 정도까지 규모를 크게 할 필요가 있다.

(ii) 사회자와 함께 기록자를 반드시 둔다. 사회자는 회의를 진행하고, 기록자는 참가자들이 발표한 아이디어들을 모두 기록한다. 대개 칠판이나 큰 종이 위

에 기록하며 모든 사람들이 보고 확인해 볼 수 있게 한다. 시계도 준비하여 회의가 유머러스하면서도 시간에 맞춰 빠른 템포로 진행되게 한다. 참가자 전원이 아이디어 생성에 참여하도록 진행을 격려하고 관리한다.

(2) 진행의 요령

(i) 어떤 중요한 문제 · 과제에 대하여 상당 시간을 할애하여 브레인스토밍 세션(session)을 집중적으로 가질 수도 있다. 이런 경우는 참가 예정자들에게 적어도 1주일 전까지 미팅에 대한 안내 자료를 만들어 발송한다. 거기에는 미팅(회의)에 대한 전체적인 안내와 함께 브레인스토밍 연습문제를 포함시켜 사전에 발산적 사고에 대한 워밍업(warm–up)이 되게 한다(〈표 10–5〉 참조).

(ii) 회의(미팅)에서 다루려는 문제, 즉 '표적 문제'를 실제로 제시하여 다루기 전에 사회자는 브레인스토밍의 규칙을 설명한다. 그리고 분위기의 냉기를 깨고 마음이 좀 편안해지도록 워밍업을 위한 연습문제를 가지고 실제로 브레인스토밍해보는 것이 도움이 된다. 실제의 문제를 다루기 전에 워밍업을 위하여 연습으로 사용할 수 있는 보기가 〈표 10–4〉의 것이다.

(iii) 다루려는 과제 · 문제를 제시한다. 예컨대 "벽돌의 용도에는 어떤 것이 있을까요? 될 수 있는 대로 많이 말해 봅시다". 문제 · 프로젝트의 진술은 "어떻게(어떻게 하면, 어떤 방법으로 하면) … 할 수 있을까요?"와 같은 어간을 가진 의문문을 사용함으로써 여러 가지 아이디어들을 격려한다(11장에 있는 '문제의 진술' 참조).

(iv) 필요하면 다루려는 문제 · 과제를 확실히 이해하기 위하여 관련의 자료들을 수집 · 분석하여 내용을 깊게 이해하게 한다. 또는 배경 정보를 요약하여 제시한다.

(v) 주어진 시간 동안에 많은, 다양한 그리고 독창적인 대안들을 생성해 낸다.

(vi) 기록자는 핵심적인 간단한 단어나 구(句)로 모든 아이디어들을 놓치지 않고 빠르게 기록한다. 나중에 내용을 알 수 있을 정도면 충분하다. 그래야 아이디어의 흐름이 방해받지 않는다.

〈표 10-4〉 아이디어 생성을 위한 워밍업 1분 기법

〈연습문제 #1〉

종이 한 장을 꺼내서 '연필'의 용도를 가능한 대로 많이 생각하여 적어 봅시다. 그런데 이때 우리가 반드시 명심해야 할 사항은 다음과 같습니다.

(ⅰ) 생각(아이디어)을 많이 생각해 내는 것이 중요하다. 아이디어의 질이 어떤지는 따지지 말라.

(ⅱ) 떠오르는 아이디어는 모두 적어라. 판단하거나 비판하지 말라.

(ⅲ) 긴장을 풀고, 장난기 있게 하며, 심지어는 바보같이 순진한 생각을 해보도록 애써 보라.

(ⅳ) 시각(견해)을 바꾸어 보라. 마치 당신이 종이인 것처럼, 사막에서 길을 잃은 사람처럼, 오케스트라의 지휘자인 것처럼 … 그런 자세로 '연필'을 들여다보라.

(ⅴ) '만약에 … 이라면' 질문을 해 보라. 만약에 '연필의 속이 비어 있다면 어떻게 될까?', '만약 연필이 아주 크다면, 아주 작다면, 또는 둥글게 만든다면 … 어떻게 될까?' 등등.

시간은 1분입니다. 이제 시작해 보시오.

(계속)

* 이제 마치십시오. 나열한 아이디어는 몇 개나 됩니까? 중간에 아이디어가 더 이상 떠오르지 않고 막히지는 않았습니까? 아직도 적을 것이 더 많이 있습니까? 이제 30초를 더 드릴 테니 더 적어 봅시다.

(vii) 제한 시간이 되면(제한 시간이 없으면 충분히 많은 아이디어들을 생각해 내었으면) 회기를 종료한다.

– 발산적 사고를 종료하면 이제 수렴적(비판적) 사고도구를 적용하여 생성해 낸 대안들을 정리하거나 한 개 또는 몇 개를 선택한다.

– 만약에 여전히 만족스러운 대안 · 아이디어를 발견할 수 없으면 다시 발산적 사고의 과정을 몇 번이고 반복할 수 있다.

(계속)

〈연습문제 #2〉

다른 보기를 가지고 한 번 더 연습해 볼 수도 있다. '다른 보기'는 우리가 흔히 대하는 물건이나 단어들 가운데 어떤 것이라도 좋을 것이다(예컨대 벽돌, 책상, 종이, 사과, …). 예컨대 '벽돌의 용도를 가능한 대로 많이 생각해 보라'. 시간은 2분이다.

---

(3) 사전 안내 자료의 요령

앞에서 언급해 둔 바와 같이 조직에서 어떤 중요한 문제 · 과제 · 프로젝트를 다루어야 하고 이를 위하여 하루나 며칠 동안 상당 시간을 할애하여 브레인스토밍 미팅을 가질 필요가 있을 수도 있다. 이런 경우는 미팅 참가 예정자들에게 적어도 1주일 전까지 미팅에 대한 안내 자료를 제작하여 발송할 필요가 있을 수도 있다. 아래에서는 이러한 사전 안내 자료에 대한 설명을 간추려 본다.

(ⅰ) 안내 자료는 미팅에 대한 안내와 창의적 사고 연습의 두 개 부분을 가지도록 하는 것이 바람직하다. 앞부분에서는 미팅에서 다루려고 하는 과제 · 프로젝트의 배경과 목적뿐 아니라 기대하는 성과 등에 대하여 언급한다.그리고 2부에서 발산적 사고의 연습을 해 보면 잠재의식에서도 창의적인 사고를 하기 시작하며 그래서 실제의 미팅에서 창의적 문제해결을 하는 것이 보다 쉽고 재미있게 될 것이다. 또한 브레인스토밍에 대하여 가질 수 있는 일말의 신비감이나 공포심 같은 것들을 떨쳐 내는 데에도 필요함을 지적해 둔다.

(ⅱ) 2부에서 연습문제를 제시하기 전에 먼저 발산적 사고의 가이드라인에 대하여 간략하게 언급한다.

– 왜 '양'이 '질'을 낳으며,
다른 사람의 반응을 지나치게 판단하지 않는 것이 왜 중요하며,
그리고 왜 모임이 즐거워야 하는지 등을 기술한다.

(ⅲ) 몇 개의 연습문제를 제시한다. 그리고 각기의 아래에 그러한 연습문제를 해 보는 것이 어떻게 도움이 될 수 있는지를 말해주는 '설명'을 추가하면 도움이 될 것이다. 〈표 10-5〉에서는 3개의 연습문제를 예시하고 있다. 물론 보다 가벼운 문제로 〈표 10-4〉에 있는 1분기법의 것을 먼저 사용할 수도 있다.

〈표 10-5〉 미팅 전에 사용할 수 있는 브레인스토밍 연습문제 예시

[연습문제 1]

당신은 어릴 때 무엇이 되려고 했습니까? 군인? 교사? 화가? 대통령? 아래에 어렸을 때의 꿈을 한 개 이상 나열해 보십시오. 그런 다음 왜 그러한 꿈을 꾸게 되었는지 많이 적어 보십시오(시간은 3분입니다).

〈설명〉

이 연습문제를 만든 데는 두 가지의 이유가 있다. 하나는 모든 것이 가능했던 어린 시절의 마음 상태를 기억해 보도록 하는 것이다. 이러한 환상적, 소원 성취적, 모든 것이 일어날 수 있는 마음 상태는 브레인스토밍 모임에서는 매우 유용하다.

두 번째는 마음속에서 즐겁고 자유스러운 여행을 해 보는 준비를 하도록 하는 것이다. 특히 브레인스토밍 모임에서 성원들이 힘이 떨어지고 처질 때는 몇 분 동안 다루고 있는 문제를 그만두고 마음속에서 아무 데나 여행을 하게 해 보면 효과적이다. 해안가 백사장, 파리의 센 강, 기구를 타고 독도를 넘어 등등 … 이제 다시 문제 해결을 위한 아이디어를 브레인스토밍하기 시작하면 '잠시 떠나 있던' 것에 대하여 새로운 아이디어를 생각나게 해 줄 수도 있다.

[연습문제 2]

당신이 우리 모임의 응원 단장이 되었다 해 봅시다. 이제 드디어 '그럴듯한 이름'도 짓게 되어 모임은 끝나가고 모두들 기뻐하고 있습니다. 사람들은 당신이 우리가 지은 '이름'을 '엉덩이로 써 보라'고 합니다. 그러나 불행히도 당신이 단상에 도착했지만 갑자기 모임의 그 이름이 생각나지 않습니다. 그러나 그 이름에 있을 것 같은 철자를 엉덩이로 써 보이지 않을 수가 없습니다. 어떻게 하면 좋을까요?(시간은 5분입니다)

〈설명〉

좀 이상한 문제이지만 브레인스토밍에는 특히 중요하다. 사람들은 주로 시각적, 청각적 및 근육 운동적인(신체 운동 · 감정) 처리 양식들 중에서 어느 하나를 보다 더 선호한다. 이 연습문제는 근육 운동적 감각 양식을 자극하기 위한 것이다. 브레인스토밍에 신체의 접촉 감각과 마음의 감정이 모두 작용한다면 문제를 깊게 통찰하는 데 도움이 된다.

[연습문제 3]

상품이나 서비스 가운데서 특히 훌륭하다고 생각되는 이름을 다섯 개 나열해 보십시오. 당신은 각기의 이름에서 무엇을 그렇게 좋아합니까? 많이 생각해 보십시오(시간은 3분입니다).

〈설명〉

어떤 제품의 이름을 붙이려고 할 때 가장 가치 있다고 생각되는 방법 중의 한 가지는 성공적인 제품 이름들을 분석하여 거기에 내재해 있는 전체적인 원리를 찾아내고 그러한 원리를 적용해 보는 것이다. 예컨대 참석자들이 보소미, 참이슬, 뽈록이, 애니콜 … 그리고 영어 이름의 Lean Cuisine, Dry Idea, Lexu SlimFast 또는 Salon Selective와 같은 쟁쟁한 이름들을 떠올릴 수도 있을 것이다. 그리고 이들 이름을 분석해 보고 거기에 담겨져 있는 천재적인 원리를 확인해 낼 수 있었다면, 이러한 원리를 현재의 문제에 적용하기가 훨씬 더 쉬울 것이다.

(4) 사회자의 유의사항

사회자는 다음의 사항들을 유의하여 아이디어 생성이 효과적으로 이루어지게 한다. 브레인스토밍이 성공적으로 이루어지려면 사회자의 진행 요령이 매우 중요하다.

(i) 분위기는 편안하고, 재미있고, 자유분방해야 한다. 장난기 있게 놀이하듯이 진행한다. 그러나 미팅의 목적에서 너무 벗어나면, '지금 우리가 다루는 과제가 무엇이지요?'라 반문하면서 원래의 자리로 돌아오게 한다.

(ii) 독창적인 새로운 아이디어뿐 아니라 다른 사람의 아이디어를 발전시킨 것도 환영한다. 그래서 모든 사람들이 참여하도록 한다.

(iii) 어떤 아이디어라도 좋고, 황당하고 의외의 것일수록 더 좋다.

(iv) 아이디어의 질보다는 수가 중요하다. 목표하는 아이디어의 수를(예컨대 20개 또는 50개) 미리 정해 놓고 할당된 시간 내에 거기에 도달하려고 할 수도 있다. 진행은 빠르게 활발하게 이루어지게 한다.

(v) 아이디어 생성을 위한 시간을 적절하게 정한다. 집단이 너무 소극적이어서 아이디어 생성이 활발하지 못하면 5분 정도의 시간을 더 주고, "아주 엉뚱하고 터무니없는 것 같은 아이디어가 더 없을까요?"라는 식으로 말한다. 이런 아이디어들 가운데 수정하면 현실에 적합한 것이 나올 수도 있다.

(vi) 아이디어 생성 단계에서는 다른 사람이 말하는 아이디어가 어떠한 것이든간에 판단하거나 비판하거나 또는 윽박지르는 것을 허용하지 않는다. 사회자는 생산적이지 못한 말이 나오지 못하도록 특별히 신경을 써야 한다. 예컨대 '그건 이미 해 봤지만 안 되던걸', '뻔한 이야기를 하는군', '그걸 아이디어라고' 등등. 생성해 낸 아이디어를 평가하는 시간은 별도로 있다는 것을 주지시킨다.

(vii) 사회자가 친근하게 사용할 수 있는 말씨를 예시해 보면 다음과 같다.

- 그것을 어떻게 하면 될까요?
- 또 다른 어떤 것은 없을까요?
- 이 아이디어를 다른 어떤 것과 조합시킬 수는 없을까요?
- 좀 더 말해 봐요.
- 어떻게 다르게 사용할 수 있을까요?

- 여러분들이 말한 것을 기록자가 모두 적었나요?
- 누가 이들 아이디어를 더욱 발전시키거나 다듬어 갈 수 없을까요?
- 그렇게 하면 어떻게 될까요?

4. 브레인라이팅 기법

참가자들의 성격이 내성적이라서 남들의 면전에서 자신의 생각을 말하기를 주저하는 장면에서 보다 유용하게 사용할 수 있는 것이 브레인라이팅 기법(brainwriting)이다. 그리고 이 기법은 참가자의 수가 상당히 많은 경우 또는 많은 아이디어들을 빠르게 생성해 내고 싶을 때 사용할 수 있는 훌륭한 발산적 사고 기법이다. 이 기법은 다른 사람의 아이디어에 쉽게 편승할 수 있는 구조를 가지고 있으며, 내성적인 사람의 목소리도 들을 수 있으며, 그리고 아이디어 생성의 흐름이 막히지 않고 쉼 없이 계속될 수 있게 하는 장점이 있다. 이 기법을 이용할 때 사용할 수 있는 활동양식은 〈표 10–6〉과 같다.

진행의 요령은 다음과 같다.

(1) 각 멤버에게 브레인라이팅 용지를 1장씩 배포하는데 이 용지에는 세로로 3개(또는 4개)의 동간격의 줄이 그어져 있다. 보기는 〈표 10–7〉에 있는 것과 같다. 또한 회의실 가운데 있는 테이블에는 추가의 용지를 마련해 놓는다.

(2) 브레인스토밍의 원리를 숙지하도록 한다.

〈표 10-6〉 브레인라이팅 기법

문제 · 과제: ______________________________

사람 \ 아이디어	아이디어 A	아이디어 B	아이디어 C
1			
2			
3			
4			
5			
6			

(3) 소정의 용지를 사용할 때는 먼저 제일 위에 '문제 진술'을 적는다. 그리고 가로 줄에서 3개의 아이디어를 적는다(아이디어 A, B 및 C). 이 기법을 사용하는 동안 참가자들은 서로에게 말을 할 필요가 없다.

(4) 한 장의 용지를 가져가서 거기에 있는 A, B, C란에 3개의 아이디어를 적었으면 그 용지를 다시 테이블 위에 가져다 놓는다. 그리고 다른 사람이 마치고 가져다 놓은 용지를 집어 간다. 제일 먼저 용지를 가져다 놓는 사람은 여분의 용지를 집어 사용한다.

(5) 이제 다음에 있는 가로 줄에다 자신의 3개 아이디어를 적어 넣는다. 그것은 새로운 아이디어일 수도 있고 다른 사람의 것에서 자극받은 것일 수도 있다. 이전의 아이디어들을 조합하거나 또는 거기에 무엇을 추가시켜 새로운 아이디어를 만들 수도 있다.

(6) 참가자들이 아이디어를 더 이상 생각해 내지 못할 때까지 (3), (4) 및 (5) 단계를 계속한다.

〈표 10–7〉 브레인라이팅에서 사용하는 양식의 보기

문제 진술: 어떻게 하면 철수를 재활 활동에 참여하게 할 수 있을까?

사람 \ 아이디어	아이디어 A	아이디어 B	아이디어 C
1	철수에게 만약 자신이 교도소를 책임 맡고 있다면 어떻게 할 것 같은지를 물어 본다.	철수로 하여금 다른 죄수들의 재활 프로그램을 돕게 한다.	더 안전한 교도소 체제를 설계해 보게 한다.
2	철수에게 다른 죄수들을 관리하는 책임을 지운다.	철수로 하여금 새로운 친구를 찾아보게 한다.	철수에게 생산부의 어떤 일을 맡긴다.
3			
· · ·			
7			

이 기법의 진행은 상당히 빠르게 전개되며, 재미있고, 매우 자극적일 수 있으며, 또한 짧은 시간에 많은 아이디어를 생성해 낼 수가 있다. 또한 누구나 위협감을 느끼지 않고 편안한 마음으로 참여할 수 있다. 왜냐하면 엉뚱하고 어리석은 것같이 보이는 아이디어를 다른 사람들 앞에서 말로 하기보다는 용지 위에다 적는 것이 훨씬 더 쉽고 편안하기 때문이다.

Ⅳ. SCAMPER

이 기법은 기존에 존재하고 있는 어떤 것을(특히 어떤 '대상'의 물건) '더 낫게' 해 보도록 질문하여 새로운 것을 발명해 내기 위한 것이다. 그러므로 특히 발명에서(그리고 '발명'을 위한 발명반 교육에서) 자주 사용되고 있다. 우리의 창의적이고 혁신적인 생각은 질문에서 시작한다. 특히 상상력과 지적 호기심을 자극할 수 있는 질문은 창의적인 아이디어를 생각해 내는 데 매우 유용하다.

어떤 질문을 어떻게 하느냐에 따라 창의적 사고의 수준이나 내용이 달라진다. 창의력을 자극할 수 있는 기본적인 두 가지의 질문은 다음과 같다.

- 지금과 다르게 할 수는 없는가?
- 만약에 … (현재의 'A'가 'B'라면), … 어떻게 될까?

이러한 질문의 측면들(착안점)을 미리 체크리스트로 만들어 놓고 그에 따라 다각적이고 체계적으로 새로운 아이디어를 자극할 수 있는 일련의 질문을 사용하면 더욱 효과적일 수 있다.

Osborn(1963)은 아이디어를 자극할 수 있는 약 75가지의 질문을 제시하면서 이들을 9개의 범주로 정리하고 있다. 이러한 질문은 집단 브레인스토밍을 할 때 사회자가 구성원들이 상상력을 발휘하도록 방향이나 힌트를 주기 위하여 사용할 수가 있다.

그런데 Eberle(1971)는 이러한 Osborn의 질문 리스트를 재조직하여 SCAMPER를 만들었다(〈표 10–8〉). SCAMPER란 7가지 질문에 있는 핵심 단어들의 첫 철자를 따서 기억하기 좋게 만든 약성어이다.

〈표 10–8〉 SCAMPER 발산적 사고도구

S (substitute, 대치하면?)
  – 다른 무엇, 다른 성분, 다른 재료, 다른 과정으로 대신(대치)하면 …
C (combine, 조합하면?)
  – 혼합하면, 합하면, 앙상블로 하면, 세트로 할 수 있는 것은 …
A (adapt, 각색하면?)
  – 고치면, 번안하면, 비슷한 것은, 수정하면 …
M (modify–magnify–minify, 수정–확대–축소하면?)
  – 변형시키면, 바꾸면, 확대하면, 줄이면, 크게 또는 작게 만들면, 생략하면 …
P (put to other use, 다른 용도는?)

– 다른 용도, 맥락을 바꾸면, 수정하면 다른 어디에 사용할 수 있는가 …
E (eliminate, 제거하면?)
– 없애면, 줄이면, 압축하면, 낮추면, 단순화시키면 …
R (rearrange–reverse, 재배치하면–거꾸로 하면?)
– 거꾸로 하면, 반대로 하면, 다른 시퀀스(차례)로 하면 …

그러므로 이들 각 철자를 보면 아이디어를 자극할 수 있는 질문을 쉽게 떠올릴 수 있다. 그러나 SCAMPER의 질문은 반드시 약성어의 철자 순서대로 할 필요는 없고 어떤 순서든 관계없이 사용할 수 있다. 이들 리스트를 질문의 '메뉴'로 사용하여 아이디어의 흐름을 자극할 필요가 있을 때 어떤 것이라도 선택하여 사용한다. 사용할 수 있는 활동양식은 〈표 10–9〉와 같다. 그리고 주로 사용되는 경우와 사용의 요령은 다음과 같다.

(1) 언제 유용하게 사용할 수 있는가?
- 어떤 것에 대한 사고를 더욱 스트레칭하거나,
- 다양한 시각에서 탐색해 보려고 하거나, 또는
- 생각이 막혀 아이디어가 더 이상 생각나지 아니하여 새로운 자극이 필요할 때.

(2) SCAMPER 사용의 요령은 다음과 같다.
(ⅰ) SCAMPER에서 철자 하나를 선택한다.
(ⅱ) 아이디어 탐색을 자극할 수 있는 하나의 질문을 찾아 사용하며 얼마든지 추가할 수도 있다.
(ⅲ) 또 다른 철자를 선택하여 새로운 대안을 충분히 생성해 낼 때까지 단계 (ⅰ)과 (ⅱ)를 반복한다.
(ⅳ) 더 많은 아이디어를 생성해 내기 위하여 SCAMPER 이외의 다른 사고도구가 필요한지, 아니면 생성해 낸 것이 충분하기 때문에 다음으로 수렴적 사고를 할 시간인지를 결정한다.

〈표 10-9〉 SCAMPER 기법

* 다음에 있는 7개의 질문 리스트에 따라 새로운 아이디어들을 많이 생각해 보라.

(1) 대치하면? 다른 것으로 바꾸면?

(2) 같이 조합하면? 합해 보면?

(3) 고치거나 각색하면?

(4) 수정-확대-축소하면?

(5) 다른 용도는? 맥락을 바꾸면?

(6) 없애거나 줄이면?

(7) 배치를 다르게 하면? 거꾸로 하면?

V. 수렴적 사고의 내용과 수렴적 사고 도구의 선택

1. 수렴적 사고의 목적

발산적 사고를 통하여 새로운 아이디어들을 충분히 많이 생성해 내었으면, 이제는 이들을 가지고 전체적으로 조직하거나, 또는 판단하여 선택하는 일이 남아있다. 생성해 낸 모든 아이디어가 똑같이 유용한 것도 아니고, 또한 모두를 사용할 수 있는 것도 아니기 때문이다. 우리는 이것을 수렴적 사고(convergent, 비판적, 또는 초점적)라 부른다. 수렴적 사고를 하는 데는 네 가지의 목적이 있다.

(1) 조직화하기: 생성해 낸 아이디어들을 분류하고 정리한다. 아이디어(대안)의 수가 많은 경우 특히 유용하다.

(2) 평가하기: 생성해 낸 아이디어들을 판단하거나, 결정하거나, 비중(무게)을 견주어 보고, 그래서 1개 또는 몇 개를 선택한다.

(3) 우선순위 매기기: 생성해 낸 아이디어들을 어떤 준거(기준)에 따라 순위(등위)를 매긴다.

(4) 다듬고 개발하기: 생성해 낸 아이디어들을 더욱 다듬고, 개발하고, 향상시킨다.

2. 수렴적 사고의 가이드라인

수렴적 사고는 발산적 사고를 통하여 생성해 낸 여러 아이디어 · 대안들을 분류하거나, 또는 평가하여 가장 유망하고 가치 있어 보이는 것을 선택하는 사고이다. 이때 지켜야 할 원칙을 우리는 수렴적 사고의 가이드라인이라 부르는데 이를 정리한 것이 〈표 10–10〉이다. 그리고 아래에서는 이들의 각기에 대한 설명을 부연한다.

(1) 긍정적으로 판단하라.

아이디어 · 대안이 가지고 있는 강점(장점)부터 먼저 생각한다. 수렴적 사고는 잘라내는 것이 아니라 '더 좋은 것'을 찾고 다듬어 개발하는 데 목적이 있기 때문이다. 그리고 완벽한 것보다는 '더 나은' 것이 어느 것인지를 주목하라. 세상에 완벽한 것은 거의 없다. '더 나은 것'을 다듬어 가면 만족스러운 것이 된다.

(2) 계획에 따라서 진행하라.

어떤 구체적인 사고도구나 전략을 선택하여 사용할 때는 의도적, 계획적이어야 한다. 전체의 계획에 따라 거기에 맞는 가장 효과적인 사고도구를 선택하라.

(3) 눈을 목표에 두라.

모든 것은 성취하려는 목표를 위한 것이며 따라서 거기에 적절하지 아니한 것은 어떠한 것도 가치가 없다. 목표에 초점을 두고 판단하라. 이 원칙은 우리가 창의적인 수행을 할 때 '내가 지금 무엇을 하고 있지?', '하려는 목적이 뭐지?', 또는 '이것은 예정했던 방향인가?' 등과 같은 질문을 수시로 할 것을 요구한다.

(4) 열린 마음으로 살펴보라.

모든 아이디어에 마음을 열고, 더 나은 것이 어떤 것인지를 찾는 데만 충실하라. 편견을 가지지 말라.

(5) 아주 새로운 것도 적극적으로 고려하라.

의도적인 마음을 가지고 가능한 대로 독창적이고 특별한 아이디어를 찾아보라. 아주 새로운 것은 너무 엉뚱해 보이고, 그래서 내던져 버리기 쉽다. 눈에 익어 익숙한 것만 찾으면 창의는 무의미해진다. 새로운 것일수록 생소하고, 위협적이고 때로는 불안한 마음을 들게 하지만 이러한 마음을 넘어서서 크게 적극적으로 생각해 보려고 애써야 한다.

〈표 10-10〉 수렴적 사고의 가이드라인

---

1. 긍정적으로 판단하라.
- 대안들을 평가 또는 선택할 때 장점을 먼저 생각하라.
- 완벽한 것보다는 '더 나은' 것이 어느 것인지를 주목하라. 세상에 완벽한 대안은 거의 없다는 것을 기억하라. 어느 것이 더 나은가?

2. 계획을 따르라.
- 전체의 계획에 따라 단계별로 가장 효과적인 사고도구를 사용하라. 전체에서 지금은 어디에서 작업하고 있는가? 그래서 어느 것이 가장 적절해 보이는가?

3. 눈을 목표에 두라.

(계속)

– 성취하고 싶어 하는 목표에 초점을 두고 판단하라.
– 목표에 부적절한 것은 어떠한 것이라도 유용하지 아니하다. 모든 것은 목표에 적절해야 하며 목표를 위한 것이다. 목표는 무엇인가?
4. 열린 마음을 가지고 대안을 보라.
– 모든 아이디어에 마음을 열고 더 좋은 것이 어떤 것인지를 찾는 데만 충실하라. 편견을 가지지 말라. 모든 대안에 열린 마음인가?
5. 새롭고 독특한 대안을 찾으려고 노력하라.
– 의도적으로 특별하고 독창적인 아이디어를 찾아보라. 이들은 처음 보면 엉뚱한 것같이 보이고, 그래서 내버려지기 쉽다. 특별하거나 독창적인 것은?

3. 수렴적 사고 도구의 선택

수렴적 사고를 해야 하는 많은 경우 우리는 생성해 낸 아이디어들 가운데서 1개 또는 몇 개의 최선의 아이디어(해결책)를 찾아내어야 한다. 그러나 최선의 아이디어를 찾아내는 일이 간단하고 자명하지 아니한 경우가 대부분이다. 수렴적 사고를 할 때 유용하게 사용할 수 있는 것이 수렴적 사고도구들이다.

수렴적 사고를 하기 위한 몇 가지의 사고도구(기법)들 가운데 어떤 것을 선택하여 사용해야 할까? 우선 고려해야 하는 것은 수렴적 사고를 하는 목적이다. 아이디어들을 조직화하기 위한 것인가, 판단이나 선택하기 위한 것인가, 우선순위를 매기기 위한 것인가(예컨대 등위를 매겨 시상을 하기 위하여), 또는 더욱 다듬고 개발하여 보다 완전한 아이디어를 만들기 위한 것인지를 물어 보고 그에 따라 적절한 것을 선택해야 한다.

다음으로 고려해야 하는 것은 다루는 대안들의 수가 얼마나 되는가이다. [그림 10–3]은 다루는 대안의 개수에 따라 적절한 사고도구가 다를 수 있음을 보여주고 있다.

체크하고, 선택하고, 좁혀가야 하는 대안의 수가 아주 많으면 '히트' 기법이 가장 적절하다. '하이라이팅' 기법도 다수의 대안들을 유의미한 몇 개의 집단(범주)으로 좁히고 분류할 때 적절하다. 한 개 또는 몇 개의 대안을 가지고 있는데 이들 모두가 가능해서 좀 더 깊이 있게 분석하고 발전시켜 볼 필요가 있을 때 가장 적절한 기법은 'ALU' 기법이다. 대안의 수가 제법 되지만 이들 모두를 일련의 준거에 따라 체계적으로 음미하고 평가해 볼 필요가 있는 장면에서 사용할 수 있는 것은 '평가 행렬법'(evaluation matrix)이다. 마지막으로 몇 개의 대안들을 가지고 이들을 우선순위(등위) 매기고자 할 때는 '쌍비교 분석법'(paired comparison analysis, PCA)이 적절하다.

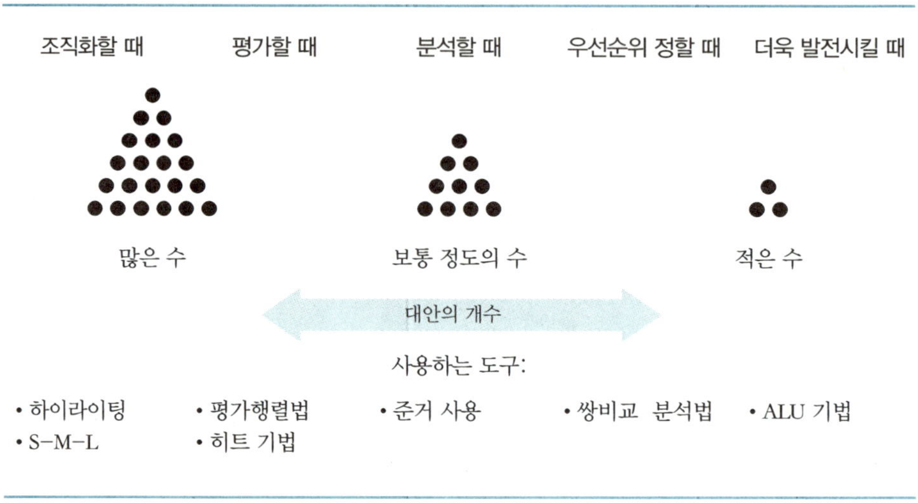

[그림 10-3] 아이디어의 개수와 수렴적 사고도구의 선택

그러나 하나가 아니라 몇 가지 기법을 차례대로 적용해 볼 필요가 있는 경우도 있을 것이다. 예컨대 하이라이팅 기법으로 한두 개의 대안을 선택한 다음 이들 각기에 대하여 ALU 기법을 적용하여 더 나은 대안을 발견해 내거나 새롭게 만들 수도 있다.

아래에서는 여러 가지의 수렴적 사고도구들 가운데 자료들을 정리하고 조직화하기 위한 '히트, 핫스팟과 하이라이팅', 그리고 ALU와 쌍비교 분석법 등에 대하여서만 알아볼 것이다.

Ⅵ. 수렴적 사고 도구의 활용

1. 히트, 핫스팟 그리고 하이라이팅 기법

다음과 같은 경우에 이들 기법들을 같이 유용하게 사용할 수 있다. 아이디어들(대안) 가운데 그럴듯해 보이는 것을 히트(hits)라 하며 그러한 것의 앞에다 우선 체크 표시한다. 만약에 전체 리스트를 쭉 체크(√)해 보고 히트로 표시된 것이 너무 많을 때는 이차로 다시 훑어보고 더블 체크하여 더욱 줄여 갈 수도 있다. 더블 체크는 "√√"의 형태로 한다. 그리고 히트들을 들여다보고 관련된 것끼리 묶을 수도 있는데 이러한 묶음을 '핫스팟(hot spots)'이라 부른다.

하이라이팅 기법(highlighting)은 히트와 핫스팟 기법을 이용하여 여러 가지 아이디어들을 몇 개의 범주(집단)로 압축하여 분류하기 위한 수렴적 사고도구이다. 이 기법은 먼저 히트한 아이디어들을 관련된 것끼리 묶음으로 하여 해결을 위한 핫스팟을 만들어 낸다. 그리고 필요하면 핫스팟을 수정하고 발전시켜 더 나은 대안으로 만들어 간다. 이러한 전체과정을 합하여 하이라이팅 기법이라 부른다.

〈표 10–11〉 히트와 핫스팟

핫스팟의 이름:	핫스팟의 이름:
포함되는 히트들:	포함되는 히트들:
핫스팟의 이름:	핫스팟의 이름:
포함되는 히트들:	포함되는 히트들:

이 기법은 아이디어들을 평가하고 선택하는 간단하면서도 매우 효과적인 방법이다. 이 기법은 사용하는 데 특별한 훈련이 필요한 것도 아니고 끝이 열려져 있는 성질의 것이기 때문에 집단 장면에서 사용하면 논의가 왕성하게 이루어질 수 있다. 전체의 과정을 정리해 보면 다음과 같다. 그리고 이를 위하여 사용할 수 있는 활동양식은 〈표 10–11〉과 같다.

(1) 아이디어들을 나열하고 차례대로 번호를 매긴다. 이 리스트를 음미해 보면서 재미있어 보이는 것에 체크 표시를 한다('히트 아이디어'). 이때는 아이디어가

실천 가능한 것인지는 염두에 두지 아니한다.

(2) 내용이 서로 관련되어 있는 것같이 보이는 히트 아이디어들을 같은 유목으로 묶고 결집시켜 '적중 영역', 즉 핫스팟을 찾아낸다. 각 적중영역에 속하는 히트 아이디어들을 그 아래에 나열한다.

(3) 각 핫스팟을 검토해 보고 그것들이 공통적으로 의미하는 것이 무엇인지를 진술한다. 핫스팟을 나타내 주는 진술은 거기에 포함되어 있는 히트 아이디어들이 가지고 있는 일반적인 의미, 함의 또는 가능한 결과(효과) 등을 고려하여 만든다.

(4) 문제의 요구를 가장 잘 만족시켜 주는 것같이 보이는 핫스팟 하나를 선택한다. 괜찮으면 몇 개의 핫스팟을 조합하여 하나의 해결책을 만들어 낼 수도 있다. 만족스러운 것이 없으면 다시 발산적 사고의 시간을 가진다.

2. ALU 기법

수렴적 사고도구들 가운데서 가장 기본적인 것은 ALU 기법(Advantage, Limitation and Unique Qualities, '강점-약점-독특한 특성')이다. ALU 대신에 ALoU(Limitation to Overcome)로 표기하기도 한다. 이 사고도구는 매우 새로운 대안들을 생산적으로 발전시킬 수 있을 뿐만 아니라 흔한 것처럼 보이는 아이디어라 해서 쉽게 내던져 버리는 일이 없도록 할 수 있는 구조적인 접근법을 사용하고 있다. 다음과 같은 경우에 유용하게 사용할 수 있다.

- 한 개 또는 몇 개의 아이디어를 보다 면밀히 살펴볼 필요가 있을 때,
- 어떤 아이디어가 매우 마음에 들기는 하지만, 그래도 그것을 보다 더 낫게 또는 더 강력한 것으로 발전시켜 보고 싶을 때,
- 그럴듯한 아이디어를 집단의 모든 사람들이 이해하고 공감할 수 있도록 더욱 발전시켜 갈 필요가 있을 때, 또는
- 가장 좋아하는 아이디어를 자세하게 살펴보고 더욱 다듬어 갈 필요가 있을 때.

그리고 ALU 기법의 적용의 과정은 다음과 같으며 이때 사용할 수 있는 활동양식은 〈표 10-12〉에 있다.

(1) 먼저 '강점'(이점, 장점)을 고려한다.

어떤 대안이 어떤 강점(장점)을 가지고 있는지를 먼저 생각한다. 그러면 대안을 분석하는 일에 적극적으로 관여케 될 뿐 아니라 새로운 대안을 보면 반사적으로 '노' 해 버리는 일이 없도록 하는 데 도움이 된다. 강점은 과제에 분명히 적절한 것이어야 한다.

(2) '약점' 또는 개선이 필요한 영역을 찾아본다.

완벽한 대안이란 오히려 드물다. ALU는 강점을 찾아본 다음 대안이 가지고 있는 제한, 약점 또는 문제점들을 신중하게 생각한다. 그러나 그렇게 하는 목적은 대안을 잘라 버리기 위한 것이 아니라 약점을 극복하여 더 나은 아이디어를 만드는 데 있어야 한다.

이러한 목적을 달성하기 위하여 단순히 '단점'을 나열하지 말고 단점을 '어떻게 …(How to …)' 또는 '어떻게 하면 …(How might …)'과 같은 의문형으로 진술한다. 다시 말하면, 단점을 어떻게 극복할 수 있는지를 묻는 형태로 진술함으로써 그것을 극복하고 강대화시킬 수 있는 방법을 찾는다. 그러면 더 나은 아이디어가 만들어질 수 있다.

〈표 10–12〉 ALU 기법

아이디어/대안:
강점: 이 아이디어가 가지고 있는 '강점', '플러스' 또는 '긍정적인 측면'들은 무엇인가? • • •
제한: 이 아이디어가 가지고 있는 '약점'이나 '염려'는 무엇인가? 그리고 이 아이디어를 더욱 발전시키기 위하여 이러한 제한들을 극복해 낼 수 있는 아이디어를 생성해 보라(어떻게 하면 …?) • • •
독특한 내용: 이 아이디어가 가지고 있는 독특하고 흥미로운 특성들을(또는 가능한 결과를) 확인해 낸다. 이 아이디어는 다른 대안들이 갖고 있지 아니한 어떤 특별한 가능성이나 특성을 가지고 있는가? • • •

(3) '독특한 특성'을 확인한다.

ALU는 각 대안들이 포함하고 있는 새롭고 독특한 요소(내용)들을 의식적으로 생각해 본다. 이를 위하여 대안이 가지고 있는 독특하고 특별한 측면들을 확인해 낸다. 그래서 ALU는 "이 대안은 다른 대안이 갖고 있지 아니한 어떤 특징을 가지고 있는가?" 또는 "이 대안이 가지고 있는 독특한 내용 또는 측면은 무엇인가?" 등과 같은 질문을 의도적으로 한다. 이렇게 하면 대안이 가지고 있는 가치 있는 측면들을 내버리지 않을 수 있다. 보기를 들어보면 〈표 10-13〉과 같다.

〈표 10-13〉 ALU 기법의 보기

제안된 아이디어: 버스 안에 있는 좌석은 모두 치워 버려야 한다.

A:

- 버스에 더 많은 사람이 탈 수 있다.
- 버스를 타거나 내리기가 더 쉽다.
- 버스를 제작하거나 수리하는 비용이 훨씬 싸게 될 것이다.

L:

- 버스가 갑자기 정지하면 승객들이 넘어질 것이다.
- 어떻게 승객이 넘어지지 않게 할 수 있을까?
- 노인이나 지체부자유인들은 버스를 이용하기가 어려울 것이다.
- 어떻게 노인이나 지체부자유인들이 버스를 불편하지 않게 이용케 할 수 있을까?
- 쇼핑백을 들고 타거나 아기를 데리고 다니기가 어려울 것이다.
- 어떻게 쇼핑백이나 아이를 데리고 버스를 이용할 수 있을까?

U:

- 한 가지는 좌석이 있고, 다른 한 가지는 좌석이 없는, 두 가지 유형의 버스를 생각할 수 있는 흥미로운 아이디어이다.
- 같은 버스라도 유형을 달리하면 일을 더 많이 할 수 있다는 것은 재미있는 아이디어이다.
- 버스에서는 편안함이 그렇게 중요하지 않을 수도 있다는 생각을 가지게 하는 재미있는 아이디어이다.

3. 쌍비교 분석법

PCA 기법(paired comparison analysis)은 몇 개의 대안들을 우선순위 매길 때 적절하게 사용할 수 있다. 예컨대 몇 가지 문제 진술들 가운데 어느 것을 선택하여 다룰 것인지를 결정할 때, 또는 해결대안들 가운데서 어느 것을 우선적으로 고려하여 분석하고 발전시킬 것인지를 결정하는 장면에서 PCA가 적합하다. 집단에서 합의를 해야 할 경우나 또는 등위를 매겨야 할 때(예컨대 등수를 매겨 상장을 주어야 할 때) 유용하게 사용할 수 있다.

이 기법에서는 모든 대안들을 한 번에 한 쌍씩 모든 쌍들을 비교해 보고 상대적인 우선순위를 정한다. 그러므로 비교하려는 대안들을 모두 같은 형태로 진술하는 것이 중요하다(예컨대 모든 대안들을 긍정적이고 바람직한 형태로 진술). 정리해 보면 다음과 같은 경우에 사용할 수 있다. 이때 사용할 수 있는 활동양식은 〈표 10-14〉와 같다.

(i) 몇 개의 매력적인 대안이 있지만 목표를 달성하는 데 한 개의 대안만이 필요할 때,
(ii) 시간이나 자원 등의 제한 때문에 한 개밖에 선택할 수 없을 때,
(iii) 일련의 대안에 대한 당신 자신의 반응 · 태도가 분명하지 않을 때,
(iv) 팀 멤버들이 몇 가지 대안들 중 하나의 대안에 합의할 필요가 있을 때,
(v) 등위(등수)를 매겨야 할 때.

(1) 개인적인 적용

여러 대안들을 우선순위(등위)를 매기기 위하여 PCA를 개인적으로 사용하는 것인데 아래의 보기에서는 집을 구입하는 문제를 보기로 다루고 있다.

〈표 10–14〉 쌍비교 분석법

* 다음은 각기 두 개의 대안들 가운데 어느 것을 더 '선호'하며, 그리하여 전체에서 어느 것을 가장 좋아하는지를 분석하고 있다. 그러나 비교하려는 평가 준거가 여러 가지이면 쌍비교 분석은 좀 더 복잡해진다.

1. 비교하려는 대안들

대안: A ____________________ B ____________________
C ____________________ D ____________________
E ____________________ F ____________________

2. 모든 쌍들을 비교

아래의 각 쌍을 들여다보고 더 선호하는 대안에 동그라미 하라. 그리고 얼마나 더 선호하는지를 표시할 수 있게 '3–2–1' 가운데 하나를 골라서 괄호 속에 적는다(3–아주 더 선호, 2–좀 더 선호, 1–비슷할 정도).

A+B	☐	A+C	☐	A+D	☐	A+E	☐	A+F	☐
		B+C	☐	B+D	☐	B+E	☐	B+F	☐
				C+D	☐	C+E	☐	C+F	☐
						D+E	☐	D+F	☐
								E+F	☐

3. 결과를 사용하여 대안의 등위나 우선순위 매기기

총점: A: ______ B: ______ C: ______ D: ______ E: ______ F: ______

최선의 대안: ____

두 번째의 선택: ____

세 번째의 선택: ____

(i) PCA에 대안들을 기입한다. [그림 10–4]에서 비교하려는 대안 9개를 각기 "A–I"라는 철자로 표기하였다. 그리고 '돈을 감당할 수 있는', '방 4개' 등의 준거 9개를 왼쪽에 아래로 차례대로 나열하고 있다.

(ii) 대안들의 각 쌍을 비교한다. 예컨대 우선 대안 A와 B를 비교해 보고 어느 것이 더 중요한지를 결정한다. 그리고 더 '중요하다'고 결정한 대안의 철자를 해당 박스에 적어 넣는다. 다음으로 선택한 대안이 비교해 본 다른 대안보다 얼마만큼 더 중요한 것 같은지를 예컨대 "1=약간 더 중요하다, 2=상당히 더 중요하다, 3=매우 더 중요하다"의 3점 척도를 사용해서 결정한다. 그리고 그 값을 선택한 대안의 지수가 되게 위에 적는다. 예컨대 A가 B보다 상당히 더 중요하다고 생각했으면 A2라 적는다. 이런 식으로 하여 모든 쌍들을 비교하고 기입한다(중요성의 평정 척도를 1–2–3점으로 했지만 이것은 자신이 결정할 수 있다).

(iii) 점수를 더하기한다. 대안들의 우선순위를 결정하기 위하여 각 대안을 모든 박스에서 찾고 각기에 있는 지수들을 더하기한다. 그리고 이것을 총점 난에 적는다. 예컨대 [그림 10–4]에서는 B는 5개 박스에서 나타나 있고 지수의 합은 8이므로 총점 난에는 B = 8이라 기입한다.

(iv) 결과를 해석한다. PCA의 결과를 해석하기 위하여 각 철자 다음에 있는 숫자의 합(즉 지수의 합)을 들여다본다. 이것은 대안들의 상대적인 우선순위를 보여준다. 숫자의 합이 큰 대안일수록 우선순위가 높은 항목이다. 집 구매의 보기에는 D(좋은 학교)와 H(더 많은 욕실)의 두 가지 대안이 우선순위가 가장 높은 것으로 나타나 있다.

PCA 방법은 힘이 들고 시간이 많이 걸린다. 그럼에도 불구하고 대안들이 모두 중요해서 등위를 반드시 매겨 사용할 필요가 있을 때 유용하게 사용할 수 있다. 그러나 행렬에 빠진 다른 유망한 대안이 있을 수도 있으며, 그리고 적용한 준거가 바뀌면 결과는 달라질 수 있음은 유의할 필요가 있다. PCA 기법은 대안들의 상대적인 중요성을 아는 것이 목적이지 어느 대안이 '이긴 것' 또는 '진 것'인지를 결정하는 것이 아니다.

	B	C	D	E	F	G	H	I	점수계
돈을 감당할 수 있는 A	A^2	C^2	D^2	E^1	F^1	G^1	H^3	I^1	A=2
4개 방	B	B^1	D^2	B^2	B^1	B^3	H^1	B^1	B=8
교통편리		C	D^3	C^2	F^1	C^1	H^1	C^3	C=8
좋은 학교			D	D^3	D^1	D^2	D^1	D^1	D=15
적절한 창고				E	F^1	G^1	H^3	I^1	E=1
조건 양호					F	F^2	H^1	F^1	F=6
유지 용이						G	H^2	I^1	G=2
더 많은 욕실							H	H^2	H=13
매매 용이								I	I=3

척도
1. 약간 더 중요
2. 상당히 더 중요
3. 아주 더 중요

[그림 10-4] 쌍비교 분석법의 예시

(2) 집단 합의를 위한 적용

아래에서는 집단에서 합의 도출을 위하여 PCA를 적용하는 것을 예시해 본다. 대개의 조직에서는 집단의 모든 구성원들이 모두가 만족하는 합의는 되지 못하더라도 '그런대로 괜찮다'는 일반적 수준의 합의라도 도출해 내는 것도 쉬운 일이 아니다. PCA는 대안들의 상대적인 중요성에 대하여 합의를 이끌어 내려고 하거나 대안에 대한 공통적인 이해를 높이고자 할 때 유용하게 사용할 수 있다.

〈표 10-15〉 집단 합의 도출을 위한 PCA 총괄표

대안 / 이름	A	B	C	D	F
철수	2	15	10	14	5
영자	11	0	6	8	11
순자	3	7	9	12	7
민철	2	10	9	10	1
유석	5	7	9	10	1
선자	1	5	0	7	3
동미	11	4	2	0	8
총점	35	48	45	61	36

집단 구성원의 합의를 도출해 내기 위하여 PCA라는 수렴적 사고도구를 사용할 때는 먼저 개인 각자가 PCA를 완성한다. 그런 다음 개인들의 결과를 모아서 의견이 일치하는 영역과 불일치하는 영역을 더 잘 이해하기 위하여 토의한다. 집단 성원들이 서로 위압하거나 경쟁하는 식이 아니라 서로 조심스럽게 경청하고 각자의 의견을 발표하도록 격려한다. 그래서 의견을 달리하는 영역을 극복하고 대안들의 우선순위에 대하여 공통의 이해에 이르도록 노력해야 한다. 적용의 단계는 다음과 같다.

(i) 우선순위를 매길 대안을 확인한다. 다루려는 대안의 수는 12개 이내가 바람직하다.

(ii) 이제 집단의 각 성원들이 각 대안에 대하여 이해를 같이하고 있는지를 먼저 분명히 해야 한다. 대안 하나씩 차례대로 읽어보고 의미를 같이 이해하고 있는지를 확인한다. 의미 이해에서 혼돈이나 차이가 있으면 그 대안을 제안한 사람에게 설명해 보게 한다. 또는 비슷한 의미를 가진 다른 대안에 포함시킬 수도 있을 것이다.

(iii) 모든 대안들이 '병렬적으로 그리고 특유하게' 진술되어 있는지를 확인한다. 여기서 '병렬적'이란 진술이 서로 비교 가능하게 같은 방향으로(예컨대 모두 '긍정적'으로 진술하는 것) 하는 것을 말하며, 그리고 '특유하게'란 대안들이 서로 상당히 독특해서 너무 비슷하지 않아야 함을 말한다. 만약에 어떤 두 개의 대안이 거의 같다면 하나는 없애야 한다.

(iv) PCA를 개인적으로 완성한다. 모든 구성원들이 동일한 평정척도를 사용하여 PCA를 완성하게 한다. 그리고 각자 각 대안에 대한 총점을 산출해 낸다.

(v) 집단 총괄표를 만든다. 예컨대 아래의 것과 같은 총괄표를 만든다. 구성원들의 이름은 왼쪽에 세로로, 그리고 대안은 상단에 가로로 각기 기입한다. 그리고 각 구성원의 점수를 대안별로 기입한다.

(vi) 최고의 우선순위와 최하의 우선순위의 대안을 확인한다. 이제 각 대안에 대한 구성원들의 점수를 합산하여 총점을 계산한다. 그러면 대안들의 전반적인 우선순위를 알아볼 수가 있다. 예컨대 보기의 표에서는 A = 35, B = 49, … 등이다. 그러나 이미 지적한 바와 같이 이 결과를 어느 대안이 이겼고 진 것으로 해석해서는 안 된다.

(vii) 구성원들 간의 생각의 차이를 확인한다. 대안별로 점수가 가장 높은 사람과 가장 낮은 사람을 확인한다. 이들 점수 차이는 성원들 사이에 의견 차이가 클 수 있음을 보여준다. 먼저 높은 점수의 사람이 그 대안을 옹호하는 발언을 간단하게 하게 한다. 그리고 다음으로 낮은 점수의 사람이 자신의 생각을 간단히 설명해 보게 한다.

(viii) 토의를 구조화한다. 집단 전체에서 점수를 가장 높게 받은 대안에서 시작하여 각 대안별로 순위를 가장 높게 매긴 사람과 가장 낮게 매긴 사람이 각자의 생각을 설명해 보도록 한다. 시간이 허용되면 모든 대안에 대하여 이러한 절차를 반복한다. 이렇게 하면 대안의 우선순위에 대한 집단의 이해가 향상된다.

[장의 요약]

창의와 혁신의 과정은 크게 보면 발산적 사고와 수렴적 사고라는 두 개의 과정으로 이루어져 있다. 그것은 창의적 문제 해결의 단계와 같이 좀 거시적으로 이야기하든, 또는 아이디어를 생성하고 선택하는 보다 미시적인 수준에서 이야기하든 간에 마찬가지이다.

발산적 사고-수렴적 사고를 통하여 새롭고 가치 있는 아이디어와 해결책을 생성해 내고 나면 이제 이것을 외부에 커뮤니케이션하게 된다. 이렇게 말하면 창의와 혁신의 과정은 발산적-수렴적-커뮤니케이션이라는 소위 창의력의 3C라 불리는 과정을 거치는 셈이다. 그러나 3C는 좀 전문적인 표현같이 보일 수 있기 때문에 과제와 전문 분야에 보다 밀착한 표현을 사용할 수도 있다. 이러한 보기의 하나로 Singularity University가 랩 교육에서 사용하는 3단계 접근법을 '발견하라-정의하라-개발하라'로 표현하는 것을 들 수 있겠다.

창의력은 협의로 정의하면 발산적 사고(확산적 사고)이다. 그래서 발산적 사고의 요소를 더러는 창의력의 요소라 부르기도 한다. 발산적 사고의 요소에 대한 논의는 Guilford의 지능이론 SOI에서 시작되었고 많은 경우 4개의 요소를 사용하고 있는데, 거기에는 유창성, 융통성, 독창성 및 정교성 등이 포함된다.

발산적 사고는 자유분방하고 자유스러워야 하는데 그래야 새로운 아이디어들을 더 잘 생성해 낼 수 있기 때문이다. 그러나 그것은 아무렇게나 자유분방해도 좋은 것은 아니며 추구하는 목적에 맞도록 반드시 지켜야 할 가이드라인을 가지고 있다. 거기에는 4개가 있는데 비판 또는 판단을 유보하는 것, 양이 중요하다는 것, 자유분방한 것을 환영하는 것 및 다른 아이디어에 편승해도 좋다는 것 등이 포함된다.

발산적 사고를 하는 데 도움이 되기 위하여 사용할 수 있는 기법들을 '발산적 사고도구'라 부른다. 매우 다양한 발산적 사고도구들이 개발되어 있지만 과제의 요구에 맞는 것을 골라 사용하는 것이 중요하다. 다행히 이러한 발산적 사고기법들은 각기에서 기대할 수 있는 아이디어가 보다 순응적(점진적)인 것에서 혁명적(급진적)인 것에 이르기까지 차이가 난다. 그러므로 어떤 기법을 골라 사용할 때는 먼저, '나는 어떤 성질의 아이디어를 얻고자 하는가?'라고 질문해 보아야 한다.

이 장에서는 먼저 브레인스토밍 기법을 강조하여 상당히 자세하게 다루었다. 이 기법이 여러 장면에서 가장 광범위하게 사용되고 있기 때문이다(또한 가장 광범위하게 잘못 사용되고 있기 때문이다). 이미 60여 년 전 Osborn이 제안한 이 기법은 소수가 집단의 의사결정을 좌지우지하지 아니하고 모든 참가자들이 자유롭게 자신의 목소리를 내게 하는 데 목적이 있다. 그리고 이 기법에는 브레인라이팅 기법이나 역브레인스토밍 등 몇 가지의 변형도 있다. 브레인스토밍 기법은 개인적으로 사용할 수도 있지만 기업체나 기관 등의 조직에서 보다 광범위하게 사용할 수도 있다. 이 장에서는 조직에서 집단 브레인스토밍 기법을 사용할 때의 요령들을 자세하게 간추려 보고 있다. 거기에는 집단의 구성, 진행의 요령, 사전 안내 자료의 준비 및 사회자의 유의 사항 등이 포함되어 있다. 그리고 이때 사용할 수 있는 연습문제도 몇 개 예시하였다.

그리고 브레인스토밍 기법의 변형인 브레인라이팅 기법은 사람들이 다소간 내성적이고 남들 앞에서 발표하기를 주저하는 경우, 또는 많은 아이디어들을 빠른 시간에 생성해 내고 싶을 때 사용할 수 있다. 그리고 SCAMPER 기법은 약성어에 따라 질문을 하고 거기에 따라 아이디어들을 생각해 내는 것이다. SCAMPER라는 약성어의 각기는 S(대치), C(조합), A(각색), M(수정-확대-축소), E(제거) 및 R(재배치) 등이다.

그리고 발산적 사고에 이어서 수렴적(비판적) 사고를 다루었다. 발산적 사고를 통하여 많은, 다양한 또는 독창적인 아이디어들을 생성해 내었으면 수렴적 사고는 이들을 대상으로 하여 가장 적절하고 유용한 것을 평가·선택해 내는 사고이다. 실제로 창의적 사고는 발산적 사고-수렴적 사고가 교행적으로(그리고 때로는 반복적으로) 이루어진다. 수렴적 사고의 목적은 조직화하기, 평가하기, 우선순위 매기기 및 다듬고 개발하기 등의 네 가지 범주로 나누어 볼 수가 있다.

먼저 수렴적 사고를 할 때 지켜야 할 가이드라인에 대하여 알아보았는데 거기에는 '긍정적으로 판단하라' 등의 다섯 가지가 있다. 그리고 몇 가지의 수렴적 사고도구들 가운데 적절한 것을 골라 사용할 때는 다루어야 할 아이디어의 개수도 중요한 변수가 될 수 있음을 지적하였다. 그리고 수렴적 사고를 할 때 도움될 수 있는 여러 가지의 사고도구들 가운데 하이라이팅 기법(히트, 핫스팟 포함), ALU 기법, 그리고 쌍비교 분석법에 대하여 비교적 자세히 알아보았다.

chapter_ 11

창의적 문제해결 – CPS와 변화를 위한 기타의 방법들

Chapter 11

창의적 문제해결 – CPS와 변화를 위한 기타의 방법들

이 장에서는 먼저 Alex Osborn이 개발하여 전 세계적으로 가장 광범위하게 사용되고 있는 CPS(Creative Problem Solving)에 대하여 알아볼 것이다. 시대에 따라 발전하면서 수정되곤 했지만 현재의 CPS에는 3개의 과정 요소와 그 아래 이를 세분화한 6개의 단계들이 있다. 3개의 활동 요소에는 문제의 이해, 아이디어의 생성 및 행위를 위한 계획 등이 포함된다. 이들을 6개의 단계에 따라 실제의 내용을 구체적으로 음미해 볼 것이다. 다음으로 변화를 위한 기타의 방법으로 De Bono의 CoRT 프로그램과 여섯 가지 사고모 그리고 소련의 Altshuller가 개발한 발명적 문제해결 방법인 TRIZ를 다룬다. 마지막으로 흔히 '대박'이라 부르는 블록버스터와 이를 가능하게 하는 조건들, 그리고 블록버스터를 개발해 가는 과정에서 특히 중요해 보이는 '빠르고 반복적인 과정'(rip)과 '긴밀한 교감적 협동'을 강조할 것이다. 그리고 이러한 중요한 측면들을 보다 깊게 이해하기 위하여 '즉석구성적 창의'(improvisation)에 대하여서도 살펴볼 것이다.

Ⅰ. 창의적 문제해결과 CPS

1. 창의적 문제해결의 과정

창의와 혁신은 결과에 따라서 보면 새롭고 유용한 산출을 생산해 내는 것이다. 그러나 사고와 작업이 이루어지는 과정을 중심하여 보면 바로 창의적 문제해결의 과정으로서 새로운 문제를 발견하고 그것을 해결하여 새로울 뿐 아니라 유용하고 가치 있는 결과와 성과를 산출해 내는 과정이다.

우리가 다루는 일, 과제 또는 문제들은 내용이나 형태가 매우 다양하지만 그럼에도 불구하고 특징적인 성질에 따라 살펴보면 창의적 문제해결의 전체 과정은 몇 개의 과정이나 단계로 구조화해 볼 수 있다. 또한 그렇게 하면 창의력을 이해하고 설명하는 데뿐 아니라 창의력을 증진시키기 위한 교육/훈련 프로그램을 개발하는 데도 매우 중요할 수 있다. 이러한 이유로 여러 학자들은 창의적인 문제해결의 사고를 할 때 일어나는 정신적(인지적) 과정에 대하여 많은 관심을 기울여 왔다. 가장 고전적인 보기는 Wallas(1926)가 '사고의 예술'에서 준비, 부화(incubation), 해결(illumination) 및 확인의 네 단계를 제시한 것이다. 그러나 이들 고전적인 연구들은 거의 모두가 주어진 문제에 대하여 창의적인 아이디어를 발견하는 데 제한되어 있다.

우선 '창의력'과 '창의적 문제해결'은 같은가, 아니면 어떻게 다른가라고 물어 본다. 이미 우리는 창의력(성)은 창의적인 산출에 작용하는 기본적인 능력/사고에 초점을 두고 있으며 그것은 발산적 사고와 수렴적 사고라는 두 개의 축으로 이루어져 있음을 알아보았다. 그러나 '창의적 문제해결'은 창의적인 능력이 작동해 가는 '과정'에 초점을 두고 있어 둘은 초점에 차이가 있다. 창의력은 창의적 과정 속에서 작동하고, 그리고 창의적 과정은 발산적 - 수렴적 사고라는 두 개의 사고의 축에 따라 전개된다. 다시 말하면 어떤 문제를 창의적으로 해결해 가려면 발산적 사고와 수렴적 사고가 계속하여 교행적으로 작동해야 한다. 그런데 우리는 창의적 문제해결이라는 창의와 혁신의 전체 과정은 아이디어의 생성을 포함하는 보다 광범위한 것으로 이해할 필요가 있다.

여러 연구들은 창의적 문제해결의 과정에는 문제의 확인/발견, 해결 아이디어의 생성과 실행 계획의 개발과 실행이라는 세 개의 특징적인 국면/단계가 있음을 발견하고 있다. 아래에서 이러한 국면/단계의 각기에 대하여 간단하게 설명해 본다.

(1) 문제의 확인/발견: 현재의 상황을 '더 낫게' 또는 '다르게' 할 수 있는 새롭고 독창적인 도전이나 문제를 확인하거나 발견한다. 그것은 현재의 상황과 바라는 미래 사이에 존재하는 거리, 즉 격차를 좁혀 줄 수 있기를 기대하게 되는 어떤 것이다. 아직까지 모르고 있거나, 충족되지 않고 있거나 또는 여전히 실체가 애매한 소비자의 요구를 새롭게 발견하고 거기에 도전하는 것이다. 그러나 해결해야 할 문제가 이미 제시되어 있어 새롭게 확인/발견할 필요가 없는 경우도 많이 있다.

(2) 해결 아이디어의 생성: 주어져 있거나 또는 자신들이 발견한(또는 확인한) 문제를 해결할 수 있는 여러 아이디어들을 생성하고 특히 그럴듯해 보이는 하나 또는 몇 개를 선택한다. 그리고 이렇게 선택한 그럴듯해 보이는 해결 아이디어를 가지고 더욱 다듬고 개발한다. 그리하여 하나의 해결책(solution)이 될 수 있는 '개념'(concept)으로 개념화하거나 또는 실제로 생산 작업이 가능한 '원형'을 만드는 것인데 이를 '원형화'(prototyping)라 부른다. 이러한 작업 가능한 원형은 시각적인 작품, 시제품 또는 모형 같은 것으로 표현할 수가 있다.

(3) 해결책의 개발과 수용토대의 구축: 유망한 해결책을 남들의(소비자의) 눈으로 비판적으로 살펴보고, 이들의 수용을 받을 수 있는 방안을 마련하고 그리고 실제의 실행 계획을 체계적으로 세운다. 그리고 실행 계획을 집행하여 개념 또는 원형을 실제의 작품이나 서비스로 생산하고 그러는 과정에서 피드백에 따라 필요하면 행위계획을 점검하고 수정할 수 있다. 그리고 '수용토대와 실행계획의 개발'을 새로운 산출/제품을 생산하는 경우에 적용해 보면 보다 구체적으로 다음과 같이 진행될 것이다.

(1) 창의적인 문제의 발견과 진술 → (2) 해결 아이디어의 생성 → (3) 해결책의 개발 → (4) 해결책의 심사 → 제품의 개발 → 검증과 타당화 → 출시

2. CPS와 창의적 문제해결

이러한 창의적 문제해결의 과정들을 가장 잘 체계화하여 창의력 교육 프로그램으로 활용하고 있는 것이 CPS이다. 다음에서는 CPS에서 제시하고 있는 창의적 문제해결의 과정요소와 단계들을 간략하게 살펴볼 것이다.

CPS는 Alex F. Osborn(Applied imagination, 1953)이 문제해결을 위한 7단계를 제시한 데서 시작한다. CPS는 창의적 문제해결을 위한 과정(process)에 대한 프레임이며, 그러한 문제해결의 전체과정에 단계적으로 접근한다. 그러나 CPS는 엄격하고 고정적인 체제가 아니라 보다 이해하기 쉽고 설명적인 버전으로 지난 40여 년 동안 계속하여 진화해 오고 있다. 그래서 CPS는 Osborn과 Osborn–Parnes를 거쳐 현재는 Treffinger, Isaksen & Dorval(2000) 및 Isaksen, Dorval & Treffinger(2000) 등에 이르고 있다. 이들 저자들은 자신들을 스스로 CPS의 제3세대라 부르고 있다.

Osborn-Parnes의 CPS는 학교 창의력 교육 프로그램으로 그리고 기업이나 각종 조직의 훈련 프로그램으로 광범위하게 사용되고 있다. 전 세계에서 사용되는 창의력 개발 프로그램의 90% 이상이 CPS나 그의 수정본을 사용하고 있다고 한다(Treffinger, Isaksen & Dorval, 2000).

현재의 CPS는 3개의 '활동 요소'(process components)로 이루어져 있고, 이를 좀 더 자세히 살펴보면 이를 세분화한 6개의 단계가 있다. CPS 모형에 포함되어 있는 단계들의 수는 Osborn으로부터 진화하는 과정에서 몇 가지로 수정되곤 했지만 현재는 3개의 과정요소와 6단계 모형을 사용하고 있다. 이를 보여주고 있는 것이 〈표 11-1〉이다. 여기서는 3개의 활동 요소와 그 아래에 있는 6단계뿐 아니라 각기의 단계는 다시 발산적 사고 - 수렴적 사고라는 2개의 국면으로 이루어져 있음을 보여주고 있다. 또한 각기의 사고를 할 때 유용하게 사용할 수 있는 사고도구들이 있음도 같이 보여주고 있다.

여기서는 CPS를 활용할 때 유의해야 할 사항 몇 가지를 먼저 제시해 본다. 그런 다음 CPS의 6개 단계별 내용을 각 단계에서의 발산적 사고와 수렴적 사고의 요령에 따라 간략하게 다루어 볼 것이다.

(1) 모든 문제에 CPS를 적합하게 사용할 수 있는 것이 아니다. 먼저 과제의 책임자(소유자)와 기타 핵심적으로 관여하는 사람, 바라는 결과/성과, 과제와 관련한 장면과 맥락 그리고 과제의 성질이 공개적으로 다룰 수 있는 것인지 등을 평정하여 CPS 사용이 적합한지를 검토해야 한다. 공개적으로 다룰 수 없는 과제이면 CPS는 부적합하다.

(2) 다루는 과제의 성질에 따라 어떠한 '단계'에서라도 시작할 수 있다. 예컨대, 문제의 이해에서 시작할 수도 있고, 다른 어떤 경우는 '단계 6: 수용토대의 구축'에서 시작할 수도 있다. 그리고 3개의 과정요소나 6개 단계들을 모두 사용해야 하는 것도 아니며, 또한 반드시 고정적인 순서로 사용해야 하는 것도 아니다. 필요에 따라 어디에서라도 시작할 수 있고, 그리고 다른 어떤 요소나 단계로 넘어갈 수도 있다. 또한 단계를 거꾸로 가서 앞 단계 활동을 해야 할 수도 있다.

(3) CPS는 개인적으로 또는 집단에서 사용할 수도 있다. 집단에서 사용하려면 집단의 운영이 관리 가능하고 생산적일 것이란 확신을 가질 수 있어야 한다. 또한 과제가 여러 사람들에게 공개하여 다룰 수 있는 성질의 것이어야 한다.

(4) 모든 창의와 혁신은 발산적 사고와 수렴적 사고를 교행적으로, 그리고 균형 있게 사용하여 비로소 달성할 수 있다. 다시 말하면 창의적 문제해결은 발산적 사고와 수렴적 사고의 변증법적인 과정을 통하여 이루어진다.

Ⅱ. CPS의 단계별 내용

1. 단계 1: 기회의 발견

단계 1~3으로 이루어져 있는 '문제의 이해'(또는 문제의 확인/발견)에서는 다루고 싶은 중요한 문제를 발견/구성하고 정의하여 진술하기 위한 것이다. 먼저 그럴듯해 보이는 문제 영역들을(관심사, 기회, 걱정, 도전) 찾아보고, 다음으로 이와 관련한 핵심적인 정보를 수집하여 깊게 이해하고, 그런 다음 마지막으로 가장 중요해 보이는 도전의 영역을 찾아 그것을 보다 구체적인 실제의 문제로 진술하는 3개의 단계가 포함되어 있다.

〈표 11-1〉 CPS의 3개 활동 요소와 6개 단계

3가지 활동 요소와 6단계
문제의 이해
단계 1: 기회의 발견
단계 2: 자료의 탐색
단계 3: 문제의 진술
해결 아이디어 생성
단계 4: 아이디어의 생성
행위를 위한 계획
단계 5: 해결책의 개발
단계 6: 수용토대의 구축
6단계의 발산적-수렴적 국면
• 발산적 사고 국면
• 수렴적 사고 국면
2가지 사고 국면의 사고도구
• 여러 가지의 사고도구들 가운데서 선택하여 사용

'기회의 발견'에서는 먼저 목적이나 방향을 제시해 줄 수 있는 어떤 심각한 요구나 도전의 '문제 영역'(problem areas)들을 다양한 시각에서 탐색해 본다. 그런 다음 하나 또는 몇 개를 선택한다. 이때 '걱정하는 형태'와 '소망하는 형태'로 탐색하면 효과적이다. 조직의 사람들은 이 단계에서 현재의 장면과 바라는 미래 사이에 존재하는 비즈니스 또는 기술상의 격차를 확인해 내는 데 초점을 두게 된다(현재와 '왜'의 사이). 이렇게 하면 해결해야 할 중요한 문제영역이나 방향을 발견할 수 있으며, 그리하여 앞으로의 경쟁 우위와 가치 혁신을 추구할 수 있을 것이다. 이 단계는 예컨대 낯선 지역에 가서 등산을 하려고 할 때 어느 산을 선택하여 등산할 것인지를 우선 결정하는 것과 비슷하다.

〈발산적 사고〉

(i) 문제영역을 흔히 도전 또는 기회라 부르기도 한다. 기회/도전이란 '내가 바라는 것은 …', 또는 '내게 정말로 필요한(원하는) 것은 …'라는 말로 표현할 수 있는 과제들이다.

(ii) 가능한 기회/도전들을 생성해 낼 때 사용할 수 있는 어간에는 두 가지가 있다. 하나는 '걱정하는 형태'의 것으로 '만약에 …, --- 큰일이 아닐까?'와 같은 어간이고 다른 하나는 '소망하는 형태'의 것으로 '만약에 …, --- 좋지 않을까?' 같은 어간인데 이들을 사용하여 많은 것들을 생성해 낸다. 전자를 WIBNAI, 그리고 후자를 WIBNI라 부르기도 한다. 보기는 아래와 같으며 〈표 11-2〉에 있는 것과 같은 활동양식을 사용할 수 있다.

(iii) 다음과 같은 단어 체크 리스트를 사용할 수도 있다.

* '당신이 …해 보고 싶은 것에는 어떤 것이 있는가?'

수정, 변화, 극복, 발명, 발견, 저장, 희망, 향상, 검사, 생산, 개발, 이야기, 탐색, 최소화, 최대화, 해결, 확인, 컴퓨터화, 용도변경 …

* '…해 볼 수 있는 기회에는 어떤 것들이 있는가?'

실험, 조직화, 프로그램, 생산, 출판, 서비스, 제시, 계획, 모델, 광고 …

〈수렴적 사고〉

(i) '걱정하는 형태'의 기회들을 '소망하는 형태'의 것으로 바꾸어 진술한다. 소망

하는 형태의 것일 때 기회/도전은 비로소 우리가 행동하지 않거나 회피할 어떤 것이 아니라 적극적으로 접근하고 추구하고 대처해 갈 수 있는 어떤 것이 된다.

(ii) '소망하는 형태'의 기회 진술들을 다시 들여다본다. 어떤 것이 정말로 다루어 보고 일하고 싶은 것인가? 얼마나 중요한가? 이러한 기회/과제를 다룰 수 있는 시간과 자원은 가지고/가질 수 있는가? 이 과제/프로젝트는 시간상으로 적절할까? 이런 과제를 성취하면 상황이 바뀔까? 이러한 준거에 따라 1개 또는 몇 개의 도전들(문제 영역)을 선택한다.

(iii) 최선의 기회/과제를 비교적 '넓게', '간단히' 그리고 '유익하게'(생산적인 것으로) 분명하게 진술한다. 생각을 보다 적절하게 표현할 수 있는 단어가 있는지도 살펴본다.

2. 단계 2: 자료의 탐색

선택한 문제영역 또는 다루려는 과제와 관련한 현재의 장면을 깊게 이해하고 그리하여 보다 중요한 측면이나 관심 내용을 발견하기 위하여 관련의 중요한 정보들을 분석하여 큰 흐름으로 이해한다. 기업체에서는 이를 통하여 소비자들의 새로운 요구나 기대뿐 아니라 시장과 경쟁사나 변화의 경향 등에 대한 통찰을 얻을 수 있어야 한다. '단계 1: 기회의 발견'에서 낯선 지방의 여러 산들 가운데 예컨대 A산을 등산하기로 잠정적으로 결정하였다면, 이제 '(단계 2: 자료의 탐색)'에서는 A산에 대한 정보를 수집하여 실제의 여러 내용들을 분석하고 깊게 이해할 수 있어야 한다.

〈발산적 사고〉

(i) 선택한 문제영역 또는 다루려는 과제에 관련한 중요한 자료/정보들을 수집하여 분석한다. 자료에는 5가지 종류가 있을 수 있다. 이들은 정보, 인상, 관찰, 감정 및 질문 등이다. 숫자로 된 자료만이 중요한 것이 아니다.

〈표 11-2〉 도전의 발견: 도전의 진술

가능한 도전/문제들을 생각해 내기:

'소망하는 형태'(… 좋지 않을까?)

- ____________________
- ____________________
- ____________________
- ____________________
- ____________________

'걱정하는 형태'(… 큰일이 아니겠나?)

- ____________________
- ____________________
- ____________________
- ____________________
- ____________________

* …이면 좋지 않을까?(Wouldn't it be nice if …, WIBNI …): 소망하는 형태
  - 만약 내 마음대로 할 수 있다면 …
  - …이었으면 좋겠다.
  - 왜 …을 하지 않는가?
  - …을 할 수 있을지 모르겠다.
  - …을 할 수 있으면 좋겠다.

* …이면 황당(불쾌)하지 않을까?(Wouldn't it be awful if …, WIBNAI …): 걱정하는 형태
  - …은 회피할 수 있으면 좋겠다.
  - …은 당하지 않을 수 있으면 좋겠다.
  - …을 중지시킬 수 있으면 좋겠다.
  - 만약 …이면, 비극일 거야.
  - 만약 …이면, 회사는(나는, 하루는 …) 망할 것이다.
  - 만약 …이면, 큰일일 것이다.

(ii) '6하 질문 기법'(5W'S and an H technique)은 6가지 범주의 질문에 따라 자료를 수집하는 것이다. 여기에는 '누가?', '그 외 누가?' '무엇이?', '그 외 무엇이?', '어디서?', '그 외 어디서?', '언제?', '그 외 언제?', '왜?', '그 외 왜?', '어떻게?' 및 '그 외 어떻게?' 등이 포함된다(5장 참조).

〈수렴적 사고〉

(i) 이제 문제영역/과제의 내용과 실제를 더 잘 이해할 수 있도록 수집한 자료들을 거르고, 분류하고 그리고 조직화한다. 이제 당신은 그러한 문제영역/과제가 놓여 있는 실제를 바르게 알고 분명하게 그려볼 수 있도록 자료를 조직화해야한다.

(ii) '히트' 기법을 적용하여 문제영역/과제에 적절하고 중요한 자료들을 선택한다.

(iii) '핫 스팟'과 '하이라이팅' 기법을 사용하여 자료들 사이에서 어떤 '형태' 또는 '상호 관계' 같은 것이 있는지를 확인해 낸다. 이들은 문제영역/과제가 가지고 있는 핵심적인 '이슈' 또는 '주제' 같은 것이어야 한다. 중요한 주제나 이슈 같은 것을 발견할 수 있어야 그것을 가지고 다음의 단계에서 중요한 문제로 진술할 수 있다. 다루는 것이 과제에 적절하고 중요할수록 당신의 노력은 보상적일 것이다.

(iv) 이제 당신은 자신이 지금 어디에 있으며, 다음에는 무엇을 해야 하는 등에 대하여 고민해 볼 수 있어야 한다. 자료를 통하여 알아본 결과가 불만족스러우면 다시 '단계 1'로 넘어가서 다른 문제영역(기회, 도전)을 찾아보아야 한다.

3. 단계 3: 문제의 진술

앞의 두 개의 단계를 통하여 중요해 보이는 그럴듯한 문제영역(problem areas)을 발견하였거나(그러나 문제영역은 여전히 '비교적 넓게, 간단하게, 긍정적이고 유익하게' 진술되어 있다), 또는 다루어야 할 과제/프로젝트가 주어져 있다면(자신이 발견하였거나 또는 외부로부터), 지금의 '단계 3: 문제의 진술'에서는 그것을 보다 구체적이며 실제로 다루어 갈 수 있게 문제의 초점이 비교적 분명한 '문제의 형태'로 진술할 수 있어야 한다.

문제를 바르게 진술하면 창의적인 문제해결을 위한 활동의 방향을 구체적으로 제시하게 되고 또한 많은, 다양한, 그리고 독특한 아이디어의 생성을 자극할 수 있다. 그래서 여러 학자들은 문제를 제대로 진술할 수 있으면 이미 문제를 반 이상 해결한 것이라고 말한다.

〈발산적 사고〉

위의 두 단계를 통하여 그럴듯한 문제영역(즉 그럴듯한 기회, 도전)을 발견/확인하였거나 과제/프로젝트가 부과되어 있다면 이제는 그것을 가지고 문제 진술을 여러 가지로 해 본다. 효과적인 문제 진술은 방향이 분명하고 창의적인 아이디어를 많이 생성해 내기 쉽게 한다는 것을 기억해야 한다.

문제의 진술에는 다음과 같은 4가지 요소들이 반드시 포함되도록 진술한다.

(ⅰ) 가능한 해답이 여러 가지일 수 있는 어간을 사용하여 '의문문'으로 진술한다. '문제'란 원래가 마침표로 끝나는 문장이 아니라 물음표로 끝나는 '의문문'이어야 한다. 의문문은 질문을 던지는 것이기 때문에 해답을 적극적으로 탐색하게 만든다. 특히 도움이 되는 세 가지의 어간들은 다음과 같은 것이다.

- 어떻게 …(있는가?)(How to …, H2)
- 어떻게 하면 …(할 수 있는가?)(How might …, HM)
- 어떤 방법으로 하면 …(할 수 있을까?)(In what way might …, IWWM…?)

(ⅱ) 문제의 주인(소유자)이 누구이며 그래서 어떤 사람이 지금의 문제에 대하여 책임이 있는지를 분명하게 진술해야 한다. 그러나 주인이 누구인지 당연하게 알 수 있으면 생략할 수 있다.

- 어떻게 내가(우리가, …) …(있는가?)
- 어떻게 우리 회사 인사부가 …(할 수 있을까?)
- 어떤 방법으로 하면 개발부에서 …(할 수 있을까?)

(ⅲ) 문제의 진술에는 당신이 행위하고 싶은 것을 말하는 '구체적인 동사'가 반드시 포함되어야 한다. 이 '행위 동사'는 해결 아이디어의 생성 단계에서 더 많은 '아이디어 생성'을 할 수 있기 위하여 '정지한다'나 '회피하다'와 같은 절대적인 동사 대신에 '감소시키다'나 '격려하다'와 같은 융통성 있는 동사를 사용해야 한다.

(iv) 핵심적인 동사(동사구)에 따라 해결 아이디어들을 탐색해 가는 방향을 지시해 줄 수 있는 간략한 목적 · 목표를 포함시키면 더욱 효과적이다. 시초의 문제 진술에서 '동사'와 '목적어'를 바꾸어 넣으면 여러 가지의 대안적인 것들이 만들어지게 된다. 이들 가운데 가장 적절해 보이는 것을 선택하여 사용할 수 있다. 사용할 수 있는 활동 양식은 〈표 11-3〉과 같은 것이다.

이러한 문제 진술의 요령에 따라 진술한 보기를 몇 가지의 영역으로 나누어 예시해 보면 다음과 같다. 보기에서는 '목적어'가 생략되어 있지만 포함시키는 것이 보다 더 효과적이다.

(i) 사람관계에 대한 문제 진술
- 어떤 방법으로 하면 내가 학생들의 학습동기를 향상시킬 수 있을까?
- 어떻게 하면 우리가 팀에 더 기여할 수 있을까?
- 어떻게 하면 회사가 효과적인 팀을 구성할 수 있을까?

(ii) 제품이나 결과에 대한 문제 진술
- 어떻게 하면 제품개발부에서 새로운 제품을 개발할 수 있을까?
- 어떻게 내가 발표를 효과적으로 할 수 있을까?
- 어떻게 하면 회사가 제품을 더 잘 마케팅할 수 있을까?

(iii) 과정(過程) 관계의 이슈에 대한 문제 진술
- 어떤 방법으로 우리가 프로젝트를 효과적으로 진척시킬 수 있을까?
- 어떻게 하면 종업원들이 보다 생산적이게 될까?
- 어떻게 나는 내 자신의 창의력을 향상시킬 수 있을까?

(iv) 일반적 이슈에 대한 문제 진술
- 어떤 방법으로 하면 나는 경영자와의 관계를 개선시킬 수 있을까?
- 어떻게 연수원 프로그램을 개발할 수 있을까?
- 어떻게 우리가 새로운 제품의 이름을 만들어 낼 수 있을까?
- 어떻게 PR 부서에서 집단협동을 증진시킬 수 있을까?

〈표 11-3〉 문제 진술을 다양하게 생성해 내기

* 시초의 문제 진술에 있는 '동사' 그리고 '목적어'를 다른 것들로 바꾸어 보면 새로운 문제 진술을 다양하게 생성해 낼 수 있다. 이들 가운데 어떤 것은 매우 그럴듯한 것일 수 있다.

시초의 문제 진술: 어떻게 하면(어떤 방법으로 하면) ______________

____

동 사	목 적 어
• ______	• ______
• ______	• ______
• ______	• ______
• ______	• ______
• ______	• ______
• ______	• ______

〈수렴적 사고〉

(i) 많은 문제 진술들 가운데 정말로 필요하고 중요하며 그리고 가장 두드러지고 그럴듯해 보이는 것을 선택한다.

- 어느 것이 문제의 핵심을 보여 주고 있는 것인가?
- 어느 것이 창의적인 아이디어를 생성해 낼 수 있는 잠재력이 가장 커 보이는가?

(ii) 하이라이팅 기법을 사용하여 몇 개의 문제 진술들이 공통적으로 가지고 있는 주제에 따라 재진술해 볼 수도 있다.

(iii) 핵심 동사(구)를 바꾸어 보거나 또는 '추상화 사다리 기법'을 사용하여 문제 진술의 추상적인 수준을 조정할 수도 있다. 추상화 사다리 기법의 활동 양식은 〈표 11-4〉와 같다.

(iv) 마지막으로 한두 개의 문제 진술을 선택한 다음 이들 가운데 최종적인 것을 선택하기 위하여 ALU 기법 등의 사고도구를 사용할 수도 있다.

〈표 11-4〉 추상화 사다리 기법

* 시초의 문제 진술에서 '왜'라고(또는 계속하여 '또 왜'라고) 질문하여 거기에서 얻는 대답을 가지고 새롭게 문제 진술하면 그것은 보다 더 넓고 추상적인 것이 된다('추상화 사다리'를 올라가게 된다). 반대로 '어떻게'라고(또는 계속하여 '또 어떻게'라고) 질문하여 거기에서 얻는 대답을 가지고 새롭게 문제 진술하면 그것은 보다 더 좁고 구체적인 것이 된다('추상화 사다리'를 내려가게 된다).

또 왜?	왜?	또 왜?
새로운 진술	새로운 진술	새로운 진술
⇧	⇧	⇧
또 왜?	또 왜?	또 왜?
새로운 진술	새로운 진술	새로운 진술
⇧	⇧	⇧
또 왜?	또 왜?	또 왜?
	시초의 문제 진술	
또 어떻게?	또 어떻게?	또 어떻게?
▽	▽	▽
새로운 진술	새로운 진술	새로운 진술
또 어떻게?	또 어떻게?	또 어떻게?
▽	▽	▽
새로운 진술	새로운 진술	새로운 진술
또 어떻게?	또 어떻게?	또 어떻게?

4. 단계 4: 아이디어의 생성

해결 아이디어 생성이라는 과정 요소에는 '아이디어 생성'이라는 한 개의 단계만이 있다. 먼저 발산적(확산적) 사고를 통하여 진술한 문제를 해결할 수 있는 많은, 다양한, 그리고 독특한 아이디어들을 생성해 낸다. 그런 다음 수렴적 사고를 통하여 생성해 낸 이들 아이디어들 가운데 가장 그럴듯해 보이는 것을 1개 또는 몇 개를 선택한다. 가장 그럴듯한 아이디어를 찾기 위하여 '발산적 사고 – 수렴적 사고'의 적용을 몇 번이고 반복할 수도 있다. 이러한 과정에서 적절한 사고도구들을 활용하는 것 또한 중요하다.

'아이디어의 생성' 단계도 등산하는 것에 비유해 볼 수 있다. 등산할 곳이 A산으로 결정이 되었다면 이제 등산을 재미있게 성공적으로 할 수 있는 구체적인 방법을 생각해 내어야 한다. 그러려면 우선 출발 지점과 목표 상태(산의 정상)의 간격(괴리)을 분명하게 이해해야 한다. 그리고 이를 바탕으로 독특하고 상세한 해결 아이디어들을 여러 가지로 생성해 내어야 하며, 그리고 이들 아이디어들 가운데서 가장 그럴듯한 것들을 선택해야 한다.

〈발산적 사고〉

브레인스토밍 등 적절한 사고도구를 사용한다. 필요에 따라 몇 개의 사고도구를 사용하여 많은, 다양한, 그리고 독특한 아이디어들을 생성해 낸다.

〈수렴적 사고〉

수렴적 사고의 가이드라인을 지키면서 그럴듯한 몇 개의 해결 아이디어들을 선택한다. 예시한 산 정상까지 등산하는 데는 여러 경로와 과정과 방법이 있을 수 있을 것이고, 각기의 경로나 과정에도 몇 개의 대안이 있을 수 있다. 아직까지는 1개만을 선택할 필요는 없다. ALU 등 적절한 사고도구를 사용한다.

5. 단계 5: 해결책의 개발

'행위를 위한 계획'이라는 활동 요소에는 두 개의 단계가 있는데 하나는 '해결책의 개발'(Developing solutions)이고 다른 하나는 '수용 토대의 구축'(Building acceptance)이다. 단계 5의 '해결책의 개발'에서는 새롭고 흥미로운 아이디어를 그럴듯하고 유망한 해결책으로 개발해 가야 한다. 이를 위하여 그럴듯한 아이디어들을 다듬거나 고치고 개선하며 나아가, 이러한 아이디어를 가능한 해결책으로 더욱 개발한다. 이를 아이디어의 개념화 또는 원형화라 부른다고 하였다. 그것은 문제 해결의 전체 과정을 포괄하는 것이며 그리하여 문제가 해결되고, 산출이 이루어져 사업화하는 단계까지 나아갈 수 있게 자세해야 한다.

〈발산적 사고〉

(ⅰ) 그럴듯한 해결 아이디어들을 나열한다. 아이디어는 개별적인 것일 수도 있고 두 개 이상을 조합한 것일 수도 있다.

(ⅱ) 필요하면 최선의 아이디어를 선택하기 위한 판단 준거를 만든다.

〈수렴적 사고〉

(ⅰ) 가장 그럴듯해 보이는 1개 또는 몇 개의 해결 아이디어를 선택한다. 이때 ALU 기법을 사용할 수도 있고, 또는 판단준거를 활용한 PCA 기법을 유용하게 사용할 수 있다.

(ⅱ) 선택한 해결 아이디어를 더욱 다듬고 보다 자세하게 구체화하여 다루는 문제를 해결할 수 있는 '해결책'을 만든다.

6. 단계 6: 수용토대의 구축

이제 해결책을 실제에서 실행하고 작업 가능할 수 있는 행위 계획을 만든다. 앞 단계에서 개발한 해결책은 가장 그럴듯한 해결 아이디어를 보다 구체적인 개념이나 원형으로 발전시킨 것이다. 이러한 행위 계획에는 산출/제품을 실제로 생산하여 출시하기까지의 과정을 다루게 될 것이다.

그러나 '좋은' 아이디어가 반드시 소비자에게 먹혀들 수 있는 '유용한' 아이디어가 아닐 수도 있다. 그리고 유용한 아이디어라도 고객들이 저절로 수용하는 것이 아닐 수도 있다. 또한 아무리 치밀한 계획이라 하더라도 실행하다 보면 의외의 난관에 봉착하여 수정해야 할 경우도 적지 않게 있다.

〈발산적 사고〉

(ⅰ) 해결책을 실천해 갈 때 긍정적, 또는 부정적으로 영향을 미칠 수 있는 변수들을 발산적 사고한다. 다시 말하면 조력자와 저항자들을 찾는다. 조력자란 주변에 있는 변수/조건들 가운데서 당신의 행위 계획을 실천할 때 도움 되는 모든 것을 말한다. '조력자'는 사람뿐만 아니라 도움이 될 수 있는 것이면 어떤 것이라도 조력자이다. 반대로 '저항자'란 당신의 계획에 문제가 생기게 하거나 당신이 바라는 것과는 다르게 뒤틀어지게 할 수 있는 사람, 장소, 사물,

시간 또는 행위들을 망라하여 말한다.

(ⅱ) 브레인스토밍 기법 등을 사용하여 행위 계획을 실제에서 실천하여 행위해 갈 수 있는 행위 내용들을 가능한 한 많이 만든다. 필요하면 해결책이 가지고 있는 한계를 확인하고 그것을 극복할 수 있는 방안도 마련해야 한다.

〈수렴적 사고〉

(ⅰ) 생성해 낸 행위 내용들을 선택하고 조직화하여 시퀀스적인 행위 계획을 만든다.

(ⅱ) 몇 가지의 구체적인 단계를 포함시키는 것이 바람직하다. 다시 말하면, '24시간 단계 – 단기적인 단계 – 중기적인 단계 – 장기적인 단계' 등에 따라 실천의 행위 계획을 세운다.

(ⅲ) 의도하는 여러 행위들을 전체적으로 살펴보고 조력자와 저항자를 고려한 여러 가지 행위들을 행위 단계에 맞추어 배열하고 조직화한다. 그리고 실행의 실제를 어떻게 평가할 것인지도 같이 포함시켜야 한다. '24시간 단계'는 과제를 실천하는 데 바로 발을 집어넣기 위한 것이다. 오래 기다릴수록 아이디어를 실제의 행위로 옮길 가능성은 줄어들 수 있다. 그래서 24시간 이내에 당장, 실패하는 일 없이, 쉽게 할 수 있는 한두 개의 구체적인 행위계획을 설정하는 것은 매우 중요할 수 있다.

Ⅲ. 변화를 위한 기타의 방법들

앞에서는 창의적 문제해결 방법인 CPS에 대하여 좀 자세하게 알아보았다. 그러나 CPS가 혁신적인 변화를 위한 유일한 방법은 아니다. 모든 문제가 CPS에서처럼 문제해결의 단계에 따라 새로운 해결책을 만들어 가서 해결할 수 있는 것이 아니란 것이다. 왜? 우리가 다루어야 할 세상의 문제는 내용이나 형태 면에서 다양하고 또한 복합적이기 때문이다. 다루어야 할 문제가 다르면 이를 해결하기 위한 접근이나 방법은 달라질 수밖에 없다.

비록 CPS가 압도적으로 광범위하게 사용되고 있기는 하지만, 그럼에도 불구하고 다행히도 세상에는 창의적이고 혁신적인 변화를 위한 방법들이 몇 가지가 더 개발되어 있다. 문헌에뿐 아니라 조직의 실제에서 회자되거나 사용되고 있는 방법/프로그램도 적은 수가 아닐 것이다. 예컨대 Isaksen & Tidd(2006)는 변화를 자극하고 실행하기 위한 방법과 프로그램들을 조사해 보고 20개를 제시하고 있다. 그러면서 이들 이외에도 몇 가지가 더 있을 것이라 말하고 있다. 그리고 이들은 이러한 적극적인 변화를 위한 창의력 프로그램에서 사용하고 있는 사고도구들도 살펴보고 있다. 이들은 "사고도구란 어떤 구체적인 조작을 수행할 때 사용할 수 있는 연장 또는 방법"(p. 246)이라 정의하고 이러한 정의를 만족시키고 있는 사고도구에는 783개가 있다고 보고하고 있다. 그리고 창의적인 아이디어를 생성해 내기 위하여 가장 잘 알려져 있고, 또한 가장 광범위하게 사용되고 있는 것은 '브레인스토밍' 기법임도 잊지 않고 지적하고 있다(10장 참조).

이들 783개의 사고도구들 가운데 발산적 사고를 위한 것이 669개이고(많은, 다양한 또는 독특한 대안의 생성을 위한) 그리고 수렴적 사고를 위한 것이 114개였다(대안들을 조직하고, 스크린하고, 선택하고 또는 더욱 개선하기 위한).

아래에서는 CPS 이외에 가장 대표적인 것같이 보이는 De Bono의 CoRT 프로그램과 여섯 가지 사고모, 그리고 G. S. Altschuller의 '발명적 문제해결 프로그램'인 TRIZ에 대하여 추가로 간략하게 살펴볼 것이다. 그리고 마지막으로 블록버스터(blockbuster)와 이의 개발에 특별히 중요해 보이는 즉석구성적 창의에 대하여서도 음미해 볼 것이다.

1. De Bono의 CoRT 프로그램과 여섯 가지 사고모

De Bono(1985, 1971)의 대표적인 창의력 프로그램은 CoRT 프로그램과 '여섯 가지 사고모'(Six Thinking Hats)이다. 이들은 모두가 평범한 정통적인 방법으로는 해결할 수 없는 다루기 힘든 문제들에 대한 해결책을 찾거나 논리적인 사고에서는 대개가 무시되어 버리는 요소들을 탐구하기 위한 사고 방법들이다. 따라서 앞에서 다룬 바 있는 전통적인 여러 발산적 사고도구들과는 접근의 방식이 상당히 다르다.

De Bono는 인간의 사고는 두 가지의 단계를 거쳐 이루어진다고 말한다. 첫 번째는 지각(perception)하는 단계이고, 두 번째는 처리(processing)하는 단계인데 이는 컴퓨터의 자료처리 과정에 비유해 볼 수 있다. 컴퓨터 조작자가 자료와 프로그램을 컴퓨터에 입력하면 컴퓨터는 이를 처리하여 그 결과를 출력해 낸다. 이러한 입력-출력 과정에서 자료와 프로그램 선택 단계는 지각 단계에 비유되며, 이들을 처리하여 결과를 내놓기까지의 과정은 처리 단계에 비유하고 있다.

사고의 첫 단계, 즉 지각 단계는 지금의 문제가 어떤 것이라고 받아들이고 이해하는 단계이다. 문제를 어떻게 이해하느냐에 따라 그 문제의 처리는 완전히 달라질 수 있다. 예컨대, "밥 먹었느냐"란 말을 어떻게 받아들이느냐에 따라 반응은 당연히 달라진다.

또한 그는 사고를 두 가지의 유형으로 구분하는데 하나는 측면적 사고(lateral, 또는 수평적 사고)이고, 다른 하나는 수직적 사고(horizonatal)이다. 수직적 사고는 어떤 아이디어나 대안의 옳고 그름(진위, 가부, 사실 여부)을 따지기 위한 선택적 사고이다. 이것은 Yes-No의 사고라 말할 수 있으며, 논리의 규칙에 맞추어 따져 보는 비판적 사고이며 지금까지 사용했던 용어로 표현하면 '수렴적 사고'이다. 반면에 측면적 사고는 지금 것보다 다른 어떤 아이디어, 다른 어떤 방법 또는 다르게 보는 어떤 관점 등을 모색하는 변화지향적 사고이다. 측면적 사고에는 옳고 그름의 판단이 불필요하고 다만 "이것과는 다른 어떤 대안이" 없는지를 생성하거나 찾아내는 데만 초점을 둔다.

그런데, De Bono는 '창의적 사고'나 '발산적 사고'라는 용어보다 이러한 '측면적 사고'를 훨씬 더 즐겨 사용한다. 그러나 측면적 사고와 창의적 사고는 어떤 새로운 것을 만들어 낸다는 점에서는 공통적이다.

De Bono는 우리가 하는 '사고'(thinking)는 걷기나 자동차 운전하는 것과 마찬가지로 하나의 기본적인 기능이며 따라서 우리가 그것을 의도적으로 연습을 하기만 하면 얼마든지 직접적으로 향상시킬 수 있다고 믿는다. 이러한 목적을 위하여 그가 개발한 것이 CoRT(Cognitive Research Trust)이다. 여기에는 6개의 단원이 있고 단원마다에는 다시 10개의 레슨(lesson)들이 포함되어 있다. 6가지 단원은 각기 특정한 종류의 장면을 다루며, 각기의 레슨은 그러한 장면에 직면했을 때 사용할 수 있는 사고도구들이다. 각기의 레슨을 연습하는 데는 대개 30-40분이 걸린다.

(1) CoRT 프로그램

CoRT 1은 '지각의 폭'(Breadth)을 넓히기 위한 것이며 따라서 포함되어 있는 10개 레슨은 사람들로 하여금 문제의 장면을 보다 광범위한 시각으로 보도록 격려함을 목적으로 한다. 그러므로 우리가 보통은 무시해 버리기 쉬운 여러 가지의 방법으로 다루는 장면을 생각해 볼 것을 강조한다. 예컨대, 장면에 포함되어 있는 모든 요소, 장단기 결과 그리고 목적을 의식적으로 고려해 보게 한다.

CoRT 2는 '조직화'(Organization)라 하며 여기에 있는 10개 레슨은 장면에 대하여 초점을 잃지 않고 효과적으로 그리고 체계적으로 주의를 기울이도록 설계한 것이다.

CoRT 3은 '상호작용'(Interaction)이며 두 사람 이상이 상호작용할 때의 사고를 다룬다. CoRT 1이나 CoRT 2에서처럼 자기 자신의 아이디어를 생각하는 대신, 여기에서는 다른 사람의 사고에 대하여 생각해 보게 한다.

CoRT 4는 '창의력'(Creativity)이다. 여기서는 그냥 두면 생각해 보지 못할 아이디어들을 생성해 내는 여러 가지 전략들을 제시하고 있으며 아이디어들을 평가하고 편집하는 데도 주목하게 한다. CoRT 4에 속하는 10개 레슨은 창의적 아이디어 생성을 위한 발산적 사고 도구로 적절하다.

CoRT 5는 '정보와 감정'(Information and Feeling)이며 사고에서의 정보와 감정의 역할을 다룬다. 이들 레슨의 목적은 장면 속에 포함되어 있는 정보와 감정의 내용을 지각토록 하는 데 있다. 그리고 '행위'(Action)란 명칭의 CoRT 6은 문제를 공략해 가는 일반적인 틀을 제시하고 있다. 즉 사고를 가르치고 연습하는 앞의 다섯 단원들과는 달리 문제를 처리해 가는 단계별 계획을 다룬다. 다음에서는 CoRT 4에 있는 8번째 레슨인 '조합'에 대하여서만 알아볼 것이다.

조합법(combination)이란 별개로 존재하는 두 개 이상의 아이디어(또는 대상)를 하나로 묶어 각각의 가치를 합한 것보다 더 값진 것을 생성하는 과정이다. 이 기법의 기본 원리는 많은 경우에 새로운 아이디어는 기존의 것들을 조합함으로써 생성된다는 것이다. 여러 유명 발명품들이 조합을 이용했다는 것이 이를 증명한다(예: 최초의 자동차 = 세발 자전거 + 휘발유 엔진).

어떤 것들을 조합시켜야 할까? 경우에 따라서는 전혀 무관한 것들을 조합시켜 볼 수도 있고 또는 이미 유용해 보이는 것들을 조합시켜 보고 더욱 값어치 있는 것이 생성되는지를 고려해 볼 수도 있다.

절차

다음 두 가지의 과정을 따른다.

- 조합시킬 수 있는 것들을 결정한다.
- 조합시킨 결과를 음미해 본다.

창의적 아이디어(제품)를 생성해 내는 또 하나의 과정은 조합이다. 별개로 존재하는 아이디어나 대상들을 하나로 묶어 각기가 가지고 있는 가치보다 더욱 값진 것을 만들어 내는 과정이 조합이다.

연습

i. • 집이라는 아이디어와 자동차라는 아이디어를 조합하여 이동식 집이라는 아이디어가 생겨났다.
  • 물고기라는 아이디어와 소시지라는 아이디어의 조합으로 오뎅이라는 아이디어가 생겨났다.
  • 전화라는 아이디어와 TV라는 아이디어의 조합에서 비디어 폰이 생겨났다.
  • 자전거와 휘발유라는 아이디어들을 조합하여 오토바이가 생겨났다.

ii. 학교라는 아이디어와 호텔이라는 아이디어를 조합하여 어떤 아이디어가 생겨날까?

iii. 헤어드라이와 진공소제기라는 아이디어를 조합하면 만들어 낼 수 있는 새로운 아이디어에는 어떤 것이 있을까?

iv. 다음 모든 것들을 조합하여 이들 모두가 들어가는 이야기를 만들어 보라.
절름발이 개, 경찰, 껌 하나, 두 명의 제복 차림 간호사.

v. 다음 것들 가운데 두 개를 조합하여 새로운 어떤 것을 만들어 보라. 이러한 식으로 하면 몇 개의 쌍이 가능할까?
롤러스케이트, 쓰레기통, 사다리, 빗자루, 천막, 페인트 붓, 정원용 호스.

vi. 두 개나 또는 그 이상의 몇 개를 같이 조합하여 새로운 어떤 것을 만들어 볼 수도 있다. 어떤 경우에는 이들을 그냥 합하면 되고, 때로는 이들을 통합시켜야 할 때도 있다.

(2) De Bono의 여섯 가지 사고모

De Bono(1985)는 우리가 사고를 하는 데 어려움을 겪는 주된 원인은 '혼돈'이라 말한다. 감정, 정보, 논리, 희망 그리고 창의적인 사고 등을 한꺼번에 이것저것 같이 하려 하기 때문이란 것이다. 한 방의 총으로 너무 많은 새를 잡으려는 것과 같다고 그는 말한다. 그래서 그는 '여섯 가지 사고모'(six thinking hats)라는 의도적인 사고기법을 제시하고 있다.

색깔을 달리하는 여섯 개의 모자를 미리 준비해 놓는다. 그리고 구성원들은 사회자가 지시하는 모자를 다 같이 쓰고 그 모자가 의미하는 것만을 생각하고 같이 토의한다. 모자를 바꾸어 쓰면 그 모자가 의미하는 특정의 사고만을 함으로써 폭넓은 창의적 사고를 가능하게 하는 매우 간단하면서도 강력한 기법이다.

그가 말하는 '여섯 가지 사고모'에는 두 가지의 목적이 있다. 첫 번째는 한 번에 한 가지씩만 다루게 함으로써 사고를 단순하게 만드는 것이다. 그러면 사람들은 논리, 정보, 희망 및 창의들을 모두 한꺼번에 처리하는 대신 이들 각각을 별개의 것들로 다룰 수 있다. 예컨대 적색 사고모의 도움으로 자신을 합리화하는 논리를 사용하지 않고도 자신의 감정을 표현할 수 있다. 두 번째 목적은 사고에 있어서의 '교대'(스위치)를 인정하는 것이다. 만약 회의에서 어떤 사람이 계속해서 부정적이었다면 그에게 '흑색 사고모'를 벗으라고 요구할 수 있다. 그 대신 '황색 사고모'를 쓰라고 요구할 수도 있다. 여섯 가지 사고모는 마치 지휘자가 오케스트라를 이끌어 가듯이, 우리의 사고를 지휘하도록 해 준다. 필요에 따라 언제든지 우리가 하려고 하는 사고의 유형을 불러낼 수가 있다.

여섯 가지 사고모는 각기 특정한 종류의 사고를 요구하는 것이다. 그러므로 예컨대 '백색 사고모를 씁시다' 하면 이 모자가 요구하는 형태의 사고를 해야 한다. 여섯 가지 사고모들이 의미하는 사고의 형태는 다음과 같다. 그리고 이어서 사용의 요령을 간단하게 간추려 본다.

• 백색모: 백색 – 중립, 객관적
  ◦ 컴퓨터처럼 가능한 대로 중립적이고 객관적인 사실, 정보, 수치 등을 제시
    1차 정보 – 검증된 사실
    2차 정보 – 진실이라고 믿는 사실

• 적색모: 적색 – 감정(정서), 분노, 격정
  ◦ 정서와 감정을 말한다. 감정에는 두 가지 유형이 있다.
  – 보통의 정서: 두려움, 싫음, 의심 등
  – 복합적인 판단의 정서: 예감, 직관, 인상 등

- 황색모: 황색 – 햇빛, 긍정적, 낙관
  - 긍정적인 면: 논리적, 실용적인 것에서 비전, 희망에 이르는 긍정적 스펙트럼까지 포함
  - – 가치, 편익, 구체적인 제안, 시사
  - – 그러나 행복한 도취감(빨간 모자)이나 새로운 아이디어의 생성(녹색 모자)과는 구분되어야 한다.

- 흑색모: 흑색 – 우울, 부정적
  - 부정적인 것: 틀린 것, 부정확한 것, 오류인 것, 경험과 기존의 지식에 맞지 아니한 것, 위험, 모험 등
  - 창의적인 변화를 고려할 때는 노란 모자(황색모)를 먼저 사용하고 다음에 검은 모자를 사용

- 녹색모: 녹색 – 초원, 식물, 풍성한 성장
  - 창의적인 아이디어를 말함(대안의 탐색)
  - – 알고 있는 것, 분명한 것 또는 만족스러운 것 이상으로 가는 것
  - – 운동, 변화, 개혁

- 청색모: 청색 – 서늘함, 모든 것의 위에 있는 하늘의 색깔
  - 사고의 통제: 오케스트라의 지휘자처럼
  - 문제의 정리, 토의의 초점, 설정, 요약, 개관, 결론 내림
  - 전체의 '사고 지도' 체크

(i) 한 번에는 하나의 모자만을 사용한다.

(ii) '사고모를 써라' = '곰곰이 생각해 보라'

(iii) 사고모를 사용함으로써 자아(자존심)와 사고가 분리 가능해지며, 의식을 집중시키는 도구(자동차에 비유하면 기어 바꾸기)의 역할을 하며, 그리하여 문제가 가지고 있는 다양한 측면들을 융통성 있게 고려해 볼 수 있게 만든다.

(iv) 대화나 회의 등에서 수시로 사용할 수도 있고, 또는 사용할 사고모 순서를 미리 정해 놓고 체계적으로 사용할 수도 있다. 사고모는 몇 번이고 사용 가능하다.

(v) 사용의 요령은 다음과 같다.

- 먼저 창의적인 변화를 긍정적으로 고려하는 노란 모자(황색모)를 사용하고, 그런 다음에 단점을 생각해 보는 검은 모자(흑색모)를 사용한다.

• 아이디어를 생성하고자 할 때: 백색모 + 녹색모 + 황색모 + 흑색모 + … + 적색모 순으로, 그리고
• 아이디어를 판단할 때: 적색모 + 황색모 + 흑색모 + 녹색모 + … + 백색모 순으로 사용한다.

---

2. 발명적 문제해결 프로그램 TRIZ

TRIZ(러시아어로서 '발명적 문제해결 이론', Theory of Inventive Problem Solving)는 소련의 G. S. Altshuller가 1946년에 엔지니어들을 위하여 개발한 창의적 사고기법이다. TRIZ는 발명적 문제해결 방법의 체제이고 이론이다. Altshuller는 과학기술의 발전 속에는 예측 가능한 유형이 있다고 생각하고 혁신적이고 창조적인 1,500만 건의 특허와 발명 그리고 기술 발전의 역사를 분석하여 문제해결의 원리를 추출해 내어 이론화하였다. 그는 TRIZ를 비엔지니어링 분야에도 확대시킬 수 있다고 하기는 하지만, 그럼에도 불구하고 TRIZ는 역시 '발명적', '기술적인' 문제해결에 보다 유용한 것 같이 보인다.

TRIZ는 형식에서는 시스템 사고(체제적 사고, systems thinking)이고 내용에서는 변증법적(dialectics)이다. 이 견해에 의하면 변증법은 자연, 사회 및 사고(정신적 발달)에 관한 가장 일반적 법칙의 과학이다. 변증법은 바로 Hegel의 '정–반–합 이론'(these–antithese–synthese)이며, 변증법적 논리는 발달의 논리이기 때문에 그것은 바로 '창의의 논리'(logic of creativity)를 반영한다고 본다. 그러므로 어떤 문제를 창의적으로 해결한다는 것은 어떤 체제가 가지고 있는 모순되는 측면들을 통합하고 새로운 것을 이루는 것이다. 그것은 모순들의 타협이 아니라 더 높은 수준으로의 발달이며 모순되는 측면들을 모두 다 극복하는 '윈–윈'적인(win–win basis) 것이어야 한다(3장의 '창의의 변증법' 참조).

(1) TRIZ의 몇 가지 특징적인 측면들

(i) 문제: TRIZ는 '문제'란 "해결에 이르려는 목표는 알고 있지만 (a) 그것에 도달하는 방법을 모르거나, 또는 (b) 그것에 도달할 수 있는 방법들 가운데 최적의 것을 알지 못하는 장면이다"(Phan Dung, 2002, p. 18). 문제에는 '실제문제

(시초의 문제장면)'와 '바른 문제'가 있다. '바른 문제'란 문제 해결자가 '바르게 진술한, 또는 바르게 선택한 구체적인 문제'이다.

(ii) 시스템적 기능 분석: 모든 현상과 과정들은 항시 변화하고 상호연관되어 있는 시스템(체제, systems)을 이룬다. 시스템은 항시 어떤 전체적인 기능을 수행하기 위한 것이며 이러한 시스템을 분석하는 것을 시스템적 기능 분석이라 부른다.

(iii) 모순과 분리의 원리: 인간의 문제해결은 모순을 발견하고 그것을 해결하는 것이다. 시스템의 어떤 부분(요소)을 개선하려는 시도가 시스템의 다른 부분의 기능을 저하(감소)시키는 상황을 우리는 '모순'이라 부른다. 많은 기술적인 문제는 최소한 한 가지 이상의 모순을 포함하고 있다고 본다.

문제해결 과정에는 3가지 유형의 모순이 있다. 이들은 행정적 모순(목적은 알고 있지만 도달하는 방법을 모르는 모순), 기술적 모순(하나의 요소를 개선하면 다른 것이 퇴행하는 모순) 및 물리적 모순(이런 요구를 충족시키기 위해서는 이런 상태를 가져야 하고, 그리고 저런 요구를 충족시키기 위해서는 저런 상태를 가져야 하는 모순)이 있다. 이들 중 가장 중요한 것은 '물리적' 모순이다.

물리적 모순은 대개가 다음과 같이 제시된다. "주어진 체제에 있는 요소들 가운데 하나는 이 요구를 만족시키기 위하여 이런 측면(side, 가장 넓은 의미로)을 가져야 하고 또한 다른 요구를 충족시키기 위하여서는 모순되는 다른 측면을 가져야 하는데 이들 두 측면들은 서로를 배척한다", 문제를 해결한다는 것은 두 개의 상호모순되는 물리적 모순을 해결하는 것이다.

발견한 모순을 극복하여 새로운 발달을 가져올 수 있는 해결책을 찾는 방법이 '분리의 원리'(principles of seperation)이다. 가장 실용성이 높은 분리의 원리 가운데는 시간에 의한 분리, 공간에 의한 분리, 전체와 부분에 의한 분리 및 조건에 의한 분리 등이 있다.

시간에 의한 분리는 필요한 시간에는 있고 불필요한 시간에는 없어지는 구조를 만들면 된다(예컨대 비행기의 '바퀴'). 공간에 의한 분리는 필요에 따라 모양이 바뀌는 것이다(예컨대 비행기의 보조 날개는 이착륙 시와 비행 시에 따라 모양이 바뀌게 한다). 전체와 부분에 의한 분리는 자전거의 체인처럼 전체적으로는 유연하지만 부분적으로는 동력전달을 위하여 충분히 단단하게 하는 것과 같다. 조건에 의한 분리는 조건에 따라 달라지게 함으로써 해결된다(예컨대 주물 표면을 연마하는 데 얼음을 쓰면 분사할 때는 단단하지만 시간이 지나면 녹아서 모래를 쓸 때의 부작용을 제거할 수 있다).

〈예시〉 전기 도구를 연결하는 데 직선 전선만을 사용하던 시대를 상상해 보라. 요구는 '수화기를 전화기에 적절하게 연결하는 그런 코드(cord)를 만들어라'이다. 코드가 짧으면 간편한 장점이 있지만 전화를 멀리 떨어져 사용하려면 불편하다. 그리고 코드가 길면 전화를 사용할 때 편리하기는 해도 간편하지 않다.

그러므로 '물리적 모순'은 '전기 코드는 간편하기 위하여 짧아야 하고 그리고 편리하기 위해서는 길어야 한다'이다. 이 문제의 경우 서로 배척되는 두 가지 측면은 '짧은'과 '긴'이다. 결국은 직선 코드를 나선형 코드로 대치함으로써 이러한 물리적 모순을 극복하게 되었다. 다시 말하면 나선형 코드는 '짧은'과 '긴' 코드라는 두 개의 상호모순적인 측면의 조화 내지 통일을 이루었다.

대부분의 경우 '이것 아니면 저것'이라는 논리(either–or logic, 보기의 경우 '짧든지' 또는 '길든지')는 모순을 해결하는 데 별로 도움 되지 않는다. 일반적으로 보아 TRIZ에는 모순을 드러내어 그것을 제거하는 데 도움 되는 도구들이 여러 가지가 있다.

(iv) 창의의 법칙: TRIZ는 여러 가지 창의의 도구들을 가지고 있는 하나의 커다란 체제이고 이론이다. 그리고 ARIZ('러시아어'로 '발명적 문제해결의 알고리즘' Algorithm of Inventive Problem Solving)는 TRIZ를 기초로 문제해결과 의사결정의 과정(방법)들을 전체적으로 조직화한 프로그램이다. Altshuller는 40개의 기본적인 창의의 법칙(방법)(creativity methodologies)들을 화학에서처럼 구조화시키고 있다. 다시 말하면 화학요소, 화학 혼합물 및 화학이론 등이 논리적이고 위계적인 것처럼 40개 창의 법칙들을 조직화/구조화시키고 있다. 이들 원리들을 적절하게 조합하여 조직화하면 특정 유목의 문제를 해결하는 데 매우 적절한 창의적인 방법을 만들어 낼 수 있다고 그는 말한다.

그러나 이들 방법들을 익히는 데는 너무나 많은 시간이 필요하다. 또한 물리학을 비롯한 엔지니어링 분야에서 상당한 수준의 전문지식을 가져야 한다. 사실, Altshuller는 문제의 난이도에는 여러 가지 수준이 있으며 거기에 따라 창의에도 여러 가지의 수준이 있다고 말한다.

(2) TRIZ 간편 프로그램

이것은 일상의 생활이나 직무에서 직면하는 문제를 해결하기 위한 것이며, 대개는 난이도 수준이 낮은 것이다. 그리고 여러 사람들이 지적하고 있듯이 저자의 주장과는 달리 이들 간편 TRIZ 프로그램도 여전히 기술적이고 엔지니어링적인 문제해결에 보다 유용해 보인다.

(i) 단계 1: 문제를 이해한다.

- 문제를 시각적으로 그림 그린다.
  - 그림으로 그리면 어려운 문제 내용이라도 쉽게 이해할 수 있다. 그러면 해결책을 보다 쉽게 찾을 수 있다.

(ii) 단계 2: 도달하려는 목표를 설정한다.

- 문제와 발달경향을 이해하고 이를 토대로 목표를 정확하게 설정한다.
- '이상적인 해결책(Ideal final resolution, IFR)'을 생각한다. IFR이란 문제가 이상적으로 해결된 상태를 말한다.
- 이러한 과정을 통하여 문제를 보다 일반적 · 추상적으로 재정의(redefinition)한다.

(iii) 단계 3: 시스템 기능 분석을 한다.

- 시스템 요소들을 모두 생각해 보고 정의한다. 그리고 목표에 도달하려면 이러한 시스템 요소가 어떠한 '속성'을 가져야 하느냐를 질문하고 대답한다.
- 기능 분석을 시각적으로 표현한다.

(iv) 단계 4: 물리적 모순을 확인해 낸다.

- 주어진 시스템 요소가 이 요구를 만족시키기 위해서는 이 측면(S)을 가져야 하고, 다른 요구를 만족시키기 위해서는 모순되는 다른 측면(−S)을 가져야 하는 모순에는 어떤 것이 있는가? 이들 모순들은 서로를 배척한다.

(v) 단계 5: 물리적 모순을 해결할 수 있는 아이디어들을 생성한다.

– 모든 아이디어들을 비판하지 아니하고 모두 기록한다.

– 단계 4에서 확인해 낸 '물리적 모순' 각기에 대하여 아이디어를 생성해 낸다.

– 가능한 모든 아이디어들을 생성해 낸 다음에 비로소 단계 6으로 넘어간다.

(vi) 단계 6: 최선의 아이디어를 의사결정한다.

– 아이디어들을 분석하고 평가하여 최선의 아이디어들을 선택한다.

– 최선의 아이디어들을 우선순위에 따라 배열한다.

Ⅳ. 블록버스터와 즉석구성적 창의

앞에서는 CPS, De Bono의 창의력 프로그램과 TRIZ 등의 창의적 문제해결 프로그램에 대하여 살펴보았다. 그리고 이들 이외에도 적지 않은 수의 프로그램이나 접근법들이 가용하다는 것도 같이 확인해 볼 수가 있다. 이들은 모두가 적극적인 변화를 유도하거나 생성시키기 위한 방법들이다. 그런데 이러한 변화를 창의하기 위한 여러 방법들 간에는 적어도 두 가지의 공통적인 특징들을 가지고 있다.

첫째로 이들 방법들은 거의 모두가 CPS에 있는 것과 비슷한 창의적 문제해결의 단계라는 관문을 차례대로 거쳐서 드디어 최종의 작품 내지 성과를 산출해 낼 수 있기를 기대한다. 물론 가다가 되돌아오거나 수정할 수는 있지만 앞의 단계 관문을 반드시 통과해야 그 다음 단계의 작업이 이루어질 수 있다. 전통적인 대부분의 창의력 이론들은 '산출(성과) 중심적 창의'이다. 그리고 둘째로 이들 방법들은 그 속에 포함하고 있는 조작들을(operations) 수행할 때 도움 될 수 있는 '사고 도구들을' 사용하고 있다. 방법/프로그램에 따라 사용하는 사고도구들의 내용이나 방법은 다양하지만 이들은 어느 것이나 '발산적 사고'를 위한 사고도구와 '수렴적 사고'를 위한 사고도구로 나누어 볼 수 있다.

그리고 이러한 '산출(성과) 지향적 창의'에서는 결과하는 산출이 결정적으로 중요하며, 그에 따라서 과정이나 사람이나 환경이 '창의적'인지 아닌지가 결정된다. 아울러 거기에 따라 어떤 산출이 창의적인가라고 묻게 된다. 다음의 12장에서 보듯이 Besemer는 창의적인 것의 준거에는 신규성, 해결 기능 및 스타일 등의 세 가지가 있다고 하였다.

이러한 창의적인 생산의 방법과 평가의 준거는 사회문제 등 어떠한 문제나 '새로운 제품 개발'(New product development, NPD)에서도 마찬가지로 적용될 것이다. 그렇다면 소위 '대박'이라 부르는 블록버스터는 어떤가? 열광하며 긴 줄을 마다하지 아니하고 기다리며 구매하고, 보고, 사용하거나 감상하기를 열망하는 이들 블록버스터는 어떻게 개발이 되는가? 이들의 NPD 과정은 일반적인 창의와 혁신의 방법과는 다른 어떤 측면들을 가지고 있는 것일까? 블록버스터와 관련한 이러한 이슈들을 마지막으로 음미해 볼 것이다.

1. 블록버스터의 조건

시장의 소비자에게 대 히트를 치는 작품(산출, 제품)을 블록버스터(blockbuster)라 부른다. 블록버스터는 Star Wars나 '태극기 휘날리며'와 같은 영화뿐 아니라 Smart phone과 같은 가전제품, 또는 소설이나 학술 논문 등 어느 분야에서도 가능하다. 그래서 블록버스터는 생산자는 물론 조직이나 사회기관에 커다란 영향을 미치고 생활문화에까지 심대한 충격을 끼칠 수 있다.

그러면 블록버스터의 개발은 어떻게 해서 가능한 것일까? 많은 사람들은 그러한 위대한 작품을 만들 수 있는 과정은 신비하고 그리고 논리적으로 설명하기 어려운 매우 직관적인 것이라 말하고 있다. 그래서 운수(재수), 우연적인 발견, 또는 요행스런 발견(serendipity) 등등을 이야기하고 있다. 아마도 실제의 세계에서는 우리가 모르는 그러한 변수들이 작동하고 있을 것이다. 세상에는 우리가 알지 못할 뿐 아니라 예측할 수 없는 '불확실성'의 것들이 적지 않게 존재하고 있기 때문이다. 그럼에도 불구하고 '운수'나 '요행'은 우리 자신의 힘으로 통제할 수 있는 범위를 넘어서 있다. 그래서 거기에는 시장과 사회의 발전과 흐름을 예측하거나, 운수 좋게 대박을 터트릴 수 있도록 우리가 누를 수 있는 지렛대 같은 것이 거의 없다. '운수란 준비된 사람에게만 따라온다'란 말이 하나의 위로가 될 뿐 아니라 우리가 지켜야 할 가이드라인같이 들리기도 한다. 어떻든 기본적으로 보면 블록버스터라 부르는 대박 치는 새로운 산출의 개발도 다른 창의적인 산출의 생산 과정과 마찬가지로 하나의 단순한 창의적 과정의 결과가 아니라 일련의 고통스런 창의적인 작업의 결과임이 분명해 보인다.

그리고 또 하나 더 분명해 보이는 것은 블록버스터도 창의력이란 체제(시스템)를 이루고 있는 4P들이 뒷받침되고 성공적으로 상호작용한 결과란 것이다. 다시 말하면 대히트의 작품을 생산해 내려면 우선 다음과 같은 조건이 필요해진다. (ⅰ) 기대하는 결과/성과가 분명해야 한다. 무엇을 하려고 하며 결과로서 기대하는 창의는 어떤 것인지를 알아야 한다. 그래서 바라는 결과(성공) 속에 들어가야 할 구체적인 요소들을 분명히 해야 하는데 Lynn & Reilly(2002)는 이것을 '프로젝트 필라'(project pillars)라 부른다. (ⅱ) 팀에 바른 구성원들이 있어야 하고 관련의 리더가 뒷받침해 주어야 하며, (ⅲ) 작업환경이 팀과 이들의 작업과정을 뒷받침해 주어야 하며, 그리고 (ⅳ) 의도적이고 계획적인 작업 과정을 디자인하고 협동적인 팀워크가 이루어지게 관리할 수 있어야 한다.

그러나 블록버스터의 개발에 대한 구체적인 연구는 찾아보기 어렵다. 아마도 거의 예외적인 것같이 보이는 것은 Lynn & Reilly(2002)의 것같이 보인다. 이들은 700여 개의 개발팀들을 10여 년 동안 연구하면서 가장 성공적인 작품을 만들어낸 50개 팀의 특징적인 내부 스토리들을 보고하고 있다. 저자들은 이들을 '진정한 블록버스터의 팀'이라 부르면서 이들이 어떻게 하여 위대한 새로운 산출을 창조해 낼 수 있었는지를 설명하는 – 비성공적인 다른 팀들과 비교하면서 – 5개의 핵심적인 실제들을 확인해 내고 있다. 그리고 이러한 5가지의 실제는 하나의 체제(시스템)로 작동한다고 보고 있다. 마치 퍼즐의 모든 조각들이 전체의 하나로 맞아들어 가듯이 이들 5가지의 모두는 NPD의 전 과정에서 모두 탁월해야 한다고 그들은 말한다. 그러나 그들은 조직의 크기나 생산해 내는 산출의 유형과는 관계가 없음을 지적하고 있다. 아래에서는 이들 핵심적인 실제들에 대하여 살펴볼 것이다. 그리고 이어서 블록버스터 개발에서 특별해 보이는 '즉석구성적 창의'라 부를 수 있는 방법인 improvisation에 대하여서도 알아볼 것이다.

(1) 분명하고 안정적인 비전(vision)을 가져야 한다. 그래서 작업을 시작하기 전에 바라는 성과(목표하는 산출)가 어떠한 것이고, 거기에는 어떤 요소들이 있으며, 그리고 소비자의 요구를 충족시키기 위하여 어떤 창의가 필요한지를 구체화할 수 있어야 한다. 이것을 '프로젝트 필라'(project pillar)라 부른다고 하였다. '필라'란 중심 되는 기둥, 즉 중심되는 요소를 말한다. 그러나 보다 급진적이고 혁명적인 새로운 산출(제품)을 개발코자 할 때는 시초에 가지는 비전은 다소간 구름이 덮여 있듯이 흐릿할 수 있지만 그러나 시간이 경과하면서 비전이 보다 더 분명하고 강력한 것으로 만들어져

야 한다.

(2) 고위 경영진이 헌신적으로 뒷받침해야 한다. 그들이 특별한 관심을 가지고 작업 환경을 제공하고, 적합한 재정 지원을 하고, 상당한 자율성을 부여하며, 그리고 일을 자율적으로 진행해 갈 수 있는 권위를 부여해야 한다. 점진적인 혁신의 프로젝트에서는 경영진이 다소간 일상적으로 관여하지만 혁명적인 블록버스터의 개발에서는 보다 더 큰 자율성을 부여한다.

(3) 팀원들이 유능하고 적합해야 한다. 그리고 이들이 분명한 목표를 공유함으로서 응집성 있게 그리고 일관성 있게 작업할 수 있어야 한다. 적절한 리더가 이들의 관계와 과정을 격려하고 뒷받침하는 것이 매우 중요하다. 이들은 다양한 배경지식과 경험을 소유하고 있어야 하기 때문에 범부서적으로 구성된다. 그리고 필요하면 관련 분야의 외부 전문가들도 관여시킨다.

(4) 형식적 및 비형식적인 정보 교환이 팀 내 그리고 팀 간에서 다양하게 이루어질 수 있어야 한다. 특히 혁명적인 개발일수록 부서 간의 정보교환보다는 팀 구성원들 사이의 정보교환이 중요하다. 이런 점에서 다음에서 별도로 다루고 있는 '즉석구성적 창의'에서 팀 멤버들 사이에서 긴밀한 교감적 협동이 어떻게 이루어지고 있는지를 주목해 보아야 한다.

(5) '빠르고 반복적인 과정'(rip: rapid, reiterative process)을 사용하는 것은 블록버스터의 성공에 결정적인 것같이 보인다. 블록버스터의 작품이나 서비스를 개발해 내는 팀들도 다른 사람들과 마찬가지로 우리가 앞에서 CPS, De Bono 또는 TRIZ에서 다룬 바 있는 프로그램에 있는 문제해결의 단계들을 모두 다 거치고 완성해 간다. 그러나 블록버스터 팀은 이러한 단계들을 완성해 가는 접근의 방법이 아주 다른 것처럼 보인다. 이들은 이러한 각기 단계의 관문을 차례대로 계열적으로 진행해 가는 것이 아니라 'rip'라는 방법을 사용하여 개념/원형을 만들고, 그것을 고객에게 팔아 보고, 그리고 거기에서 얻은 피드백에서 새로운 개념/원형을 다시 만들고 그것을 다시 팔기를 계속한다는 것이다. 그리하여 드디어 창의적인 작품을 완성해 간다는 것이다.

이러한 '빠르고 반복적인 개발/재개발의 과정'에는 두 개의 중요한 측면들이 있다. 하나는 해결책을 자세하게 개념화하거나 시각적인 원형으로 표현하는 '원형화'(prototyping)를 가능한 대로 빠르게 만드는 것이고, 그리고 두 번째 측면은 고객으로부터의 반응을 피드백받으면서 거기에서 새로운 통찰을 얻는다는 것이다. 그리하여 새로운 원형(개념)을 만들고 계속하여 더 많은 피드백을 받는 것이다. 이와 같은 과정은 아이디어를 발견하고 정의하고 그리고 그것을 개념화하거나 원형으로 만들고 이것을 시제품화하여 검증받고 피드백받는 과정을 빠르게 진행하여 보다 빠르게 성공적인 산출을 생산해 내기 위한 것이다. 이러한 접근 방법은 구체적인 제품을 생산하는 회사를 염두에 둔 것이지만 어떠한 서비스나 작업 방식의 혁신에도 마찬가지로 적용될 수 있다.

이러한 작업 스타일은 무절제해 보일 수 있지만 그러나 이들은 언제나 분명하고 빠른 마감 시간을 지키고 있으며 다른 비성공적인 팀보다 자신들이 하고 있는 진도와 바용을 더 잘 점검하고 있다. 사실 누구도 시작 단계에서 최종에 가서 얻게 되는 산출물이 어떤 모습인지를 분명하게 알 수 있을 만큼 영리하지는 아니하다. 그러나 이들은 최종의 산출물이 어떤 모습이며 또한 그것을 사용하면 어떤 느낌이 들 것인지 등에 대한 비전(vision) 같은 것은 가지고 시작한다. 그래서 즉석구성의 과정을 거쳐 가면서 이들은 최종의 결과/산출물과 계속적인 대화를 하게 된다. 그래서 생산해 내려는 것에 대한 어떤 것이 떠오르면 거기에서 원형적인 아이디어를 찾아 구체화해서 고객에게 내어 놓고 그리고 거기에 대한 고객의 반응을 얻는다. 그리고 다시 거기에서 더 나은 원형 찾기를 계속해서 최종 작품에 이르게 된다.

2. 즉석구성적 창의

임프로비제이션(improvisation)은 원래가 소규모 팀에서 수행하는 음악 연주나 연극 연출에서 사용되는 개념이기 때문에 사전에는 '즉흥연주' 또는 '즉석 작품' 등으로 나와 있다. 그리고 이 개념이 창의력 연구에 등장하게 된 것은 1990년대 이후의 것으로 비교적 새로운 토픽이다.

사실 모든 창의가 사전에 만든 계획이나 아이디어에 따라 그대로 진행되는 것은 아니다. 모든 연주가 서양 음악의 '심포니'처럼 작곡가가 악보를 만들고 연주자가 이를 엄격하게 지키며 연주하는 '작곡가 – 악보 – 연주자'처럼 이루어지는 것은 아니다. 또는 무대 위의 연출이 사전에 만들어 놓은 '각본'에 따라서만 연출되는 것도 아니란 말이다. 이와는 달리 무대 위에서 연출을 하는 과정에서 자연스럽게(자발적으로) 자신의 음악이나 연출을 새롭게 창조해 낼 수도 있다. 이것을 'improvisation'이라 하는데 여기서는 이것을 '즉석구성적 창의'라 부르지만 특히 연주나 연출에서는 '즉흥 연주' 또는 '즉석 연출'이라 옮기는 것이 적합해 보일 수도 있다.

그리고 즉석구성은 개인적으로 할 수도 있지만 일반적으로는 집단의 즉석구성에 더 많은 관심을 가지고 있다. 실제로 즉석구성하는 것은 창의와 혁신의 어디에서나 다소간은 있기 마련이기 때문에 개인 혼자서도 즉석구성을 하게 된다. 예컨대 화가가 그림을 그리면서 캔버스에 자신이 그려놓은 것을 들여다보고 거기에 대하여 즉흥적으로 반응하면서 그 다음을 진행해 갈 수 있다. 앞서 그려 놓은 것을 보고 새로운 통찰을 얻게 되면서 생각이 계속하여 바뀌어 갈 수도 있다. 소설가는 자신이 써 내려간 스토리와 항시 상호작용하면서 새로운 인물이나 줄거리가 생겨날 수도 있다. 서적의 저자는 각 장에 대한 개요를 먼저 만들고 이에 따라 글쓰기 해 가지만 이러는 과정 속에서 새로운 아이디어가 추가되거나 기존의 구도가 삭제되기도 하면서 상호작용하는 것과 같다.

그러나 즉석구성은, 산출 중심의 창의와는 달리, 특히 집단의 여러 사람들이 같이 협력하는 과제 수행에서 산출을 만들어 가는 창의의 과정에 관심을 가진다. 예컨대 몇 명의 재즈(jazz) 단원들이 서로 조심스럽게 경청하면서 맞추어 주고받기 식으로 관객들에게 즐거움을 줄 수 있게 연주를 하거나 또는 한마당 풍물꾼들이 사전 각본이나 시나리오 없이 서로 자연스럽게 상호작용하면서 풍물놀이를 해 가는 것과 같은 것이다. 그러므로 즉석구성은 자발적이고, 즉석적이고, 그리고 자연스러운 것이다. 그래서 그것은 클래식을 연주하는 피아니스트처럼 인위적이고, 세련되고 그리고 계산된 것이 아니다. 그런데 '즉흥 연주'나 '즉석 연출'과 같은 '즉석구성적 창의'에서는 특히 중요해 보이는 두 가지의 특징을 발견할 수 있다. 이들 가운데 하나는 '빠르고 반복적인 과정'이고 다른 하나는 '교감적인 커뮤니케이션'이다. 결국 즉석구성적 창의는 지켜야 하는 구조는 최소이면서 최대의 융통성을 가지고 진행해 가는 팀워크 활동이라 말할 수 있겠다.

(1) 즉석구성적 창의에서는 연출자는 대본이나 악보를 따르지 아니하고 몇 명의 팀원들이 함께 연출을 해 가는 활동 과정 속에서 내부에서 자연스럽게 그리고 즉흥적/즉시적으로 자신들의 것을 창조해 나가는 음악이나 연극의 연출이다. 연출자는 기존의 어떤 것(대본이나 악보)을 하나도 가지지 않고 진행할 수도 있고 다른 한편에서는 기존의 것에서 장면에 따라 정교화하거나 수정하는 것일 수도 있다(소리, 멜로

디, 동작, 가사 등).

어떻든 이러한 연출에서는 '과정' 자체가 중요하며, 그리고 우리는 이들의 연출 행위를 자세하게 관찰해 볼 수 있다. 예컨대 몇 명의 재즈 단원이 재즈 공연을 하거나 풍물놀이를 한다고 생각해 본다. 이들의 관심은 관객을 즐겁게 하는 것이 목적이며 따라서 공연/연출의 활동 과정의 내용이 관객을 즐겁게 할 수 있게 모든 창의를 발휘할 것이다. 이들의 행위는 "어떤 '내용'을 생각해 내고 → 이를 적용(실행, 발표)하여 팀 멤버나 고객의 반응을 피드백받고 → 거기에서 다음에 대한 새로운 통찰을 얻고 → 그에 따라 새로운 내용을 생각해 내고 → 이를 적용하여 … "와 같은 과정이 매우 빠르게, 반복적으로 그리고 계속하여 이루어지면서 창의적인 개발/재개발을 생성해 갈 것이다. 여기서 '내용'이라 표현한 것은 앞에서 해결책, 개념 또는 원형 등으로 표현한 것을 의미한다. 우리는 이러한 과정을 '빠르고, 반복적인 개발/재개발 과정의 계속'(rip; rapid, reiterative process)이라 부르고 있다.

(2) 팀원들이 즉석구성적 창의를 하려면 이들은 하나의 총체, 하나의 앙상블(ensemble)로 작동할 수 있어야 한다. 그러려면 팀 멤버들 사이의 '협동'이 필수적이다. 예컨대 4–6명의 소규모 재즈 그룹이 있다면 어느 한 사람이 연출의 전체의 수행을 통제하거나 지휘할 수는 없다. 각자는 자신의 몫을 수행하면서 동시에 서로 긴밀하게 상호작용하면서 더 나은 창의적인 작품을 만들어 갈 것이다. 각기는 열심히 서로 경청하고, 그리고 동작과 말과 표정으로 민감하게 서로 '대화'하면서 개발/재개발의 과정을 빠르게 그리고 반복적으로 계속하여 수행해 갈 것이다. 우리는 이것을 '교감적 커뮤니케이션'이라 부를 수 있다.

사실 이러한 즉석구성(즉흥 연출)의 연출이 가지고 있는 '협력의 성질과 방식'은 블록버스터의 생산과 같은 창의와 혁신에는 매우 중요한 시사를 해 주고 있다. 협동적인 협력은 대부분의 영역과 대부분의 과제에 중요하다. 현재적인 과학연구에서 보면 이러한 상호작용적 협력은 실험실 랩(lab)에서 이루어지는 집단 작업에서부터 늦은 밤 커피를 마시며 나누는 대화에 이르기까지 매우 광범위할 것이다. 마치 재즈 연주자들이 스테이지에서 별다른 사전 악보 없이 서로가 주고받으며 상호작용하면서 멋들어진 앙상블 연주를 수행해 내듯이 이들 집단 성원들은 과제 수행이라는 스테이지에서 서로 진솔한 자극을 주고받으며 이러한 과정 속에서 새로운 통찰을 얻으면서 더 나은 산출을 생산해 갈 것이다.

이렇게 보면 집단 창의란 팀 멤버들이 기존에 가지고 있는 지식과 경험, 과제에 관하여 계획하고 준비한 것 그리고 그 위에 과제수행 과정 속에서 이루어지는 즉흥적인 통찰과 구성이라는 '즉석구성적 창의'의 세 가지가 통합되어 완성해 가는 과정이라 이해해 볼 수도 있겠다.

[장의 요약]

창의적인 문제해결을 해 가는 실제의 과정은 과제나 문제나 장면에 따라 다양할 수 있다. 그럼에도 불구하고 여러 학자들은 창의적 문제해결의 과정에는 몇 가지의 특징적인 국면/단계가 있음을 발견하고 있다. 가장 고전적인 것은 Wallas가 '사고의 예술'에서 준비, 부화, 해결 및 확인의 네 가지 단계를 제시한 것이다.

CPS(Creative Problem Solving)는 Alex Osborn이 문제해결의 과정을 7단계로 제시한 데서 시작한다. CPS는 지난 60여 년 동안 계속하여 진화해 오고 있으며 창의력 프로그램으로 현재 전 세계에서 가장 광범위하게 사용되고 있다. 현재의 CPS 버전에는 3개의 활동 요소와 그 아래 보다 세부적인 6개 단계가 있다. CPS는 모든 문제에 사용할 수 있는 것은 아닌데 특히 중요한 것은 과제의 성질이 공개적으로 다룰 수 있는 것이어야 한다는 것이다.

단계 1(기회의 발견)에서 단계 6(수용 토대의 구축)에 이르는 창의적 문제해결의 전체 과정을 비교적 자세하게 다루었다. 특히 주목해 보아야 할 것은 각기의 단계는 반드시 발산적 사고를 하고, 그런 다음 그렇게 생성해 낸 아이디어들을 수렴적 사고를 하여 가장 적절해 보이는 것을 선택한다는 것이다. 물론 이지만 모든 문제가 반드시 단계 1에서 단계 6까지를 차례대로 모두 거쳐야 하는 것은 아니다.

단계 1에서는 전체의 여러 장면들을 살펴보고 이들 중에서 중요해 보이는 '문제 영역'을 찾아 이것을 넓게, 간단히, 그리고 생산적인 형태로 진술한다. 그런 다음 선택한 문제 영역에 대하여 자료를 수집하여 그것을 보다 더 자세하게 이해하는 것이 단계 2이다. 이제 단계 1-2가 성공적인 것같이 보이면 선택한 문제영역에서 특히 중요해 보이는 이슈나 주제 같은 것을 가지고 문제 진술의 형태에 따라 진술하는 것이 '단계 3: 문제의 진술'이다. 문제는 의문문으로, 구체적인 행위 동사가 분명하게, 책임자(소유자)를 명시하고 그리고 목적/목표가 같이 포함되게 진술한다. 그러면 창의적인 해결 아이디어들을 생각해 내는 데 도움이 된다.

그리고 '단계 4: 아이디어의 생성'에서는 먼저 많은 해결 아이디어들을 발산적으로 생각해 내고, 이어서 이들 가운데 보다 적합해 보이는 것을 1개 또는 몇 개를 선택한다. '단계 5: 해결책의 개발'은 해결 아이디어를 선택한 다음 그것을 더욱 자세하게 다듬고 보태고 개발해서 실행 가능한(사업화가 가능한) 해결책(solution)을 만든다. 이것을 개념화라 부른다. 또는 모형이나 그림과 같은 구체적인 시각적인 '원형'의 모습으로 표현할 수도 있는데 이것을 '원형화'(prototyping)라 부른다. '단계 5: 해결책의 개발'은 앞에서 자세하게 개발한 '해결책'을 실제로 실행해 갈 수 있는(사업화할 수 있는) 구체적인 방법과 절차를 개발한다. 이러한 실행 계획에는 '24시간 단계 - 단기적인 단계 - 중기적인 단계 - 장기적인 단계' 등이 포함되게 한다.

CPS 이외에 적극적인 변화를 위한 기타의 방법으로 먼저 De Bono의 CoRT 프로그램과 여섯 가지 사고모를 다루었다. De Bono의 방법은 정통적인 방법으로는 해결하기 어려운 난해한 문제에 대한 해결책을 찾거나 논리적인 사고에서는 무시되어 버리기 쉬운 요소들을 찾아 생각해 보게 하는 데 특히 유용해 보이는 사고 방법들이다.

CoRT 프로그램은 소위 측면적 사고(수평적 사고)를 향상시키기 위한 것이며, 이것은 옳고 그름을 판단하는 것은 불필요하고 '이것과는 다른 어떤 대안이' 없는지를 생성해 내는 데 초점을 두고 있다. 대개 보아 측면적 사고는 발산적 사고와 동일하다. CoRT 프로그램에는 6개의 단원이 있고, 각기의 단원에는 10개의 레슨이 포함되어 있다.

그리고 De Bono의 '여섯 가지 사고모'(思考帽, Six Thinking Hats)는 여러 생각을 한꺼번에 함으로써 혼돈을 일으키는 것을 방지하기 위한 프로그램이다. 여섯 가지 사고모에는 백색모, 적색모, 황색모, 흑색모, 녹색모 및 청색모 등이 있고 각 사고모가 의미하는 내용은 독특하다. 여섯 개의 사고모를 미리 준비해 두고 참가자들은 사회자가 요구하는 것을 쓰고 그 모자가 의미하는 것만을 생각하고 토의해야 한다. 어떤 목적으로 사고모를 사용하느냐에 따라 사고모들을 사용하는 순서가 달라지게 된다.

TRIZ는 소련의 Altshuller가 1,500만 건의 특허와 발명 그리고 기술 발전의 역사를 분석하여 문제 해결의 원리를 추출하여 개발한 발명적 문제해결의 방법이다. TRIZ는 발명적, 기술적인 문제해결에 보다 유용한 것 같고 비엔지니어링 분야에서는 쉽게 적용하기가 어렵다. TRIZ는 몇 가지의 특징적인 측면들을 가지고 있으며 기본적으로는 변증법적인 접근의 체제이다. 그리고 TRIZ 간편 프로그램은 일상의 생활이나 직무에서 문제해결하는 데 사용하기 위한 것이지만 여전히 적용하기가 간단하지 아니하다.

마지막으로 블록버스터(blockbuster)와 즉석구성적 창의(improvisation)에 대하여 살펴 보았다. 블록버스터는 대히트를 치는 소위 대박이라 부르는 산출(제품) 또는 서비스들을 말한다. 물론 블록버스터도 창의력 체제인 4P의 시스템이 뒷받침되어야 비로소 가능하겠지만, 그럼에도 불구하고 특히 중요해 보이는 실제들을 다섯 가지로 정리해 보았다. 거기에는 분명하고 안정적인 비전이 있어야 하고, 고위 경영진들이 헌신적으로 뒷받침해야 하고, 팀원들이 유능하고 적합해야 하며, 팀 내 및 팀 간의 형식적, 비형식적 정보교환이 다양하게 이루어져야 하며, 그리고 '빠르고 반복적인 구성/재구성의 과정'이 계속되고 교감적 커뮤니케이션이 이루어져야 한다는 것 등이 포함된다.

블록버스터 개발 과정에서 특징적인 모습을 보이는 '빠르고 반복적인 구성/재구성의 과정'(rip)을 보다 더 깊게 이해하기 위하여 즉석구성적 창의(improvisation)에 대하여서도 언급해 보았다. '임프로비제이션'이란 주로 음악연주나 연극 연출에서 사용되는 개념이다. 예컨대 몇 명의 재즈 단원이나 연극 단원들이 아무런 악보나 극본도 가지지 아니하고 관객들 앞에서 즉석에서 연주나 연출을 하고, 그래서 관객들을 즐겁게 해야 하는 장면을 생각해 볼 수 있다. 팀원들은 빠르게 연출할 어떤 내용을 생각해 내고(즉 시초의 '원형'의 내용을 구성하고) 이것을 고객에게 적용하여 반응을 피드백받고, 거기에서 새로운 통찰을 얻어 다시 발전된 새로운 '내용'(원형)을 만들어 이것을 다시 적용하는 등의 과정을 계속하여 연출을 계속할 것이다. 그리고 팀원들은 각자의 생각을 창의하면서 서로 열심히 경청하고, 동작과 말과 표정으로 민감하게 '대화'하면서 내용을 협동적으로 생산해 가는 교감적 커뮤니케이션의 과정이 필수적일 것이다. '즉석구성적 창의'에서 발견할 수 있는 이러한 두 가지의 특징적인 측면들은 블록버스터를 개발/재개발하는 과정에서도 매우 중요하다고 믿고 있다.

chapter_ 12

창의력과 창의적 산출의 평가

Chapter 12

창의력과 창의적 산출의 평가

이 장에서는 먼저 창의적인 사고 능력을 측정하는 토란스 창의력 검사 TTCT를 비교적 자세하게 알아볼 것이다. 거기에는 'TTCT-언어' 검사와 'TTCT-도형' 검사의 두 가지가 있다. 다음으로 창의적 성격검사 WKOPAY와 SAM을 분석해 보고, 이어서 인지적인 능력과 창의적 성격을 다리 놓고 있다고 볼 수 있는 '창의적 문제해결 스타일 검사'에 대하여 알아볼 것이다. 거기에는 Kirton의 KAI검사와 Selby 등의 VIEW 검사가 포함된다. 마지막으로 창의적인 산출을 평가하기 위한 두 가지 방법으로 합의에 의한 사정 기법인 CAT와 평가 준거를 활용하는 CPSS에 대하여 공부해 볼 것이다.

Ⅰ. 창의적인 능력의 검사 - 토란스 TTCT 검사

1. TTCT 검사의 개관

E. Paul Torrance(1966, 1990, 1992)의 창의적 사고력 검사(창의력 검사)(Torrance Tests of Creative Thinking, TTCT)는 창의력을 '발산적 사고'로 정의하는 대표적인 창의력 검사이며 현재 40여 개국에 번안되어 전 세계적으로 가장 광범위하게 사용되고 있다. TTCT에는 TTCT-언어 검사(Thinking Creatively with Words, TTCT: Verbal)와 TTCT-도형 검사(Thinking Creatively With Pictures, TTCT: Figural)의 두 가지 종류가 있고 이들 각기에는 A형과 B형의 두 가지 동형검사가 있다. 이들의 한국판은 '창의력 한국 FP-

SP'(www.fpsp.or.kr)에서 관리하고 있다.

지난 30여 년 동안 Torrance와 그의 동료들은 유치원에서 성인에 이르기까지, 그리고 모든 문화권에서 사용할 수 있는 창의력 검사를 만들려고 노력하였다. Torrance는 창의력(창의성, 창의적 사고)은 매우 복합적인 현상이며 그래서 사람이 창의적일 수 있는 방법에는 여러 가지가 있다는 전제에서 출발하고 있다.

TTCT 창의력 검사에서는 '창의력(창의성, creative thinking abilities)'이란 창의적인 성취를 수행할 때 작용한다고 생각되는 '일반화된 정신 능력들의 집합(the constellation of generalized mental abilities)'이라 정의한다. '일반화된 정신 능력'이란 어떠한 과제의 수행에서도 일반적으로 적용되는 창의적인 능력이란 의미이다. 많은 교육학자와 심리학자들은 이러한 능력을 발산적 사고, 생산적 사고, 발명적 사고, 또는 상상력이라 부르고 있다. 물론 일부의 학자들 가운데는 매우 드문 어떤 특별한 능력을 창의력이라 정의하는 사람도 있다. 어떻든 Torrance는 TTCT와 같은 검사에서 높은 점수를 받는 사람은 앞으로 창의적으로 행동할 가능성이 높다고 주장한다. 그렇다고 이러한 능력을 높게 가졌다고 하여 그 사람이 앞으로 반드시 창의적으로 행동하리라 보증되는 것은 물론 아니다. 고등학교 때 검사받은 TTCT 점수와 성인이 되어 창의적 성취를 거두는 것 사이에는 .51의 상관이 있는 등 그의 주장을 뒷받침하는 연구들은 많이 있다.

많은 연구자들은 일반적으로 일반적, 특수화되지 아니한, 내용과는 무관한 그러한 정신적 창의력을 주장하였다. TTCT의 저자 E. Paul Torrance는 이러한 능력을 '문제나 결손에 대한 민감성', '유창성', '융통성', '독창성', '정교성' 및 '재정의' 등으로 이름을 붙이고 이들이 바로 창의력(창의력의 요소 능력)이라 정의한다. 그래서 그는 창의력을 모든 다른 사고와 기본적으로는 같은 것으로 본다는 비판을 받을 수도 있다. 그러나 우리 누구나 알듯이 인간의 사고는 매우 복합적인 과정이기 때문에 이러한 능력이 어떠한 유형의 사고에서든 간에 어느 정도로는 들어가 작용하는 것이라 보는 것은 조금도 이상하지 아니하다. 그리고 지능검사로 지능을 측정하면 거의 예외 없이 인종과 사회 경제적 수준에 따라 차이가 나타나지만, 전반적으로 보아 TTCT에는 그러한 차이가 나타나지 아니한다. 그러므로 TTCT의 검사과제는 모든 문화에서, 그리고 유치원에서 대학원생이나 성인에 이르기까지 함께 사용할 수 있다. 각 검사과제는 창의적 사고 과정의 모델 같은 것이며 각기는 상이한 종류의 사고를 포함하고 있기 때문에 각기는 창의적 사고를 측정하는 데 독특한 기여를 할 수 있다고 본다. TTCT에서는 검사 과제를 '활동'이라 표현하고 있다.

2. TTCT - 언어 검사

(1) 검사의 내용

'토란스 창의력 검사—언어(TTCT: Verbal)' 검사에는 다음과 같은 7개의 하위검사가 포함되어 있다(이 검사에서는 '하위검사'를 '활동'이라 부르는데, '활동 6'은 현재 사용하지 않고 있다).

(ⅰ) '질문하고 추측하기(Ask—and—guess)'

여기에는 다시 세 가지의 하위 검사가 있는데 이들은 '질문하기', '원인 추측하기' 및 '결과 추측하기' 등이다. 이들 하위 과제들은 모두가 [그림 12—1]에 있는 것과 같은 '이상해 보이는 그림'을 사용하고 있다.

첫 번째 하위과제(활동 1)인 '질문하기(Asking)'는 제시되어 있는 그림을 보고 그것에 대하여 생각나는 질문들을 할 수 있는 대로 많이 적어 보도록 요구한다. 그림을 보면 바로 대답할 수 있는 그런 질문이 아니라 무슨 일이 일어나고 있는지를 확실하게 아는 데 필요한 질문들을 어떤 것이라도 많이 적어 보도록 요구한다. 이 검사는 그림을 보고서는 발견할 수 없는 것이 무엇인지를 민감하게 알아차리고 지각에 있어서의 괴리를 메꿀 수 있는 질문을 할 줄 아는 능력을 측정한다.

두 번째 과제(활동 2)인 '원인 추측하기(Guessing Causes)'는 제시되어 있는 그림에서 볼 수 있는 행위가 일어나게 한 원인들을 가능한 대로 많이 나열할 것을 요구한다. 그림에서 일어나고 있는 일의 바로 앞서 일어났다고 생각되는 것뿐만 아니라 오래전에 일어났을 어떤 원인 되는 것에 대한 것들을 나열해도 좋다.

그리고 세 번째 과제(활동 3)인 '결과 추측하기(Guessing Consequences)'는 제시되어 있는 그림에서 현재 일어나고 있는 것의 결과로 앞으로 일어날 수 있을 것 같은 것들을 가능한 대로 많이 나열해 볼 것을 요구한다. 바로 다음에 일어날 것 같은 것뿐 아니라 오랜 시간이 지난 다음 일어날 것 같은 것도 마음대로 추측해서 나열할 수 있다. 활동 2와 활동 3은 모두 원인과 효과(결과)에 대한 가설을 형성하는 능력을 알아보기 위한 것이다. 이들 세 가지 과제의 제한 시간은 각기 5분이다.

[그림 12-1] TTCT의 질문하고 추측하기

(ii) 작품 향상시키기(Product Improvement)

이 하위검사(활동 4)는 주어진 장난감 동물을 아이들이 더 즐겁고 재미있게 가지고 놀 수 있는 것으로 향상시킬 수 있는 현명하고, 재미있고, 독특한 방법들을 가능한 대로 많이 생성해 낼 것을 요구한다. 예컨대 [그림 12-2]와 같은 장난감 개를 제시하고 더 즐겁고 재미있게 놀 수 있는 것으로 향상시킬 수 있는 방법들을 생각해 보게 한다.

[그림 12-2] TTCT의 작품 향상시키기

(iii) 독특한 용도(Unusual Uses)

'활동 5'인 이 과제는 마분지 상자나 속이 채워진 장난감 코끼리와 같이 우리가 흔히 접할 수 있는 대상(물건)을 재미있게, 그리고 색다르게(독특하게) 사용할 수 있는 방법을 생각나는 대로 많이 나열할 것을 요구한다. 예컨대 마분지 상자를 색다르게 사용하는 것과 같은데 상자의 크기나 종류는 어떠한 것을 사용해도 좋다고 말해 준다.

(ⅳ) 색다른 질문(Unusual Questions)

'활동 6'인 이 과제에서는 알루미늄 깡통과 같이 우리가 흔히 볼 수 있는 대상(물건)에 대하여 가능한 한 많은 질문을 생각해 볼 것을 요구한다. 질문은 다양한 대답을 요구하는 것이어야 하고 사람들의 관심과 호기심을 불러일으킬 수 있어야 한다. 그 대상에 대하여 일반적으로 사람들이 생각해 보지 아니하는 측면에 대한 질문을 생각해 보게 한다. 그러나 '활동 6'은 현재의 TTCT(언어) 검사에서는 사용되지 않고 있는데, 그것은 '활동 5'와의 상관이 높기 때문이다.

(ⅴ) 가상하기(Just Suppose)

'활동 7'인 이 과제에서는 있을 것 같지 아니한 하나의 장면을 그림으로 제시하고 만약 그러한 불가능해 보이는 장면이 실제로 일어난다고 가상해 보게 한다. 그리고 만약 그렇게 된다면 그에 따라 벌어질 수 있는 일들을 상상해 볼 것을 요구한다. 예컨대 "비가 오는데 모든 빗방울들이 공중에서 바로 고체가 되어 움직이지 않는다고 가상해 보라. 그러면 무슨 일이 일어날까? 어떤 변화가 생길까?"라고 묻고 생각나는 아이디어와 추측을 나열해 보게 한다.

(2) 검사의 결과보고

6개의 검사 활동들을 채점하면 '원 점수'를 얻게 되고 이것을 규준표에 따라 읽으면 평균 창의력 지수와 함께 창의력의 3가지 요소에 따라 검사결과를 보고할 수 있다. 3가지 요소에는 유창성, 융통성 및 독창성 등이 포함되어 있다. 그리고 규준표에 있는 창의력 지수와 3개의 요소 점수는 표준점수 및 백분위 점수를 사용하고 있다. 표준 점수는 평균치 100과 표준편차 20을 사용하고 있다. 각기 점수의 속성 때문에 통계처리를 할 때는 표준점수를, 그리고 일반인에게 해석할 때는 백분위를 사용한다. 또한 한국판 TTCT에는 신뢰도와 타당도에 관한 자료도 제시되어 있다.

3. TTCT - 도형 검사

(1) 검사의 내용

'토란스 창의력 검사-도형(TTCT: Figural)' 검사는 그림(도형, 시각적인 재료, 비언어)을 이용한 세 가지 활동으로 이루어져 있다. 이들 세 가지 활동에는 '그림 구성하기', '그림 완성하기' 및 '반복적인 닫힌 그림(또는 '원') 검사' 등의 하위 검사들이 있다. 이들 세 가지 하위 검사들은 유치원에서 대학원이나 일반인에 이르기까지 모든 교육 수준에서, 그리고 여러 가지의 직업 집단에서 사용할 수 있다.

이들 세 가지 검사 과제는 창의적 사고 기능의 서로 다른 측면들을 측정하기 위한 것이며 각기는 상이한 창의적 경향성을 보여 주는 것이라 믿고 있다. 그리고 일반적으로 말하면 창의적 사고 점수가 높은 사람은 생성해 내는 아이디어의 수가 많고 보다 독창적인 아이디어를 생성하고, 자기가 만들어 낸 것에 대한 설명도 보다 많이 하는 경향이 있다고 본다. 그리고 각기의 검사에서 그린 그림에는 그것을 이해하는 데 도움이 될 수 있는 '제목'도 적어 넣게 한다.

(ⅰ) 그림 구성하기(Figure construction)

'활동 1'인 이 검사에서는 [그림 12-3]과 같은 그림을 제시하고 이 모양이 일부분이 되는 어떤 그림이나 물건을 생각해서 그려보게 한다. 이 검사는 비교적 완전해 보이지만 무엇인지 목적이 분명하지 아니한 어떤 것에서 새롭게 목적을 찾아내고 그것이 달성될 수 있게 정교화시킬 줄 아는 창의적 경향성이 작동케 한다고 본다.

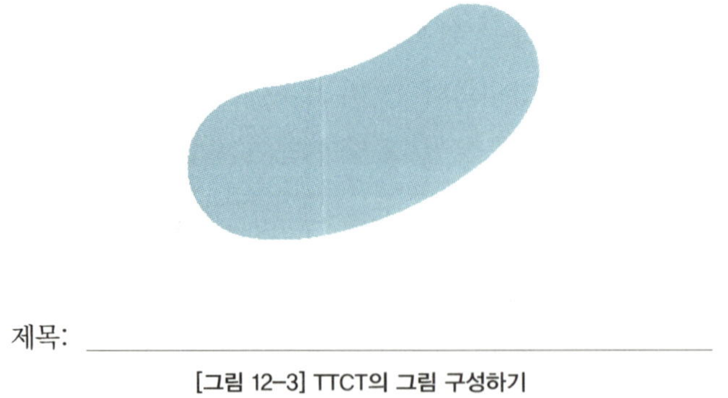

[그림 12-3] TTCT의 그림 구성하기

(ii) 그림 완성하기(Figure Completion)

'활동 2'인 이 검사에서는 [그림 12-4]에 있는 것과 같은 10개의 불완전한 그림(도형)을 자극재료로 제시하고 여기에다 선들을 더하여 어떤 재미있는 물건이나 그림을 그릴 것을 요구한다. 이 검사 과제는 매우 불완전한 것들을 보다 완전하게 구조화하고 통합시키는 식의 창의적 사고 기능을 요구한다. 불완전한 그림은 보는 사람을 답답하게 하고 긴장감을 자아내게 한다. 이러한 긴장감을 통제하고 만족을 상당 시간 동안 지연시킬 줄 모르면 어떠한 과제를 수행하든 간에 새로운 독특한 반응을 만들어 내기가 어렵다. 불완전한 도형을 완성하게 하는 과제는 내용을 정교화시키고 나아가 괴리가 있으면 그럴듯하게 메울 것을 요구한다.

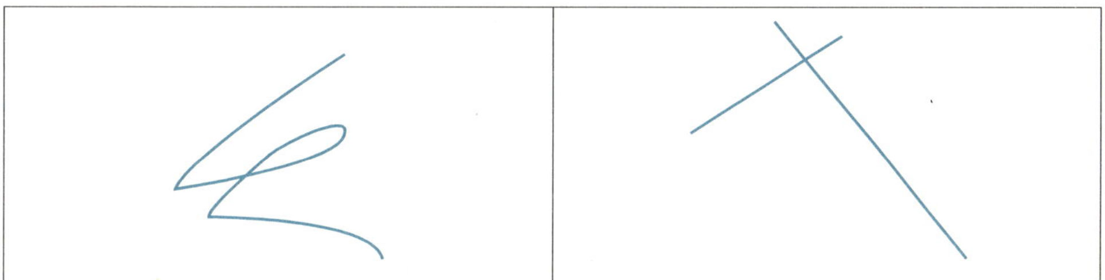

(a) (b)

[그림 12-4] TTCT의 그림 완성하기

(iii) 반복적인 닫힌 그림 검사(Repeated Closed Figures Test)

이 검사는 [그림 12-5]에서처럼 동일한 '원' 또는 '선'을 3쪽에 걸쳐 30개 정도(A형 30개, B형 36개)를 반복하여 제시하고, 이들을 가지고 많은 아이디어들이 포함될 수 있게 어떤 물건이나 그림을 그릴 것을 요구한다. 이 검사 과제에서는 동일한 자극을 다시 또 다시 접하면서도 그것을 다른 방식으로 생각해 볼 것을 요구한다. 그러므로 이 과제는 새로운 어떤 것을 만들기 위하여 반복적인 형태의 구조를 파괴하는 새로운 방향의 창의적 경향성을 요구한다고 본다.

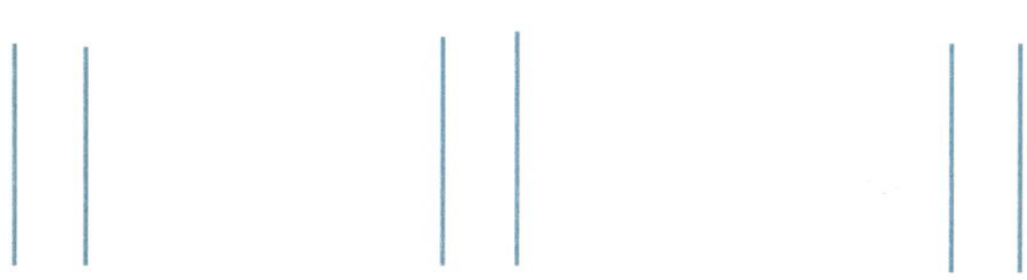

1. ____________ 2. ____________ 3. ____________

[그림 12-5] TTCT의 반복적인 닫힌 그림 검사

(2) 검사의 결과보고

TTCT(도형) 검사의 결과는 창의적 평균 점수와 이를 이루고 있는 5개의 창의력 요소에 따라 채점하여 보고한다. 그리고 TTCT(언어) 검사와는 달리 '창의적 강점 리스트'도 보고하고 있다. 평균 점수와 5개 창의력 요소는 상대평가이기 때문에 학년별로 만들어진 규준표에 따라 채점한다. TTCT(도형) 검사에는 0학년(유치원)~고3학년(성인)에 이르기까지의 학년별 규준표가 마련되어 있다. 그러나 TTCT(언어) 검사에는 '0학년(유치원)'의 규준표는 제시되어 있지 않다. TTCT 검사에서는 표준점수와 백분위 점수를 이용하는데 표준점수는 정규분포 곡선을 이용하여 평균치 100, 그리고 표준편차 20으로 만든 것이다.

창의력의 5개 요소에는 유창성, 독창성, 제목의 추상성, 정교성 및 성급한 종결에 대한 저항 등이 포함되어 있다. 유창성은 주어진 자극을 유의미하게 사용하여 해석 가능한 반응으로 표현한 아이디어의 개수를 말한다. 독창성은 생성해 낸 반응이 통계적으로 얼마나 드물게 일어나며 특별한지에 따라 채점한다. 제목의 추상성(Abstractness of titles)은 포함되어 있는 정보의 본질을 포착하고 무엇이 중요한지를 알고 요약할 줄 아는 능력이다. 정교성의 채점에는 두 가지의 가정이 있다. 하나는 자극도형에 대한 최소적이고 일차적인 반응은 하나의 단일 반응이라고 보는 것이다. 따라서 채점자는 "이것이 …이 되려면 최소의 내용으로 무엇이 있어야 할까?"라고 물어야 한다. 두 번째 가정은 내용을 자세하게 상상하고 설명할 수 있는 능력을 정교성이라 부르며 이것은 창의력의 함수라 보는 것이다. 마지막으로 성급한 종결에 대한 저항(Resistance to premature closure)은 창의적인 사람은 성급한 종결을 끝까지 지연시키고 그래서 가용한 정보들을 충분히 고려해 보는 경향이 있음을 나타낸다.

그리고 '창의적 강점 리스트'는 어떤 창의적 강점의 증거가 반복하여 나타나면 '++'로, 다소간 나타나면 '+'로, 그리고 특별한 증거가 나타나 보이지 아니하면 공란으로 남겨 두는 식으로 표현하는 '절대 평가(준거 관련 평가)'이다. 13개 창의적 강점 리스트의 내용은 다음과 같다.

- 정서적 표현(그림과 제목에서)
- 이야기의 명료성(맥락, 환경)
- 운동/행위(달리기, 춤추기, 눕기, 떨어지기 등)
- 제목의 표현성

- 불완전 도형들의 종합(2개 이상 세트의 조합)
- 선들의 종합(2개 이상 세트의 조합)
- 독특한 시각화(위, 아래, 각도 등)
- 내적인 시각화(내부, 단면 등)
- 경계의 확대 또는 파괴
- 유머
- 심상의 풍부함
- 심상의 다채로움
- 환상

Ⅱ. 창의적 성격 검사

창의적인 사람이 가지고 있는 특징적인 성격에 대하여서는 5장에서 이미 상당히 길게 다루었다. 창의적인 사람은 그렇지 못한 사람과 비교해 보아 여러 가지의 특징적인 성격을 가지고 있으며, 이러한 성격 특징은 창의적인 사람에서 매우 공통적이라 본다. 창의적 성격 검사들은 이러한 특징적인 성격을 가지고 있는 창의적인 사람을 확인해 내려고 한다. 창의적인 '사람'에 대한 이러한 검사들은 창의적인 성격 검사, 태도 검사, 흥미 검사, 또는 기질 검사 등의 다양한 이름으로 불리고 있다.

여기서는 '카테나-토란스 창의적 지각 검사(Khatena-Torrance Creative Perception Inventory, KTCPI, Khatena & Torrance, 1998)'에 대하여서만 알아보기로 한다. 그런데 KTCPI에는 Torrance가 만든 WKOPAY(What Kind of Person are You?, 당신은 어떠한 사람인가?)와 Khatena가 만든 SAM(Something About Myself, 나의 창의적인 모습)의 두 가지 검사가 같이 실려 있다. 이들은 시대를 달리하여 만든 것이지만 두 가지 모두가 '창의적 성격 특성'을 측정하기 위한 자전적 체크리스트의 검사이다. 그러나 이들은 창의적 성격 측정의 이론적 기초가 상당히 다르며 따라서 검사하고 있는 요소 · 차원이 매우 다른 별개의 독립적인 검사들이다.

1. WKOPAY 창의적 성격 검사

(1) 이론적인 기초

이 검사는 수검자가 자기 자신이 어떻게 창의적인지를 스스로 생각해 보고 거기에 따라 자기보고하도록 요구한다. 이 '창의적 자아개념 검사'는 개인의 창의적인 성격 특성을 확인하고 진단하는 데 목적이 있다. 마치 거울 속의 자기를 자신이 들여다보듯이 자신의 성격 특성을 자기보고하게 하며 간편하고 실시가 대단히 쉽다. 또한 이 검사는 개인들은 창의적인 또는 비창의적인 행동 방식에 관한 몇 가지의 '하위 자아들로' 이루어져 있는 어떤 '심리적 자아 개념(psychological self-concept)'을 가지고 있다는 이론에 기초하고 있다. 그러한 성격 특성에는 사회적으로 바람직한 것뿐 아니라 바람직하지 아니한 것도 있고, 또한 창의적인 것뿐 아니라 비창의적인 것들도 포함될 것이다. 어떻든 이러한 성격 특성들을 나타내는 언어적 자극을 제시하면 수검자들은 자신의 심리적 자아구조를 참조하고 자신의 성격 특성을 머릿속에서 활성화하여 자신의 성격 특성을 판단할 수 있다고 생각한다. 수검자는 쌍으로 이루어진 50개 문항의 각기에서 어느 하나를 강제로 선택해야 한다. 여기에서 말하는 '심리적 자아'는 일반 문헌에서 말하고 있는 '자아 개념(self-concept)' 또는 '현상적 자아(phenomenological self)'와 매우 유사하다. 자아 개념이란 자기가 자기 자신에 대하여 어떻게 생각하는지를 말한다. 요약하면 이 검사는 자기 자신이 자기가 얼마나 창의적인 사람이라고 지각(知覺)하는지를 사정하는 진단 검사임을 알 수 있다.

(2) 검사 결과의 보고

검사의 결과는 전체적인 '창의적 성격 지수'와 이를 이루고 있는 5개의 요인에 따라 채점하여 보고한다. 이들은 모두가 비교집단의 사람들과 비교해 본 상대적인 창의적 성격의 정도를 나타내 주며 T점수와 백분위로 표현하고 있다. 규준표에는 초등-중등용, 고등-대학-일반용 및 영재용의 세 가지가 있다.

그리고 5개 성격 요인들의 내용은 다음과 같다. 그러나 창의적인 성격의 정도와 관련하여 특히 중요한 것은 '권위의 수용'과 '적극적인 상상'의 두 개 요인이다.

(i) 권위의 수용(AA):	순종적이고, 예의 바르고, 규칙을 잘 지키며, 힘 있는 사람을 쉽게 인정한다.
(ii) 자신감(SC):	자기 자신을 알고, 에너지가 넘치며, 배우기를 원하고, 남과 잘 지내며, 기억을 잘하며, 시간을 지켜 일한다.
(iii) 탐구심(I):	항상 질문을 하고, 인정받기를 원하며, 강한 정서를 느끼고, 자기 주장하고, 순종적이다.
(iv) 타인에 대한 의식(AO):	예의 바르고, 인기가 있고, 다른 사람들과 잘 지내며, 집단에서 같이 일하기를 선호한다.
(v) 적극적인 상상(DI):	에너지가 넘치고, 상상적이고 권태를 느끼지 않으며, 어렵고 도전적인 과제를 선호하며, 쉽게 포기하지 않고, 열심히 일하고, 모험을 추구한다.

2. SAM 창의적 성격 검사

(1) 이론적인 기초

'나의 창의적인 모습: SAM 창의적 성격 검사'는 일반 학교나 대학에서 '창의적인 성격의 사람'을 확인하고, 진단하고, 창의적인 성격을 개발하는 데 목적이 있다. 이 검사는 창의적인 개인을 판별할 뿐 아니라 창의적인 사고와 창의적인 행동방식을 개발하기 위한 진단도구로도 널리 사용되고 있다. 또한 연구용이나 영재 프로그램에서 선발용 도구로 사용할 수 있을 뿐 아니라 비즈니스나 기업체에서 개인과 회사에 도움이 될 수 있는 혁신적 아이디어의 인재를 발굴하고 교육하는 데도 유용하게 쓰이고 있다.

SAM 창의적 성격 검사는 50개 문항으로 되어 있는 자기 보고식 검사이다. 이 검사에서는 어떤 개인이 창의적으로 행동하는지 어떤지는 그 사람의 성격 특징에, 그 사람이 사용하는 사고의 방식 · 전략에, 그리고 그 사람이 창의적으로 노력하여 생산해 내는 산출 속에 반영된다고 본다. 이러한 이론적 기초 위에서 하나의 '창의적 성격 지수'와 6개의 '창의적 성격 요인'별로 점수를 T점수와 백분위로 나타내고 있다.

(2) 검사 문항의 선정

이 'SAM'에서 사용하고 있는 자기 보고식 문항은 창의력에 관한 여러 선행연구와 Rhodes(1961)의 4P이론에 바탕을 두고 있다. Rhodes에 의하면 창의적인 인물은 창의적인 능력과 성격 특성을 가지고 있는 '사람(person)', 어떤 사고 기능을 발휘하고 있는 '과정(process)', 만들어 내는 '산출(products)', 그리고 다양한 반응을 일으키게 하는 '환경(press)' 등을 통하여 확인할 수 있다고 본다. 저자는 먼저 창의적인 성격 특징을 나타내는 문항을 100개 선정한 다음 이것을 74개 문항으로 정리하여 다듬었다. 그리고 다시 이것들을 대학생 집단에 실시하고 상관계수가 .30 이상이거나 서로 동일한 정보를 제공해 주는 것처럼 보이는 문항들을 합쳐 최종적으로 50개 문항의 체크리스트를 만들었다. 거기에는 창의적 기능의 세 가지 범주, 즉 성격 특징, 창의적 사고능력의 사용 및 창의적 산출 등이 포함되어 있다. 이들 50개 문항들의 상호 상관계수는 청년 집단에서는 r=.12 ~ r=.45(p〈.01) 범위, 그리고 성인 집단에서는 r=.11 ~ r=.54(p〈.01) 범위의 것이었다.

(3) 검사 결과의 보고

이 검사의 결과는 '창의적 성격 지수(CI)'와 6개의 창의적 성격 요인에 따라 채점하여 보고한다. 이들은 모두가 규준집단에 있는 다른 사람들과 비교해 본 창의적 성향의 정도를 나타내 주며 T점수와 백분위로 표시하고 있다. 규준표에는 초등–중등용, 고등–대학–일반용, 그리고 영재용의 세 가지가 있다. 6개 성격 요인들의 내용은 다음과 같다.

WKOPAY와 SAM은 이론적 기초가 다른 독립적인 창의적 성격검사라 하였다. WKOPAY는 얼마나 창의적인 사람인지를 자기 자신이 생각하여 자기보고하는 것이고, SAM은 성격 특징, 사고방식 · 전략, 생산해 내는 산출 등 다양한 장면에서 자신의 성격 특징을 체크하여 자기보고하고 있다. 따라서 두 검사의 결과는 상보적인 것으로 활용할 수 있다. 그럼에도 불구하고, 이들 두 가지의 검사는 다음과 같은 세 가지의 공통적인 특징을 가진다고 본다.

(i) 환경적 민감성(EnS): 이 성격 요인에 부하량이 큰 것에는 다른 사람들의 아이디어에 대한 개방성, 아이디어를 보고, 만지고 또는 들을 수 있는 어떤 것에 관련시키는 것, 아름답거나 유머러스한 경험에 관심을 가지는 것, 그리고 유의미한 관계에 대한 민감성 등이 있다.

(ii) 진취성(iNT): 이 성격 요인에 중요한 변수에는 연극을 감독하거나 연출하는 것, 새로운 공식이나 산출을 생산하는 것, 그리고 일을 하는 규칙이나 방식을 변화시키는 것 등이 있다.

(iii) 자기 강점(SeS): 이 성격 요인에 중요한 것에는 자신의 재능을 확신하는 것, 언제나 무엇을 해내는 방법을 발견하는 것, 다방면에 재능이 있는 것, 위험을 감수하는 것, 더 낫게 하려는 욕망, 그리고 조직 능력 등이 있다.

(iv) 지성(iNT): 이 성격 요인에 부하량이 큰 것에는 지적 호기심, 과제에 도전하는 것을 즐기는 것, 상상력, 통상적인 것보다는 모험을 선호하는 것, 다른 어떤 것을 만들기 위하여 물건이나 아이디어들을 재구성하기를 좋아하는 것, 그리고 남들이 요구하는 방식으로 일하기를 싫어하는 것 등이 있다.

(v) 개성(iND): 이 성격 요인의 구체적인 내용에는 집단에서보다는 혼자서 작업하기를 선호하는 것, 자신이 관심 가는 프로젝트를 시작하고 계속하는 것, 남들은 자신을 다르게 본다고 생각하는 것, 남의 결점을 찾아 고치도록 도와주는 것, 독립적으로 사고하는 것, 그리고 피로를 느끼지 않고 오랜 시간 동안 일하는 것 등이 있다.

(vi) 예술성(ART): 이 성격요인에서 강조하는 것은 미술과 공예품을 만드는 것, 새로운 춤이나 노래를 만드는 것, 작품을 만들어 상을 받거나 전시회를 여는 것, 그리고 이야기나 시를 만들어 내는 것 등이 있다.

(i) '창의적 성격'을 하나의 단일 지수로 나타내 주고 있다. 그런데 대부분의 다른 창의적 성격검사들은 몇 개의 점수들을 하나의 프로파일로 제시하고 있을 뿐이다.

(ii) 수검자들은 '창의적 사고 · 행동' 등의 과목을 계획하고, 실제로 수업하는 과정 · 프로그램에서 사용할 수 있는 창의적인 재료로 사용할 수 있다. 이들 두 가지의 검사를 하나 또는 모두를 검사받아 보고, 자신이 한 반응을 채점하여 검사 결과를 확인하고, 자신이 받아본 검사를 개발한 절차를 이해하고 설명하고, 그리고 각 문항에 대한 이론적 기초와 관련의 연구들을 설명할 수 있다. 그리고 이러한 검사와 전개과정을 바탕으로 개인적으로 또는 집단적으로 필요하다고 판단하는 경험을 실제적으로 경험할 수 있게 계획할 수 있을 것이다.

(iii) 마지막으로 이들 검사는 간편하여 쉽게 실시할 수 있으면서도 창의적인 성격의 사람을 상당히 신뢰롭게 검사할 수 있다.

Ⅲ. 창의적 문제해결 스타일 검사

인지 양식 · 스타일(cognitive mode, style)이란 개인이 일을 수행해 갈 때 보여주는 다소간 고정적이고 일관성 있는 행동 경향성을 말한다. Martisen & Kaufmann(1999)은 "인지 스타일이란 일반적 용어로 표현하면 사람들이 정보를 경험하고, 조직화하고, 처리하는 방법에서 나타나는 일관성 있는 개인차이다"(p. 273)라고 말한다. 그런데 인지 · 사고의 스타일이란 인지적인 능력과 성격의 두 측면을 연결시키고 있는 다리 같은 것으로 생각해 볼 수 있다.

창의 스타일(creativity style)에 대한 이론들은 창의적 잠재력은 누구나 다소간 가지고 있지만 그것을 사용하거나 밖으로 드러내 보이는 데는 개인차가 있다고 가정한다. 전통적으로 우리는 창의력의 능력 수준에만 관심을 가지고 '당신은 얼마나 창의적인가?(How creative are you?)'라고만 질문하고 있다(그래서 아주 창의적, 보통으로 창의적, 또는 비창의적인 사람 등으로 분류할 수 있다). 그러나 창의적 스타일은 창의력의 수준과는 별개로 창의적인 능력을 '어떻게' 사용하는가에 관심을 갖고 '당신은 어떻게 창의적인가?(How are you creative?)'라고 질문한다. 자신이 선호하여 사용하는 창의적 스타일을 알면 자신의 스타일을 이해하고 과제에 따라 융통성 있게 사용할 수 있을 뿐만 아니라 다른 사람의 스타일을 서로 이해함으로써 개인차에 따른 마찰을 최소화하는 데도 도움이 될 수 있다. 그리고 개인들의 다양한 개인차를 이해하게 되면 여러 면에서 이들을 보다 건설적으로 활용할 수 있다.

1. Kirton의 순응 - 혁신 스타일 검사

Michael Kirton(1989)은 자신의 순응–혁신 이론(Adaptation–Innovation Theory)을 바탕으로 하여 KAI(Kirton Adaption Innovation Inventory)를 개발하였다. 그는 조직 내에서 변화가 어떻게 일어나는지를 연구하면서 매니저들이 변화를 다루는 방법에는 아주 다른 두 개의 접근이 있음을 확인해 내고 있다. 이들 두 가지 가운데 하나는 순응적 스타일(adaptive style)이다. 〈표 12-1〉에 있는 바와 같이 이들은 기존의 조직(기존의 패러다임) 내에서 그것을 향상시키는 데 초점을 두고 있다(즉 점진적 혁신). 이들의 아이디어는 조직으로부터 쉽게 수용을 받고 설령 실수를 하더라도 가볍게 용서를 받는다.

순응적 스타일의 사람은 대개가 정확하고, 성실하고, 믿을 수 있는 사람으로 보이며, 일의 '목표'보다는 일을 해 내는 과정과 '방법'에 더 큰 관심을 가진다. 그리고 도전(문제)이 주어져 있으면 그것을 그대로 수용하고 지금까지 해 오던 친근한 방법을 사용하여 '더 낫게' 하는 데 집중한다. 이러한 스타일은 조직의 안정과 질서와 연속성을 가지게 하고 집단의 응집력과 협동을 증진시키는 데 기여할 수 있다. 그러나 이들은 기존의 패러다임 또는 지금까지 해오던 비즈니스 방식의 울타리 밖에서 일어나는 기회는 제대로 활용하지 못하기 쉬우며, 그래서 폐쇄적이고 독단적인 사람으로 보일 수도 있다.

〈표 12-1〉 순응적 스타일의 행동적 특징

- '더 낫게' 하려고 한다.
- 자제력이 강한 사람으로 보인다.
- 주어진 문제의 정의(定義)를 그대로 수용한다.
- 일반적으로 '목적'보다 일을 해 가는 '수단(방법)'에 더 큰 관심을 가진다.

둘째는 혁신적 스타일(innovative style)이다. 이런 스타일의 사람들은 획기적인 변화, 이전의 것과는 '혁명적으로(급진적으로)' 다른 전혀 새로운 변화를 추구하기를 선호한다. 그러나 이들은 특별하고, 엉뚱하고, 비실제적이며, 자제력이 없어 보일 수 있다. 이들은 일을 해가는 '어떻게(방법)'보다 '왜(목적)'에 더 큰 관심을 가진다. 그리고 문제에 대한 정의가 주어져 있더라도 그것을 다른 어떤 식으로 재정의해 보며, '다르게' 다루어 보기를 선호한다.

〈표 12-2〉 혁신적 스타일의 행동적 특징

• '다르게' 하려고 한다. • 자제력이 없어 보인다. • 주어진 문제의 정의를 그대로 수용하지 아니하고 다른 식으로 도전한다. • '어떻게(방법, 수단)'를 경시하고 과제의 '왜(목적)'를 질문한다. • 특별하고, 엉뚱하며, 비실제적인 사람으로 보인다.

이러한 스타일의 사람은 조직에서 기존의 관행에 머물지 아니하고 그것에서 벗어나 급진적인 변화를 추구할 수 있는 기회와 동력을 제공해 줄 수 있다. 기존의 집단과 과제에 새로운 시각을 제시하며, 당연한 것으로 받아들이고 있는 전제나 가정들을 의문하고 다시 들여다보게 할 수 있다. 혁신자들은 독창적인 다양한 아이디어들을 많이 생산해 내지만 이들 가운데 보다 그럴듯한 것을 선택하거나 실천하는 데는 비교적 약점을 보이는 경향이 있다.

Kirton이 개발한 '순응자–혁신자' 검사 KAI에는 '독창성 정도', '효능성' 및 '규칙 순응' 등의 하위 척도가 포함되어 있다. 그리고 KAI는 일반적으로 보아 지능지수나 여러 가지의 발산적 사고 척도와는 상관이 거의 없다. 그래서 창의력에는 '순응–혁신' 차원에 따른 상이한 유형의 창의력이 있으며, 이들은 창의력의 수준과는 독립적이라 주장하는 연구자도 있다.

2. Selby 등의 'VIEW 문제해결 스타일 검사'

Selby, Treffinger, & Isaksen(2002, 한국판 김영채, 2004a)은 Osborn의 CPS를 연구하고 적용한 경험과 Kirton의 KAI 검사를 참고하여 요인분석 방법을 이용하여 'VIEW 문제해결 스타일 검사(VIEW: An Assessment of Problem Solving Style)'를 개발하였다. 이 검사는 개인이 변화를 다루고 창의적으로 문제 해결해 가는 행동 스타일을 3개 차원으로 나누며 각기의 차원에는 반대되는 두 개의 스타일이 있다고 본다.

창의적 문제해결의 3개 차원에는 '변화에 대한 오리엔테이션(개혁 지향적 스타일–발전 지향적 스타일)', '일처리의 방식(외적 처리 스타일–내적 처리 스타일)' 및 '의사결정의 중심(사람 중심적 스타일–과제 중심적 스타일)' 등이 있다.

(1) 변화에 대한 오리엔테이션(OC): 권위, 구조 및 새로운 변화에 대하여 반응하거나 그것을 다루는 자세를 말한다.
   - 개혁 지향적 스타일(Explore Style) 대 발전 지향적 스타일(Developer Style)
(2) 일 처리의 방식(MO): 당신 자신이나 남들의 에너지, 노력 및 정보를 다루고 이용하는 방식을 말한다.
   - 외적 처리 스타일(External Style) 대 내적 처리 스타일(Internal Style)
(3) 의사결정의 중심(WD): 의사결정을 할 때 사람들의 요구, 관계 및 조화를 먼저 고려하는지, 아니면 구체적인 과제의 질을 먼저 고려하는지를 말한다.
   - 사람 중심 스타일(Person Style) 대 과제 중심 스타일(Task Style)

VIEW 검사는 34개 문항으로 구성되어 있고, 각기의 문항에 대하여 7단계 평정척에 따라 반응할 것을 요구하고 있다. 이 검사에서는 사람들은 두 스타일을 어느 정도는 모두 가지고 있지만 대부분의 사람들은 각 차원에서 어느 하나의 스타일로 '기울어져' 있다고 본다. 그리고 사람에 따라 매우 강하고 잘 발달된 선호 스타일을 가질 수도 있고 두 스타일을 비슷하게 선호하는 온건한 사람도 많이 있다고 말한다.

그리고 이들은 창의적인 문제해결에는 두 가지가 요청된다고 본다. 하나는 '창의력의 능력수준'이고 다른 하나는 '창의적인 문제해결의 스타일'인데 이들 두 가지는 서로 독립적이면서 또한 상호작용한다고 말한다. Isaksen & Geuens(2007)가 VIEW 검사의 '변화를 다루어 가는 자세'를 다룬 연구결과는 KAI를 사용한 것과 비슷하다고 보고하고 있다. 또한 이들은 VIEW 검사의 3개 차원과 창의적 문제해결을 위한 도구, 가이드라인 및 과정 단계 간에는 모두 유의한 상관이 있음을 발견하였다. 그리고 VIEW 검사와 CPS의 여러 가지의 도구, 가이드라인 및 과정단계 간에도 유의한 관계가 있음을 발견하고 있다.

Ⅳ. 합의에 의한 사정기법 - CAT

생성해 낸 산출(products; 제품, 서비스 등)이 얼마나 창의적인 것인지를 평가해야 할 때도 있다. 그런데 산출의 창의적 수준에 대한 평가는 크게 보아 세 가지 범주로 나누어 볼 수 있다. 이들은 산출에 대하여 간접적으로 측정하는 것, 전문가에 의한 전체적인 판단, 그리고 준거를 사용하는 평가 등이다(O'Quinn & Besemer, 1999). 산출의 창의적 수준을 간접적으로 평가하기 위해서는 동료나 교사의 추천을 활용하거나 명성(eminence)이 어느 정도인지를 경매 가격 등에 따라 사정한다. 그러나 여기서는 먼저 전문가가 산출을 전체적으로 판단하는 CAT 기법에 대하여 다루고, 이어서 평가 준거를 사용하는 Besemer의 모형을 알아볼 것이다.

산출의 창의력 수준을 전체적으로 사정하는 기법을 사용한 가장 영향력 있는 사람은 아마도 Teresa M. Amabile일 것이다. Amabile(1983a, 1983b)은 1970년대 후반 창의력의 사회 심리학 연구를 위하여 CAT(합의에 의한 사정기법, Consensual Assessment Techniques)를 공식적으로 체계화하였다. 이들 이전에는 Getzels & Csikszentmihalyi (Hennessy & Amabile, 1999)의 연구가 있었다.

Amabile의 목적은 창의적 수행에 미치는 여러 가지의 사회적 및 환경적 변수들의 효과를 밝혀내는 것이었다. 예컨대 보상이나 평가의 기대와 같은 사회적 구속은 창의에 부정적인 효과를 미치고 있다. 그의 시초의 연구는 피험자들이 어떤 외적인 구속하에서 작업을 수행하여 생산해 내는 산출과 그러한 구속이 없는 조건에서 생산해 내는 산출이라는 두 가지 범주에서의 산출의 '창의'를 비교하는 것이었다. 이러한 접근에서는 지적 능력이나 성격 특성 등과 같은 개인차를 최대화할 수 있게 설계하는 전통적인 사정 방법은 창의적 수행을 사정하는 데 적합하지 않다고 보고 있다.

그래서 CAI는 경험적 연구에 쉽게 적용할 수 있게 창의력을 조작적으로 정의하는 데서 출발하고 있다. CAI에서는 창의력을 창의적 과정이 아니라 창의적 산출에 따라 정의하며 다음과 같이 조작적으로 정의한다. "어떤 산출이나 반응은 적합한 관찰자들이 그것이 창의적인 것이라 동의하는 정도만큼 창의적이다. 적합한 관찰자란 그러한 산출을 창의하거나 그러한 반응을 표현하고 있는 영역에서 활동하는 정통한 사람들이다"(Hennessy & Amabile, 1999. p.350).

그녀의 CAT는 사실 매우 간단하다. 참가자들에게 현장에서 어떤 것을 산출해 내도록 요구하고(콜라주 그림, 이야기, 시 등), 이러한 산출의 창의적 수준을 전문가가 평정한다. 이러한 측정 기법에서는 전문가들은 오랜 시간에 걸쳐 자기 분야에 있는 창의적인 작품들을 평가할 수 있는 '내현적 준거(implicit criteria)'를 이미 개발했다고 가정한다. Amabilie은 이러한 준거가 내면화되어 있기 때문에 이들 전문가들이 사용할 준거를 구체적으로 제시할 필요가 없다고 본다. 그럼에도 불구하고 CAT의 채점자 간 신뢰도는 대개가 상당히 높게 나오고 있다.

그리고 CAT는 다음과 같은 두 가지의 중요한 가정을 가지고 있다.

첫째, 적합한 판단자 집단만 있으면 어떠한 '산출'의 창의력(창의적 수준)도 신뢰롭게 판단할 수 있다. 다시 말하면, 어떤 산출에 내포되어 있는 창의(력)는 구체적인 특징에 따라 특징짓기는 어렵지만, 전문가인 사람들이 그것을 보면 인식해 낼 수 있는 어떤 것이다. 더욱이 그러한 산출에 정통하고 익숙한 사람들은 이러한 지각(知覺)에 서로 동의할 수 있다.

둘째, 산출에 따라 창의의 정도가 다르며, 그래서 관찰자들은 어떤 산출은 다른 것들보다 더 또는 덜 창의적이라고—수용할 만한 합의의 수준에서—말할 수 있다.

사회심리학 연구에서는 실험 과제에 대한 기저선 수행에서 개인차가 크지 않는 것이 바람직하기 때문에 전형적으로 CAT에서는 그림, 조각 또는 시와 같이 전문적인 기능이나 능력에 크게 의존하지 아니하는 과제를 사용하고 있다(그래야 개인차의 효과가 최소화될 수 있다). 또한 그러한 과제는 '끝이 열려 있는' 것이라서 피험자가 반응을 할 때 상당한 융통성을 가질 수 있고 또한 반응의 신규성(새로움)도 보여줄 수 있어야 한다. 그리고 그것은 분명하게 관찰 가능한 반응을 요구하는 과제여야 한다. 이렇게 하면 CAT는 실제 세상에서 이루어지고 있는 창의력에 대한 사정 결과와 아주 유사해질 것이다.

그리고 CAT 기법을 사용할 때는 다음과 같은 몇 가지의 요구 조건들을 충족시킬 수 있어야 한다.

(1) 판단자(검사자)들은 모두가 과제가 다루고 있는 영역에 대하여 상당한 경험을 가지고 있어야 한다(그러나 모두의 경험의 수준이 동일할 필요는 없다).

CAT를 처음 개발할 때는 '적합한 판단자'를 '전문가(expert)'라 했지만 그 이후 이 조건은 크게 완화되었다. 어떻든 이 사정 방법에서는 산출을 평정하는 모든 사람들이 다루는 영역에 충분히 친근하여 창의력 및 기술적인 우수성 등등에 대한 내현적인 준거를 가질 수 있어야 한다.

(2) 판단자들은 독립적으로 사정해야 한다. 실험자는 이들이 서로 합의를 할 수 있게 훈련을 시키거나, 창의력을 판단하기 위한 구체적인 준거를 제시하거나 또는 사정할 때 서로 의논하는 것을 허용해서는 안 된다.

(3) 판단자들은 산출들을 서로 상대적으로 평정해야 하고 어떤 절대적인 준거에 따라 평정해서는 안 된다.

(4) 각기의 판단자들은 산출들을 서로 다른 상이한 순서에 따라 평정해야 한다. 모두 같은 순서로 평정하면 방법론적인 문제가 생긴다.

(5) 과거에 적용해 본 적이 없는 과제에 이 기법을 적용하여 수행을 평가하려면 산출이 가지고 있는 '창의'에 추가하여 다른 차원에 대하여서도 평정토록 판단자들에게 요구해야 한다. 최소한 산출의 기술적인 면에 대하여서는 반드시 평정토록 해야 하며, 가능하면 심미적인 매력도 평정케 해야 한다. 그래야 주관적 판단에서 창의력 차원이 이들과는 독립적인지 또는 어떤 관계가 있는지 등을 음미해 볼 수 있다.

판단자들이 판단을 내리고 나면 채점자 간 신뢰도를 분석해야 한다. 그리고 몇 가지 차원의 것들을 같이 사정했다면 이들 간의 독립성의 정도를 알아보기 위하여 요인분석(변별 타당도)도 실시해 보아야 한다.

최근에는 CAT를 확대하여 여러 가지의 연구 설계에서도 사용하고 있다. 원래는 피험자가 1개의 산출을 생성해 내는 연구에만 적용되었지만 근래에는 여러 개의 산출을 생산해 내는 '반복 측정식 설계'에서도 사용하고 있다. 그러면 피험자 간뿐 아니라 피험자 내 효과도 알아볼 수 있어 창의력 사정에 유용할 수 있을 것이다. 그리고 CAT는 원래는 개인차 분산(variation)을 최소화할 수 있게 설계하여 창의력의 사회심리학적 연구에서 사용되었지만 이제는 개인차 척도로도 유용하게 사용할 수 있음이 밝혀지고 있다.

그러나 CAT는 만능의 기법이 결코 아니다. 첫째로 이 기법은 매우 비실제적이다. 자료 수집과 분석에 시간이 너무 많이 걸리기 때문이다. 둘째로 이 기법은 혁신적인 이론이나 혁명적인 산출에는 적용하기가 어렵다. 이러한 경우는 충분히 '친근하게 정통한' 관찰자를 찾기가 어렵기 때문이다. 셋째로 이 기법은 특정한 표본 내에서 이들 간의 상대적인 창의력 점수를 비교하는 것이기 때문에 다른 표본의 산출과 비교해 볼 수 있는 규준을 만들 수 없다. 마지막으로 판단자들의 창의력 평정과 이들이 그 산출에 대하여 가지는 호감도(likability) 사이에는 높은 상관이 있다는 연구 결과도 있다. 그러므로 좋아하는 선호가 창의에 대한 전체적인 판단에 영향을 미칠 가능성도 있어 보인다. 그러나 이러한 단점에도 불구하고 CAT 기법은 매우 신뢰롭고 현실 세계의 사정과 유사해서 생태학적 타당성이 높다는 큰 장점을 가지고 있다고 보고 있다.

Ⅴ. 평가 준거를 활용한 창의적 산출의 평가 – CPSS 모형

창의적인 산출을 분석하려면 먼저 '그것이 창의적인지를 어떻게 아느냐?'라는 질문을 던지게 된다. 그런 다음 평가하려는 산출이 가지고 있는 특징과 품질을 준거에 따라 살펴보고 대답해야 한다. 이러한 질문은 교육, 예술, 엔지니어링, 화학 및 새로운 제품 개발 등의 다양한 영역에서 많이 다루어지게 된다. 그래서 산출의 특징을 평가하려면 평가의 준거를 만드는 것이 중요해지게 된다. 이에 따라 산출의 평가 준거에 관한 연구들이 많이 이루어지게 되었다.

이들 가운데 가장 대표적인 사람은 Susan Besemer일 것이다. Besemer와 그녀의 동료 Karen O'Quinn은 생산해 낸 산출 자체의 창의의 수준을 평가하는 데 집중하였다. 그들은 결코 산출의 평가를 통하여 사람이 얼마나 창의적인지를 평가하거나 산출을 생산해 낸 과정을 추리해 보려고 하지 아니하였다. 대신에 그들은 산출 자체를 객관적으로 들여다보고 산출이 가지고 있는 특징들을 확인해 내고자 하였다. 그리하여 이들은 '어떤 산출물을 창의적이게 만드는 것은 무엇인가?'('창의적인 것이 되게 하는 것은 무엇인가?')란 질문에 대하여 하나의 모형을 개발하였다. 이 모형은 모든 종류의 산출(제품)과 성과에 적용할 수 있는 창의력의 준거를 제시해 주고 있다. 연구의 대상에는 발명, 예술, 소비자 제품, 가전제품, 필기 작품 등등이 포함되어 있다.

이들은 여러 연구들을 거쳐 수정하면서 〈표 12-3〉에서와 같은 창의적 산출 분석의 3차원 모형(three-dimensional model of creative product analysis)을 제안하고 있다. 이러한 모형에 따라 창의적 산출을 분석하기 위한 것이 Besemer & O'Quinn의 Creative Product Semantic Scale(CPSS, 창의적 산출 어의 평정척)이다. 여기에는 3개의 차원이 있고 그 아래 각기 2개, 3개 및 3개의 측면(facets)들이 포함되어 있다. 각기의 측면에는 4개 또는 5개의 문항이 있는데 각기의 문항은 7점 평정 척도에 따라 측정한다. 예컨대 '독창적인'이라는 측면의 한 개 문항은 다음과 같다.

(독창적인) 1 – 2 – 3 – 4 – 5 – 6 – 7 (상투적인)

CPSS 모형에서 창의적 산출을 평가할 수 있는 준거에는 세 가지가 있다. 이들은 신규성(새로움, novelty), 해결 기능(resolution) 및 스타일(style; 정교화와 종합, elaboration and synthesis) 등이다. 아래에서는 이들 세 가지 차원들을 좀 더 자세하게 음미해 본다.

〈표 12-3〉 Besemer의 CPSS에 있는 3개 차원과 9개 측면들

신규성(새로움)	해결기능	스타일(정교화와 종합)
놀라운 독창적인	논리적인 유용한 가치 있는 이해가 가는	조직적인 솜씨가 뛰어난 우아한

(1) 신규성(새로움)

창의적인 산출은 어떤 것이라도 어느 정도는 독창적이어야 한다. 그것은 어떤 면에서는 새롭거나, 놀랍거나, 독특하거나 또는 특별해야 한다. 그리고 신규성은 하나의 연속적인 범위, 즉 변화의 스펙트럼(spectrum) 같은 것으로 생각해 볼 수 있다. 다시 말하면 현재의 것에서 다소간 '더 나은' 것에서부터 현재의 것과는 아주 '다른' 어떤 급진적이거나 탐구적으로(explorative) 새로운 것에 이르는 일종의 연속선에 따라 나누어 볼 수 있다. 전자는 점진적인 개선이라 하고 후자를 혁신적(혁명적, 파열적)인 변화의 것이라 부르는 것이다. 물론 혁명적으로 새로운 것도 시간이 지나고 보편화되면서 신규성은 사라질 수 있다. 신규성의 측면에는 '놀라운'과 '독창적' 등의 두 가지의 측면이 있다.

(2) 해결 기능

어떠한 제품이든 소비자가 그것을 원하려면 어떤 요구되는 기능을 수행할 수 있어야 한다. 그러므로 아무리 새로운 제품이나 서비스라 하더라도 몇 가지의 기본적인 규칙은 따라야 한다. 그것은 문제를 해결하거나 또는 현재의 실제와 바라는 미래 사이의 간격을 어느 정도는 메꾸어 줄 수 있어야 한다. 그러므로 창의적인 산출 · 제품은 어느 정도는 논리적이고, 유용하고, 가치가 있어야 한다. 대박을 터트리는 소위 블록버스터(blockbuster)는 알고 있거나 또는 일반적으로 알지 못하고 있는 소비자들의 어떤 요구를 충족시켜 줄 수 있는 산출이다. 해결 기능의 단면에는 '논리적, 유용한, 가치 있는, 이해가 되는' 등의 네 가지 측면들이 있다.

(3) 스타일(정교화와 종합)

제품이나 서비스가 소비자에게 드러내 보여주고 있는 모습을 프레젠테이션 스타일(presentation style)이라 부른다. 어떤 산출 · 제품이 전체적으로 보아 어떤 모습인가—어떻게 보이고 어떤 느낌이 드는가—하는 것은 아주 중요하다. 창의적인 작품은 끈질기게 아름답게 다듬고, 마무리하고, 계속적으로 개선한 결과로 솜씨가 뛰어나야 한다. 또한 사용하거나 이해하기 쉽게 간단하지만 정성 들여 만든 것이라 우아해야 한다. 이것은 요사이 상품의 디자인(design)의 중요성이 강조되고 있는 한 가지의 이유일 것이다.

창의적인 산출 · 제품일수록 이들 세 가지 차원들을 적어도 어느 정도는 모두 가지고 있어야 하며, 한두 가지 차원에서는 수준이 매우 높아야 한다. 일반적으로 대박의 블록버스터는 시장에서 사람들의 마음을 움직이는 깊고, 강한 매력을 가지고 있는데, 그것은 아마도 많은 사람들이 마음속에 깊게 간직하고 있는 요구, 욕망 또는 포부를 수준 높게 창의적으로 다루고 있기 때문일 것이다. 스타일의 측면에는 '조직적인, 솜씨가 뛰어난, 우아한' 등의 세 가지가 있다.

[장의 요약]

이 장에서는 창의적인 능력을 평가하는 검사, 창의적 성격과 스타일의 검사, 그리고 산출물의 창의적 수준을 사정하는 기법 등을 다루었다.

창의적 사고능력의 수준을 평가하는 대표적인 도구는 E. P. Torrance의 TTCT 검사(Torrance Tests of Creative Thinking)이다. 이 검사는 현재 세계 40여 개국에서 번안하여 사용하고 있으며 유치원에서 성인에 이르기까지, 모든 문화권에서 사용할 수 있다. 이 검사에서는 '창의력'이란 바로 발산적 사고 능력이며, 그것은 창의적인 성취를 수행할 때 작용한다고 생각되는 '일반화된 정신 능력들의 집합'이라 정의한다. 이 검사는 모든 과제의 수행에서 적용되는 일반적인 창의적 사고 능력을 검사한다.

TTCT에는 'TTCT-언어 검사'와 'TTCT-도형 검사'의 두 가지가 있고, 각기에는 'A형'과 'B형'의 두 가지의 동형 검사가 있다. 'TTCT-언어 검사'에는 어문적인 자료를(단어, 기호, 숫자 등) 사용하고, 그리고 'TTCT-도형 검사'에서는 시각적인 자료를 사용하며 그림을 그려 반응할 것을 요구하고 있다. 이들은 비교적 독립적인 검사이다. 그리고 TTCT-언어 검사에서는 6가지의 활동들(과제)을 사용하며 결과는 창의력의 3가지 요소인 유창성, 융통성 및 독창성 등에 따라 표준점수와 백분위로 제시하고 있다. 그리고 TTCT-도형 검사에서는 3가지 활동을 사용하며 채점의 결과는 창의력의 5개 요소로 유창성, 독창성, 제목의 추상성, 정교성 및 성급한 종결에 대한 저항 등에 따라 표시하고 있다. 그리고 이에 추가하여 준거 관련 평가(절대 평가)인 13개의 창의적 강점 리스트도 제시하고 있다.

창의적 성격 검사로는 먼저 WKOPAY('당신은 어떠한 사람인가?')와 SAM('나의 창의적인 모습')의 두 가지를 다루고 있다. 이들 두 가지 검사는 모두가 '카테나-토란스 창의적 지각 검사(KTCPI)에 같이 묶여 있지만 이들은 창의적 성격에 대한 정의를 달리하는 독립적인 검사들이다. WKOPAY는 창의적 자아개념 검사라 부를 수 있으며 자기 자신이 얼마나 창의적이라 스스로 생각하는지를 자기보고할 것을 요구한다. 거기에는 5개의 성격 요인이 있는데 이들은 권위의 수용, 자신감, 탐구심, 타인에 대한 의식 및 적극적인 상상 등이다. 창의적인 사람은 권위의 수용 점수가 비교적 낮고, 적극적인 상상의 점수 수준이 높다.

SAM(Something About Myself, 나의 창의적인 모습)은 Rhodes의 4P(창의력에 관여하는 4개의 기본 주제인 사람, 과정(방법), 산출 및 환경)에 따라 제작한 50개 문항의 체크리스트로 되어 있다. 거기에는 환경적 민감성, 진취성, 자기 강점, 지성, 개성 및 예술성 등의 6개의 창의적 성격 요인들이 있다. WKOPAY와 SAM 검사의 모두는 '초등-중등용', '고등-대학-일반용' 및 '영재용'의 세 가지 규준표를 가지고 있다.

그리고 창의적 문제해결 스타일 검사로 Kirton의 KAI(Kirton Adaptation Innovation Inventory)와 Selby 등의 VIEW 검사를 알아보았다. 스타일이란 개인이 일을 수행할 때 보여주는 다소간 고정적이고 일관성 있는 행동 경향성을 말하며, 그것은 능력과 성격을 연결시키고 있다고 본다. KAI는 Kirton의 순응-혁신 이론에 기초한 것으로 매니저들이 변화를 다루는 방법에는 순응적 스타일과 혁신적 스타일의 두 가지가 있다고 본다. KAI에는 독창성 정도, 효능성 및 규칙 순응 등의 하위 척도가 포함되어 있다. 그리고 Selby 등이 개발한 VIEW 검사(VIEW: An Assessment of Problem Solving Style)는 창의적 문제해결 스타일을 3개의 차원으로 나누고 각기에는 반대되는 두 개의 스타일이 있다고 본다. 3개의 차원에는 '변화에 대한 오리엔테이션(개혁 지향적 스타일-발전 지향적 스타일), 일처리 방식(외적 처리 스타일-내적 처리 스타일) 및 의사 결정의 중심(사람 중심적 스타일-과제 중심적 스타일) 등이 있다. 34개의 문항으로 구성되어 있고 각기는 7점 척도에 따라 평정한다.

마지막으로 산출물의 창의력 수준을 사정하는 대표적인 방법인 '합의에 의한 사정기법(CAT)'과 평가준거를 활용하는 '창의적 산출 어의 평정척(CPSS)'에 대하여 살펴보았다. CAT는 Amabile과 그녀의 동료들이 개발한 것으로 산출물의 창의력 수준을 전문가들이 판단하는 기법이다. CAT에서는 산출물의 창의적 수준을 전문가가 전체적으로 판단하는데 전문가는 그 분야의 산출을 평가할 수 있는 내현적 준거가 이미 개발되어 있다고 가정한다. 따라서 구체적인 평가의 준거를 별도로 제시할 필요는 없다. 전문가들은 그 분야에서 상당한 경험이 있어야 하고, 독립적으로 평가하고, 산출들을 상대적으로만 평가한다. 채점자 간 신뢰도는 상당히 높다고 보고하고 있다.

마지막으로 Besemer의 CPSS(Creative Product Semantic Scale, 창의적 산출 어의 평정척)에 대하여 공부해 보았다. 그는 '어떤 산출물을 창의적이게 만드는 것은 무엇인가?'란 질문을 제기하고 발명, 예술, 가전제품 등 다양한 산출물들을 대상으로 하여 하나의 모형을 제시하고 있다. 이 모형에는 3개의 차원이 있는데 이들은 신규성(새로움), 해결 기능 및 스타일 등이다. 창의적인 산출은 새로워야 하고, 문제·요구를 해결할 수 있는 기능이 뛰어나야 하고, 그리고 솜씨가 있어 멋있어야 한다는 것 등이다. 이러한 하위 차원들을 사정하는 문항들은 7점의 어의 평정척에 따라 측정하고 있다. 창의적인 산출·제품일수록 이들 세 가지 차원들을 적어도 어느 정도는 모두 가지고 있어야 하며, 그리고 한두 가지에서는 수준이 매우 높아야 한다.

참고문헌

김영채(2004a). **VIEW 창의적 문제해결스타일 검사**. 창의력 한국 FPSP.

김영채(2004b. 역). **CPS: 창의력 문제해결**(D. J. Treffinger, S. G., Isakeson & K. B. Dorval, Creative Problem Solving: An introduction). 박영사.

김영채(2005). 토란스 창의력 FPSP에 대한 분석적 고찰. **사고개발**. **1**(1). 1−21.

김영채(2007a). 교수 − 학습의 과정과 창의력 교육. **사고개발**, **3**(2). 1−35.

김영채(2007b). 집단 창의의 가능성과 한계. **사고개발**, **3**(1), 1−26.

김영채(2007c). **창의력의 이론과 개발**. 교육과학사.

김영채(2015). 창의적 행동에 대한 상호작용주의적 접근. **사고개발**, **11**(3), 1−30.

김영채, 정혜인, 정세영, 조연순(2014). **해외선진국 창의성 전문교육기관 벤치마킹 방안연구**. 서울시 산업진흥원 연구지원 사업보고서.

김종웅(2007, 역). **부의 미래**(A. Toffler & H. Toffler. Revolutionary wealth). 청림출판.

김호권, 임인제, 변창진, 김영채(1978) **현대교육평가론**. 교육출판사.

박상진(2015, 역). **탁월한 전략이 미래를 창조한다**(R. Horwath, Elevate: The three disciplines of advanced strategic thinking). 진성북스.

신동형, 송재용(2011). **이노베이션 3.0: 오픈 이노베이션을 넘어선 혁신전략의 탄생**. 서울: 알키.

전종희(2015). 집단창의성의 발휘에 작용하는 개인 및 조직 요인 탐색 − C 기업 T 채널 제작팀 기사 분석을 중심으로. **사고개발 11**(4), 1 − 28.

한국행동과학연구소(편, 2014). **엉뚱한 생각**. 학지사.

Adams, J. C. Jr. (1968). The relative effects of various testing atmospheres on spontaneous flexibility, an actor of divergent thinking. *Journal of Creative Behavior, 2*, 187−194.

Agars, M. D., Baer, J. & Kaufman, J. C. (2005). The many creativities of business and the APT Model of creativity. *Korean Journal of Thinking & Problem Solving, 15*(2), 133−141.

Amabile, T. M. (1983a). Social psychology of creativity: A componential conceptualization. *Journal of Personality and Social Psychology, 45*, 357−376.

Amabile, T. M. (1983b). *The social psychology of creativity*. New York: Springer−Verlag.

Amabile, T. M. (1988a). How to kill creativity? *Harvard Business Review, September-October*, 77−87.

Amabile, T. M. (1988b). A model of creativity and innovation in organizations. *Research in Organizational Behavior, 10*, 123–67.

Amabile, T. M. (1989). *Growing up creative: Nurturing a lifetime of creativity*. Buffalo, NY: Creative Education Foundation.

Amabile, T. M. (1996). *Creativity in context: Update to the social psychology of creativity*. Boulder, CO: Westview Press.

Amabile, T. M., Burnside, R. M. & Gryskiewicz (1999). *User's manual for KEYS: Assessing the climate for creativity*. Greensboro, NC: Center for Creative Leadership.

Anderson, B. F. (1980). *The complete thinker*. Englewood Cliffs, NJ: Prentice-Hall.

Arlin, F. K. (1975). Cognitive development in adulthood: A fifth stage? *Developmental Psychology, 11*, 602–606.

Arlin, P. K. (1990). Wisdom: The aim of problem finding. In R. J. Sternberg (Ed.), *Wisdom: Its nature, origins, and development*. New York: Cambridge University Press.

Baer, J. (1998). The case for domain specificity in creativity. *Creativity Research Journal, 11*, 173–177.

Baer, J. (2011). Why grand theories of creativity distort, distract, and disappoint? *International Journal of Creativity & Problem Solving, 21*(1), 73–100.

Barren, F. & Harrington, D. M. (1981). Creativity, intelligence and personality, *Annual Review of Psychology, 32*, 439–476.

Bennis, W. (1993). *Beyond Bureaucracy: Essays on the development and evolution of human organizations*. San Francisco: Jossey-Bass.

Besemer, S. P. (1997). *Creative product analysis: The search for a valid model for understanding creativity and products*. Unpublished doctoral thesis from the University of Bergen, Department of Psychosocial Science, Bergen: Norway.

Besemer, S. P. (2006). *Creating products in the age of design*. Stillwater, OK: New Forums Press.

Biggs, J. B., & Moore, P. A. (1993). *The process of learning*. Australia: Prentice Hall.

Bledow, R., Frese, M., Anderson, N., Erez, M., & Farr, J. (2009). Extending and refining the dialectic perspective on innovation: There is nothing as practical as a good theory; nothing as theoretical as a good practice. *Industrial and Organizational Psychology, 2*, 363–373.

Boden, M. A. (1991). *The creative mind: Myths and mechanisms*. New York: Basic Books Publishers, Inc.

Camacho, L. M., & Paulus, P. B. (1995). The role of social anxiousness in group brainstorming. *Journal of Personality and Social Psychology, 27*, 215–247.

Cattell, R. B. (1963). Theory of fluid and crystalized intelligence: A critical experiment. *Journal of Educational Psychology, 18*, 165–244.

Cattell, R. B. (1971). *Abilities: Their structure, growth and action*, Boston: Houghton Mifflin.

Christensen, C. (1997). *The innovator's dilemma*. Boston, MA: Harvard Business Review School Press.

Costa, P. T. Jr., & McCrae, R. R. (1985). *The NEO personality inventory manual*. Odessa, Fl.: Psychological Assessment Resources, Inc.

Cropley, A. J. (1999). Definitions of creativity. In M. A. Runco & S. R. Pritzer (Eds.), *Encyclopedia of creativity*. San Diego, CA: Academic Press.

Cropley, D. H. & Cropley, A. J. (2011). Understanding value innovation in organizations: A psychological framework. *International Journal of Creativity & Problem Solving, 21*(1), 17–36.

Cropley, D. H., & Cropley, A. J. (2015). *The psychology of innovation in organizations*. Academic Press.

Csikszentmihalyi, M. (1988). Society, culture, and person: A systems view of creativity. In R. J. Sternberg (Ed.), *The nature of creativity*. New York: Cambridge University Press.

Csikszentmihalyi, M. (1996). *Creativity: Flow and the psychology of discovery and invention*. New York: Harper Collins.

Csikszentmihalyi. M. (2006). Foreword: Developing creativity. In N. Jackson, M. Oliver, M. Shaw, & J. Wisdom (Eds.), *Developing creativity in higher education: An imaginative curriculum* (pp. xviii – xx). London: Rotledge.

Dabrowski, K. (1964). *Positive disintegration*. Boston: Little, Brown, & Co.

Dabrowski, K. (1967). *Personality-shaping through positive disintegration*. Boston: Little, Brown, Co.

Davis, G. A. & Rimm, S. B. (2004). *Education of the gifted and talented*. Boston, MA: Pearson Education.

Davis, T. (2000). *Innovation*. London: Pricewaterhouse Coopers.

Davis, T., Arnett, A., Gibbons, P., & Milton, F. (1998). *Innovation survey*. London: Pricewater house Coopers.

De Bono, E. (1971). *Lateral thinking for management*. London: McGraw–Hill Book.

De Bono, E. (1983). *Serious creativity: Using the power of lateral thinking to create new ideas*. New York, NY: HarperCollins.

De Bono, E. (1985). *De Bono's thinking hats*. New York: Penguine Books.

De Bono, E. (1990). *Lateral thinking*. London: Penguine Books.

De Bono, E. (1992). *Teach your child how to think*. London: Penguin Books.

De Bono, E. (1993). *Sur/petition: Creating value monopolies when everyone else is merely competing*. New York: HarperCollins.

De Dreu, C. K. W., & De Vries, N. K. (Eds.). (2001). *Group consensus and minority influence: Implications for innovation*. Oxford, Blackwell.

Dewey, J. (1933). *How we think*. Lexington, MA: D. C. Heath & Co.

Diehl, M. & Stroebe, W. (1987). Productivity loss in brainstorming groups: Toward the solution of a riddle. *Journal of Personality and Social Psychology, 53*, 497–509.

Diehl, M., & Stroebe, W. (1991). Productivity loss in idea–generating groups: Tracking down the blocking effect. *Journal of Personality and Social Psychology, 61*, 392–403.

Eberle, B. (1971). *Scamper*. Buffalo, NY: DOK Publishers.

Eisenberger R., & Byron, K. (2011). Rewards and creativity. In M. A. Runco and S. R. Pritzker (Eds.). *Encyclopedia of creativity*. New York: Elsevier.

Ekvall, G. (1987). The climate metaphor in organizational theory. In B. M. Bass & P. J. D. Drenth (Eds.), *Advances in organizational psychology: An international review* (pp. 177–190). New bury Park, CA: Sage.

Ekvall, G. (1999). Creative climate. In M. A. Runco & S. R. Prinzder (Eds.), *Encyclopedia of creativity, Vol. 1*, 403–412.

Ennis, R. H. (1989). Critical thinking and subject specificity: Clarification and needed research. *Educational Research, 18*(3), 4–10.

Eysenck, H. J. (1983). The roots of creativity: Cognitive ability or personality trait? *Roeper Review, 5*(4), 10–12.

Feist, G. J. (2004). The evolved fluid specificity of human creative talent. In R. J. Sternberg, E. L Grigorenko, & J. L. Singer (Eds.), *Creativity: From potential to realization* (pp. 57–82). Washington, DC: American Psychological Association.

Feuerstein, R. (1980). *Instrumental enrichment* (thinking skills materials). Washington, DC: Curriculum Development Association.

Florida, R. (2002). *The rise of the creative class ... and how it's transforming work, leisure, community, & everyday life*. New York: Basic Books.

Florida, R., & Goodnight, J. (2005). Managing for creativity. *Harvard Business Review, July-August*, 125–131.

Flynn, J. R. (1987). Massive IQ gains in 14 nations: What IQ tests really measure. *Psychological Bulletin, 101*, 171–191.

Gardner, H. (1983). *Frames of mind*. New York: Basic Books.

Gardner, H. (1999). *Intelligence reframed*. New York, NY: Basic Books.

GE Global Innovation Barometer, 2011. http://files.gereports.com/wp-content/ uploads/2011/01/GIB-results.pdf.

Getzels, J. W., & Jackson, P. W. (1962). *Creativity and intelligence*. New York: Wiley.

Gilbert, R. (1996). *The thinking option*. Englewood Cliffs, NJ: Prentice hall.

Glaveanu, V. P. (2012). Habitual creativity: Revisiting habit, reconceptualizing creativity. *Review of General Psychology, 16*, 78–92.

Gordon, W. J. J. (1961). Synectics: The development of creative capacity. *Creative Research Journal, 9*: 207–231.

Gordon, W. J. J. (1973). *The metaphorical way of knowing*. Cambridge, MA: Porpoise Books.

Gowan, J. C. (1972). *The development of the creative individual.* San Diego, CA: R. Knapp.

Gruber, H. (1988). The evolving systems approach to creative work. *Creativity Research Journal, 1*, 27–59.

Gruber, H. E. (1999). Evolving Systems Approach. In M. A. Runco & S. R. Puritzer (Eds.), *Encyclopedia of creativity. Vol. 1*, pp. 689–693.

Guilford, J. P. (1950). Creativity. *American Psychologist, 5*, 444–454.

Guilford, J. P. (1967). *The nature of human intelligence.* New York: McGraw– Hill.

Guilford, J. P. (1968). *Intelligence, creativity and their educational implications.* San Diego, CA: Knapp.

Guilford, J. P., & Hoepfner, R. (1971). *An analysis of intelligence.* New York: McGraw–Hill.

Haner, U. E. (2005). Spaces for creativity and innovation in two established organizations. *Creativity and Innovation Management, 14*, 288–298.

Hayes, J. R. (1989). Cognitive processes in creativity. In J. A. Glover, R. R. Ronning, & C. R. Reynolds (Eds.), *Handbook of creativity* (pp. 135–46). New York: Plenum Press.

Helson, R. (1999). A longitudinal study of creative personality in woman. *Creative Research Journal, 122*, 89–102.

Hennessey, B. A., & Amabile, T. M. (1988). *The conditions of creativity.* In R. J. Sternberg (ed.), The nature of creativity (pp. 11–38). New York: Cambridge University Press.

Hennessy, B. A., & Amabile, T. M. (1999). Consensual assessment. In M. A. Runco & S. R. Pritzker (Eds.) *Encyclopedia of creativity. Vol. 1*, 347–359. Academic Press.

Horwath, R. (2009). *Deep dive: The proven method for building strategy, focusing your resource and taking smart action.* Austin: Greenleaf Book Group Press.

Isaksen, S. G. (2000). *Facilitative leadership: Making a difference with creative problem solving.* Buffalo, NY: Creative Problem Solving Group–Buffalo.

Isaksen, S. G. (Ed.), (1987). *Frontiers of creativity research: Beyond the basics.* Buffalo, NY: Bearly Limited.

Isaksen, S. G., & Geuens, D. (2007). An exploratory study of the relationship between an assessment of problem solving style and creative problem solving. *Korean Journal of Thinking & Problem Solving, 17*(1), 5–27.

Isaksen, S. G., & Tidd, J. C. (2006). *Meeting the innovation challenge.* John Wiley & Sons.

Isaksen, S. G., & Dorval, K. B., & Treffinger, D. J. (2000). *Creative approaches to problem solving.* Kendall/Hunt.

Isaksen, S. G., Dorval, K. B., & Treffinger, D. J. (2011). *Creative approaches to problem solving.* Thousand Oakes, CA: SAGE Publications.

Janis, I. L. (1971). Groupthink, *Psychology Today*, November, 43–46.

Janis, I. L. (1972). *Victims of groupthink: A psychological study of foreign- policy decisions and fiascoes.* Boston: Hougton Mifflin.

Janis, I. L. (1982). Counteracting the adverse effects of concurrence–seeking in policy–planning groups: Theory and research perspectives. In H. Brands Hatter, J. H. Davis, & G. Stocker–Reichgauer (Eds.), *Group decision making*. (pp. 477–501). New York: Academic Press.

Janis, I. L. (1991). Victims of groupthink. *Political Psychology, 12*(2), 247–278.

Kasof, J., Chen, C., Himsel, A., & Greenberger, E. (2007). Values and creativity. *Creativity Research Journal, 19*, 105–122.

Katzenbach, J. R., & Smith, D. K. (1993). *The wisdom of teams: Creating the high-performance organization*. Cambridge, MA: Harvard Business School Press.

Kaufman, J. C. (2005). The door that leads into madness. Eastern European Poets and mental illness. *Creativity Research Journal, 17*, 99–103.

Kaufman, J. C. (2009). Creativity 101. New York, NY: Springer Publishing Co.

Kaufman, J. C. & Baer, J. (2004). The amusement park theoretical (APT) Model of creativity. *Korean Journal of Thinking & Problem Solving, 14*(2), 15–25.

Khatena, J., & Torrance, E. P. (1998). *Khatena Torrance Creative Perception Inventory*, Bensenville, IL: Scholastic Testing Service.

Kim, S. H. (1990). *Essence of creativity: A guide to tackling difficult problems*. New York: Oxford University Press.

Kim, W. C. & Mauborgne, R. (1997). Value innovation: The strategic logic of high growth. *Harvard Business Review, 75*, 104–112.

Kim, W. C., & Mauborgne, R. (2004). *Blue ocean strategy: How to create uncontested market space and make the competition irrelevant*. Harvard Business School Press Books: 1.

Kim, W. C., & Mauborgne, R. (2015). *Blue ocean strategy*. Harvard Business Review Press.

Kirton, M. J. (1976). Adaptors and innovators: A description and measure. *Journal of Applied Psychology, 61*, 622–629.

Kirton, M. J. (1989). *Adaptors and innovators: Styles of creativity and problem-solving*. New York: Routledge.

Koestler, A. (1964). *The act of creation*. New York: Macmillan.

Kong, S. L. (2006). Using thinking skills to intrinsically motivate effective learning: An observation from a teacher education classroom. *Korean Journal of Thinking & Problem Solving, 16*(1), 75–90.

Kouzes, J. M. & Posner, B. Z. (1993). *Credibility: How leaders gain and lose it, why people demand it*. San Francisco: Jossey–Bass.

Kouzes, J. M., & Posner, B. Z. (1995). *The leadership challenge: How to get extra ordinary things done in organizations*. San Francisco: Jossey–Bass.

Lubart, T, I. (1999). Componential models. In M. A. Runco & S. R. Pritzker (Eds.), *Encyclopedia of creativity, Vol. (1)*, 295–300.

Lynn, G. S. & Reil'y, R. R. (2002) *Blockbusters: The five keys to developing great new products*. New York: HarperBusiness.

MacKinnon, D. W. (1970). Creativity: A multifaceted phenomenon. In J. D. Roslansky (Ed.), *Creativity: A discussion at the Nobel Conference*. Amsterdam: North Holland.

MacKinnon, D. W. (1978). *In search of human effectiveness: Identifying and developing creativity*. Buffalo, NY: Bearly.

Marland, S. P. Jr. (1972). *Education of the gifted and talented, Volume 1. Report to the Congress of the United States by the U. S. Commissioner of Education*. Washington, DC: U. S. Government Printing Office.

Martinsen, O., & Kaufman, G. (1999). Cognitive style and creativity. In M. A. Runco, & S. R. Pritzer (Eds.), *Encyclopedia of creativity (Vol. 1)* (pp. 273–282). New York: Academic Press.

Maslow, A. H. (1971). *The farther reaches of human nature*. New York: Viking.

Mattimore, B. W. (1994). *99% inspiration: Tips, tales, and techniques for liberating your business creativity*. New York, NY: AMACOM.

Maznevski, M. L. (1994). Understanding our differences: Performance in decision making groups with diverse members. *Human Relations, 47*, 531–522.

McCormack, M. H. (1984). *What they don't teach you at Harvard Business School*. New York: Bantam Books.

McGehee, W., & Thayer, P. W. (1961). *Training in business and industry*. New York, NY: John Wiley.

Mednick, S. A. (1962). The associative basis of the creative process. *Psychological Review, 69*, 220–232.

Muller, B., Johnson, C., & Salas, E. (1991). Productivity loss in brainstorming groups: A meta-analytic integration. *Basic and Applied Social Psychology, 12*, 3–23.

Nijstad, B. A., Diehl, M., & Stroebe, W. (2003). Cognitive stimulation and interference in idea-generating groups. In P. B. Paulus & B. A. Nijstad (Eds.), *Group creativity*, New York: Oxford Press.

Nowacki, B. (2013). Western model of creativity: Generalizability and hypothetical educational consequences for the "non-western world", *International Journal of Creativity & Problem Solving, 23*(1), 13–23.

O'Quinn, K., & Besemer, S. P. (1999). Creative products. In M. A. Runco & S. R. Pritzker(Eds.), *Encyclopedia of creativity, Vol. 1*, pp.413–422.

Ochse, R. (1990). *Before the gates of excellence: The determinants of creative genius*. New York: Cambridge University Press.

Osborn, A. F. (1953). *Applied imagination*. New York: Charles Scribneis Sons.

Osborn, A. F. (1957). *Applied imagination*. New York: Scribner.

Osborn, A. F. (1963). *Applied imagination* (2nd ed.). New York: Scribner.

Ozbligin, M. & Tatli, A. (2008). *Global diversity management. An evidence- based approach*. London, England Palgrave.

Palus, P. B. (2000). *Groups, teams and creativity: The creative potential of idea generating groups*. Applied Psychology: An International Review, 40, 237–262.

Paris, S. G., Lipson, M. Y., & Witson, K. K. (1983). Becoming a strategic reader. *Contemporary Educational Psychology, 8*, 293–326.

Parnes, S. J. (1967). *Creative behavior guidebook*. New York, NY: Charles Scribner's Sons.

Parnes, S. J., & Meadow, A. (1959). Effects of brainstorming instruction on creative problem solving of trained and untrained subjects. *Journal of Educational Psychology, 50*, 171–176.

Paulus P. B. & Dzindolet, M. T.(1993). Social influence processes in group brainstorming. *Journal of Personality and Social Psychology, 64*, 575–586.

Paulus, P. B., & Brown, V. R. (2003). Enhancing ideational creativity. In P. B. Paulus & B. A. Nijstad (Eds.), *Group creativity*, New York: Oxford Press.

Pelled, L. (1996). Pomographic diversity, conflict, and work group outcomes. *Organization Science. 78*, 615–631.

Perkins, D. N., & Simons, R. (1988). Patterns of misunderstanding: an integrative model of misconceptions in science, mathematics and programming. *Review of Educational Research, 58*, 3, 303–326.

Phan Dung (2002). *Creativity and innovation methodologies based an enlarged TRIZ for problem solving and decision making*. Center for Scientific and Technological Creativity: Vietnam.

Phares, E. J. (1984). *Introduction to personality*. Columbus OH: Charles E. Merrill.

Plucker, J. A. (1998). Beware of simple conclusions: The case for the content generality of creativity. *Creativity Research Journal, 11*, 179–182.

Plucker, J. A. (1999). Is the proof in the pudding? Reanalyses of Torrance's (1958 to Present). Longitudinal Data. *Creativity Research Journal, 12*, 103–114.

Plucker, J. A. & Runco, M. A. (1999). Enhancement of creativity. In M. A. Runco & S. R. Pritzker (Eds.). *Encyclopedia of creativity, Vol. 1*, pp. 669–675.

Puccio, G. J. (1999). Teams. In M. A. Runco & S. R. Pritzker (Eds), *Encyclopedia of creativity*. Sand Diego, CA: Academic Press.

Puccio, G. J., Murdock, M. C. & Mance, M. (2005). Current developments in creative problem solving for organizations: A focus on thinking skills and styles. *Korean Journal of Thinking & Problem Solving, 15*(2), 43–76.

Puccio, G. J., Talbot, R. J., & Joniak, A. J. (1993). Person–environment fit: Using commensurate scales to predict student stress. *British Journal of Educational Psychology, 63*, 457–468.

Rathunde, R. (1999). Systems approach. In M. A. Runco & S. R. Pritzker (Eds.), *Encyclopedia of Cre-*

ativity. Vol. 2, 605–610.

Reich, R. (1992). *The work of nations: Preparing ourselves for 21st century capitalism*. Vintage Books.

Renzulli, J. S. (1986). The three–ring conception of giftedness: A developmental model for creative productivity. In. R. J. Sternberg & J. E. Davidson (Eds.) *Conceptions of giftedness* (pp. 53–92). Cambridge, MA: Cambridge University Press.

Renzulli, J. S. (1994). *Schools for talent development: A practical plan for total school improvement*. Mansfield Center, CT: Creative Learning Press.

Renzulli, J. S. (2004). The multiple menu model for developing differented curriculum. *Korean Journal of Thinking & Problem Solving, 14*(1), 75–85.

Renzulli, J. S. (2005). The three–ring conception of giftedness: A developmental model for promoting creative productivity. In R. J. Sternberg & J. E. Davidson (Eds.), *Conceptions of giftedness*. New York, NY: Cambridge University Press.

Rhodes, M. (1961). An analysis of creativity. *Phi Delta Kappan, 42*, 305–310.

Rimm, S. B. (1976). *GIFT: Group inventory for finding creative talent*. Watertown, WI: Educational Assessment Service.

Roberts, B. (1988). Managing invention and innovation. *Research-Technology Management, 33*, 1–19.

Rosenberg, A. (1999). Janusian process. In M. Runco. & W. R. Pritzker (Eds.), *Encyclopedia of creativity, Vol. 2*, 103–108. New York: Academic Press.

Rossman, J. (1931). *The psychology of the inventor: A study of the patentee*. Washington: The Inventor's Publishing Company.

Rothenberg, A. (1999). Janusian process. In M. Runco & S. R. Writzer (Eds.) *Encyclopia of creativity. Vol. 2*. pp. 103–108. New York: Academic Press.

Rudowicz, E. (2003). Creativity and culture: A two way interaction. Scandinavian *Journal of Educational Research, 47*, 273–289.

Sawyer, R. K. (1999). Improvisation. In M. A. Runco & S. R. Pritzer (Eds.), *Encyclopedia of creativity*. Academic Press.

Schlichter, C. L. (1986). Talents unlimited: An inservice education model for teaching thinking skills. *Gifted Child Quarterly, 30*, 119–123.

Selby, E. C., Treffinger, D. J., & Isaksen, S. G. (2002). *VIEW: An assessment of problem solving style*. Sarasota, FL: Center for Creative Learning.

Selby, E. C., Treffinger, D. J., & Isaksen, S. G. (2007). *VIEW: Technical Manual*. Sarasota, FL: Center for Creative Learning.

Simon, H. A. (1981). *Science of the artificial*. Cambridge, MA: MIT Press.

Simonton, D. K. (1984). *Genius, creativity & leadership: Historiometric studies*. Cambridge, MA: Harvard University Press.

Simonton, D. K. (1985). Quality, quantity, and age: The careers of 10 distinguished psychologists. *International Journal of Aging and Human Development, 21*, 241–254.

Simonton, D. K. (1988a). *Scientific genius: A psychology of science*. New York: Cambridge University Press.

Simonton, D. K. (1988b). Age and outstanding achievement: What do we know after a century of research? *Psychological Bulletin 104*, 251–67.

Simonton, D. K. (1988c). *Scientific genius*. New York: Cambridge University Press.

Simonton, D. K. (2003). Scientific creativity as constrained in stochastic behavior: the Integration of product, person, and process perspectives. *Psychological Bulletin, 4*, 475–494.

Simonton, D. K. (2004). *Creativity in science.* New York: Cambridge University Press.

Stankowski, W. M. (1978). Definition. In R. Ed. Clasen & B. Robinson (Eds.), *Simple gifts*. Madison, WI: University of Wisconsin–Extension.

Stein, M. I. (1975). *Stimulating creativity: Group Procedures (vol. II)*, New York: Rand McNally.

Sternberg, R. J. (1983). *How can we teach intelligence?* Philadelphia, PA: Research for Better Schools.

Sternberg, R. J. (1988). A three–facet model of creativity. In R. J. Sternberg (Ed.). *The nature of creativity*. Cambridge University Press.

Sternberg, R. J. (1995). Investing in creativity: Many happy returns. *Educational Leadership, December*, 80~84.

Sternberg, R. J. (1996). *Successful intelligence*. New York: Simon & Schuster.

Sternberg, R. J. (2006). Introduction. In J. C. Kaufman & R. J. Sternberg (Eds.), *The international handbook of creativity*. New York, NY: Cambridge University Press.

Sternberg, R. J. & Lubart, T. I. (1991). An investment theory of creativity and its development. *Human Development 34*, 1–32.

Sternberg, R. J. & Lubart, T. I. (1995). *Defying the crowd: Cultivating creativity in a culture of conformity*. New York: Free Press.

Sternberg, R. J. & Davidson, J. E. (2005). *Conceptions of giftedness*. New York, NY: Cambridge University Press.

Sternberg, R. J. & Zhang, L. (2005). Developing the leaders of tomorrow: The wrong direction is the wrong way to the right direction. *Korean Journal of Thinking & Problem solving, 15*(2), 7–12.

Sternberg, R. J., Kaufman, J. C. & Pretz, J. E. (2001). The propulsion model of creative contributions applied to the arts and letters. *Journal of Creative Behavior, 35*, 75–101.

Stroebe, W., & Diehl, M. (1994). Why groups are less effective than their members: On productivity losses in idea–generating groups. In W. Stroebe & M. Hewstone (Eds.), *European Review of Social Psychology(Vol. 5*, pp. 271–303). London: Wiley.

Stroebe, W., Diehl, M., & Abakoumkin, G. (1992). The illusion of group effectivity. *Personality and Social Psychology Bulletin, 18*, 643–650.

Taffinder, P. (1998) *Big change: A route-map for corporate transformation*. New York: John Wiley & Sons.

Taylor, C. W. (1985). Multiple talents. *Journal for the Education of the Gifted, 8*(3), 187–198.

Taylor, C. W. (1988). Various approaches to and definitions of creativity. In R. J. Sternberg (Ed.), *The nature of creativity* (pp. 99–121). New York: Cambridge University Press.

Taylor, I. A. (1959). The nature of the creative process. In P. Smith (Ed.), *Creativity An examination of the creative process* (pp. 51–82). New York: Hastings House.

Tidd, G., Bessant, J., & Pavitt, K. (2005). Managing innovation. Chichester: John Wiley & Sons, Ltd.

Tidd, J. & Hull, F. M. (Eds.) (2003) *Services innovation: Organizational responses to technological opportunities and market imperatives*. London: Imperial College Press.

Tishman, S., Perkins, D. N., & Jay, E. (1995). *The thinking classroom*. Boston, MA: Allyn and Bacon.

Toffler, A., & Toffler, H. (2006). *Revolutionary wealth*. New York: Curtis Brown.

Torrance, E. P. (1965). *Rewarding creative behavior: Experiments in classroom creativity*. Englewood Cliffs, N. J.: Prentice Hall.

Torrance, E. P. (1966). *The Torrance Tests of Creative Thinking: Figural*, Bensenville, IL: Scholastic Testing Service.

Torrance, E. P. (1970). *Encouraging creativity in the classroom*. Dubugue, IA: William C. Brown.

Torrance, E. P. (1974). *Norms-technical manual, Torrance Tests of Creative thinking, Verbal Tests, Forms A and B. Figural Forms A and B*. Lexington, MA: Ginn and Company.

Torrance, E. P. (1979). *The search for satori and creativity*. Buffalo, NY: Creative Education Foundation.

Torrance, E. P. (1990). *The Torrance Test of Creative Thinking: Norms-technical manual*. Bensenville, IL: Scholastic Testing Service.

Torrance, E. P. (1993). Experiences in developing technology for creative education. In S. G. Isaksen, M. C. Murdock, R. L. Firestein, & D. J. Treffinger (Eds.), *Understanding and recognizing creativity: The emergence of a discipline* (pp. 158–201). Norwood, NJ: Ablex Publishing.

Torrance, E. P. (1995). *Why fly?* Norwood, NJ: Ablex.

Torrance, E. P. (2000). The millennium: A time for looking forward and looking backward. *The Korean Journal of Thinking & Problem Solving, 10*(1), 5 – 20.

Torrance, E. P. & Ball, O. E. (1992). *Torrance Test of Creative Thinking*. Bensenville, IL: Scholastic Testing Service.

Torrance, E. P., & Sisk, D. A. (1997). *Gifted and talented children in the regular classroom*. Buffalo, NY: Creative Education Foundation Press.

Treffinger, D. J., Isaksen, S. G., & Dorval, K. B. (2000). Creative Problem Solving: An introduction. Profrock. (한국판. 김영채(2004). **CPS: 창의적 문제해결**. 박영사).

Troy, K. (2004). *Making innovation work: From strategy to practice. A research report*. The Conference Brand (R – 1348 – 04 – RR). New York: The Conference Board, Inc.

Tushman, M. L. & O'Reilly C. A. (1997). *Winning through innovation: A practical guide to leading organizational change and reward*. Boston: Harvard Business School Press.

Wagner, T. (2012). *Creating innovators*. New York, NY: Scribner.

Wallas, G. (1926). *The art of thought*. New York: Harcourt Brace.

Welch, S. (2015). *The real-life MBA*. Harpercollins Publishers.

Wertheimer, M. (1945). *Productive thinking*. Chicago: University of Chicago Press.

West, M. A. (2002). Sparkling fountains or stagnant ponds: An integrative model of creativity and innovation implementation in work groups. *Applied Psychology: An International Review, 51*, 355–424.

Williams, K. Y. & O'Reilly, C. A., Ⅲ. (1998). Demography and diversity in organizations: A review of 40 years of research. *Research in Organizational Behavior, 20*, 77–140.

Wineburg, S. S. (1991). Historical problem solving: A study of the cognitive processes used in the evaluation of documentary and pictorial evidence. *Journal of Educational Psychology, 83*, 73–87.

Witty, P. (Ed.), (1951). *The gifted child*. Boston, MA: Health.

Woodman, R. W. & Schoenfeldt, L. F. (1989). An interactionist model of creative behavior. *Journal of Creative Behavior, 24*(4), 279–290.

Yan, B., & Arlin, P. (1999). Dialectical thinking: Implications for creative thinking. In M. A. Runco & S. R. Pritzker (Eds.), *Encylopedia of creativity (vol. 1)*, 547–552. Academic Press.

찾아보기

국어

ㄱ

가치 207
가치 개념 213
가치의 추구 213
가치 혁신 31, 196
가파른 결합 129, 130
강세 시장 이론 174
강한 독립심 150
개념적 기능 214
개별 브레인스토밍 246, 262
거래적 변화 18
거시적 환경 168
거주지 169
걱정하는 형태 304
결정적 지능 100
경영자의 격려 189
경쟁 20, 35, 190
경험에 대한 개방성 153
공적인 성취 26
과제관련 다양성 238
과제의 복합성 21
과제 중심적 사고 216
관계관련 다양성 238
관행 172
교감적 커뮤니케이션 329
구조적 양손잡이 조직 92
구체적인 목표진술 217
귀인 113
그룹 싱크 241
글로벌화 20
급진적 돌파 86
급진적 산출 81
기능 126
기능 고착 132
기술 126
기술적 기능 214
기저선 행동 194
기회의 발견 301
꿈 207
끈기 150

ㄴ

남녀 양성적 성격 158
내재적 동기 160
내현적 준거 352
넘어서는 사람 131
논리적 풀 143
놀이 161

ㄷ

다운사이징 185
다중지능 이론 101
단계적 변화 87
단일 지능 99
닫힌 체제 78
도덕성의 착각 243
도메인 62
도전 186
독립적 접근법 138
독창성 255
동기 149, 160, 184
동조 236

ㄹ

레드오션 195

ㅁ

마음의 구조 101
마이크로 지식 영역 136
만장일치의 착각 243
매개적인 경험 102
맥락 167
맥락적 양손잡이 조직 92
면 결합 129
명제 77
명제적 지식 126
모순 76
목표 의식 161
몰입 65
몰입감 66
몰입 경험 66

몰입식 접근법 138
무오류의 착각 243
무의식적인 부화 49
무한 재능 102
문제영역 302, 305
문제의 진술 223, 305
문화 168
뮤즈(muse) 34
므네모시네 34
미션 207
미시적 환경 170
미적 정서 153

ㅂ
바이소시에이션 80
반제 77
발견 27
발견법 126
발견적 지식 126
발명 27
발명적 문제해결 프로그램 319
발산적(확산적) 사고 34, 80, 253
발산적 사고 도구 258
발산적 사고의 가이드라인 256
발산적 사고의 요소 255
범세계화 20
벤다이어그램 57
변성 84
변증법 76
변증법적 관념론 76
변증법적인 변화 75
변증법적인 사고 77
변증법적인 성격이론 159
변증법적 접근 82
변화 84
변화에 대한 접근 스타일 88
변화의 수준 85
변화의 스펙트럼 87
변화의 유형 84
변환 84
변환적 변화 18
변환적 스타일 248
보존의 에너지 64
보존적 경향성 64
복원력 151
복합적 성격 154
부가가치 192
분류 123
분리의 원리 320
분별 있는 모험 151
분석적 사고능력 109
분야 62
분위기 170
브레인라이팅 247, 263
브레인라이팅 기법 273
브레인스토밍 기법 261
블록버스터 323
블루오션 전략 196
비전 207
비즈니스의 창의 31
비즈니스 창의력 181
비총합의 원리 59
비형식적 지식 124
빅 데이터 140, 143
빅 데이터 마케팅 143
빠르고, 반복적인 개발과정 326

ㅅ
사랑에 대한 삼각형 이론 113
4P 45
사회 동기적 요인 237
사회의 부 169
사회적 가치 168
산출 32
삼원지능 이론 106
상상력 27
상호작용주의적 접근 56
새로움 23
생산손실 235
생산적인 팀워크 240
생산 차단 236
생태학적 접근 57
서페티션 190, 193
선택적 부호화 107
선택적 비교 107
선택적 조합 108
성격 149
성격 특성 149, 150
성 역할 스테레오타이핑 158
성장하려는 의지 152
성취동기 166

소망하는 형태 304
소방관식 사고 217
소비자 효과 체크 219
수렴적 사고 80, 279
수렴적 사고 도구의 선택 281
수렴적 사고의 가이드라인 279
수용 토대의 구축 310
순환적 인과관계 59
스타일 88, 357
스테레오타이핑 243
스푸트니크 35
시넥틱스 80
시스템적 이론 58
식당 의자 정리 217
식역 105
식역 이론 104
신규성 24, 86, 356
신테제 77
실수 113
실제적 지능 109
심리적 네겐트로피 65

ㅇ

아이디어의 개념화 310
아이디어의 생성 309
안티테제 77
알고리듬 126, 321
애매함에 대한 인내 152
야누스적 사고 89
야성적 정신 142
약세 시장 이론 174
양손잡이 능력 93
양손잡이 조직 89
업데이팅 128
엔터프라이즈의 네트워크 60
엔트로피의 힘 64
여섯 가지 사고모 313
역브레인스토밍 263
역할 모델 176
열정 161
영역 구체적 지식 126
영역 일반성 이론 134
영역 일반적 지식 126
영역 특수성 이론 133, 134
영재 102
영재성의 세 고리 개념 58
예술 분야에서의 창의 35
오픈 이노베이션 92
외부 목적적 67
외재적 동기 160
요행스런 발견 324
우직함 157
원형 103
원형화 310
위계 129
유동적 지능 99
유물주의 76
유용성 23
유전자형 103
유창성 255
유효한 지식 127
융통성 255
응집성 242
의사 창의력 24
이것, 또는 저것 82
이것, 그리고 저것 82
이념 207
이동 156
이상 207
이카로스 역설 173
인간관계 기능 214
인지적 요인 238
인지적인 융통성 83
일반적 주제 영역 136
일상적 산출 81
일상적 창의력 37
일을 뒤로 미루어 지연 113
일의 의미 207
임프로비제이션 327

ㅈ

자기 검열 243
자기 목적적 67
자기 예언적 115
자료의 탐색 303
자아실현 36
자원 187
자유 186
작업 집단 188
장애를 이겨내는 끈기 151
재능 토템 기둥 102
전략적 행동 211
전략 캔버스 200

전문성 183
전문지식 183
점진적 변화 81
정교성 256
정보 121, 140
정신건강 36
정신 질환 38
제우스 34
조건적 지식 126
조명 49
조직 51, 166
조직의 혁신 225
종합 357
종합력 27
준 창의력 24
즉석구성적 창의 323
지능 105
지능의 분석적 요소 108
지능의 삼원 이론 101
지능의 실제적 요소 109
지능의 종합적 요소 107
지능함정 105
지력 105
지식 121, 123
지식기반 사회 18
지식영역 101
지식의 기능성 129
지식의 성질 121, 122
지식의 크기 128
지적 공간 183
지적 능력 105
진부한 지식 127
진화적인 체제적 접근 61
집단 브레인스토밍 246, 262
집단의 다양성 238
집단 창의 233
집단 창의의 과정손실 235
집단 효율성 착각 236
집착력 150

ㅊ

창발력 27
창의 17, 26, 28
창의력 23, 336
창의력을 위한 환경 46
창의력의 3C 253
창의(력)의 복합성 45
창의력의 영역 일반성 133
창의 = 사람 × 환경 22
창의성 27, 336
창의적 경향성 64
창의적 과정 46
창의적 문제해결 297
창의적 문제해결 스타일 검사 348
창의적 사고 과정 49
창의적 사고 기능 184
창의적-생산적 영재 209, 211
창의적 성격 검사 343
창의적인 과정 49
창의적인 사람 25, 46
창의적인 산출 46, 50, 355
창의적인 성취 67
창의적인 에너지 64
창의적인 잠재력 37
창의적 환경 50
창조 개발력 27
책 똑똑이 101
천재 33, 37
천진스러움 157
체제이론 58
체제적 접근 56, 57, 59
체제적 창의력 이론 61
초월 경쟁 193
추론 78
추리 76
추상화 사다리 기법 309

ㅋ

클라우드 저장 143
클라우드 컴퓨팅 144

ㅌ

테제 77
토란스 TTCT 검사 335
통찰 27, 107
통합적 접근법 138
투자이론 58
팀워크 233, 240

ㅍ

패러다임 33, 124
패스트 폴로어 141
퍼스트 무버 141

평평한 위계 130
폴로어십 249
표상체제 62
표현형 103
프로젝트 필라 325
플로우 65
필드 62

ㅎ

하이라이팅 기법 282
학교 똑똑이 101
학교 영재 209, 211
학제적 접근 58
합리화의 착각 243
핫스팟 282
해결책의 개발 310
혁명적 변화 81
혁신 17, 27, 28
현실에 대한 감각 157
현형 103
협동 240
형식적 지식 124
형식적(추상적) 추리 78
환경 149, 167
환상 153, 159
회귀 현상 152
효과적인 문제 진술 223
후관료적 조직 89
후형식적 추리 78
훈련 재료 137
희망 207
히트 282

영어

A

abstractness of titles 342
abstract reasoning 78
achievement motivation 166
adaptive style 259, 349
adaptors 88
added value 192
aesthetics 153
aha experience 28
algorithm 126
ALoU 284
Altshuller, G. S. 319
Amabile, T. M. 352
ambidextrous capacity 93
ambidextrous organization 91
ambiguity tolerance 153
APT Model of Creativity 135
animal spirits 142
antithese 156
antithesis 77
APA 81
applied imagination 299
ARIZ 321
Arlin, F. K. 78
atmosphere 171
attribution 113
autotelic 67

B

base–line behavior 194
bear–market model 174
Besemer, S. P. 352
beyonder 131
big data 143
big data marketing 143
bisociation 80, 91
blockbuster 324
blue ocean 196, 198
book smarts 101
brainstorming 261
brainwriting 247, 263, 273
bull–market model 174
buoyancy 151

C

CAT 352
childishness 157
circular causality 59
climate 170
closed system 78
cloud computing 144
cloud storage 143
cognitive flexibility 83
collaboration 240
collection of data 140
commitment 113
(com)petition 193
complexity 155
componential models 58
concept 299
conceptualization 213

conceptual skills 214
conformity 236
connection 129
context 50, 167
contradiction 76
contrarian 131
convergent 279
cooperation 240
CPS 299
creative potential 37
creative-productive giftedness 211
creative thinking abilities 336
creative-thinking skills 184
creativity 26
creativity style 348
Csikszentmihalyi, M. 25, 61
culture 168
current state of affairs 77

D

data 123
De Bono, F. 313
developer Style 351
developing solutions 310
dialectical idealism 76
dialectics 76
dilemma 83
discipline 38, 157
discovery 27
disruptive 259
divergent thinking 255
domain 62, 101
domain-general 126, 134
domain-specific 126, 134
downsizing 185

E

ecological approach 57
either -, or … 82
elaboration 256
embedded 138
enjoy 64
entrepreneurial skills 226
everyday creativity 37
exotelic 67
expertise 138, 183
exploitation 29
explore style 351
external style 351
extrinsic motivation 160

F

fantasy 153
fast follower 141
field 61
first mover 141
flexibility 255
flow 65
fluency 255
fluid intelligence 99
Flynn effect 103
followership 249
force of entropy 64
functional fixedness 132

G

general factor 100
genetype 103
giftedness 35
globalization 20, 32
Gordon, W. J. J. 80
group brainstorming 262
group cohesiveness 242
group creativity 233
groupthink 241
Guessing Causes 337
Guessing Consequences 337
Guilford, J. P. 34, 81, 100, 256
g factor 100

H

habitual creativity 169
heuristics 126
highlighting 283
hits 282
hot spots 283
How might … 306
How to … 306
human skills 214
H-creativity 82

I

Icarus paradox 173

if-then 124
illumination 49
illusion of group efficacy 236
illusion of unanimity 243
illusions of invulnerability 243
imagination 27, 132
immersed 138
improvisation 325, 327
incremental 86
incubation 49
inert 115
inference 78
infused 138
innovation 28, 30
innovative style 349
innovators 88
insight 28, 107
intellectual space 183
intelligence 105
intelligence quotient 100
intelligence trap 105
interactionist 57
interdisciplinary 58
internal style 351
intimacy 113
intrinsic motivation 160
invention 27
investment theory 58
IQ 100

J

Janus 90
Janusian thinking 90, 104
jazz 328

K

Kaufman, J. C. 135
knowledge 123

L

leadership 225, 240
limen 104
logical pools 143

M

making things different 87
managerial skills 226
mediating experience 102
mediation 34
mental model 33
meta-morphosis 17, 84
Micro marketing 143
mindguards 243
mission 207
motivation 111
motivator 160, 162
multiple intelligence 101

N

naiveté 157
networking 110
network of enterprise 60, 162
neutrality 156
not invented here effect 55
novelty 23, 27, 86

O

obsolete 127
open innovation 92, 172
openness to experience 153
operation 46
organization 51
originality 255
Osborn, A. F. 276, 299
out of box 87

P

paired comparison analysis 282
paradigm 33, 124
paradox 83
passion 113, 161
perseverance 150
person 46
personality 149
personality traits 150
phenotype 103
play 161
post-bureaucratic organization 89
post-formal reasoning 78
preparation 49
press 50, 167
principle of nonsummativity 59
principles of seperation 320

problem 223
problem areas 305
problem statement 223
procedural 126
process 33, 46
process components 300
process loss 235
procrastination 113
product 32, 46
product improvement 338
production blocking 236
production loss 235
products 50, 351
project pillars 325
propositional 126
prototype 30
pseudo creativity 24
psychic negentropy 65
psychological androgyny 158
purposefulness 161
P-creativity 82

Q

qualitative transformation 77
quasi-creativity 24

R

radical breakthrough 86
redefinition 322
red ocean 192, 195, 196
reengineering 87
regression toward mean 152
reiterative process 326
relations-oriented diversity 238
remote association 129
Renzulli, J. S. 211
representation systems 62
resilience 151
resistance to premature closure 342
reverse brainstorming 263
revolutionary 86
riding two horses business 91
rip 326
role model 176
routine 172

S

SAM 343
SCAMPER 275
scanning 141
schema 123
schoolhouse giftedness 211
school smarts 101
selective combination 108
selective comparison 107
selective encoding 107
self-censorship 243
self-prophecy 115
sense of reality 157
sensible risk 151
sensitivity 256
serendipity 324
shift 156
simulation 139
singularity university(SU) 254
situation 55
six thinking hats 317
skills 126
SMART 221
social climate 170
SOI 100
solitary brainstorming 262
solution 299
specific tasks 136
sputnik 35
stand-alone 138
states of affairs 78, 168
step change 87
stereotyping 243
Sternberg, R. J. 67
strategic canvas 198
Structure of Intellect 100
style 88
sur/petition 193
surprise 37
synectics 80, 91
synthesis 27, 77
system 58, 76
systemic approach 52, 58
systems thinking 319

T

talents unlimited 102
task–driven thinking 217
task–oriented diversity 238
task style 351
Taylor's talent totem ploes 102
teamwork 233, 235, 240
technical skills 214
techniques 126
the gifted and talented 102
theory of multiple intelligences 101
thesis 77, 156
threshold 104, 105
threshold theory 104
Toffler, A. 18
topic 223
Torrance, E. P. 46, 335
transformation 17, 84
transformational style 248
triangular theory of love 113
triarchic intelligence 106
TRIZ 319
TTCT 335
TTCT: Figural 340
TTCT: Verbal 337

U

unusual questions 339
unusual uses 338
up–dating 128

V

value innovation 31, 196
valufacture 193
verbal intelligence 104
verification 49
VIEW test 88
vision 207

W

warm–up 265
wealth 122
WKOPAY 343

Y

yes –, and … 82

Z

zero–sum games 19

저자 소개

김 영 채(金濴埰)

경북대학교와 University of New Hampshire에서 석사, 그리고 Michigan State University에서 철학박사 학위를 받았고, Univ. of Missouri와 Univ. of Michigan 박사추수과정에서 연구하였다. 그리고 계명대 심리학과 교수, 교육개혁심의회 전문위원, 대학평가위원장, 그리고 대한사고개발학회장 등을 역임하였다.

주요 저술로는 사고력 교육(유원북스), 창의력의 이론과 개발(교육과학사), 사고와 문제해결 심리학(박영사), 독서이해와 글쓰기(교육과학사) 그리고 인간학습 및 기억(중앙적성 출판사) 등이 있고, 역서로는 스마트하게 사고하라(유원북스), 학습 심리학(박영사) 및 CPS 창의적 문제해결(박영사) 등이 있으며 그리고 다수의 논문들이 있다. 현재 Gifted Child Quarterly(NAGC), International Journal of Creativity & Problem Solving(KATD) 및 '사고개발'(대한사고개발학회)의 편집위원이고, '창의력 한국 FPSP'의 대표이며 그리고 계명대 심리학과 명예교수이다.

창의와 혁신, 그리고 조직의 변화

2016년 11월 15일 1판 1쇄 인쇄
2016년 11월 20일 1판 1쇄 발행

저 자 : 김 영 채
발행인 : 김 동 규
발행처 : 교육과학사

경기도 파주시 광인사길 71
전화: (031) 955-6956~8 팩스: (031) 955-6037
Home-page: www.kyoyookbook.co.kr / E-mail: kyoyook@chol.com
등록: 1970년 5월 18일 제2-73호

정가 18,000원

ISBN 978-89-254-1100-2

Printed in Korea.